《教育研究》40年典藏

课程与教学论

教育研究杂志社 编

教育科学出版社
·北 京·

出 版 人　郑豪杰
责任编辑　方檀香　薛　莉
版式设计　杨玲玲
责任校对　贾静芳
责任印制　叶小峰

图书在版编目（CIP）数据

《教育研究》40年典藏：课程与教学论／教育研究杂
志社编. —北京：教育科学出版社，2022.10（2023.9重印）
　ISBN 978-7-5191-3185-2

　Ⅰ.①教…　Ⅱ.①教…　Ⅲ.①教育研究—中国—丛刊
Ⅳ.①G52-55

　中国版本图书馆 CIP 数据核字（2022）第 114815 号

《教育研究》40年典藏：课程与教学论
《JIAOYU YANJIU》40 NIAN DIANCANG：KECHENG YU JIAOXUE LUN

出 版 发 行	教育科学出版社			
社　　　址	北京·朝阳区安慧北里安园甲9号	邮　　编	100101	
总编室电话	010-64981290	编辑部电话	010-64981252	
出版部电话	010-64989487	市场部电话	010-64989009	
传　　真	010-64891796	网　　址	http://www.esph.com.cn	
经　　销	各地新华书店			
制　　作	北京金奥都图文制作中心			
印　　刷	中煤（北京）印务有限公司			
开　　本	720毫米×1020毫米　1/16	版　　次	2022年10月第1版	
印　　张	27.75	印　　次	2023年9月第2次印刷	
字　　数	361千	定　　价	145.00元	

图书出现印装质量问题，本社负责调换。

编 者 的 话

岁月忽如流，行年向不惑。1979 年，伴随改革开放大潮，《教育研究》应运而生。2019 年，在庆祝中华人民共和国成立 70 周年之际，我们迎来了《教育研究》创刊 40 周年。

回望来时路，《教育研究》一开始就确立了"既要探索教育本身的以及与经济关系的种种规律，为实现四个现代化服务，又要使教育科学研究现代化"的使命。40 年来，《教育研究》紧扣时代脉搏，坚持正确方向，突出专业特色，秉承科学精神，严守学术标准，发表了一大批高质量的学术论文，成为研究中国特色社会主义教育理论的重要阵地、引领教育科学繁荣发展的学术高地、助推教育学者专业成长的共同园地，为推动我国教育事业进步做出了应有贡献。

总结反思是最好的纪念，传承创新是最好的庆祝。我们在已发表的论文基础上，遴选一批原创性强、贡献度大、影响力广的论文，集结出版《〈教育研究〉40 年典藏》，涵盖教育学原理、德育、课程与教学论、教育史、基础教育、高等教育、职业技术教育与成人教育、教育心理、教师教育、教育经济与管理、国际与比较教育等 11 个学科和领域。其意义不仅在于分享发展成就，还在于保存文化档案，更在于打开未来可能。

砥砺奋进时，我们思考最多的是，《教育研究》将为教育进步贡献什么新思想，为教育学科发展贡献什么新理论，为教育学术史贡献什么新经典，为中文教育学术期刊走向世界贡献什么新示范，从而实现真正的卓越。

教育研究杂志社
2021 年 9 月 20 日

目　　录

语文教育书简（上）

叶圣陶

一

　　学生须能读书，须能作文，故特设语文课以训练之。最终目的为：自能读书，不待老师讲；自能作文，不待老师改。老师之训练必作到此两点，乃为教学之成功。又有人以为学习语文课之目的惟在作文，读书盖为作文之预备，故讲读之际，喋喋言作法，言技巧。我则语之以读书亦为目的。老师能引导学生裨善于读书，则其功至伟。果能不为死讲乱讲，而养成学生读书之良好习惯，不知不觉之中自能影响作文，固不必喋喋言作法，言技巧也。至于勿教成政治课，勿教成文学课，颇有以此相询者，我谓课本之中各体各类之文都有，书籍报刊亦复兼备各体各类，故政治性之文而不言政治，文学性之文而不及文学，断无此理。所谓"勿教成"云云者，勿舍本文于一旁而抽出其政治道理而讲之，或化作品之内容为抽象之概念与术语而讲之也。苟如是讲课，学生即完全理会老师之所讲，而于本文尤其生疏，或竟不甚了了，此与练习读书之本旨不合，故务必戒之也。果能引导学生细读本文，获得透彻之理解，则学生非徒理解而已，其思想感情必受深切之影响。语文教学之思想政治教育之效果，宜于此求之。舍本文而大讲一通，不克臻此也。作书不能详言，大致如上述。

（一九六一年七月）

二

惠书诵悉。增教数篇文言，所示篇目均可用。惟词可不选，诗词与散文是两回事，似非必需。另一办法，专从《史记》或《孟子》中选若干篇亦可。教材仅是教学之凭借，学文言在领会文言之词义句式以及表达方法，教师指导有方，学生潜心修习，只从一书中选材亦能有长进，固不须五花八门也。教师当然须教，而尤宜致力于"导"。导者，多方设法，使学生能逐渐自求得之，卒底于不待教师教授之谓也。附述所见，以供参考。

（一九六二年七月十二日）

三

惠书并总结两份诵悉，欣愉之情，非可言状。为别年余，未尝通信，而时闻社（指人民教育出版社——编者注）中同志相告，足下教学日进，誉声颇著。今岁之初到无锡，曾思奉访，而参观时迫，离去匆匆，怅未如愿。今读惠书及印件，宛如对面长谈，所云欣愉，盖以此也。

总结两份之内容，大部分皆足下在此之时社（同前——编者注）中同志所恒言者，而足下又益之以近获之经验，故能深切著明若是。我惟有欣然领受，别无意见可提，印件则留置案头，俾得随时重观，以资沾溉。

年来常与景山、二龙路、丰盛胡同三校之语文教师接触，时或往观授课，颇感教师增加本钱，最为切要。所谓本钱，一为善读，一为善写，二者实相关而不可剖分。去年尝写一短文曰《教师下水》付《文汇报》，希望教师经常练笔，深知作文之甘苦，盖即添本钱之意。而除课本以外，经常认真看书读报，熟悉阅读之道，是亦添本钱也，我尚未为文言之。我此添本钱之说实至寻常，惟有老师善读善写，乃能导引学生渐进于善读善写，苟非然者，学生即或终臻善读善写，断非老师之功。足下精研语文教学，敢以浅见奉告，乞断其所思当否。

循诵印件，觉其强调教师精究课文，讲透课文，此固非常必要，而于同时导引学生自动理解课文，为他时阅读任何书籍文篇作准备，言之无多，似感不足。及读至从多讲到少讲，从讲到不讲之处，乃知足下与同事诸君固已注意及之。于此我欲进一言，可否自始即不多讲，而以提问与指点代替多讲。提问不能答，指点不开窍，然后畅讲，印入更深。而学生时常听老师提问，受老师指点，亦即于不知不觉之中学会遇到任何书籍文篇，宜如何下手，乃能通其义而得其要。此如扶孩子走路，虽小心扶持，而时时不忘放手也。我近来常以一语语人，凡为教，目的在达到不需要教。以其欲达到不需要教，故随时宜注意减轻学生之依赖性，而多讲则与此相违也。

我颇有零星想法，如获晤面，逞臆而言，可历数小时，而累累书之，则为时力所弗许，幸谅我书之简略。何日大驾来京，或我有再到无锡之便，必当谋作半日之谈。无锡景物宜人，足下居之，想至安适。余不多及。即请暑安。

（一九六二年七月二十三日）

四

惠书诵悉。承相问，自当作答，但是说不出精要的话，又不能详说，恐怕对足下没有多大助益。

通过写作关，大概须在思想认识方面多下工夫。思想认识是文章的质料，有质料是首要的，没有质料，如何能写？质料有了，还要求其好，不好的质料当然写不成好的文章。平时学习理论，学习各种学科，关心国内外形势，阅读书籍报刊，参加生产劳动，参加各种社会活动，都是丰富和提高思想认识的途径。从中有所得，就是文章的质料，练习写文章就可以利用这些质料。

写文章是运用语言来写的，因而语言方面也须下功夫。正确、明白、有条有理、首尾贯通，大概是起码的要求。经常留心自己的语言，经常观摩人家口头说的笔下写的语言，哪是好的、对的，哪是不好的、不对的，都仔细辨别，这样可以提高对语言的敏感。要紧的当然是多练，就是勤于动笔，每逢动笔决不马虎。勤于动笔实际上不仅是动笔而已，同时也是勤于动脑筋，在运用语言写出某些质料来这件事情上动脑筋。多练才会熟，练到熟的时候，写作关也就通过了。

我开不出书目，说不出哪些书对写作最有助益。我只觉得文艺作品当然应该读，但是为要通过写作关，就不宜只读文艺作品，其他东西也应该读。因为所谓通过写作关，目的在能顺顺当当地写好一般文章，记事记得一清二楚，说理说得明白晓畅。文艺创作是另外一回事，先要通过了写作关，才谈得上文艺创作。在中学阶段，语文课教学生作文，并不希望学生从事创作。就是大学语文系，也是如此。文艺创作不是人人必须办到的，写作关却是人人必须通过的。读一些文艺作品，就学习写作这方面说，也无非因其有助于写好一般文章而已。

（一九六二年九月一日）

五

惠示大稿已逾一月，今日始作复，定劳盼念，深以为歉。

大稿通读一过，于其大旨，我颇表同意。尝谓教师教各种学科，其最终目的在达到不复需教，而学生能自为研索，自求解决。故教师之为教，不在全盘授与，而在相机诱导。必令学生运其才智，勤其练习，领悟之源广开，纯熟之功弥深，乃为善教者也。因读来稿，辄简书所见于此，请观我意如何。

原稿另封奉还，请检收。

（一九六二年十一月七日）

六

寄来文稿已细读一过。所叙确是足下之经验，勤于教学，刻苦进修，良佩。以文章而论，我嫌其说得稍繁，还可以精简。

我谓教师宜勤于动笔，不专指与学生同作一题。出题之先，为学生设想，自属必要，每次与学生同作，似可不必。教师另作他文，第须认真为之，皆于指导学生有助益。足下以为何如？我将大稿寄与《文汇报》，请报社考虑是否可以刊载。如不刊载，我托报社直接将大稿奉还。

（一九六三年一月三日）

七

来书早读，迟至今日作复为歉。承告工作与生活之情形，皆感欣慰。已得麟儿，遥致祝贺。所询数点，简答于下。

传统的语文教学方法，我未尝说过。有人言之，恐各有其概念，所指未必尽同。从前注重读，此至有道理。古文与口头语言殊异，读之至熟，实即学习古文之语言。必熟乃能写，亦如今时儿童熟习口语，乃能说连贯之一段话也。今时教古文，自亦宜熟读，虽不求其能写，而熟习其语言乃能深味其意义，较之仅仅看一二遍好得多。在此意义上，现代文亦须熟读，即不能篇篇熟读，亦宜挑若干佳篇读之。

为活动而活动，当然不好。任何事情，遗其本旨，流于形式，均属不好。教课之本旨，并非教师讲一篇课文与学生听，而是教师引导学生理解此课文，从而使学生能自观其他类似之文章。既曰引导，自须令学生有所事事。使彼练习，向彼提问，皆其事也。若此之练习与提问，当不致流于形式。

《夜》另有所据，据实事而益之以想象。瞿秋白所说，与《夜》无关。

《略谈作文批改》已看过。意思大体同意，惟觉说批的部分说得太多，似乎有非作种种的批不可之意。我想有可批才批，无可批即不批，不一定眉批段批总批一应俱全。批改不是挑剔，要多鼓励，多指出优点，此意甚好。请容我老实说，此篇写得较粗糙，似未经仔细斟酌，故颇有欠妥当之语句，如"眉批的针对性强，能把批语落实到具体的病例中"，即其一也。足下如仔细重观，当能逐一发现不妥之处。率直奉告，谅不以为忤。

（一九六三年一月十五日）

八

来信诵悉。承询之事，简略奉告如下。

我在座谈会中所言，原属个人意见，供教师参考，非欲强人必须照办。此点想尊处亦已知之，不待我之详细解释。

作文教学欲期收效，欲令学生获得实益，最重要之一点在提高教师之业务水平。教师业务水平高，讲读课教得好，作文课指导得好，批改得好，学生自能日有进益。帮助教师不断提高业务水平，我以为是文教科之重要工作，不知足下以为然否。

至于批改，无论全班改、轮流改、重点改，必须使学生真正明晓教师之用意，且能用之于此后之实践，乃为有效。尤须所批所改无不中的，悉得其当，学生所受乃为真正之实益。如何使学生真正明晓，此属于教学方法之问题，未可忽视。如何则所批所改无不中的，此系于教师之业务水平，尤关重要。

教师必须兼顾全班，使全班学生均有进益，此是天经地义。我并非反对全班改，我只以为于全班改之外，兼采其他办法，既节教师之劳，不损学生之益，似亦未尝不可试行。此所谓其他办法，教师可以本其经验而为创造，轮流改、重点改之外或更有他途。如以某一学生之文为材料，书于黑板，师生共改，而教师于此际起主导作用。全班学生如真能人人用心，其受益必不鲜矣。

至如本本批改，而所批所改或当或不当，询之学生，学生又不尽明晓教师之用意，如此者即属劳而少功，我未能同意者也。

（一九六三年一月二十二日）

九

惠寄长函敬悉。所论诸点，皆见高怀，无不心折。我识见短浅，又杂事稍集，仅能略书数语，勉酬雅意。

新作歌词，满人意者殊不多觏，往往病在缺乏诗味。诗味为何固难言，然自有此一种味，无此一种味，即歌之索然，听之寡趣。至于作曲，往往调与歌之情不合，甚且工尺与字之声音不合。先生志欲通诗乐之邮，自必于来学者多方启迪，俾免我所举之病矣。

习作一课，我谓宜认定标的，师生全力以赴之。标的为何？文理通顺而已。学生明乎此，认真练习，教者明乎此，认真指导，终必有成。批改固教者之要务，然须进一步想，必使学生能自改其文，或文成而竟不须改，乃有济也。果臻文理通顺，习作课即为成功。至于思想之高深，意境之超妙，皆关系于学养，习作课所不克任也。高明以为何如？

（一九六三年三月二十九日）

一〇

惠书并意见书一份均诵悉。所论诸点，与我平日所思颇有相同之处，同声相应，感佩可知。所谓教师之主导作用，盖在善于引导启迪，俾学生自奋其力，自致其知，非谓教师滔滔讲说，学生默默聆受。所谓阅读教学，本身自有其重要性，并非作文教学之辅，而善于指导阅读，虽不喋喋言作文，实大有利于学生作文能力之培养。我有时应邀作讲，辄言及以上两点。听者似皆首肯，而是否遽付诸实践，尚不可知。行与知固未必常相随也。

尊论各级各科之安排，用意与极少数试验学校之设想相类。不拘故常，深研求是，精神可佩。

意见书当交部（指教育部——编者注）中研究部门仔细研究。简略奉复，聊答雅意。

（一九六三年五月八日）

十　一

来书并文稿两篇均诵毕，欣快殊甚。近日我尝应邀为一部分语文老师谈话，亦及此题。我谓课本中明明有政治性文篇，明明有文学作品，宁有避而不谈政治与文学之理。所称"不要讲成"云云者，勿脱离本文，抽出其政治之道理而讲之，化为文学理论之概念而讲之耳。此意颇与尊论相近。今闻同调，自当欣快。据我之了解，工作条例〔指《全日制中学暂行工作条例（试行草案）》——编者注〕中列入"不要讲成"云云之语，盖针对教学上之积弊而言。其言至简略，且引起若干教师之疑惑，是则有待于商讨研究，共为阐明。复次，工作条例固未遽定，苟多数意见以为宜改否定之语式为正面之述说，必将择善而从矣。大稿即转交《人民教育》编辑部，请彼考虑是否发表。特此奉答，幸恕简短。

（一九六三年七月二十四日）

十　二

接读来书已月余，近又获诵第二书，延迟作报，良为歉疚。选辑若干文篇，供学生阅读，此事自属可行。盖课本选文不能多，而学生诵此少量文篇实嫌不足，别有选本俾自为诵习，正应其所需。至于多诵文篇，固有裨于作文，然目的不仅在练习作文。阅读教学之目的，我以为首在养成读书之良好习惯。教师辅导学生认真诵习课本，其意乃在使学生渐进于善读，终于能不待教师之辅导而自臻于通篇明晓。课外更读选本，用意亦复如是。果能善读，自必深受所读书籍文篇之影响，不必有意摹仿，而思绪与技巧自能渐有提高。我谓阅读为写作之基础，其意在此。若谓阅读教学纯为作文教学服务，则偏而不全矣。承嘱为选本作序，拟即以此意书之，请观妥否。序文暂不动笔，待选本排版将成之时，当可交上，不误出版之期。选本之名，我以为用《中学语文课外阅读文选》即可。前次寄来拟选之文篇全份，嘱我阅看。我杂事稍多，暇时颇少，苟随便翻阅，同于未阅，欲逐篇评览，势有所不能，以故敢违雅命，不复阅看，迳即奉还。（写作常识之部分曾约略翻阅，觉得尚可。）我思足下有教研室之同志共商，复有教育厅与出版社之协助，第须以郑重其事相约，入选之文必以"质文并美"为准，定能所选悉当矣。吕叔湘先生近往东北，回京须在九月间，嘱转致之书暂留我处。《教师报》恐未能遽行恢复。承告他科教师亦须留意语文，高师文科宜加书法课，宜介绍传统语文教育，用意甚好，当告部（指教育部——编者注）中同志，期共同注意，促其实现。

（一九六三年七月二十七日）

十 三

惠书诵悉。我的意思，练字要认清目的。目的在应用，叫人看起来方便，觉得顺眼，照我那篇短文所说的尽够了，用哪种笔都一样。目的在学习传统的书法，自然要看看碑帖，下功夫临摹。看碑帖无非要看出它间架行款的好处。临摹可以挑几种跟自己的字相近的碑帖。讲究执笔法，目的在做到运笔灵活。死死拿着笔，运笔不灵活，字就不容易写好。临摹只是初步，进一步要求有自己的独到处。真有独到处，就是书法家了。

至于每天写多少，什么时候写，我想并无一定。总之，一要不间断，二要每写必认真。当今国内谁是书法家，恕我回答不出。

（一九六三年八月八日）

十 四

惠书及大稿均诵悉，欣愉殊甚。所叙语文教学各方面意见，皆属经验之谈，非确有所得，不能言之深切著明若是也。为学生改易文稿，令探索所以改易之故，此一举尤堪称美。教师改文，业至辛勤，苟学生弗晓其故，即功夫同于虚掷。今责令探索，彼必将用心而自得之矣。近年来我常与教师会晤，谈次辄及语文教学，既无实际经验，则言平日之所思，而颇有与尊论暗合者。同声相应，同气相求，展诵终篇，乐可知矣。大稿恐须留存，谨奉还。

（一九六三年十月七日）

十 五

来书以今晨读悉。承相念，深感。我身体尚好，无甚毛病。堪以告慰。所询各点，我亦未必知之深切，详尽言之，此书将极长，只得简略言之。

一、此一点我曾在京与一部分教师谈过。大意谓语文教学之一个目的为使学生练成读书之本领。此种本领不能凭空练，故令阅读课本而练之。课本必须善读，一也，因善读课本而自能读其他书籍报刊，二也，二者皆能做到，乃为达到目的，教学成功。——课本中有各类文章，包括政治性之文章与文学作品，皆须善读，由语言文字而深明其内容，且有裨于思想之提高，品德之修养。故凡篇中之内容，决不可随便放过，此其一。又不可脱离文篇，作不相干之发挥，致违循文求义，练成读书本领之旨，此其二。——而前此数年，一般教者有置课本于旁，另外发挥一通之习惯。今纠其弊，乃提出"不要教成……"之说。不要教成政治课者，不要从课文中抽出其政治道理而空讲之也。不要教成文学课者，不要从课文中概括出若干文学概念文学术语而空讲之也。学生但听空讲，弗晓本义，无由练成读书之本领，所以其法不足取也。

二、布局谋篇，我想是一个意义就两方面说。譬如造房子，某室放在东南角，某室放在西南角，此是布局，而现有多大地皮，意想中要造成如何用途如何式样之房子，此是谋篇。

三、文章深浅恐不能以时期分。先秦之文，亦有较浅易者。唐宋作者，大多摹古，而选词造语，或平易或艰深，殊不一致，即一人之作，亦有互有浅深。我思读文言，最宜令学生明白同一个字，而意义有古今之别。次则须令熟习常用之文言虚词，熟习常用之文言句式。此数者皆于读课文时训练之，训练得好，学生读课本以外之文言自能大体通晓。自己能读《资治通鉴》，若悬为高中毕业之标的，我想良师善教，学生勤学，或可做到。

四、评点的办法，做得好，确于读者大有助益。出版社编辑者尚无力及此，有心的教师不妨试为之。

五、《古代汉语》（指北京大学王力教授主编的《古代汉语》，该书出版之前，曾请叶老审阅——编者注）稿本我看过。其中语法问题与他家有相异之处，各大学亦有提出者。我意中学不妨照课本教。

简答如上，皆个人之见，未必尽当，聊备参考耳。

（一九六四年一月二日）

（本文原载《教育研究》1979 年第 3 期）

语文教育书简（中）

叶圣陶

十　六

来信诵悉。承询问题至多，恕我不能一一作答，有些是说起来很啰嗦，有些是回答不出。我以为教师教语文，无非是引导学生练习看书作文的本领，主要一步在透彻理解课文。而所谓透彻理解，须反复玩味课文，由字句章节而通观全篇。作者的思路，文章的脉络，都宜求之于本文，不宜舍本文而他求。我此说也只是常谈，因足下担任教学，敢以奉闻，聊备参考。

至于我那篇《一篇宣言》，自己言之，至为简单。无非欲写国民党反动派之畏惧民意，辄思压制，而手段又卑劣而愚蠢。教师方面则爱国有心，而团结无力。我所能奉告者，如是而已。

我希望教师练习写文章，并不是专指练习写文艺作品而言。尤其重要的是写一般文章。一般文章是文艺作品的基础。一般文章又是实际工作中随时需用的，谁都要能写好，所以尤其重要。教师要指导写作，不能空讲些作法，一定要有写作的切实经验，才能随机应变，给学生真正有益的帮助。

（一九六二年六月十九日）

十　七

来信诵悉。稿子也读了。提不出什么意见，只觉得这稿子很平常，没有多大毛病，也没有优点。足下算是借此习作一回，练练笔，也是好的。多多习作，每回都用心练。写成之后自己看，优点何在，毛病何在。眼光渐高，笔下渐熟，定会写成较好的东西。

（一九六二年七月六日）

十　八

去年五月间接来书并大稿，稽迟至今始作报，疏慢之咎，未敢乞恕。倘蒙原宥，感幸深矣。所示油印本虽亦通体翻观，以目力不济，第知大略，未能细读。凡所述说，均表同意，复有鄙意之所未及，良感开导之益。教师于此获得启发，从而改进其业务，学生于此获得指引，从而勤勉于练习，成就必多，造诣必深。先生之嘉惠溥矣，至深钦佩。

我尝怀一念，书之于此，希承教正。我谓实际作文，皆有所为而发，如作书信，草报告，写总结，乃至因事陈其所见，对敌斥其谬妄，言各有的，辞不徒作。而学生作文系属练习，势不能不由教师命题。学生见题而知的，审题而立意，此其程序与实际作文违异。故命题必如学生所自发，彼本无所为，示之以题，彼即觉有所为，欲罢不能，非倾吐不可：如是乃可使练习与实际一致，见题作文与自发作文无殊。而作文为社会生活中不可缺少之技能，非语文教师强加于学生之作业，学生亦可历久益明，习之益加勤奋。先生以为此意何如？

（一九六四年一月四日）

十 九

来书接到已久，延至今日作报，良深歉疚。"语文"一名，始用于一九四九年华北人民政府教科书编审委员会选用中小学课本之时。前此中学称"国文"，小学称"国语"，至是乃统而一之。彼时同人之意，以为口头为"语"，书面为"文"，文本于语，不可偏指，故合言之。亦见此学科"听""说""读""写"宜并重，诵习课本，练习作文，固为"读""写"之事，而苟忽于"听""说"，不注意训练，则读写之成效亦将减损。原意如是，兹承询及，特以奉告。其后有人释为"语言""文字"，有人释为"语言""文学"，皆非立此名之原意。第二种解释与原意为近，惟"文"字之含意较"文学"为广，缘书面之"文"不尽属于"文学"也。课本中有文学作品，有非文学之各体文章，可以证之。第一种解释之"文字"，如理解为成篇之书面语，则亦与原意合矣。简略致答，希审其当否。

（一九六四年二月一日）

二 〇

昨日听赵老师教课①，至为欣慰。今略陈鄙见，以备参考。

赵老师讲说不多，随时启发学生思考，评学生之答案，有鼓励，有指正，要言不繁：此皆引导学生用心阅读之正途。又闻两位学生指出同学读书时之缺点（"舆论很多是……""很多是"必须连读，"登着父亲他们二十几个人……""父亲他们"必须连读），足见赵老师平时注意训练诵读，诵读得其当，于理解课文内容，于养成语言好习惯，关系皆至重大。赵老师又举出学生未及指出之误读，谓"我是不能轻易离开北京的"读为"我

---

① 赵老师教的课文是《十六年前的回忆》（李大钊的女儿李星华一九四三年作），北京市高小《语文》第四册第五课。

是不轻易离开北京的"，指出"不"与"不能"有别，引起学生之仔细辨别，此亦至为得要。又"侦"字板书多写一画，学生为之指出，赵老师随即更正，此足见师生关系之融洽，民主作风之发扬。

我之意见，教师引导学生用心阅读，宜揣摩何处为学生所不易领会，即于其处提出问题，令学生思考之，思之而不得，则为讲明之。今据此一课举出数点为例。

昨曾与二位言及，此课第一段、第二段皆从四月六日早晨说起，此为学生所不易领会（二位亦言预习时曾有学生提出此一点）。以是必须令学生辨明，第一段"春天来了，快到外面玩去吧"以下，并非叙当日之事，而是叙四月六日以前数日间之事。父亲见姐妹二人换上新夹衣，说此简短之一句话，作者即想到"那些天父亲很忙，很少得空跟我们讲话"，于是说"那些天"之事。直到第二段开头又回到四月六日早晨，出游者为母亲与妹妹，而作者并未依父亲之言出游，遂与父亲同被拘捕。

"书籍和文件"大概属何种性质，何以须烧去，李大钊烈士所做为何种工作，张作霖何以要拘捕李大钊烈士，此诸点恐非学生所能明知。教师若为简要之讲说，可以加强革命传统教育。（二十九页十五行虽有"革命事业"字样，似宜令学生知之较具体。）

二十八页倒二行与末句，恐须令学生细辨。前一句作者心中自问"是不是痛心……无辜被烧呢？"自问之后即作肯定回答，父亲确是痛心……无辜被烧。此意并未写出，而径作第二问。所云"不愿意"，即痛惜此类书籍文件，不愿意烧去也。

总之，教师之主导作用在就学生已有之能力水平而适当提高之，使能逐步自己领会课文之内容与语言之运用，最后达到不待教师之讲解而自能阅读。阅读教学循此为之，学生写作能力之提高亦非甚难事矣。未识二位与诸位老师以为然否。

（一九六四年三月十一日）

二　十　一

惠书诵悉。编辑《作文辞典》之计划，亦细读一过。此辞典收集各类佳句，我不敢谓其不切于用，亦未能信其至切于用。请略言之。作文必有可写之材料，材料之来源为真经验真知识真感受，此类皆由"自得"，不宜求之于辞典。既有材料，发而为文，用语务求明确，缀语必有伦次。此则平时锻炼思想方法之功，学习语言运用之效，而善听他人之谈说，善读他人之佳作，亦复有助。辞典唯列语句，无上文下文，莫由知其承贯，即或略资启发，究未免近乎枝节。我谓未能信其至切于用，盖在此耳。鄙见不必有当，书之聊供参考。

（一九六四年三月二十日）

二　十　二

惠书诵悉。承询之事，我无实际经验，仅能以涉想所及奉答。工农子女家庭中无人辅导，或且有参加生产劳动助作家事之负担，故其学习较差系由于条件，非其资质特低劣，此一点似宜首先肯定。足下为班主任，是否可以与各科担任教师共商，一方面改进教学，一方面注意个别辅导。某学生何处不明，何处不熟，即针对而助之。苟有数学生情形相类，自可合为一组。教师之积极性固须鼓起，而学生亦必鼓起其积极性，乃能悟教师之好意，认真补习，逐步有进。无论何种功课，大概步步踏实，则习之不难。故为学生辅导，宜究明其不明不熟之处何在，由此出发，更令稳步前进。另作辅导，教师自必增其劳。教师可云甘为学生服务，不惮其劳，而增加学生之学习负担，或妨碍学生回家劳动助理家事，亦必设法尽可能避免。至于如何设法，须就实况斟酌，我弗能言矣。复次，来书言改进教学，不识其具体内容何如。我意如能令学生于上课之时主动求知，主动练习，不徒坐听教师之讲说，即为改进教学之一道。教师不宜以讲课本为专务。教师指示必须注意之点，令自为理解，彼求之弗得，或得之而谬误，然后为之讲说。如是则教师真起主导作用，而学生亦免处于被动地位矣。上述意见未必悉当，希以实际教学经验评断之。

（一九六四年五月三日）

二 十 三

惠书诵悉，还复为歉。昔在上海尝晤面，恕我健忘，已不复记忆，观尊影乃仿佛想起。大稿数篇，皆循诵一过。所叙多为学校生活，此方面题材，写之者较少。足下任教有年，就其亲历而抒发之，所趋自属正途。读之不感枯燥，想象时有佳趣，惟主人公思想认识之转变，往往言之简略，令人感觉其过于轻便。他则语言颇嫌粗糙，用词造句有未妥处，一气读下去有不承贯处。总之，各篇似尚在粗坯之阶段，欲以示报刊之读者，还宜认真加工。足下既嘱我过目，我不敢不以实告，幸亮察焉。至于投稿，固文人之常事，投而不见录，亦属恒有。据我所知，解放以来报刊编者之作风大胜于前，彼辈于多量之来稿中反复发掘，务求得佳稿而刊布之，以期无负读者。故所投稿果有长处，必不致埋没，苟不见录，当有其所以然矣。来书意谓须有人推荐揄扬，乃易于见录。请容我直言，此盖封建时代文坛之旧习，以观今世，则未免卑视报刊编者矣。来书又谓专业思想巩固，我深感欣慰。教学工作大有可为，专意为之，贡献至大，其乐无穷。如是则不宜更谋徙业。而又托我以三事，何也？兹特奉答，此三事皆我所弗克办，且亦弗愿办。请思之，足下处于教学工作岗位，颇具专业思想，我肯想方设法，引而去之乎？易地以处，足下亦必不愿为之矣。我意教学工作与文艺习作并不相妨。教学为本业，自当尽心竭力，务求克致佳绩。以其余暇从事习作，精究如何着笔则有裨于读者，如何琢磨则可成为佳作，持之不懈，终必有进。而此亦为服务之一途，非为个人之名利，犹必始终以之,乃可谓善于自处。我言率直,意则诚恳,若蒙斟酌采纳,则深幸矣。大稿另封奉还。

(一九六四年五月六日)

二 十 四

诵来书并大稿,甚佩造诣之深。以若是之才教语文,编教材,自易使学子心通,课本切用。且二十四之年已臻此境,更积岁月,精进何可限量。我不惟于足下深感欣慰矣。通览全稿,具见比勘归约,用力至勤。我无意见可提,第请陈其心情。偶见有人称扬拙作,我辄惶愧不安,以为过誉。非好为谦抑,实缘自知之明。凡我所作,其质皆甚平庸。至于语言文字之间,虽欲求其精当,而实践不足以副之,文集固经修改,疏漏宁能尽免。足下谓有若干不妥之处未加改动,复有改而转见弗当者,即其著例。又,于规范化未能前后一致,则以改动非于一时,认识尚未确立之故。今承指明,良为汗颜。我意大稿于此等处不宜略而不谈,此则唯一欲提之意见矣。农中教材如何编辑,我至愿闻知。尝谓语文教材在培养学生阅读之能力,阅读得其方,写作之能力亦即随而增长。学生离校而后须阅读各类各体之文,故教材须兼收各类各体之文。学生诵习教材,赖教师之指导,而领会其质与文。第领会教材之质与文犹未已也,非最后之目的也。必于教学之际培养其自动性,终臻不待教师指导而自能领会之境,于是可以阅读书籍报刊而悉明其旨矣。此则阅读教学最后之目的也。所见如是,略陈之以备参考。足下谓将撰《修改的艺术》一书,甚善。我意修改之要,在材料之取舍,观点之斟酌,组织之当否,逻辑之顺否。若此之类,较之一词一句之推敲尤有关于文章之优劣。想足下必熟知其故,或已列入提纲矣。请止于此,俟得书再谈。

(一九六四年六月六日)

二 十 五

五日手书诵悉，作答稍迟，为歉。我之文集未必再版，足下所见修改疏漏处，希便中抄示，俾据以核对，自知其谬。尊撰提纲阅过，略提意见如下。"前言"一项中谈"修改是怎么一回事"，似可说明修改非语言文字之事，实为思想认识之事。作者检点其所叙所论，觉识之未真，思之未谛，乃援笔修改。改动者固为语言文字，推其根源，则思想认识有异于初时之故也。第二项1、2、3三款之材料诚不易得，苟扩大选材之范围，不以所列诸人为限，或较有办法。今时机关团体撰写文件，往往屡易其稿，数经讨论，最后定稿颇有大异于初稿者。苟能收集若干件，择其无妨公开者采用之，初稿与数次改稿并列，征得其同意，则于读者甚为有益。又，报社杂志社于记者投稿者之稿恒有大加工，如能收集若干篇，亦可选出其特具精心者。且选用机关团体文件与报刊文章，实最切读者所需之举也。第二项5、6、7、8四款似可斟酌合并，"确切""明确"可不分，"表达精粹"似颇难言。9款似可不提，苟能"顺畅"，即为广义之"通俗"矣。意见止此而已，思之未审，聊备参考。我甚望足下此作，不偏于文艺，而兼及各类文章。目的在使读者得所借鉴，勤自练习，达于通顺之境。无论撰文艺，作他类文章，固同以通顺为之基也。关于农中课本，来书"体裁"一项中有"以记叙文说明文为主"之语。我觉说明文极重要，说一种机械，说一种操作方法，说一种原理，皆学生必须学会者。此类文章首须准确，次须明白。而选材至不易，报刊上所载，类多不耐仔细揣摩，准确明白，两皆有违。语文以外之其他课本大多为说明文，似可选少数章节入语文课本也。尊处选得之篇章，希以其目抄示，并书明其出处，我社（指人民教育出版社——编者注）将据以考虑选入普中课本或否。至于文言诗文，我亦主张"索性不选"。写作知识短文不列在单元末尾，甚好。写作系技能，不宜视作知识，宜于实践中练习，自悟其理法，不能空讲知识。

或以为多讲知识即有裨于写作能力之长进，殊为不切实际之想。农用杂字，各地殊异，编入课文，恐将顾此而失彼。我不知如《新华字典》是否具备苏省各地区之农用杂字。如已遍收，则令学生学会查字典，即可解决，不必求备于课本矣。因须用入若干生字而撰课文，往往流于牵强，此固编辑人共有之经验也。书之已多，请止于此。

（一九六四年七月十五日）

〔本文原载《教育研究》1979 年第 4 期〕

语文教育书简（下）

叶圣陶

二 十 六

惠书先到，致社（指人民教育出版社——编者注）中长函亦于今日拜读。选材成书，红专必须兼顾，普及提高不宜偏废，乃于学生有实益，此论至卓，良深感佩。非敢谬附，亦夙怀此意。承示慎选、精改、精注、立例、切问、务本六事，并谓务本尤为重要，于编辑工作最为切要之见，敢不敬拜嘉贶。去岁两接教言之后，尝与社（同前——编者注）中同人共谈，大致同于尊旨，愿以是交勉。践履往往后于识悟，而持之以恒以诚，终将趋于齐一，冀所期不虚耳。

（一九六三年二月十三日）

二 十 七

来书今日始收到，观发书之日为上月十七日，不知何以延迟至此。承告精心研究语文教学，将按毛主席著作之精神，以实践中探讨规律与方法，并执笔写文章，一遍已毕，复写第二遍，夜以继日，工作不懈。足下身为语文教师，怀此大愿，于语文教学之重要，语文教学现况之了解，言之皆颇深切，又复注重力行，欲竭其所得，写告同业，凡此诸端，我深表敬佩。因未观尊稿，无甚意见可提。俟稿成之日，希寄我一读。苟有所见，必当详悉言之，籍贡参考。有一事可言者，语文教学之提高，与教师之水平关系至钜。教师辅导学生者为阅读与作文二事。教师善读善作，深知甘苦，左右逢源，则为学生引路，可以事半功倍。故教师不断提高其水平，实为要图。而不断提高之原动力又在于思想政治，惟红乃能专，斯言宜深信也。鄙见如是，未识足下以为然否。余不多及。

（一九六四年九月五日）

二 十 八

来书到已十余日，迟复为歉。尊论谓《梅花岭记》"或曰"一段记种种传闻，旨在写影响，我以为此说至确。苟非此旨，则上文既已叙史公之死之葬，何必复叙或人之言？其叙或人之言，盖以引出英霍山师与孙兆奎答洪承畴语。是皆影响也。曰"英、霍山师"，曰"仿佛陈涉之称项燕"，曰"孙公兆奎以起兵不克"，全氏之立场显然可知。而末一段议论则承"或曰"一段，其要义为"忠烈之面目宛然可遇"。全氏与客于百年之后尚"宛然可遇"，则篇末一语自宜言当时起兵者之"遇"矣。由此以思，深钦足下辨析甚精，识解至卓。尝与编辑室诸同志共论，诸同志于尊论皆表同意，别有一书奉复。我再为寻绎，拟明如下数事。"而况"系自我辈（全氏与客）推进一层。"者"字确指"人"。明言"冒其未死之名"，见起兵者于"果解脱否"固未尝视为问题，彼辈盖有所为而冒之也。至于"是不必问其果解脱否也"一语，系就我辈而言，此语亦可无，以回应上文"何必出世入世之面目"而有。如是云云当否，尚希察之。教学参考资料一份奉还。

（一九六四年九月二十九日）

二 十 九

手书并大稿（收信人注：指拙作《鲁迅手稿管窥》的部分原稿）于前四日收到。对观鲁翁文之原稿与改定稿，此事至有意味，因即抽两日之余暇展读之。虽仅抄录有改动之处，左右省视至便，已能窥见鲁翁当时之用心。足下之说明，颇有会心者多，能道着经营之甘苦。其他不甚重要处，鄙意似可不说。原文既标符号，对观即见异同。此胜于彼，可俟自悟也。承嘱修改，以不任多用脑力，未能应命，尚希谅之。二三年来，即为一二千言之短文，辄引起肝阳旧疾，累日不舒。书以奉告，以明其非推托耳。

（一九六五年九月二十三日）

三 〇

去年十一月初至十二月中旬，我出外旅行，回来时大札并稿子已寄到，而杂事稍多，未能抽暇读稿，遂延迟作报。近日得闲，迄今日各篇读毕，乃写此复书。殊劳足下盼念矣。

新作各篇，说明悉从简要，点出鲁翁用意之处，我皆表同意。谈《准风月谈》之两页弃稿（收信人注：指现在收入鲁迅《集外集拾遗补编》的《〈准风月谈后记〉自删稿》），我尤为心赏。引言甚顺畅，无可贡之意见。

取书名亦非易。《改文示例》，我嫌"示"字。他如"举隅""管窥"，与"示例"同，皆未标明系就鲁翁一家之作而为究研。此意似宜点出，如何造语，骤难想妥。还望足下自定之。写书签为事甚易，俟拟定之后相告，即当写之。

《西川集》我处留存一册，系友人自重庆购得者。虽不劳足下寄赠，而于厚意实深感激。

拙书一纸，勉酬雅意。此系去年参观遵义会议会址时作。

（一九六六年一月二十六日）

三 十 一

承将大稿重抄（指收信人第一次寄给叶老的稿件，字体小而笔画细，叶老屡次用力审视，都无法辨认，只好将稿件寄还，请收信人用较大的字体重抄一份——编者注）寄示，感甚。这样指点文章的脉络，揭示作者的用心，旧时有所谓"评点"一派，做得好的对于读者很有帮助。今时语文教师若能继承这个传统，运用在教学过程之中，要言不繁，启发几句，让学生自己去体会领略，自必使学生大有受益。而足下此作，正是很好做到了这个地步的。五篇通体看完，觉得是颇为愉快的享受，回味犹有余甘。我为足下的学生庆幸，他们得到如此启迪，阅读能力与写作能力必然逐渐有进，终能达到随时肆应不穷。

我又想，应用于教学，与写在纸面上应有所不同。教学的时候，似可多提问题，让学生自己找答案，待他们真答不出，然后明白告之。足下以为然否？写成稿子，就自己说，等于作教案，把教学的主要步骤确定下来。如果拿给同事的教师看，又可以收到观摩切磋的益处。写得较多，选取其精者出版，那不仅是教师，一般读者也喜欢看的。至于哪家出版社愿意出这一类书，我说不准。

承询哪些文章便于作解说，愧我未能作答。宽泛言之，凡是精心结撰的文章都有足以揣摩领略之处。

（一九七三年八月二十日）

三 十 二

惠书昨日收读，良为欣快。

参加语文教研组活动，此甚有意义。据往时接触及近时间接闻知，语文教师以讲解为务者尚不乏其人，以为学生鲜能自览，必为之讲解始能明晓。鄙意则谓今言教育革命，此一点首宜打破。凡为教者，必期于达到不须教。教师所务，惟在启发导引，俾学生逐步增益其知能，展卷而自能通解，执笔而自能合度。苟能若是，犹未足以言教育革命，然教育革命殆莫能外之。聊陈此意，请察其可否贡之于现任教师。

承示大诗三题四首，五律最胜。二绝句之前一首较次，诗味无多，意嫌拼凑。妄评勿罪。

（一九七四年一月六日）

三 十 三

寄来颐和园图录的前言，此刻已经看完。要提的意见太多了，我目力不济，不能多写，只能画些黑线条，表示这个地方有些欠妥。总的意见是这篇东西还是毛坯，不像一篇可以给广大读者阅览的文字。

前一部分说颐和园的历史，后一部分说颐和园的建筑艺术，都像是写在作者笔记本上的摘记。这些材料还得充分融化，适当安排，找到恰当的语言形式表达出来，才能使读者理会，并且感到很有兴味。假如就用这一篇作为前言，读者看了前一部分会感到厌倦，看了后一部分只能似懂非懂。

我对于贵社和他社出版的风景名胜图册、古今书画册、考古文物图册之类的"前言"或者"出版说明"（还有风景名胜地区写在牌子上的"简介"）一向有个意见，总觉得套语笼统语比较多，语言是似文似白，非文非白，基本上是文言底子。这一篇就是个例子，因而我第一回把我的意见说出来了。

我想，风景名胜、古今书画、考古文物，全是挺名贵的东西，而在图册前部加上那样的"前言"或者"出版说明"，太不相称了，我几乎要说出"玷污"这个词儿来。

改进文风，大家有份，我希望干编辑工作的同志都来做促进派。

凡是套语笼统语坚决不说，只要随时留心，是容易办到的。至于语言形式，当然要用明确的干净的现代汉语。文字虽然写在纸上或者印在纸上，要顾到口头念起来顺当，耳朵听起来清楚。（像这篇稿子，放到口头是没法念的，用耳朵来听是无论如何听不清楚的。）

我的话直率，也算是"知无不言，言无不尽"的意思。倘若诸位同志不给责备，又能虚心地考虑这些话对不对，就是我的荣幸了。

（一九七九年一月二十二日）

三 十 四

来示敬诵。我于去岁六月杪病作就医，割除胆结石。住院至十月上旬始返寓，迄今又将四个月。虽体温脉搏消化睡眠皆正常，而心思体力大不如前。阅览书写全疏，亦不外出参加集会，不思不想，惟以闲坐遣时。承询语文教学法参考资料之编选，我前未涉想及此，颇难作答。古籍简要，如需采取，似宜作简要明确之释解，乃可使学生通其意而应乎用。师院学生将来为师，教其学生学习语文，鄙意以为先宜做到自己"通"。通亦不必求之甚高，善读善写即可。而所谓善写，非为饰美，务切实用，工作所需，生活所遇，咸能畅达，斯为善矣。苟此想不谬，则语文教学法似当着力于此。愧并无经验，言多空想，聊为书之，乞审其然否。

（一九七九年二月三日）

三 十 五

来信业已接读。我年八十四有余，去夏因胆结石病动手术，至今还没有完全恢复，心思体力大不如前。加以视力衰退，阅览和书写都不甚方便，以故只能简略作答，尚希原谅。

寄示的几点意见虽是十几年前所写，我以为如能切实照做，在今天必能把语文教学推进若干步。教学有原理，有方法，原理须体现于实践之中，方法须灵活运用，不陷于拘泥，以故任课教师之不断提高，实为真正致效的主要途径。近年教师们人人自奋，都切盼做好本职工作，可是时间不多，条件不甚具备，进修提高，还不怎么方便。我恳切盼望足下和同室研究的同志们特别致力于帮助教师们的进修提高，使语文教学迅速改变少慢差费的毛病。我极少实际经验，又兼衰老，不能外出，不能用心思考，而愿望语文教学得到切实改进的心情不衰。以故接来书之后，写以上的简单想法奉告。写如此二纸已感稍有疲劳，即止于此。

（一九七九年三月十日）

（本文原载《教育研究》1979 年第 5 期）

教学论问题片断

张定璋

教学与发展的统一性

教学的效果在很大程度上取决于学生能力的发展。在合理的教学影响下，学生知识的增长和能力的发展是成正比的；凡是高质量的教学，总是把对学生的知识、技能、技巧的教学，同发展学生的智力和独立工作能力结合起来。这是"教学与发展的统一性（或相互制约性）"规律的大致意思。

在教育史上，曾有所谓"形式教育"和"实质教育"之争。"形式教育"论者强调智力发展，认为教学就是智能的操练，拉丁文、希腊文、代数、几何是用来进行操练的最好教材。"实质教育"论者重视实用知识的传授，认为教学只要使学生学到实际生活中有用的知识就好了，不必致力于智力发展。

这两种教育主张，虽然有唯理主义和经验主义之别，但都是唯心主义的，都不考虑知识的科学性，不问教材是否真正反映客观世界及其规律性，而只问有否训练心智的价值，或者是否对生活有用。他们都把教学任务看成是帮助青年去适应现有秩序的，而不认为教学是使学生认识世界并获得改造世界能力的有效途径。他们所争论的只是用什么教材教育青年有利于适应现状。

后来西方资产阶级教育家亦渐放弃"形式教育"和"实质教育"的二分法，认为二者完全可以融合统一。这说明掌握科学知识和发展智力相互依存、相互制约，只顾一头，就不可能真正提高教学质量。

当前，教学论的发展趋势是更多地重视能力的发展，尤其是重视儿童早期的智力发展。学者们所持的论据是，现代科学技术的迅猛发展，要求青年在学期间比前代人接受和掌握更多的理论知识和科学技术信息；而对儿童早期大脑生理和学习能力的研究结论是，儿童的智力没有得到充分发挥，在提高学习难度上大有潜力可挖。这个观点在美、苏以及其他西方国家学者中是比较流行的。苏联的列·符·赞科夫也以批判传统教学的姿态出现。他根据多年的实验研究提出的"新的教学论体系"，包含五个教学原则：高难度，高速度，理论知识起指导作用，使学生理解学习过程，使全班学生包括"差生"都得到发展。其主导思想是：教学要致力于学生的能力发展，只有在发展上取得了成绩的，才能从根本上提高教学质量。美国著名心理学家和教育家布鲁纳也强调早期发展教学。他提出"基本结构"的理论，认为使学生掌握学科的基本结构（即概括性、规律性的知识）有多种好处：激发儿童的智慧，使学科更易理解；加强记忆；促进学习迁移；等等。以上两个学者的理论，在他们国内都引起很大反响，也有不少争论。赞科夫的实验成果已为苏联教育当局所采纳，并且反映在新近出版的教育学教科书中；布鲁纳二十世纪六十年代提出的这套理论，在七十年代有自我否定之意（参看《教育研究》创刊号《教育过程再探》）。但是，发展教学的势头仍然锐不可当。不论怎样，由于科学技术信息的洪流汹涌澎湃，儿童智力上的增长灼然可见，教学重视能力发展是世界潮流所趋，是合乎规律的事。有人指出"发展教学问题已成为现代学校中的中心问题"，不是没有道理的。

按"教学与发展的统一性"规律办事，这就意味着：

（1）教学要循序渐进，只有从打好"双基"上下功夫，才能有高速度的前进。

发展教学的目标是学习的高速度前进。高速度从何而来？有人主张要学得广，"以知识的广度来达到知识的深度"（赞科夫语），这对成人来说是无可非议的，但是，对于儿童和青少年来说，"基础"不打好，就像上楼缺了阶梯，乱了"序"，那是"欲速则不达"的。教学实践指明：落实"双基"是提高能力的基本条件，而能力的提高又会强化"双基"的落实。学习的循序渐进性是原则，也是规律，它是反映学科知识的逻辑顺序和学生智力发展的"序"的。打基础、循序渐进，看起来慢，却是慢中求快，以少胜多，这是合乎规律的事。这个道理，古代教育家有总结，如《学记》上提出"学不躐等""不陵节而施"。在现代科学家和教育家中，主张从打好基础入手，牢固掌握主要学科"基干"，然后循序而登攀学科尖端者，更不乏其人。有的学校概括出一条经验，即把眼睛盯在"能力"上，把功夫花在"双基"上，我们认为是可取的。

（2）心理学告诉我们：能力是在活动中发展的。这里所说的"活动"是广义的，包括脑力、体力和手脑结合的各种实践活动。常言道"实践出智慧""实践长才干"，是有道理的。教学中精讲多练之可贵，就在于讲得少而精，给学生留有主动活动的余地，让学生在思考性的练习中发展思维能力，在读写练习中发展读写能力，在观察和实验的情境中学会分析性观察和培养实验的能力。这一系列能力的培养是日积月累而成的。我们不但要重视课内练习，也要重视课外活动，通过兴趣小组、科技小组活动，发展学生的兴趣、爱好和特长，发展他们综合运用知识从事设计和实际操作的能力。

（3）指导学生掌握学习方法，培养自学能力。这无异于交给学生打开知识宝库的"钥匙"，它对学生能力的发展和在未来工作中不断自我更新知识的作用，是不可估量的。

（4）摸清全班学生发展水平的底，贯彻因材施教原则。二十世纪三十年代苏联心理学家维果茨基研究儿童智力发展，认为有两种发展水平：一种是现有的，能独立完成所提出的智力任务；一种是要经启发帮助，努力一下才可达到的水平，可用"最近发展区"的概念来表述。发展教学就是要摸清每个学生的"最近发展区"，以稍高于学生实际水平的要求来训练学生。教学实验证明：教学在一定难度基础上进行，可以促进发展。也有西方教育家提出"超前教学"的概念。当然，"超前"是有限度的。如果把学习比喻作采摘果子的话，要让儿童跳一跳摘到果子，比一伸手就摘到要好一些。因材施教的目的是针对每个学生的不同特点（"材"），进行最有效的培养，决不限于培养少数几个"尖子"，而是要使中下的学生都能逐步地赶上来，争取大面积的丰收。

教学中学生认识过程的规律

学生在教师领导下掌握知识、技能、技巧的过程，就其本质而言，是一种特殊的认识过程。它与人类一般的认识过程是特殊和一般的关系，与科学研究的认识过程有着共同性。

第一，都在于认识真理，认识客观实在。

第二，都要有实践、感性经验做基础。列宁所揭示的认识真理、认识客观实在的辩证途径——"从生动的直观到抽象的思维，并从抽象的思维到实践"，也要贯串于学生认识过程的总体中。

第三，学生的认识也是主动、能动的反映过程，同样，也是客观辩证法变为主观辩证法的过程。在这过程中，虽然有一定的阶段性，但是，不同阶段，例如感性与理性、具体与抽象、理论与实践，相互依存、相互渗透、相互转化，充分体现了认识过程的辩证性。认识主体（无论是科学家、理论家或生产者）在认识过程中有主观能动性方面的表现，如探索（包括一定的试误）、推测、假设、发现、发明，学生在认识过程中也需要在教师领导下有一定的表现，方能完成培养任务。

总结人类一切认识活动的辩证唯物主义认识论，既是科学认识又是教学中认识过程的指导原理。但是，学生的认识过程仍有其矛盾的特殊性，这是由社会对于年青一代的培养要求和学生身心发展的规律所决定的。这些特点是：

（1）学生的认识，是去理解人类已知的真理，而不是去发现新的真理；是去掌握人类已经概括出来的各门学科知识，而不是去开辟人类知识的新领域。学生的这一认识任务是通过学习书本（主要是教科书）来实现的。因而，相对于科学认识来说，学生所走的是一条最经济、最简约的认识道路，决不像科学家从事科学研究所经历的认识道路那样漫长曲折。

（2）由于书本知识对于学生来说都是间接经验，主要是通过语言、文字的刺激物来形成大脑皮质的暂时联系，这就不能不受遗忘规律的制约，因此，学生的认识过程中必须有巩固的工作，用以强化暂时联系。

（3）由于掌握知识与形成技能技巧有着相互依存、相互制约性，也由于能力要在实践活动中发展，因此，教学过程必须有应用知识的实践活动。这种实践活动，对于准备参加社会劳动的学生来说，大量的是练习性的、形成技能技巧的实践。学生不可能有大量时间用于改造客观世界的社会实践，后者主要是在"兼学"中进行的。

（4）学生的认识过程是在教师领导下进行的。教师组织学生的认识活动，一要考虑教学的多方面任务（教育和发展等），二要考虑学生的身心发展水平，因此，这就不是一个单纯的认识过程，还是受教育和发展智力、体力的过程。

以上四点，是学生认识过程的特殊性，它同上述与科学认识过程的共同性一起，组成了在教学中学生认识过程的特殊规律。教师在组织教学过程时，必须遵循这个规律以处理好教学过程和人类一般认识过程二者之间的关系，要防止两种错误倾向：一种是把教学过程等同于一般认识过程，死抠"实践—认识—实践"公式，搞"以干代学"；另一种是使教学过程与一般认识过程相对立（割裂），教学完全脱离实践，这是旧式的"读书学校"道路。这两个极端都不能走。

按学生掌握书本知识过程的规律性组织教学，首先要处理这一过程中的诸种矛盾。这些矛盾从总体上说，就是教学的不断复杂化的要求同学生认识水平、发展水平之间的矛盾。具体的教学过程，不同的教学阶段，有的侧重于解决学习动机方面的矛盾（因为学生对各门学科的学习并不都有心理准备），有的侧重于解决感性经验不足，或新旧知识缺乏联系，或开动脑筋不足，或学习方法不对头，或知识巩固不足，等等。这些矛盾的解决都是有规律可循的，学者们从教学实践中概括总结出的教学原则，如直观性、自觉性、巩固性、系统性等原则，就是反映教学过程中各阶段（环节）工作的规律的。过去的教育学在谈到教学规律时，主要是拿一般认识过程的规律来取代学生认识过程的特殊规律。因而，将非常多样化的学生掌握知识、技能、技巧的过程，概括为"感知—理解—巩固—应用"，并且把这个序列当作教学过程的一条基本规律。这一观点不可避免地导致教学工作组织形式的刻板化，尽管《教育学》的编者声明，这些基本阶段（环节）是互相交织的、没有明显界限的，但是既然被当作规律，那就非按这条认识路线来组织教学不可了。

按"感知—理解—巩固—应用"的顺序来组织学生的认识过程，在小学教学中确是常有的事。如果从教的角度考虑，还应加上"引起学习动机"和"检查学生的知识、技能、技巧"两个环节。但是，不能僵化地认识这个程序。我们既要从学生认识总体上重视辩证唯物主义认识论路线在教学中的贯彻，也要重视认识的辩证法在教学中的体现。

例如，领会新教材，这是感知和理解互相交织的过程，它的程序并不都是由感知到理解。教学研究指明：具体不一定是教学的出发点，从概念、概括开始来掌握规律性的科学知识，不但有可能，而且是必要的。关于小学生掌握集合的理论和掌握语法形式的教学实验证明，小学生已有能力接受概括性的知识，概括的方式无论对掌握知识还是对促进学生的一般发展，都更为简捷、有效。然而，一分钟也不能忘记的是，学生的抽象思维过程要用生动的、形象的、具体的东西来充实。过去的直观性原则反映儿童思维具体性的规律，在今天仍然有效。运用现代化教学手段来扩大学生的感性经验（也是直观），它的出发点往往是理论教学的需要，它可以超越宏观世界，进入微观世界或超宏观世界，使抽象的具体化、复杂的条理化，为教学过程打开新的境界，使教学的高难度、高速度成为可望又可即的事。

为了形成概念，教学中最常用的是由特殊到一般的归纳推理。但是，研究证明，单单归纳法不能保证解决教学的主要任务，要使学生掌握被认识的过程和现象的规律性、因果关系，必须与演绎法相结合。演绎法从一般到特殊，从已知推断未知，它在寻求新知识和培养思维能力与想象能力上有巨大的作用。教学过程中把这两种推理方法相结合，有利于使学生学会运用科学研究的方法。

学生从掌握书本知识来认识真理，走的是一条捷径。但是，也要辩证地理解这件事。在培养学生有较高的分析问题和解决问题的能力、培养学生科学研究的态度和使他们学会科学的研究方法这些方面，传统教学有很大的缺陷，它担负不了这些培养任务。西方教育家和心理学家提出了教学过程"积极化"的概念（苏联"教学论"中也使用这个词），并相应地提出一种"积极的教学法"，其内涵与布鲁纳倡导的"发现法"大致相同，都是说要让学生自己参与"创造知识"，通过"发现"来学习。让·皮亚杰说得更干脆："一切真理都要由学生自己获得，或则由他重新发明，至少由他重建，而不是简单地传递给他。"在讲到培养学生物理实验能力时，他甚至说要"让他们摸索，让他们在操作设备中自发地研究，以证实或排除他自己对某些物理现象的解释"。"通过演绎推理与实验材料的结合，达到对一定基本现象的理解，儿童经过一定错误阶段是必要的。"这些论点虽不是金科玉律，但对于改进教学方法，使教学过程贯穿着同科学认识过程一样遵循共同规律的精神，也就是使教学随着学生知识的增长和能力的发展逐步同科学研究有条件地结合起来的精神，也是值得我们参考的。

同"发现法""积极法"相类似，苏联教育学中采用了"问题教学"

这一概念，虽然列了它的不少优点，但又认为此法不是万能的，不能实现教学的一切职能。并且它指出：问题教学是一条不经济的道路，需要花费很多时间，运用它不可能实现系统地掌握学科的全部知识，也不能练就非常必要的技巧。

总之，要用辩证法的观点来处理教学过程。但在实际研究中，有待我们探讨、研究的问题还是不少的。

（本文原载《教育研究》1979 年第 3 期）

教育实验法简介

李秉德

探讨教育规律，必须开展教育方面的科学研究。而开展教育科学研究，又必须掌握科学的研究方法。教育实验法是行之有效的教育科学研究方法之一。教育工作者为了能够搞好教育方面的实验，就必须掌握教育实验的方法和技术。

实验法原来是在自然科学领域内被广泛采用的一种方法，后来逐渐推广到社会科学领域内。在教育科学范围内采用的实验方法又有着自己的特点，在这里不一般地讲实验方法，只就在教育研究方面采用的实验方法简要地加以论述。

一、采用教育实验方法必须考虑的几个先决问题

什么是教育实验法？教育实验法是为了解决某一教育问题，根据一定的教育理论，组织有计划的教育实践，到规定的时间以后，就实验效果进行比较分析，从而得出科学的结论来。

进行实验研究，当然是为的要解决某一个教育问题。至于这个问题是怎样提出来的，或者说怎样去发现要研究的教育问题，在这里不谈。这里假定，问题已经有了，要考虑的是研究解决这个问题该用什么方法。只有在所要研究的问题适宜于用实验方法时才决定采用实验方法。那么，究竟

在怎样的情况下才适宜于采用实验方法呢？首先，研究者必须考虑，看这个问题可能有哪些答案。只有在对这个问题有了一个或几个初步设想的答案，但是不能确定答案对不对，或不能确定究竟哪个答案对的情况下，才可考虑去采用实验法。在这时就需设计一种实验，通过实验加以验证，看究竟哪个答案对。这个答案所代表的理论，不管涉及的范围是宽是窄，都是假设性的，只有在经过实验证明以后才可成立。显然，如果是在日常的教育实践中已经得到证明的东西，那就根本用不着再去进行什么实验了。但是，教育实践的范围很广，你心目中认为的问题究竟在广大的教育实践中是否已经被解决，这一点必须先弄清楚。所以，一个研究人员接着要考虑的另一个问题是，这个问题前人是否已经给解决了。为此，他必须进行广泛的了解，查阅前人已经研究过的有关这一问题的资料，看对于这一问题，别人是否已经提出同样的假设并进行过实验，他们所做的实验是否可靠，等等。显然，假如这一问题前人已经圆满解决了，那就根本用不着再重复这项劳动了。所以，我们可以说，只有在对于问题有了初步的假设答案，而这个问题又的确是前人未曾解决的情况下，我们才可以考虑采用实验的方法来解决。

另外，采用教育实验方法还要看主客观条件。客观条件视具体实验的要求而定。主观条件主要指实验者对于实验方法和技术的掌握。这些条件都具备之后，实验工作方可有效进行。但这些主客观条件都不是我们进行实验的不可克服的障碍，而是我们可以积极创造出来的。例如实验方法与技术，不但是我们实验人员所必须掌握的，而且也是我们一定可以掌握的。现在就来介绍几种实验方法。

二、几种常见的教育实验方法

常见的教育实验方法有单组实验法、等组实验法和循环实验法三种。

（一）单组实验法

单组实验法是向一个或一组研究对象，施加某一个或数个实验因子，然后测量其所生的一种或数种变化，借以确定实验因子的效果如何。单组实验法可以用下面这个基本公式来表述：

$$S—(IT—EF_1—FT—C_1)—(IT—EF_2—FT—C_2)$$

C＝FT－IT　实验结果＝C_1-C_2

符号解释：

S 实验对象　IT 初次测验　EF 实验因子　FT 末次测验　C 产生的变化

例如，为了解决提高小学低年级学生识字教学的速度与质量问题，可以有两个假设或答案，一个是集中识字方法好，另一个是分散识字方法好。为了确定究竟哪种方法好，我们就可以考虑在一个班级里采用单组实验法。这时，集中识字和分散识字就是我们打算实验的两个实验因子（EF_1 和 EF_2）。这个实验班级就是实验对象（S），在实行集中识字方法之先，要举行一次测验（IT），已经用过集中识字方法之后，再举行一次测验（FT）。拿两次测验的成绩一比较，便求出所产生的变化来（C＝FT-IT）。用同样的程序再把分散识字的方法实验一次，以求出用分散识字的方法所产生的变化（$IT—EF_2—FT—C_2$）。最后，把这两次所产生的变化加以比较（C_1-C_2），就可以知道到底哪一种方法的效果比较好——这时候实验的结果便得了出来。

采用单组实验法是有条件的。不具备以下这些条件就不能实行单组实验法：

（1）后一实验因子在实验对象中所产生的变化，必须不受以前实验因子的影响。

（2）由其他混杂因子所产生的影响，在实验的前一阶段（ET_1）与后一阶段（EF_2）应该是一样的，或无关紧要的。

（3）测验必须准确。测验所用的单位应是相等的。避免使实验对象由于逐渐掌握测验技术而在后面的测验中得到高分。

（二）等组实验法

以不同的实验因子施行于不同的均等的组，然后比较其所生的变化。这种方法叫做等组实验法。等组实验法的基本公式如下：

$$S_1 — (IT—EF_1—FT—C_1)$$

$$S_2 — (IT—EF_2—FT—C_2)$$

$$实验结果 = C_1 - C_2$$

如果实验因子加多，组数也要相应增多，公式亦可相应地加长：

$$S_3 — (IT—EF_3—FT—C_3)$$

那么，实验结果就是 C_1、C_2、C_3 三种变化比较的结果。

等组实验法要求的最重要的条件是各组必须均等。怎样使各组均等？一般有以下这些方法。

（甲）随机取样法。

这是按自然呈现的机会性来分组。常用的方法有：

（1）抽签法——把参加实验的学生的名字或号数写在纸片上，混匀以后，按需要抽足各组人数。

（2）排列法——先把参加实验学生的名字按笔画或汉语拼音字母等方法，排成固定的顺序，然后再按各组实际需要的人数，按照一定的顺序予以拣取。

（乙）测量选择法。

随机取样法虽然简便省力，但一般只在人数太多的情况下才用它。而且严格说来，这种方法未必能使各组均等。为了保证各组真正均等，一般采用测量选择法。这是把参加实验的对象统统测量一下，然后根据测量的结果，予以合理的选择与分配。

所谓各组均等，是针对实验因子而言的。因此，为了使各组均等而编制或采用的测验，必须合乎实验因子的要求。例如，如果打算用等组实验法来实验两种识字方法的效果，那么所要测量的就是学生原来识字的数量与质量。测量结果出来后，就按分数顺序排列好，然后再按排列顺序上的位置，把他们均等地分在各组里面。为了使各组真正均等，在实行分组的时候往往采取下列方式：

$$A \text{ 式} \begin{cases} \text{甲组 } 1\ 4\ 5\ 8\ 9\ 12\cdots\cdots \\ \text{乙组 } 2\ 3\ 6\ 7\ 10\ 11\cdots\cdots \end{cases}$$

（数字代表按分数排列的顺序位置，下同）

$$B \text{ 式} \begin{cases} \text{甲组 } 1\ 6\ 7\ 12\ 13\cdots\cdots \\ \text{乙组 } 2\ 5\ 8\ 11\ 14\cdots\cdots \\ \text{丙组 } 3\ 4\ 9\ 10\ 15\cdots\cdots \end{cases}$$

以上 A 式是分两个等组的方法，B 式是分三个等组的方法。组数再多时仍可依此类推。这样的分组法就不会使任何一组常占优势。为了使各组均等更接近于理想情况，可在依前法分组以后，再求得各组的平均分数而加以比较，若发现仍有彼此悬殊的情况，就可把这一组中分数较高的人和那一组中分数较低的人加以调换。另外，仅仅在总平均分数上相等还不算相等，还必须在差异量数（如平均差、标准差等）上也力求相等，只有这样才能使两组更接近于真正均等。

如果出于行政上的原因，把原来的班级分成两个均等的组有困难，也可以不把原来的班级打破，只需在计算成绩求得实验结果时，不把部分学生列入计算就可以了。

等组实验法虽然比较麻烦些，但是它有两个优点是单组实验法所不及的：（1）实行等组实验法可以免去这一个实验因子对于那一个实验因子的转移及影响，因为两个不同的实验因子是在两个不同的组里施行的，自然不会彼此影响了。（2）两组所用的测验单位容易均等。学生在各方面进步的速率，前后往往有相当大的差别，以致形成测验单位实质上的不均等。这在单组实验法里是无法避免的，而在用等组实验法时就可以不怕有此情形了。因为两组各方面的情况既然都一样，这一组在进步速率上所受到的影响和另一组所受到的大致相同。这样，采用原来的测验单位，无论哪一组就都没有什么比较吃亏和占便宜的地方了。

（三）循环实验法

等组实验法虽然比单组实验法有许多优点，但要想得到真正均等的组，却也不是一件简单容易的事。为了一方面避免单组实验法所受条件的严格限制，另一方面省却均等分组的麻烦手续，于是就有循环实验法的产生。循环实验法也叫轮组法，它是把各实验因子（不管是几个），轮换施行于各组（各组不必均等），然后根据每个实验因子所生变化的总和来决定实验的结果。循环实验法的基本公式如下：

S_1——（IT—EF_1—FT—C_1）——（IT—EF_2—FT—C_2）

S_2——（IT—EF_2—FT—C_3）——（IT—EF_1—FT—C_4）

$EF_1 = C_1 + C_4$ $EF_2 = C_2 + C_3$

实验结果 =（$C_1 + C_4$）－（$C_2 + C_3$）

如果实验因子变为三个，那么实验组别也应增为三个，每组仍将所有实验因子轮流实验一遍。各实验因子的次序应用下面的办法来排列：

S_1——$EF_1 \cdots EF_2 \cdots EF_3$

S_2——$EF_2 \cdots EF_3 \cdots EF_1$

S_3——$EF_3 \cdots EF_1 \cdots EF_2$

这样的排列方法使每一个实验因子不但在各组中循环了一遍，而且在实验次序的每一个地位上也都循环了一遍，这就可以使每一个实验因子在各方面的机会都一样，不至于使某一实验因子由于总是排在最先、最后或中间而蒙受有利或不利的影响。

循环实验法和单组实验法、等组实验法比较起来有以下一些优点：

（1）循环实验法可以减少无关的混杂因子的影响。例如实验的目的是比较甲乙两种教法的效果，那么实行两种教法的两位教师的教学技术之高下，以及两班学生家庭环境的好坏等都算是与实验目的无关的混杂因子。在循环实验法中，两种教法（两个实验因子）都被每个教师所实行过，都在每一班的学生中实行过。所以，即便教师教学技术有高下，学生家庭环境有好坏，由于循环的结果是把这些差异所产生的影响匀配给各个实验因子，对于每个实验因子都无所偏袒，因而也就没有什么关系了。

（2）在循环实验法中由于各个实验因子被实验的次数加多，因而可以使实验结果的正确性提升。

（3）循环实验法不必要求各组均等，因而省却了均等分组的麻烦。

总之，以上三种方法各有利弊。单组实验法的好处是容易实行，而短处是所受条件限制太严格，尤其是后一实验因子所受的前一实验因子的影响无法去除。等组实验法虽然可以弥补单组实验法的短处，然而在使各组均等上又面临许多新的困难。循环实验法算是把以上两种方法的缺陷都给弥补起来了，然而各实验因子被实验的次数却又都凭空增加了，这样自然又增添了许多麻烦。

三、实验情况的控制

前面所说的大都是实验开始以前的准备工作。在实验进行的时候，还有许多事情需要注意。现在就把实验情形控制工作中的几件最主要的事项，简单说明于下。

（一）恒性的与变性的因子必须加以区别

在实验工作进行的时候，可能给予实验以影响的因子很多。这些因子可以分为两类：一类是变性的，一类是恒性的。变性的因子有偶然性，它所给予实验因子的影响也许是有利的，也许是不利的。因为它的性质不固定，所以说它是变性的。譬如，假定我们所做的一种实验，是要比较两种教法的优劣，那么实验正在进行的时候，天气的冷暖阴晴，教师与学生心情的愉快与烦闷，他们逐日的饮食睡眠的调适与否，凡此种种许许多多的复杂情形，都是所谓变性的因子。对于这些因子，我们没有绝对有效的办法可以控制。不过，我们不妨假定这些因子所产生的有利的影响和不利的影响常常是相等的，所以对于这些因子事实上也就没有加以控制的必要。

对于恒性因子我们就不能再持这种态度了。因为恒性因子所产生的影响是固定的有利，或固定的不利。它的性质是固定不变的。譬如，在前述两种教法的比较实验中，某班教师的教学技术特别优秀，或某班学生在家庭中得到的额外补习机会特别多，像这一类的情形都是固定地使某种教法（实验因子）获得有利的影响，所以它们都被叫作恒性因子。既然它们的影响固定地偏向于某一方面，所以为求实验结果之准确，对于这些因子必须设法予以控制——也就是设法避免它们或减除它们。

（二）执行或参与实验的人的偏向必须消弭

人们对于任何事物都自然而然地要有一种意见，或者不自觉地就对事物产生爱恶。这种意见和爱恶就属于个人态度上的偏向。此外，执行实验者的知识技能有高下，也极容易对于某一实验因子有所偏向。这些偏向的情形往往会使实验蒙受不应有的影响。所以在实验尚未实行时，主持实验者以及参与实验的助理与教师以及作为实验对象的学生们有无偏向的情形，都是应该加以密切注意的事项。假如有偏向情形，而且这种偏向肯定会使实验结果产生误差，那么我们可以用下列方法避免它们。

第一，使得有偏私的人发觉自己的偏向，然后自己来设法避免它——这当然是一个极简单的方法。不过，有时这种办法未必有效，这就需要另外采取其他的方法了。

第二，用均衡的方法均衡参与实验者的偏向——假若执行或参与实验的人数较多，而且他们各人的偏向情形我们也都有方法知道得很清楚，那就可以用前述等组实验法中均等组别的办法，以各人偏向的方面及程度为标准，把这些人分成均等的组别，来分别地实验不同的实验因子。这样一来，执行或参与实验的人虽然仍有偏向存在，但是他们所能给予各个实验因子的影响是相等的，无形中也就把这种偏向的情形给消除了。

第三，用循环实验法来消弭执行或参与实验者的偏向——对于执行或参与实验者知识技术上的偏向，可以用循环实验法来消弭它。因为循环实验的结果是知识技能较优者给予所有的实验因子以同等有利的影响，知识技能较劣者给予实验因子以同等不利的影响，所以即使执行或参与实验的助理与教师在知识技能上有高下，事实上也没有什么关系。不过，如果这种偏向属于执行或参与实验者态度上的不同，那就不是循环实验法所可消弭的了。因为即使在循环实验的情形下，助理和教师以及学生的偏向也总是固定地倾向于某一因子，并不能使其他因子平等受到其偏向的影响。

第四，制订执行实验手续的详细说明——把进行实验的详细手续用文字明白规定出来，应该注意的事项和必须遵守的规则也都详细予以说明，使执行实验的人很严格地遵照着具体的说明一步一步地做去，个人的主见没有表现的机会。这样一来，个人虽有偏向的情形，事实上也就不会发生作用了。

关于执行或参与实验者的偏向的消弭办法，我们已经介绍了以上四种。在这四种办法中，固然没有一种在任何情形之下都是有效的，但是若能够针对实验的情形，在以上四种办法中选取一种或几种来采用，那么执行或参与实验者的偏向情形即便不能完全消弭，也可以消弭十之八九了。

(三) 由于转移所生的误差要竭力避免

关于转移的情形可以分为三种：一种是前一实验因子对于后一实验因子所生的转移，一种是以前的学习对于各实验因子所生的转移，还有一种是前后测验所生的转移。在实行单组实验法或循环实验法时，前一实验因子对于后一实验因子所生的转移，是一件绝对不容忽略的事情。关于这一层在前面已经说过了。关于以前的学习对各实验因子所生的转移，在三种实验方法中都有可能发生。至于前后测验间所生的转移现象在第一次测验到第二次测验之间尤其容易发生。以上各种转移的影响，若无法予以除去或消弭，则实验结果必生误差。除去或消弭的办法就是实行等组实验法，或者把转移的分量设法量出，然后再把它们去除。所以在转移影响的消弭工作中，困难的并不是方法之有无问题，而是转移情形的存在是否被发现的问题。因为有些转移的情形虽然存在，但是往往因为不容易发现，以致忽略了它们。这样自然就不会想到用方法来消弭它们了。

（四）由于时间所生的误差必须去除

所有的实验因子被实验的时间必须相同。这本来是一件无须说明的事情，但是事实上却又很容易被忽略。譬如，在两种教法效果之比较的实验中，从表面上看来，好像用在每一个实验因子上的时间都是一个学期或一年，二者应该是相等的，但是实际上未必如此。两班学生之出缺席次数是否相等，他们在课外自习时间用在被实验的学科上的时间是否相等，他们在家庭中所得到的补习时间是否相等，凡是属于这一类的问题都必须一个一个地注意到。假如忽略了这些问题，只是从表面上认为实行两种教法的时间相等，那么实验的结果也一定会有误差的成分的。

（五）实验经过的详细情形要逐日记载

最后所要注意的一件事情，就是主持实验的人必须把实验经过的详细情形逐日予以记载，写成实验日记，作为最后整理结果时的参考。这样一来，即使有特殊的缘故，原来主持实验的人不能完成这个实验的话，别人也可以根据过去实验工作情况的详细记载，来把这个实验继续完成。

四、教育实验的实际

以上从理论方面简单介绍了几种教育实验方法，并就应如何进行教育实验作了初步的论述。下面再就所了解到的国内外教育实验的实际情况，谈谈自己的一点看法。

国内许多地方过去和现在都有不少的教育实验，例如黑山北关实验学校、北京景山学校及其他地方的集中识字实验，这些实验看来主要用的都是单组实验法。据说效果都很好，两年内能使小学生认字两千五百个左右。但南京师范学院附属小学斯霞老师的分散识字教学，也在两年内取得了同样好的教学效果。这样，我们就很难根据他们的实验报告或总结来评判两种教法究竟孰优孰劣。因此低年级识字教学方法的争论好像不能从中得到解决。在他们的报告文章中似乎有这样一些情况：（1）两种实验实际上各包括许多实验因子，如教师、教材、教法、设备等，而教法方面又各包括许多做法，究竟是哪个因子起着决定性作用，从报告上很难下十分确切的论断。（2）所用测验比较粗。识字质量的标准如何，如何测验，大都说得不十分具体。两种实验所用测验又不相同，很难加以比较。由于这些情况，报告就难以使人十分信服。持以上看法绝不是对这些实验的价值有什么怀疑。我们认为，这些实验所要解决的问题是非常重要的，有着重大的理论的与实际的意义。实验者的热情是很难得的。实验的结果也是非常显著、应予重视的。我们只是认为在以后进行教育实验时，在方法上应要求得更严格些、更科学些，在写报告时写得更详细些、更具体些，最好能有数据并对数据进行科学处理。

在国外近年来最引人注意的一个著名的教育实验就是苏联列·符·赞科夫对小学教学论体系的实验。他的实验基本上是这样进行的：从 1957 年起，赞科夫在莫斯科 172 学校选了一个刚入学的一年级班作为实验班，又为该班选了一个刚从中师毕业的女教师作为任课教师。实验室人员搬到实验班教室隔壁的一个房间里，便于听课和记录。第一轮实验进行了四年（1957—1961 年），即把该实验班从一年级"跟踪"研究到四年级。在四年当中，几乎对每一堂课、每一次活动、和儿童的每一次谈话都做了记录或录音，而后每周用二三次课余时间跟任课教师分析几天来的教学情况，并商定下一段时间的行动计划。此后，赞科夫实验的规模逐年扩大，实验班的数目增加到二十个、三十个、一百个，到 1966—1967 学年已经达到一千二百多个。在十几年的实验教学过程中，赞科夫提出了他关于教学与发展问题的主导思想，逐步形成了体现这一主导思想的五条"新教学论原则"，也初步形成了小学各科的新教学法体系（引自杜殿坤：《列·符·赞科夫的教学论思想》）。

赞科夫的实验总的说来是为了解决苏联传统的小学教学体系不能适应当前需要的问题。为此，他根据观察到的实际情况，随时提出改革意见（实验因子）付诸实施，根据实施效果，再施加新的实验因子，最后把这些确有实效的实验因子加以分析综合，于是构成了他的"小学教学新体系"或"实验教学体系"。看来赞科夫的实验基本上用的还是单组实验法，他在莫斯科 172 学校一年级"实验班"的 1957—1961 年的四年实验，不过是用单组实验法把一连串的实验因子逐个加以实验。至于以后把实验班扩大到几十个，不过是用单组实验法继续重复实验。后来增加到一千多个，那就基本上是教学新体系的推广了。

从上面的情况可以看出，在实际进行教育实验工作时，必须针对要求及实际情况的发展，活用实验方法。实验的基本原则和方法必须遵守，但也绝不是简单地套用公式就能解决问题的。这是因为，搞科学研究必须从实际出发，实事求是，而且还得有创造性。无论是就抓研究问题来说，还是就提出设想及运用方法技术来说，都应该是这样。

（本文原载《教育研究》1979 年第 5 期）

从凯洛夫教育思想体系中解放出来

——以时代要求和我国特点研究教育理论和教育实践

吴　杰

一、凯洛夫《教育学》对我国教育的影响

凯洛夫《教育学》对我国教育的影响很大。

二十世纪五十年代初期，我们学习了它。后来，有人对它的某些观点提出过批评。六十年代到七十年代的一段时间里，"四人帮"别有用心地批判了它。最近一个时期，又对凯洛夫《教育学》（以下简称"凯教"）进行了评论。评论凯洛夫教育学（以下简称"评凯"）是有一定意义的。如对肃清"四人帮"在教育战线的流毒，检验"文化大革命"前十七年的教育工作经验，是有好处的。但当前的评凯，我感到，存在着一种值得注意的倾向：似乎七十年代建设社会主义教育科学、发展教育事业，还需要借助于凯教。我对这种倾向感到迷惑和不安。我感到，凯洛夫的教育思想还牢牢地束缚着人们的思想，不突破这种束缚，不利于为四个现代化服务。

凯教是总结了苏联二十年代的经验教训，根据三十年代的客观要求而提出的。它是苏联特定时代的产物，是为特定时代服务的。

五十年代我国学习凯教是必要的。五十年代是新中国成立初期，同苏联三十年代不论在生活、经济、教育诸方面都有相似之处。

新中国成立初期，封建主义、实用主义、伪满和国民党法西斯主义的教育思想，在教育领域还很浓重。它们影响干扰着社会主义经济基础的发展。五十年代学习凯教，是大势所趋、理所当然的，并且在学习过程中，出现了一些令人鼓舞的现象。如：一定程度地洗刷和批判了封建主义、实用主义、伪满和国民党法西斯主义的教育思想，批判了为教育而教育的教育清高论，使人强烈感到建立马列主义教育学的必要性；否定了旧的教育秩序，建立新的教育秩序，重视了教师的地位和作用，重视了教学理论和教学方法的研究，提高了教学质量。

五十年代学习凯教，对我国来说，也是时代的要求。

在新的历史时期，我们要根据新情况研究和解决新问题。凯教是三十年代的产物，这就决定了它不可能提供给我们解决新问题的经验和办法。

有人说，凯教的教学论，是"社会主义的，可以用"。这要做具体分析。它的理论基础，来源于资产阶级传统教育学派。如课程论脱胎于夸美纽斯和斯宾塞，教学过程的理论源出于赫尔巴特，教学组织形式的理论来源于夸美纽斯。当然，它作了一番消化和改造。凯洛夫的教学理论，就是以传统教育学派的理论来批判二十年代在苏联流行的实用主义的教学理论的。它并没有真正做到以马列主义为指导，把理论研究和具体实验结合起来，从而得出教学规律。凯洛夫的教学理论并不是真正马列主义的。其主要内容并没有摆脱十六、十七、十八世纪资产阶级传统教育学派的理论。当然，将它作为历史的评价对象是可以的，但它决不是当前所应当学习的内容。

苏联教育界有一派正在批判着它。它已不能满足苏联为争霸而培养人才的要求。批判者说：凯教的教学理论是"机械的教学方法"，"几代人不变的老办法，如师生关系死板紧张"，"教学体系单纯追求分数，忽视理论认识的作用"，"教学进度缓慢，忽视个别差异"，等等。

有人认为"四人帮"批判了凯教，我们就应该肯定凯教。这是形而上学观点，是错误的。"四人帮"之所谓批凯，不是学术问题，是有其险恶的用心的。这就是，打击知识分子，为知识分子设置冤狱；推行愚民政策，为篡党篡权准备条件。我们批判"四人帮"的所谓批凯是必要的。"四人帮"的所谓批凯，不能同我们的批凯或评凯相提并论。但由于凯教是苏联所谓用马列主义观点编写的《教育学》，五十年代我们又学习了它，它对我们影响特别深远，严重地束缚着一些人的头脑。八十年代的今天，如果不从这种影响中摆脱出来，不以实践作为检验真理的标准，就会阻碍我们在新的历史时期自觉地认识新情况，研究新问题。这是一个严肃的问题。

因此，我们有必要对凯教中的几个根本问题，稍作研讨，以期了解在这些问题上时代带来的信息，从而根据时代要求和我国特点来研究教育理论和实践。

（一）关于教育本质

教育是上层建筑，这是凯教所肯定的。肯定这一点很重要，肯定这点就肯定了教育的阶级性，肯定了我们教育的社会主义性质。但教育这种社会现象有没有它的特点？从教育的产生和发展以及目前先进的工业国家来看，教育和生产力是存在着直接的联系的。如生产力的发展决定着教育事业发展的规模和速度，促进着教育内容的变化和更新，也推动着教学方法和手段的更新，甚至引起教学形式的变动。因此，教育不仅有阶级性、历史性，还有其永恒性。教育有可以继承的方面。对于教育的专门特点，凯教否定了。因此凯教没有敢于揭露体现教育本质的特有规律。

承认不承认教育的专门特点，揭露不揭露教育的特有规律，对教育理论、教育内容甚至教育事业的发展，都有影响。新中国成立三十年来，教育理论，以至教育事业的某些方面出现停滞状态，其原因之一就在于不承认教育有其专门特点。不承认教育有其专门特点，它就会排斥古为今用、洋为中用，就会鼓励故步自封、坐井观天、夜郎自大。这些教训岂不历历在目吗？

只看到教育具有上层建筑的性质，而不承认教育的专门特点，在教育科学的研究上，有可能出现这种危险：满足于做知识的侏儒，不敢为做知识巨人而努力。

所以，我们要打破凯教框框，研究教育专门特点，打开人类知识宝库，使教育更好地为现代化建设服务。

（二）关于课程和教育结构

教育史的发展表明，课程反映着社会分工的横断面，学制反映着社会分工的纵断面。课程和学制是一个统一体，它们都决定于社会分工。生产力和生产关系的矛盾运动，决定着社会分工，也决定着课程和学制。课程和学制是随着生产力和生产关系的矛盾运动而发展的。这是一个不可忽视的教育现象，这种现象反映了教育的规律性。这就使我们看到了这样一个历史事实：随着生产力的发展，因应社会分工的需要，教育由"单轨制"向"多轨制"发展，而其发展还在继续。随着科技发展，在以航天技术发展为特征的七十年代，在课程方面出现的特点是：科技发展和课程内容不能同步，科技发展快，教育周期长。故对课程改革提出的要求是：不仅要增加新内容，而且要能适应发展的需要。因此在课程改革中，出现知识结构理论，强调基本原理和基本技能，运用学习迁移原理培养举一反三、触类旁通的能力；同时强调学习过程和认识过程的一致性，培养学生的发现能力。

在学制方面出现的特点是：

（1）重视早期教育、重点学校和研究院的建设，以及设立多种专业学校以适应培养不同人才的要求。

（2）对于传统的基础教育，强调中等教育的结构改革，要求在"同一"中求"区别"。如在高中阶段，搞文理分科或搞某种职业训练。

（3）给普通教育以明确的双重任务，以适应升学和就业的需要。在普通中小学中，增设从事职业所需要的基本课程。

这是七十年代课程和学制方面的发展趋势。这个趋势反映了七十年代对教育方面的要求：既要普及又要提高，既要升学又要就业，既要大面积丰收又要因材施教、人尽其才。

凯教在这方面的理论是极为落后的。它认为，教科书优良质量的最重要特征是，数十年不会变更的内容。它认为，"单轨制"是社会主义的，"双轨制"是资本主义的。教学只能搞"大面积丰收"，而因材施教、人尽其才、培养"尖子"，就被斥为资产阶级天才教育。

这种落后的理论和形而上学观点，对我国的教育建设影响是严重的。新中国成立以来，在一定时期里，出现了普及和提高的矛盾、学非所用和用非所学的矛盾，以及待学和待业的矛盾。现在又出现因材施教、人尽其才与所谓"大面积丰收"的矛盾。这就是这种思想影响的结果。当然，这种影响可能是自觉的，也可能不是自觉的。但是，这种影响在起着作用。这种影响的理论根源在于凯教。所以冲破凯教的思想束缚，总结三十年来的经验教训，探讨教育和生产力、教育和社会分工的关系，探讨我国教育结构和课程的特点，是刻不容缓了。

（三）关于传授知识和培养能力

课程论的发展，显示了这样一个事实：在航海时代（科技发展以航海为标志的时代），以及在航海时代之前，传授知识和培养能力，从二者的关系来看，能力的培养，一般都认为是寓于传授知识的过程之中的，故偏重于知识的传授。凯教同传统的教育理论一样，是强调在掌握知识的过程中，使学生的认识能力得到发展的。

科技的发展进入今天的航天时代，传授知识和培养能力显示了另一种情况：重视认识能力和探索能力的培养，在培养探索能力的过程中掌握知识。这是为什么？最主要的原因就是时代的要求。航天时代科技发展的特点是：自动化、遥控、超引力能量的控制、热核能量的控制。既要对科技进行更细密的分工，又要综合运用多种科学，唯有这样才能达到增强创造性的目的。这个特点，反映在对人才的培养上，仅满足于掌握知识、了解世界是不够的。它迫切地要求对发现能力和创造能力的培养。

时代对人才培养的要求是不依人们的意志为转移的。你不去适应它，你就会落后、倒退，你就要挨打。我国自一九五七年以来，吃尽了这个苦头。

从课程论的发展看，六十年代美国强调天才教育，提出知识结构理论，改革教学内容，强调发现能力的培养。苏联接受了美国的理论，在自己实验的基础上，提出"教学三原则"，并强调早期教育、因材施教、人尽其才、培养"尖子"的重要性。日本也提出了第一位的目的是培养学生的主动探索精神、逻辑推理能力和进行科学考察与处理的能力，把知识放在第二位。掌握知识则在对事物的探索过程中进行。

这种对探索能力的培养，对基本原理的强调，都是为了适应时代的要求。离开时代要求而去问怎样看待掌握知识和培养能力的关系、以何者为主等等，则将争论不休，毫无意义。故我们必须从凯教的束缚中解放出来，不去空论掌握知识和培养能力的关系，而应投入到时代所展示的教学理论中去，研究新问题。有人问，我们要不要探讨"把培养学生主动探索精神放在第一位"，在对事物的探索过程中掌握知识的理论意义呢？我们认为这是需要探讨的。它的明显意义在于：及早发展学生的思维能力是培养科学的探索者的必要条件，是提高教学质量和速度的必要条件。它的优点是可能使学生的学习始终处于向未知境界探索的状态之中，从而激发学习的主动性、积极性，死记硬背的学习传统势必不攻自破；也可能迫使教师积极地研究理论如何联系实际，做好教学的组织工作和引导工作，"照本宣读""满堂灌"的教学传统也将不攻自破。

（四）关于教学过程的指导原理

凯洛夫肯定了教学过程必须遵循人类的认识过程，即列宁指出的"从生动的直观到抽象的思维，并由抽象的思维到实践"。凯洛夫把这一认识途径作为教学过程的指导原则，并以此原理，结合前人经验，制定了一整套的关于教学过程的理论（如教学过程的阶段、任务、课的类型和结构等），成一家之言，对我国影响极大。

我们应该肯定，凯洛夫的这个理论，反映了教学过程的规律，但这个理论不是唯一真理，更不是教学理论的终极。它反映的仅是三十年代的水平。

教学实践表明，六十年代以来，随着科技发展，教学实践的深入，指导教学过程的理论不断出现，它们揭露了教学过程的规律，有的甚至开创了教学领域的新境界，创造了提高教学质量的新理论和新方法。如果我们还拘泥于凯教所提示的关于教学过程的理论，不敢越雷池一步，我们就不可能了解七十年代的新情况，探索新问题，教育就不可能现代化，不可能为现代化建设服务。突破凯教关于教学过程理论的禁区，是不可忽视的问题。

我们所要探讨和研究的关于教学的新理论和新方法主要有以下几种。

二、关于教学的新理论和新方法

（一）控制论教学

控制论认为，教学是一个可以被控制的现象。在掌握知识、技能过程中，学生的思维、记忆、注意等都能在一定条件下受到控制。

如学习外文，需要大量的记忆。以控制论为指导的教学过程，就能最大限度地调动学生的智能。在以控制论设置的特定环境中，学生可以获得传统教育理论工作者难以想象的记忆量（据说，如学习英语、德语、法语时，学生在十天、十二天内可掌握三四千个单词，能用日常词汇进行阅读、翻译和对话，并掌握书写能力。学习日语时，在十五天至二十天内掌握一千三百个单词。用传统方法教学，平均需要两年才能达到这样的成绩）。这个以控制论为指导的教学理论，体现了"骤进"的规律。世界先进工业国家正在探讨它。特别是在苏联，控制论已试行于教学之中。

（二）程序教学

程序教学是在学生原有经验的基础上进行教学的。

程序教学有一个基本原理，认为一定的单元教材，可以分解为一定的片段，安排成一个逐渐增加难度的、符合一定逻辑体系的序列。这个序列间的前后教材，难度相差甚微。前一步已为后一步所要学习的教材做好了准备，前后教材的过渡是自然的、渐进的。学习由浅入深、循序渐进。程序教学的这种由浅入深、循序渐进，在教学内容和方法上作了开创性的发展。程序教学的基本原则还认为，学习必须有反应。反应是学习的体现。没有反应的学习，不是真正的学习。它还认为及时了解反应的结果能提高学生的兴趣、信心和能力。因此，强化积极的反应是学习的动力。

程序教学的特点还表现为：可以自定学习步调，是最好的因材施教手段。

班级授课制下的课堂教学，其全班学生是被假定为"程度一致"的。其实不然。随着教学的进展，差距日益显著。因此，课堂教学同因材施教的矛盾，一直很难解决。程序教学是以学习者个人为中心的。学习可以自定步调，欲速、欲慢，悉听自便。每个学生可以根据自己的需要充分理解教材。它为后进学生缩短学习差距提供了最好的学习条件。它可以平衡学生学习能力的差距。

程序教学的这些特点，正是教学过程的特殊规律所要探讨的内容。

（三）教学过程中扩大学生直接经验

间接经验是人类积累的知识。它包罗万象，浩瀚如烟海。学生以有限的时间，学此无穷而难以一一亲自涉猎的知识。这是一个矛盾。如何解决这一矛盾？关键在于扩大学生直接经验的范围。

在教学过程中，扩大学生直接经验的范围，是近百年来教学工作者所梦寐以求的。他们孜孜不倦，在非电化演示教具上下功夫，成效甚微。现代化教学手段则突破了这一难题。

现代化教学手段，在教学过程中，使不可见的，如原子、电子，变成看得见的；使已逝而不可返的，如人类历史的发展过程，不断重现；使不可亲自涉猎的，如登月、周游世界，如临其境；抽象的可使之具体化；复杂的可使之条理化；等等。这种现代化教学手段，在一定范围和一定程度上，可使学生不重蹈前人的社会实践过程，使间接经验在教学过程中转化为学生的直接经验。这一突破，意义十分重大。它为教学过程打开了新的境界，激起了教学的革命性变革。教学中的难题，如缩短学习时间，实现高速度、高难度教学，加大教学量，在扩大学生直接经验的条件下，都是可行的了。

现代化教学手段，不仅是教学方法要研究的内容，它已突破了教学方法的范畴。某些现代化教学手段的组合，可成为一种全新的教学过程（如控制论的教学过程就是如此）。我们要研究这种过程，研究它如何更好地扩大学生的直接经验范围，如何使间接经验转化为直接经验。因此，它又为教学内容的编写提出新课题。这些都是教学过程的特殊规律所要研究的重要内容。

由此可见，指导教学过程的原则是多种多样的，教学中循序渐进的规律应该探讨，在教学中较陌生的骤进规律也应探讨。现代化教学手段对教学过程的影响则是难以预料的。研究这些，是时代赋予我们的任务。难道能说凯教的教学过程理论就到了顶点吗？

时代在前进，科技在发展。最重要的不是过去，而是现在和将来。实践是检验真理的标准，我们要向前看，要从凯洛夫教育思想体系中解放出来，敢于揭露教育特殊规律，结合我国特点研究教育理论和教育实践。

（本文原载《教育研究》1980 年第 1 期）

掌握知识技能与发展认知能力

裴文敏　董远骞

掌握知识技能与发展智力的关系，是当前国内外教育界正在热烈讨论的问题之一。重视智力发展，已成为当前教学论的重要特征。

关于知识技能和智力的关系，众说纷纭，主要有：智力第一，知识第二；中小学教学应重视智力的发展；中小学应着重传授知识技能；把眼睛盯在智力上，把力气放在知识上，不能偏废；发展智力是教学的最终目标；要结合实际强调突出知识或智力；等等。这说明对知识技能和智力在教学中的地位和作用还存在着不同的看法。在国外，也有不同看法。此外，对于什么是智力，什么是技能和能力，也是存在着不同理解的。

我们认为，掌握知识技能与发展智力的关系极其密切。掌握知识技能与发展智力的统一性是教学过程的重要规律，正确揭示它们之间的关系，对于提高教学质量有重大意义。

一

什么是智力？学者们讨论得很热烈。正如一位心理学家说的："什么叫智力？你如果去问十位心理学家，可能会得到十种不同的答案。"

我国教育学界讨论智力问题时，一般都抛开这些争论，把智力看成一个人的各种心理能力，如注意力、观察力、记忆力、思维力、想象力等。

这样的表述方法也不一定很确切，但可以把智力和知识经验区分开来，这些能力是构成智力的因素，也是大家所公认的。

所有这一切，我们称之为智力或认识能力。

什么是能力？我们认为能力是比智力更为广泛的概念，它包含知识、技能和智力。各科教学大纲中都有培养能力的要求，其中观察、思维、想象等能力属于智力，而识字、写字、朗读和运算等能力属于技能。技能是运用知识或经验执行一定活动的方式，是经反复训练而获得的。能力通常是指顺利完成一定活动的本领。人们顺利地完成一定活动需要的本领很多，能力是指顺利完成一定活动所需要的最直接、最基本的那些本领。

那么知识技能和智力的关系是怎样的呢？

掌握知识技能是发展智力的基础，智力的发展要以知识为"粮食和原料"，并在掌握知识的过程中发展。

首先，"巧妇难为无米之炊"，对某一领域的实际知识的积累，是发展智力的基本条件。

人们的注意，除刺激物本身特点外，也和主观因素有关。已有的知识经验很大程度上影响着注意的引起和保持。观察或实验，不仅需要有关技能，缺乏观察和实验对象的知识也是不行的。思考数学问题需要数学知识，思考物理问题需要物理知识，进行逻辑思维要懂得比较对比、分析综合、归纳演绎的方法。记忆亦然，良好的记忆需要系统的知识作为支撑点。想象是在人脑中以过去感知的材料为基础创造新形象的心理过程，缺乏必要的知识，想象就会成为"巧匠无楩楠斧斤，弗能成室"。

司马光破缸救童堪称大智。要是没有他，水是会溺死人的。水是会流动的，石头可以破缸，破缸可使水流出，从而使儿童得救。他还要权衡破缸与救人的利害得失，在瞬间作出决定，否则就不会有这个智慧的行动了。由此可见，智力的发展是与一个人先前的经验、理论所形成的一个复杂的有意义的参照体系密切联系的。无知者决不会论证、思考，更不会创造。缺乏必要的知识技能是发展智力的最大障碍。

因此，要使学生智力得到发展，就要扩展他们的视野，充实他们的知识，使他们有充分的"粮食和原料"。二十世纪七十年代初有人曾对美国115个科研机构和1311位科学家进行了为期五年的调查，其结论是博才取胜。具有广博的知识的人比只具有一种知识经验的人更容易产生新的联想和具有独创性的见解。

其次，乌申斯基曾经说过："智慧不是别的，而是一种组织得很好的知识体系。"作为发展智力的基础的知识技能，最重要的是系统的知识技能。系统的基本概念和基本规律，其逻辑性强，能用以加强逻辑思维，使知识迁移去解决其他问题，达到举一反三、闻一知十。

而且智力也是在掌握知识技能的过程中发展起来的。掌握知识技能，要求吸引学生去观察、思考、想象并有记忆活动参加。例如要形成"果实"的概念，往往是先从观察个别的果实（如苹果、黄瓜等）开始，再抽象出个别特性，然后通过比较对比、分析综合，把这些特性区分为主要的和次要的，从而认识个别果实的一般属性。再进一步，经过分析、归纳等思维过程，概括各种果实的一般的本质属性，初步形成"果实"的概念。以后在学习中遇到"果实"这一概念时，脑子里就会浮现出过去观察过的或从图中看到的一些果实的表象。在改造和改组这些表象即想象的过程中，再造出个别果实的形象。又如解决难题的过程，问题就是思维活动的起点，有了问题，就积极开动脑筋，就观察、想象、回忆与这问题有关的知识，进行推理。问题解决了，就是掌握了某一方面的知识，在这个过程中也发展了智力。不过，一般说来智力的发展较掌握某一具体知识技能要慢一些。

另一方面，智力的发展，是掌握知识技能的有利条件，教学中重视智力的发展，可防止掌握知识技能过程中虚假现象的产生。

首先，掌握知识的顺序渐进规律告诉我们，知识技能是有严格的逻辑顺序的，学生的智力发展也是有一定的顺序的。智力发展的水平制约着对知识技能的掌握，例如学生掌握概念的水平与其抽象思维能力的发展水平密切相关。大家都知道，关于水的概念，小学生和中学生掌握的深度是不一样的，这就是由于思维发展水平影响掌握概念的水平。

其次，学生智力发展水平的高低，对学生知识技能的掌握有重大的影响。智力充分发展，掌握知识速度快、数量多、质量高，容易克服困难。同一班级的学生，学习相同的教材，为什么有的"吃不饱"，有的"吃不了"？除原有知识基础和个人努力的原因外，就是因为智力发展水平不同。

最后，教学中重视学生智力的发展，可以防止学生掌握知识技能中的虚假现象。第斯多惠说过："一个坏教师奉送真理，一个好教师则教人发现真理。"奉送只能使学生生吞活剥地记住一大堆无用的、累赘的、死的知识，不能理解，更不会运用，这是形式主义的掌握知识。学习是艰苦的脑力劳动并伴随一定的体力活动，不通过开动脑筋，不用一番极认真、极艰苦而浩繁的功夫，是不能掌握知识技能和发展智力的。真正的掌握知识，必然与发展智力是相统一的。运用智慧获得知识技能才称得上是真正的掌握。

孔子有一句名言："学而不思则罔，思而不学则殆。"这说明了掌握知识技能与发展智力的关系。优秀教师善于利用这种统一性把传授知识技能和发展智力结合起来，使之相互促进，从而提高质量。

因而我们认为：前一阶段我国教育工作中强调抓"双基"是正确的，"双基"不是与智力发展相对立的，而是智力发展的基础，智力也是在掌握"双基"的过程中发展起来的。如果说在抓"双基"时忽视了智力发展，那么只要改进教学方法，注意发展智力就是了。不能因为强调发展智力，而把抓"双基"丢了。现在有一种观点认为：重要的不在于掌握知识，而在于给学生"点石成金的手指头"。这种观点从重视发展智力的角度来说，不无积极意义，但从科学的观点来看，是值得商榷的：脱离了知识，哪里来的智力发展。

在实际工作中我们还常常看到掌握知识与发展智力的不一致性。例如有一些智力高的学生学习成绩不一定高，智力低的学生学习成绩不一定差。这是因为智力只是影响学习成绩的内在优良条件。影响学习成绩的还有许多其他因素，如学习动机、勤奋程度、已有知识技能、师生的关系、对具体的教学方法的反应、情绪状态以及体力情况等诸因素。所以在学校也常常有智力好而成绩平常的情况。聪明而不努力，也是不能很好地掌握知识技能的。对有些"差生"来说，首先缺少的不是智力，而是动力。

反之，掌握知识越多，也不一定意味着智力很高。世上尽有博学之士，但一生中很少甚至没有创造。知识少，也不一定意味着智力低。我们也常常看到农村中有许多聪明人，他们没有受过什么教育，但他们分析问题、解决问题的能力很强。当然这些人是靠他的亲身观察、同人们交往以及劳动获得知识的，进而发展智力。这是因为影响智力发展的因素也是多方面的。如遗传素质，尽管马克思曾说过，就先天差别来说，哲学家和脚夫的差别还不如家犬与猎犬大，但是马克思并不否认遗传素质的差别。遗传素质是人的发展的物质基础。其他如内外感觉器官、神经系统特别是高级神经系统发育是否健全，教师的教学方法和学生个人的学习方法，甚至食物等，都和智力发展有关。

还有，智力在每个人身上的发展常常出现很大的差别。如杰出科学家爱迪生、爱因斯坦、达尔文等在幼年时代并不突出，而在青年、中年阶段出现智力发展的大爆炸。德国哲学家谢林十五岁上大学，二十三岁当教授，才气横溢，著作浩繁，但三十岁以后就再无创造了。而黑格尔是在三十岁以后才创立他那宏伟的辩证法体系的。学生也是这样，有些男孩子在初二以前智力发展缓慢，从初三、高一开始智力忽然跃了上去。

在教育史上曾经有过"形式教育"与"实质教育"之争。形式教育论者强调心能的训练而忽视了科学知识及其系统。实质教育论者则认为在掌握"有用的知识"的进程中，用不着特别努力就可以使才能得到发展。形式教育和实质教育在传授知识和发展能力关系上的片面性，是值得我们注意的。

二

著名教育家第斯多惠说过："智力的发展是和渐进性规律联系着的。"教学过程的规律是互相联系的。掌握知识技能和发展智力的规律特别是与循序渐进的规律不可分的。

循序渐进规律的一个重要的内容是认为科学是由严格的逻辑系统组成的一个科学知识的体系。科学知识的体系是由基本概念和规律所构成的。掌握这些基本概念和规律，对于掌握这门科学体系是十分重要的，同时，对于发展智力也有很大的作用。

在教学中传授的是不是科学知识，是不是系统的科学知识，与发展智力的关系甚大。

杜威非常强调培养优良的思维习惯和思维能力的重要性。他把思维作为经验中的智慧的表现，作为思维过程中明智的经验的方法来看。他提出教学要激发学生的思维，而不是单纯学一些作品。重要的是了解过程，而不是结果。他说，教学的艺术是教师要能使新问题的困难程度足以激发思想，或者由于提供新因素而引起疑难，从而使学生得到启发而产生解决问题的设想。但是，由于忽视系统知识技能的传授，教学质量降低。美国人质疑"为什么伊凡能学到的东西约翰不能学到"，杜威的理论在六十年代美国进行的全国性课程改革中受到很多批评。

平常我们说"举一反三""闻一知十"，要知道"三"和"十"，这里的"一"很重要，这个"一"就是指基本的概念和规律性的知识。

列宁反对用一大堆无用的累赘的知识充塞学生的头脑，但主张要用基本事实的知识来发展学生的思考力。爱因斯坦认为学习应把那种导致深邃的知识的东西留下来，而把许多充塞头脑并使自己偏离主要目标的东西撇开不管。这里的"基本事实的知识"和"导致深邃的知识的东西"，就是基本概念和基本规律，就是"一"的重要内容。掌握了它，就可以促进学习的迁移，能够触类旁通、"举一反三""闻一知十"了。

关于规律性的知识对于发展智力的作用，近年来我国小学低年级识字教学取得了二年内识二千五百字左右，甚至更多的成绩，基本上解决了汉字识字难的问题，就是很好的例证。识字教学之所以能取得这样好的效果，关键在于抓住了"基本字标音，偏旁部首标义"这一汉字结构规律。这样，既加快了识字速度，又发展了智力。

布鲁纳在提出他的课程论时，认为在教学中重要的是要掌握基本结构的知识。授以基本结构的知识，能最好地激发学生的智慧；能把获得的知识以圆满的结构联系起来，有效地保持在自己的记忆中；能有助于训练迁移，可以用这种训练迁移到另一种。布鲁纳以代数为例，他认为这门课就是用方程式把已知数与未知数排列起来，从而使未知数成为可知数。这些方程式包括三个基本法则，即交换律、分配律和结合律。学生掌握了这些基本法则后，碰到"新"方程式时，便能看出它不过是他所熟悉的题目的一种变式，"新"题目并不新，有办法解决。不过布鲁纳是从他的认知学说出发来讨论这个问题的。但是异途同归，说明掌握基本概念和规律确是最能激发智力发展的。乌申斯基说："智慧不是别的，而是组织得很好的知识体系。"自然科学和社会科学中的规律性知识，都是科学基本概念和原理的特定体系。学生的智力正是在掌握系统的科学概念和基本原理的过程中发展起来的。科学概念和基本原理的掌握，又为进一步发展智力提供基础。

循序渐进规律包含的另一方面意思，是学生掌握知识技能是在感知、理解、巩固、应用的过程中进行的。在教学过程中，学生掌握知识技能的过程是感知、理解、巩固、应用等多种因素复杂的结合，智力也是在这种多种因素复杂的结合过程中发展起来的。

感知教材对于发展智力有很大的作用，特别是对发展观察能力有特别重要的意义。感知教材通常是通过直观教学，让学生观察事物和现象来进行的。观察并不是单纯的感知，"观"是感知觉（主要是视觉），"察"是分析综合的意思。分析综合是思维的基本过程。观察力不是单一的知觉能力，而是包含多因素的智力结构。良好的观察力包含着精细的知觉能力、定向注意力以及以比较、分析为基础的思维能力等。另一方面，学生在观察中又会发现和提出各种问题，促进开展积极的思维、想象活动。所以在感知教材中，学生不仅获得各种表象，为理解教材提供基础，同时也在发展着智力。例如《乌鸦喝水》的教学，在学生观察课文中的三幅图片时，教师提出问题："乌鸦很想喝水，但喝不到，它的心情怎么样？""你们从什么地方看出乌鸦心里很急？""乌鸦喝着水了，心情怎么样？从什么地方可看出？"这样，不仅使学生的观察能力在发展着，而且思维、想象的能力也在发展着。否则怎么能描绘出乌鸦着急和高兴的心理状态呢？感知获得的表象清晰，留下的印象深刻，也有助于记忆。

理解教材是掌握知识的中心环节。理解就是个体逐步认识事物的联系、本质的联系，形成概念、掌握规律的一种思维活动。感性知识是形成概念的基础。形成概念要经过抽象思维的过程，在这个过程中运用比较对比、分析综合、归纳演绎等方法。学生学习的每一门课程，都是一系列的基本概念和规律知识的体系。只有当新概念和已有概念联系起来，并使学生掌握的概念进入一定概念的体系时，才能对新概念有深入的理解。因此，在理解过程中要回忆起已有知识，使新旧知识联系起来。对某些教材内容，要更多地发挥想象力才能理解与掌握。例如牛顿第一定律：如果物体没有受到别的物体的作用，那么，这个物体就保持自己的静止状态或匀速直线运动状态不变。谁曾见过世界上有一种物体可以孤立地存在而不和其他物体发生关系的？只有依靠科学的想象和推理方法才能真正理解。判断是由概念构成的，推理又是由判断构成的，但概念又是判断和推理的结果。没有一定的判断和推理，也不可能形成概念。所以在形成概念、掌握规律的过程中，学生的思维力以及其他诸种智力因素会得到很大的发展。学生如果没有积极的智力活动，就不能真正理解教材，使知识成为他们自己的财富。

巩固教材对于发展记忆力有特别重要的意义。但记忆不仅在于储存信息，还包含对信息进行分析、加工、改组，将之纳入已有的信息系统，从而使学生更精确地感知教材，深刻地理解教材，并牢固地保持，在使用时灵活地检索。温故而知新，在巩固的过程中，知识被更深刻地掌握了，既培养了学生的记忆能力，又发展了他们的思维能力。

知识的应用过程，实质上是知识的巩固、加深的过程。解题是应用知识的一种常用方式，它的过程一般包括四个环节。第一，审题，即确切了解题意，区分条件和问题，并在头脑中保持清晰形象，这是运用知识解决问题的开端。第二，重现与题目有关的相应知识。第三，找到当前要解决的问题与已有有关知识的联系，用已有知识解决同类的问题，或做出解题方法的判断。第四，验证。随着学生知识的丰富、技能的多样化，独立思考和独立工作能力的发展，解题中"再现性"的因素逐渐减少，"创造性"的程度不断提高。由此可见，应用知识的过程，是需要多种智力因素参加的。智力随着知识在应用过程中的巩固和提高而发展起来。不过，这个过程是需要正确指导的。目前，有些学校搞题海战术，使学生身陷题海，无休止地匆匆忙忙地做题目，搞得头晕目眩，越做越糊涂，这对掌握知识和发展智力都是不利的。所谓正确指导，第一，选题虽然要有一定的数量，但"精"也是必须考虑的。要做到所选的题目是能加深对基本概念的理解的。通过理解又能发展智力。第二，指导练习时，一定要求做到做一道题目就认真想一想，它代表什么类型，运用了哪些概念和原理。做了几道题之后，还要认真想一想，自己对哪些概念和原理加深了理解，有些什么新体会。这样，做一道题目，效果胜于盲目地做几十道题目。因为事物总是个别包括一般，一般通过个别表现出来，找出共同类型题目的共同解决方法，这样，遇到新问题，就不会无从下手而有办法解决了。

总之，在感知、理解、巩固、应用的过程中，是能在掌握知识的同时发展智力的。问题是师生双方都要有意识地认真地去做。无论是感知、理解、巩固、应用，每一个因素要达到预期的效果，都要有多种智力因素参加。

（本文原载《教育研究》1981 年第 2 期）

关于自学辅导教学的研究

卢仲衡　吴瑞华　宋同擎

学校教育在传授知识和技能的同时，必须重视能力，特别是自学能力的培养。

能力是什么？能力与知识的关系是怎样的？简单地说，能力是指迅速而顺利地完成一定活动的个体心理特性。能力与素质有关。素质是指人们天生有差异的神经系统，尤其是大脑的特点，它是促进某种能力形成和发展的自然基础。能力是在一定的素质的基础上，在掌握知识、技能中，在活动中逐渐形成和发展起来的。能力形成之后，反过来又可使掌握知识、技能和技巧更加容易、更加迅速。能力是个人比较稳定的心理特性。它的形成和发展，比知识和技能的获得更为缓慢。

如何培养学生的学习能力，这已引起了许多教育工作者的重视。许多人从各个不同的学科作了很多尝试，也都在不同程度上取得了一定效果。如苏联心理学家克鲁切茨基对数学能力进行了剖析，分解出九种在思维范畴内的不同的能力，并用不同类型题来培养不同的能力，又以这些题作为检验这些不同能力的标准。这就很难说到底是针对某种能力的形成，还是针对某种知识的掌握了。把能力细分，应该是研究能力的一条正确途径。但是把能力分得越细，它们之间的联系越密切，越难找到客观检验的标准。从目前看，赞科夫用观察力（包括感知能力、注意力和记忆力）、思维能力（包括想象力）和操作能力来检验教学效果是切实可行的。对于这三种能力，人们容易找到界限比较分明的客观指标。不过我们认为记忆力应该从观察力中独立出来，因为它与感知有密切的联系，与思维也有密切的联系，而其本身也有其极为客观的检验标准。在这些能力中，可以说，观察力是基础，记忆力是桥梁，思维力是核心，操作能力是检验知识技能掌握的客观标准。

这四种能力是怎样形成的呢？一是从以讲授为主的课堂教学中得来的；二是以学生自学为主得来的。虽然这两条途径都能培养学生的自学能力，但我们最近十多年来的实验证明，前者形成自学能力较慢，后者形成自学能力较快。我们运用自学能力这一指标使检验标准更客观化，更有说服力。例如 1973 年、1974 年，自学实验班的学生学习我们用适当步子编写的教材，在学了一年半时，采用北京市编写的课本中的内容来检查实验班与对比班学生的自学能力的成长（边阅读课文边做题）。测验结果显示，实验班比对比班的做题数成倍地增长了。1980 年底，对只自学了半年的初一学生，采用人民教育出版社编写的课本中的一元一次不等式或二元一次方程组来检查学生自学能力的成长。与对比班相比，实验班在统计学上的差异是显著或非常显著的，有的学校实验班的"差生"的自学能力接近了对比班的中上或中等学生的水平。这就证明了以自学为主的学习方式促进了初一学生的自学能力的成长。

我们搞数学自学辅导教学实验是从 1966 年初开始的，初一学生在教师短短时间的指导（启发、指导、提问和小结等，每课时约占 10 分钟）下，利用我们编写的三个本子（一是课本，一是练习本，一是答案本）进行自学、自练和自批作业，每课时约有 35 分钟动手、动脑的积极学习，效果是非常好的。后来实验由于"文化大革命"而数度夭折。1980年春，我们从广州开始恢复这项实验研究，效果很好。教育部门的领导和教师们多数认为这项研究是具有生命力的。从 1981 年下半年开始在18 个省市 100 多个班进行实验。如果都能取得成效，那么这项实验就可以说有了牢固的基础了。

自学辅导教学实验的成败主要决定于四个指标：学业成绩、自学能力的成长、自学能力的迁移、各学科的全面发展。

（1）学业成绩：就这学期已经收到的 7 省市 23 个实验班与对比班的测验成绩而言，它们的差异与上学期十分相似。因为这学期的各省市的材料还未全部收齐，现以北京市 5 个实验班的一年的实验结果为例（见表 1）。

表 1　一学年的学习成绩比较

学校	第一章	第二章	第三章	第五章	第六章	第七章
十一中	3.79	11.15**	13.30**	−1.51	—	15.78**
广渠门中学	−3.98	5.74**	−0.22	0.68	6.88**	1.40
钢院附中	3.41	2.58	8.27*	8.38*	10.64**	—
花园村中学	3.00	16.62***	20.57***	6.10*	26.20**	23.54**
蓝靛厂中学	7.14**	5.94	23.17**	11.43**	18.57**	27.66**

注 1：考试是由心理所请不参加实验的有经验的教师命题，两班教师预先都不知道题目并在学生不复习的情况下进行。

注 2：成绩差异以 0 为基准，是实验班的平均分数减去对比班的平均分数。

注 3：* 是指差异显著（$P<0.05$），** 或 *** 指差异非常显著（$P<0.01$ 或 $P<0.001$）（下同）。

从表 1 可以看出，在第一学期和第二学期，实验班成绩都优于对比班。统计表明，差异几乎都是显著的或非常显著的。但是这种优异成绩的取得不完全是自学教材的作用，除学生自学外，学校领导的重视，教师的启发、指导、提问和小结等也起着重要的作用。

（2）自学能力的成长：自学能力成长和自学能力迁移是我们研究培养自学能力的核心。自学能力成长的测验共做过两次，都是用未学过的而接着就要学的教材让实验班和对比班学生同时进行学习，时间为 100 分钟，学生边看课本边做题，要求准而快。第一次是第一学期末用二元一次方程组进行实验，第二次是用根式进行实验，结果见表 2。

表 2　自学能力成长的比较

学期	十一中	广渠门中学	钢院附中	花园村中学	蓝靛厂中学
第一学期末	2.92*	2.30	4.24*	—	17.08**
第二学期末	—	—	12.28*	19.77*	25.46**

从表 2 可以看出，除广渠门中学外，参加过自学能力成长实验的实验班和对比班的差异都是显著或非常显著的。这就初步证明了采用自学辅导教学的方式比现在所采用的老师讲、学生听的教学方式能更快促进学生自学能力的成长。

（3）自学能力的迁移：在一种工作中所学到的某些知识、技能或能力可能促进和助长第二种工作中的学习，这种迁移叫作正迁移。相反的，从第一种工作中学到的知识、技能可能妨碍和干扰第二种工作中的学习，这种迁移叫作负迁移。数学自学辅导教学实验，着重点是研究自学能力的正迁移。即是说，初中学生数学自学能力形成后是否能迁移到物理、化学、生物或其他学科上去。

在实验班和对比班学生自学数学将近一年的时候，用未学过的物理教材作为迁移的材料，让实验班和对比班学生边阅读边做题，要求准而快，时间为 100 分钟，实验结果见表 3。

表 3　自学能力对物理迁移的比较

学校	十一中	广渠门中学	钢院附中	花园村中学	蓝靛厂中学
做对题数的差异	5.67**	2.09	8.09***	3.70*	4.65**
做错题数的差异	-0.23	-9.86***	-1.12	-6.52**	-1.91

注：做对与做错题数的差异是实验班的平均数减去对比班的平均数。

从表 3 可以看出，在 5 个实验班与对比班的自学能力迁移的差异的比较中，在正确率方面，有 3 个班的差异是非常显著的，有 1 个班的差异是显著的，1 个班的差异不显著，但是在错误率方面，有 2 个对比班与实验班的差异是非常显著的，即对比班的错误率比实验班高多了。由此可见，采用适当步子编写自学教材，有目的、有意识地去培养初一学生自学习惯和自学能力，的确对邻近学科起着正迁移的作用。我们还要进一步设计如何使自学数学对文科产生迁移作用。

（4）各学科的全面发展：从已发表的或正在进行而被邀请参观的实验研究的情况看，实验都是成功的。搞语文实验的，语文成绩好；搞数学实验的，数学成绩好；搞物理、化学实验的，物理、化学成绩好。在这些实验中其他的学科成绩是否也提高较快呢？是否减轻了学生的负担呢？这些问题未能引起重视。搞某学科的实验，不仅使学生成绩好而且能减轻学生学这门学科的负担，这样才算是成功的。以往的实验者往往忽视这个因素，在实验中自觉或不自觉地占用了其他学科的时间，不容易使学生得到均衡发展。如果在同一个班各学科同时进行这样的实验，就会大大地加重学生的负担，影响学生的身心健康，这样的实验不能算是成功的。我们的数学自学辅导教学实验，不仅注意提高本学科的学习质量和学生自学能力，而且也注意改善非实验学科的质量、能力的迁移和减轻学生的负担。只有这样，实验才算真正成功。直到目前为止，我们的实验还未经过各学科全面发展的总检查这一关的考验，但是在一些实验班中已经能看出一些眉目来。例如，钢院附中的实验班学生在课内差不多已能完成数学作业的大部分，自学能力和自学习惯逐渐形成，课后不仅能自学数学参考书，而且有时间学习语文和外语，晚上有半数学生经常收听英语广播。所以这班学生不仅数学成绩好（8 名全年级数学竞赛得奖者中实验班学生占 6 名，5 名被表扬者则全部是实验班的），语文和英语的成绩也好。蓝靛厂中学的实验班，不仅语文、外语成绩高于对比班，而且政治的成绩也高于对比班。这样在不增加负担的情况下各科成绩都得到提高，也有利于学生德智体全面发展。

我们采用适当步子并结合一些有效的心理学原则编写的自学辅导教材，能充分发挥教师的指导作用，在课堂上教师用 10 分钟左右的时间来启发、指导、提问或小结，而学生有 35 分钟的时间可以自学教材和做练习。

在学生自学的时候，教师能主动积极地辅导"差生"并来回巡视，以便及时发现学生中出现的问题并加以解决。这种以自学为主的自学辅导教学，充分调动了学生和教师的积极性，因而取得了良好的效果。

晚近得知在欧美甚为流行的自学形式，叫作柯勒方案（Keller plan），它也着重利用书面语言组织自学，编写教材的步子也比较小，所以每单元都有进阶的教材以适应优生的学习。学生在班中分小组学习，不懂的可互相讨论，教师的任务是维持纪律、为学生准备仪器和解答学生的疑问。柯勒方案与我们的自学辅导教学颇相似，大家都着重书面语言。所不同的是：它是采取较小步子加进阶内容，而我们是采取适当步子；它只充分调动学生的积极性而没有充分调动教师的积极性，而我们把学生和教师的积极性都充分调动起来了；它在自学第一年的效果不显著，只是在第二、第三年才逐渐看出显著效果来，而我们在第一学期就看出显著的效果了；它没有明确地提出要做自学能力成长及其迁移，而我们把自学能力成长和迁移作为效果的重要指标；它的测验和我们的一样稠密，但是它给学生标准答案让学生自己批改和评分（中段考和期考例外），而我们的小测验由教师批改和给学生分析错误情况；它的做法比我们要科学一些，教师只起管理和辅助作用，所得来的成绩几乎都缘自学生自学，而我们得来的学习成绩（自学能力成长和迁移除外）是学生自学、学校领导重视与教师指导辅导的"合金"。

自从程序教学被发明以来，至今已发展为多种多样的自学形式，各有其图式及理论根据。自学能力是各种能力的综合，所以自学有助于学生各种能力的形成。现在所进行的各种教育科学实验，也都在不同程度上往这个方向去努力。我们所进行的自学辅导教学实验，正是从这一目的出发，系统地培养学生的自学能力。对于这项研究，不少教育工作者认为它是富有生命力的，是教改中的一项重要研究。

（本文原载《教育研究》1981 年第 12 期）

论教学过程和教学方式（上）

江山野

第一部分　教学过程

关于教学过程，需要从整体上和发展上进行一些研究。

从整体上和发展上看，教学过程可以分为四层。

一是从学生进入小学开始到大学毕业或受完一定阶段的学校教育为止，这一整个过程是一个总的教学过程。为叙述方便起见，可以简称为第一教学过程。

二是一门课程从开始到结束，这又是一个教学过程，可以简称为第二教学过程。

三是一门课程中的一章或一个单元的教学过程，它具有相对的独立性和完整性，可以叫作第三教学过程。

四是一点知识（如一个公式、定理、定律或法则之类）或一课书的教学过程，可以叫作第四教学过程。

这四层教学过程，一层包含一层；从另一个方面也可以说是一层从属于一层，即第四教学过程从属于第三教学过程，第三教学过程从属于第二教学过程，第二教学过程又从属于第一教学过程。

在研究教学过程时，人们常把第四教学过程当作一个"细胞"来进行分析，并着重研究学生学习新知识时的认识过程。这是很有必要、很有意义的。但是，第四教学过程只是整个教学过程的"长河"中小小的一段，而且这一小段教学过程由于在整个教学发展过程中所处的位置不同，并不是也不应该是始终如一、定型不变的。在实际教学中，如果只是孤立地、静止地考虑第四教学过程和安排这一教学过程的方法步骤，而不把这一教学过程当作第一、第二、第三教学过程中的一个环节来对待，那就会使我们的课堂教学过程和方法步骤"单一化"，以致从小学到大学都是"一个模式"。

长期以来，在我们的学校中就存在着这种课堂教学过程"单一化"、从小学到大学"一个模式"的弊病。这样，不仅教学的直接效果不好，而且严重地妨碍了学生独立学习能力和聪明才智的发展。

要改变这种状况，就要突破第四教学过程的局限，从整体上和发展上对第一、第二、第三以至第四教学过程逐层地进行一些分析研究。这几个教学过程和它们相互之间的关系是很复杂的，这里只是提出一些初步的、粗略的认识，以期引起讨论。

（一）第一教学过程

第一教学过程，纵贯初等教育、中等教育和高等教育几个阶段，由各个阶段各门课程的教学过程总汇而成，是一个很长的发展过程。虽然不是所有的学生都会受完高等教育，但是，为完整起见，这里把从小学到大学以至培养研究生当作一个整个的教学过程来分析。

这个过程，是学生由小学一年级的儿童成长为一个有教养的成年人的全面发展过程。在这个过程中，他们的身体和心理都在不断地发展变化；他们的生活经验在不断地丰富，知识在不断地增长，思想在不断地发展，思维能力和学习能力也在不断地提高。所有这些都与教学过程的发展有关，其中特别是学习能力的发展与教学过程的发展直接关联。教学，要适合学生的学习能力，以学生的学习能力为基础；同时，教学过程也就是发展学生学习能力的过程。因此，研究第一教学过程，就要对这一过程中学生学习能力的发展情况进行分析。

不过，学生学习能力的发展是与教师怎样教密切相关的。有些教师非常注意并善于培养学生独立学习的能力，学生的学习能力就发展得快；反之，学生的学习能力就发展得慢。此外，学生学习能力的发展还与他们自身的情况、条件和其他一些因素有关。因此，不论是在小学、中学或大学，同一年级的学生，学习能力并不相同，甚至可能有很大差别。同时，有些低年级学生很可能比有些高年级学生的学习能力强。但是，决不能因此而得出一条结论：学生学习能力的发展因师而异，因人而异，各有不同，没有什么共同规律。正像儿童身体的生长一样，虽因每个人主客观条件之不同有快慢高低之别，但毕竟有一个客观的发育进程和一定的客观规律；在教学过程中，学生学习能力的发展也是有一个必然的客观进程和一定的客观规律的。掌握并按照这个客观进程和客观规律进行教学，学生的学习能力就发展得快，教学效果也好；不按照这个客观进程和客观规律进行教学，教学效果就差，学生学习能力的发展就要受到阻碍。

从第一教学过程的发展情况看，学生学习能力的客观发展进程一般有如下几个阶段。

第一阶段是完全依靠教师的阶段。在这一阶段，学生所要学习的每一点知识都要靠教师来教，在学习中每前进一步都要靠教师引领。之所以如此，有种种原因，如年龄小、刚上学、知识少等等，但主要的具体原因是：第一，识的字太少，自己不能读书，后来识的字虽逐渐增多，但由于知识和理解力不够，还不能自己把课文看明白；第二，对于要学什么和怎样学，还很不清楚，就像走路不知要上哪里去和怎样走一样。这就只得全靠教师来一点一点地教了。不过，这一阶段为时并不很长，主要是在小学低年级。同时，这一阶段所谓"完全依靠教师"也不是绝对的。学生能看、能听、能跟着教师学，这就表明他们具有一定的学习能力。而且，在一些优秀教师的启发下，许多一年级小学生就能举一反三，并很快就能摸出一些学习的门路，获得一些"知新"的能力。只要教师教学得法，他们的学习能力就会日益增强，迅速发展到第二个阶段。

第二阶段是基本上依靠教师的阶段。这就是说，这时学生的学习已经可以不完全依靠教师了，他们已经获得了一些自己学习的能力，如：已经学会了查字典；已经能够看懂课本中的一些段落；已经摸到了一点学习规律，可以在教师的逐步引导下自己获取一些新的知识。但是，他们自己还不能通过阅读教材从整体上去掌握所要学习的内容。整个的学习内容，它的中心、要点和各个部分之间的关系，它的条理性和系统性，等等，都要靠教师的讲解或一步一步地启发引导，才能使他们理解和掌握。这一阶段，大体上从小学中年级开始，延续至小学高年级。如果教师善于培养和发展学生的学习能力，这个阶段就可能短一些；否则，也可能拖长，一直拖到中学。

第三阶段是学生可以相对独立地进行学习的阶段，可简称为相对独立阶段。这一阶段的主要特点和标志就是学生基本上已经能够自己阅读教材，大略明白所要学习的内容；但是并不一定能够理解得确切、全面、透彻，也不一定能够抓住要领，并且常常会感到学习上有许多困难。同时，他们还没有掌握一套自学的方法和养成自学的习惯。因此，他们也就还不能独立地进行学习，只能一课一课或一章一节地在教师帮助下相对独立地进行学习。这一阶段，一般来说，从进入初中就可能开始，因为在正常情况下，初中学生就具有了自己阅读所学课本的能力。不过，初中要陆续开设一些新的课程。学生开始学习一门新课程，主要还要依靠教师。但是，只要学生确实具有初中水平，教师又教学得法，不需要很长时间学生就可以获得相对独立地学习这门课程的能力。所以，我们可以说，教学过程发展到中学阶段，就进入了以学生相对独立学习为主的阶段。其实，如果教师的教学方法好，有些小学高年级学生在有的课程上就可能开始具有相对独立学习的能力。

第四阶段是学生在教师指导下可以基本上独立学习的阶段，可简称为基本独立阶段。在这一阶段，在教师指导下，学生已经能独立地阅读指定的教材和参考资料，进行应进行的实验或调查等活动，并且基本上能自己掌握所要学习的内容；但是，也还会遇到一些疑难问题和出现一些缺点错误，需要教师的指点、提醒和纠正。同时，他们还不能自己制订整个的学习计划，不能自己选定学习的材料和途径，因此也就还不能完全独立地进行系统的学习。教学过程由前几个阶段发展到这一阶段是必然的趋势，但没有一个整齐划一的时限。有些学生在有些课程上可能较早地就具有了基本上独立学习的能力，如有些初中学生就能够在教师个别指导下自学某些高中的课程；而有些学生由于长期被教师当作婴儿"哺乳"，直到高中毕业还很缺乏独立学习的能力。但是，一般来说，在教师努力培养之下，这个阶段在高中就可以开始。到高等学校，在学生经过一个时期学习新课程的训练之后，教学就可以进入以教师指导下的自学为主的阶段了。

第五阶段是学生完全独立地进行系统学习的阶段，可简称为完全独立阶段。在这一阶段，如果学习者仍然需要教师的指导，则已主要不是在学习已有的科学知识上，而是在研究新问题、解决新问题上。这就进入了科学研究的领域。当他们在研究上也取得了成果，并具有了独立进行科学研究的能力时，整个第一教学过程也就终结了。

从以上几个发展阶段可以看出，总的说来，整个教学过程也就是一个"从教到学"的转化过程。在这个过程中，教师的作用是不断提升学生的学习能力；随着学生学习能力由低到高的增长，教师的作用在量上也就发生与之相反的变化。最后是学生完全独立，教师作用告终。所谓教师的主导作用，最主要最根本的也就在于促进和完成这一转化，而不在于每一节课讲不讲、讲多少。所以，对教师的主导作用不能狭隘理解，不能把它看成一种恒定不变的东西，而要从整体上和发展上来看，认识到它是一种不断变化、不断走向"反面"并最终要被"否定"的东西。这样，才能自觉地按照教学过程的客观发展规律，把学生的学习能力和教学过程从一个发展阶段推向另一个发展阶段，最后培养出具有很强的独立学习能力和研究能力的人才。

（二）第二教学过程

第二教学过程，即一门课程从开始到结束的整个教学过程。显然，这个过程同第一教学过程一样，是一个发展过程。

但是，在实际上，有些教师教一门课程从开始到结束却"始终如一"，老是一个教法，老是"教师讲，学生听"，没有什么发展。这不能不说是一种非常需要改变的、不符合学生学习能力发展规律的状况。为改变这种状况，很有必要强调一下每一门课程的教学过程都是一个发展过程，要把这个关于教学过程的发展观点明确地树立起来。

总的说来，一门课程的教学过程与第一教学过程的发展进程基本相同，要经过第一教学过程的几个阶段；或者，粗略地说，至少要经过"依靠教师""相对独立""基本独立"三个阶段。

不过，不同的课程可能会在不同的时间开始并在不同的时间结束。如有的课程从小学一年级开始，学生还处于完全依靠教师的阶段；有的课程在中学或大学开始，学生已进入了相对独立或基本独立的学习阶段。这样，各门课程的发展进程和速度自然也就会有所不同。例如，在学生已经具有相对独立的学习能力时开始教学的新课程，决不会像小学一年级开始教学的课程那样，要经过几年完全依靠教师和基本依靠教师的阶段，才能进入相对独立的学习阶段，而是只要经过几节课、几周或几个月就可以进入相对独立的学习阶段了。由此可见，一门课程开始于学生学习能力较强的阶段，它的教学过程就会发展得较快，学生依靠教师的阶段就会较短。一般来说，一门课程的教学过程在第一教学过程的哪一个发展阶段开始，它就会较快地度过此前的几个阶段，与第一教学过程的发展阶段"合流"。

当然，第二教学过程的发展还与每门课程的特点有关。每一门课程的教学发展过程都有一些重要的"关口"，每一门课程的教学都有自己独特的阶段性。不同课程的教学过程的发展不仅会有快慢的差别，有些课程的教学发展过程还可能有反复或曲折。这就需要对各门课程的特点和教学过程进行具体的分析。每一门课程的教学，何时和如何才能从一个发展阶段进入另一个发展阶段，是十分重要的问题。特别是学生何时和如何才能从基本依靠教师的阶段进入相对独立的学习阶段，具有特殊重要的意义，因为这是一门课程的教学过程中的重大转折。只有掌握了这样的发展进程，才能自觉地把教学过程及时地从一个阶段推向另一个阶段，显著地提高教学效果，并使学生的学习能力得到很好的发展。如果不能掌握这样的发展进程，特别是在学生已经具有相对独立的学习能力时不去发挥和发展他们的这种学习能力，他们的学习主动性和积极性就会受到挫伤，以至于失掉学习兴趣，造成学习成绩显著下降甚至"一落千丈"的后果。

各门课程教学过程的具体发展情况，虽然各有不同，但也有一定的共同的内在的规律。值得注意的是在各门课程中都有一些基本因素，对教学过程和学生学习能力的发展具有根本意义。这些基本因素，概括地说，主要有三。

一是基本语言。这包括基本符号、基本术语和基本的语言结构。实际上，一门课程的基本语言也就是这门课程的基本概念和这些概念之间的逻辑关系的表现。且不说外国语言和音乐语言，其他各门课程，如语文、数学、物理、化学、政治、经济、哲学等，也都有自己的基本语言。常常有人把看不懂一种书籍比作"像看天书一样"。可见看不懂或不习惯于一门课程的语言，学习这门课程就会感到极大的困难，甚至根本无法学习。只有掌握了一门课程的基本语言，才能谈得到有学习这门课程的能力。

二是基本思路。学生不论学习哪一门课程都必须通过思维；既要思维，就有一个思路问题，即想什么和怎样想或往哪里想的问题。各门课程的思路大不相同。要学习一门课程，如果思路不对或思路不通，那就学不进去；而掌握了一门课程的基本思路，也就可以说是"入了门"，会学习这门课程了。

三是基本结构。翻开几种不同课程的课本，看一看它们的总体结构，再看一看它们的各章各节都是怎样组成的，就可以看到各门课程的结构都各有特点、互不相同。掌握了一门课程的基本结构，就从整体上抓住了学习这门课程的线索，知道了该怎样前进，学习起来就可以驾轻就熟。如果根本不了解这门课程的基本结构，那就只得从头起步，在教师的帮助下一步一步地边走边认路了。

以上三点是互相关联的。教师自觉地努力帮助学生掌握这些基本因素，就可以使学生的学习能力和教学过程得到较好较快的发展。至于每一门课程的这些基本因素具体包括些什么，需要使学生掌握到什么程度才能具有相对独立或基本独立的学习能力，那就要对各门课程进行具体分析了。

（三）第三教学过程

第三教学过程，即一门课程中的一章或一个单元的教学过程，是第二教学过程中的一个组成部分。它从属于第二教学过程，被第二教学过程的发展阶段所规定。这就是说，它在第二教学过程中的哪一个发展阶段，就要按照哪一个阶段的特点和要求来进行。例如，在学生完全依靠教师阶段的一个单元的教学，主要就靠教师一点一点地教；在学生相对独立学习阶段的一个单元的教学，就要以学生相对独立学习为主。

但是，除了学生已进入完全独立的学习阶段外，第三教学过程不论是处在第二教学过程的哪一个发展阶段，要取得良好的教学效果，又都要经过或重复整个第二教学过程的几个发展阶段，即都要由依靠教师的阶段开始，经过学生相对独立的学习阶段，达到使学生基本独立或完全独立的地步。否则，教学任务就不能完成。

以上两段所说的是不是有些自相矛盾呢？

不，事实说明，以上两点并不矛盾。

例如：刚入学的一年级小学生开始学习识字，总的说来是处于完全依靠教师的阶段。如果他们没有受过学前教育，一字不识，那么每一个字的字音、字义、字形和写法就要完全靠教师一点一点地教了。但是，这时特别值得注意的是，教师每教一点，很自然地就要让学生跟着学一点。例如：教师每念一个字，就要让学生跟着念一个字；教师每写一笔，就要让学生跟着写一笔。学生跟着教师念和跟着教师写的活动，虽然只是模仿，但也是由他们自己进行的。因此，不能不承认这也是一种相对独立的学习活动。并且，正是由于经过这样一种特殊形式的相对独立的学习阶段，最后学生才能独立地认识所学的这些字，独立地写出这些字，在会认和会写这些字上达到完全独立的地步。

从这个最简单、最基本的教学过程中可以看到：即使学生处于所谓完全依靠教师的学习阶段，他们也具有一定的相对独立的学习能力；而且，只有经过一个让学生相对独立学习的过程，才能达到使学生完全掌握所要学习的知识和能力的目的，即达到完全独立的阶段。这是一条基本规律，纵贯第一、第二、第三以至第四教学过程，并在这几个教学过程中反复体现。

不过，随着学生学习能力的发展，在教学过程的不同发展阶段，学生相对独立的学习活动有不同的表现形式。例如：在完全依靠教师的学习阶段，学生相对独立的学习活动是"一点一点"地跟着教师学；在基本依靠教师的学习阶段，则发展到可以在教师的启发引导下"一步一步"地探求和获取新的知识；在相对独立的学习阶段，就又大进一步，可以"一课一课"地在教师帮助下相对独立地学习了；在基本独立的学习阶段，那就可以"整篇整章"地在教师指导下自学，然后又逐步发展，达到整本书都可以主要由自己来学习，最后进入完全独立的学习阶段。

以上所述也就是学生的学习能力一点一点、一步一步由量变到质变，一个阶段一个阶段地不断发展的过程，同时也是在教师的作用下，学生独立学习能力一点一点、一步一步、一个阶段一个阶段地提升的过程。在这里要特别指出的是，在这总的发展过程中，第三教学过程起着特殊重要的作用，原因有二。

第一，一章或一个单元的教学内容，总是有一个中心和一些组成部分，换句话说，也就是有一些具有共性的组成部分。例如，语文课的一个单元可能包括几篇同一文体或类型的文章，数学课的一章可能包括解决同一类问题的几个定理、公式或计算方法。这些具有共性的组成部分在内容上、逻辑上和结构上一般都具有同一性或近似性，学习它们所需要的基础知识在很大的程度上也是相同的。因此，在教学上很便于"举一反三"。教师可以只举其一，然后帮助学生相对独立地学习其二、其三，最后让学生基本独立或完全独立地学习其四、其五。这样，在一个第三教学过程中，就可以使学生的学习经过一个由"依靠教师"到"相对独立"再到"基本独立"，以至"完全独立"的小的周期。如此这般，一个周期一个周期地"往复循环，螺旋上升"，就可以使学生独立学习的能力不断提高。

第二，一章或一个单元的教学内容，又总是和它前后各章或各单元相联系，并有一定的共性。有些课程的有些章节或单元，共性还很大，它们的结构几乎相同。这也是很便于"举一反三"的。如果善于利用这种方便，那么，学生在学习过几章或几个单元之后，就可能具有相对独立甚至基本独立地学习以下各章或各个单元的能力。

但是，如果忽视了上述两点，每章或每个单元以及其中的每一节每一点，都要由教师来讲，一次又一次地重复同样的逻辑、同样的方法步骤和同样的解说、分析或推理的过程，那就会像原地踏步一样，不仅不能使教学和学生的学习能力得到应有的发展，而且会使学生感到厌烦，败坏学生的兴趣，窒息学生的思维，阻碍学生学习能力的发展。

（四）第四教学过程

第四教学过程，即一点知识或一课书的教学过程，可以说是整个教学过程中一个最基本的环节。在这个过程中，要使学生学会他们原来所不知、不懂、不会的东西，这就涉及学生在学习中的认识过程问题，涉及已知和未知、感性认识和理性认识、认识和实践等的关系问题。关于这些，已有不少论著。这里要谈的只是在这个过程中教与学的关系问题。

关于这个问题，在实际上而不是在理论著作上存在一种很有影响的观点，那就是认为"学生要学习的都是新知识，新知识就要由教师来教"。

受这种观点影响的教师总是觉得：只有靠教师的讲解或启发，学生才能把自己的感性认识和书本上的知识联系起来；也只有靠教师的讲解或启发，学生才能从已知走向未知。如果教师不讲或不进行启发，好像学生自己就不会把感性认识和书本知识联系起来，也不会把已知和未知联系起来。正是在这种观点的支配下，"教师讲，学生听"的注入式教学法在课堂教学中长期占主要地位；所谓启发式教学法，虽经多年提倡，也主要是采用一种"教师提问，学生回答"的方式，在课堂教学中居于辅助地位。

其实，把感性认识和书本知识联系起来，从已知探求未知，这些都是学生自己能够逐步掌握的学习能力。第四教学过程，或者说，学生学习新知识的过程，绝不是只有靠教师讲解和启发才能进行和完成的。

第四教学过程如何进行和完成，要看它处于第一、第二教学过程的哪一个发展阶段，特别是要看它在第三教学过程中所处的位置而定，因为第四教学过程是第三教学过程的一个环节。在一个第三教学过程，即一章或一个单元的教学过程中，可能包括几个第四教学过程。例如，在一章中有五节，每一节就可能是一个第四教学过程。这五个第四教学过程，要随着教学内容和学生学习能力的发展而发展变化，不应始终如一、定型不变。这在前面已经说过，并在说明第三教学过程时举过例子。这里需要补充的只是：在实际教学中，第四教学过程的变化应该比一篇文章中所能举出的例子更加灵活。

总之，整个教学过程的发展既然有学生完全依靠教师、基本依靠教师、相对独立、基本独立和完全独立五个阶段，那么，第四教学过程的进行和完成也就基本上有这样五种可能。至于在这五种不同情况下应采取怎样不同的方式进行教学，那就要对教学方式问题进行一些探讨了。

（本文原载《教育研究》1983 年第 9 期）

论教学过程和教学方式（下）

江山野

第二部分　教学方式

教学过程既然是一个发展过程，有它的阶段性，那就应该在不同的发展阶段采取不同的教学方式，而不应该不论在哪一个发展阶段都采取同一种教学方式。

平时，人们常常谈到教学方法问题，较少谈到教学方式问题。而且，在谈到一种好的教学方法时，常常不自觉地把它当作一种普遍适合于各个教学发展阶段的方法，而忽略了教学发展过程的阶段性。如果考虑到教学发展过程的阶段性，考虑到教学发展过程中各个不同阶段学生的学习能力有很大差别，那就要寻求适合于各个不同发展阶段的不同的教学方式了。

教学方式和教学方法的关系，与战略和战术的关系虽不尽相同，但有相似之处。在教学上，从整个发展过程的全局考虑，在每一个发展阶段，需要一种基本的办法。而且，由于教学过程的每一个发展阶段都持续一个相当长的时间，具有一些相对稳定的特点，因此，适合于每一发展阶段的基本的办法也应该有一定的规定性和稳定性，并具有一定的形式——这也就是教学方式。

说到这里，可能会引起一些怀疑：这是不是会形成一些死框框，产生形式主义？

其实，有规定性，并不一定就会形成死框框；有一定的形式，并不一定就会产生形式主义。只要承认教学发展过程的规律性和阶段性，也就必须肯定各个不同发展阶段的教学方式要有一定的规定性，因而也就要有一定的形式，否则就根本无法适应各个不同发展阶段的不同特点和要求。说得彻底一点，只要是科学的东西，就得有一定的规定性。不要规定性，那就是只讲任意性；而只讲任意性，是反科学的。

在实际工作中，在观摩或介绍一些优秀教师的教学方法时，常常因为这些教师的教学方法非常灵活自如，许多教师感到很难学到手。他们总是要求一些更加明确具体、便于掌握的东西，实际上也就是要求一些具有规定性的东西。而与此同时，人们又常说，教学既是一种科学，又是一种艺术，强调教学是一种创造性的劳动。的确，应该肯定，教学是一种艺术，是一种创造性的劳动。但是，如果过分强调了艺术性、创造性的一面，忽视了最根本的科学性、规定性的一面，那就会使很多教师感到无所依凭、难于捉摸，因而也就很难保证基本的教学质量，更谈不到大面积提高教学质量了。由此可见，在教学上要有一些有规定性的、有一定形式的东西，也就是说，要有一些基本的教学方式，这既是教学科学化的要求，也是广大教师的实际需要。

当然，这些基本的教学方式决不能是一些僵死的东西，决不能束缚教师的创造性和妨碍学生学习能力的发展，而是要有充分的余地以发挥教师的创造性和发展学生的学习能力。其实，只要这些基本的教学方式符合教学发展过程的客观规律和它的阶段性的要求，那也就必然能发挥教师的创造性和促进学生学习能力的发展。

事实上，经过很多学校很多教师多年的教学实践，每个教学发展阶段都早已经有了适合于它的基本教学方式。而且，这些教学方式并不是什么新奇的难以掌握的东西，而是相当普遍的大众化的东西，只不过它们还没有被总结和集中起来，归纳成为一个系统而已。因此，下面提出的几种基本的教学方式并不是作者的主观臆造，更不是什么创造发明。下文仅仅是对已有的几种教学方式各自适合于教学过程的哪一个发展阶段，做一些分析说明。

（一）第一种教学方式

第一种教学方式的基本形式是：教一点，学一点，练一点。展开来说就是教师教一点，学生立即跟着学一点，练一点；然后教师再教一点，学生再学一点，练一点。这样由部分到整体，由简单到复杂，每前进一步都再经过这样一个即教即学即练的过程；并且，每一个教、学、练的过程都常常反复多次，直到学生都基本上学会为止。

这种教学方式是学生初始学习时，即在学生完全依靠教师阶段最普遍、最常用的一种教学方式，也是实践证明最适合于这一阶段的教学方式。例如，小学生开始学习识字和算术，小学生、中学生以至大学生开始学习外语，还有在音乐课上学习识谱和唱歌，在体育课上学习基本动作等，一般都是采用这种方式。在这一阶段采用这种教学方式，尽管学生的学习成绩也总是不平衡的，但只要教师全面注意，绝大部分学生的学习都能达到基本要求，很少出现成绩悬殊以至大分化的情况。因此，应该肯定，这是一种非常适合于教学发展过程第一阶段，即学生完全依靠教师阶段的基本教学方式。

这种教学方式之所以能够取得良好的教学效果就在于它与这一阶段学生的学习能力相适合，并给了学生充分发挥他们的学习能力的机会。一般采用这种方式的课堂教学，每节课常有二分之一至三分之二的时间是学生进行学和练，并且常常学就是练，练就是学，学练一体，当场见效。这也就是教学效果好的奥妙所在。

但是，这种教学方式也有很大的局限性。它基本上是由教师把现成的知识或方法教给学生，学生只是照学而已，因此也可以说基本上属于注入式或灌输式，而且，总是教一点学一点，进度缓慢。当学生已经有了一定的基础，摸出了一些学习规律之后，已经"一说就会"，甚至用不着教师再说自己也能知道下面要讲的一些东西时，如果教师仍然采用这种教学方式，学生就会感到不耐烦，不愿意再这样由教师一点一点地教下去了。他们想要学得快一点，想要自己往前走了。

这时，教学就由学生完全依靠教师的阶段发展到基本依靠教师的阶段，教学方式也就要相应地改变了。

（二）第二种教学方式

第二种教学方式是问答、阅读、演示、讲解相结合，逐步启发引导学生自己探求未知。

这也是一种很普遍、很常用的教学方式，也就是一般所说的"启发式"教学。这种教学方式有很大的灵活性，可以在需要问答的时候问答，需要让学生阅读教材的时候让学生阅读教材，需要演示的时候演示，需要讲解的时候讲解，而且，问答、阅读、演示、讲解都可以采取多种方法。总之，在方法上是灵活多变的，但"万变不离其宗"。"宗"就是要启发学生思维。通常，很多教师都是以启发学生设想下一步的办法，一步一步地引导学生在思考和探索中前进，所以叫作"逐步启发引导学生自己探求未知"。

这种教学方式与第一种教学方式相比，有很多不同之处，其中特别值得指出的是：第一种教学方式，教师教一点，学生跟着学一点，学生的活动虽然很多，但主要是模仿，是学习教师已告知他们的东西；而第二种教学方式则是学生在教师启发引导下去探求未知，去试想教师还没有告知他们的东西。这是一个质的变化，具有划阶段的意义。

由于这样，这种教学方式很适合于学生已经由完全依靠教师阶段进入基本依靠教师阶段的特点和要求。因为这时学生已不满足于第一种教学方式了，他们已经不需要什么都由教师告诉了，他们自己已经有了"知新"的能力。但是，他们的阅读能力、感性认识和"知新"能力都很有限，所以还需要在教师具体指导下阅读课本，需要通过演示获得一些知识，需要教师进行必要的讲解。特别是他们对于所要学习的东西将怎样向前发展还很不清楚，需要教师引导，所以"逐步启发引导"正适合这一阶段学生的学习能力和特点。

而且，如前所说，这种方式有很大的灵活性和伸缩性，如问答可易可难，教师讲解可浅可深，逐步启发引导的步伐也可小可大，所以既可以发挥教师的创造性，又可以不断发展学生独立学习的能力。

但是，这种教学方式不像第一种教学方式那样"学就是练，练就是学，学练一体，当场见效"，而是学和练逐渐分离，学生在学习过程中的思维活动不一定能明显地表现出来，当场不容易看出教学效果。如果教师不能掌握学生的思路和了解学生的思维障碍，就不能启发得当；如果教师再过多地自己讲解，有些学生就可能由于思想游离而渐渐掉队，时间一长就很难再赶上来。因此，教师必须及时了解学生的学习和思维发展情况，并认真检查他们的复习情况和作业。只有这样，才能启发得当，引导有方，取得良好的教学效果。

同时，还需要说明，这种教学方式绝不是普遍适合于教学过程的各个发展阶段的教学方式，而只是适合于学生基本依靠教师的学习阶段的一种教学方式。把这种类型的启发式教学无条件地当作一种好的教学方式，以为它无论在小学、中学、大学，无论在哪一个教学发展阶段都是一种好方法，是不适当的。因为这种教学方式也有很大的局限性。如果说这种教学方式的特点和优点就在于教师逐步启发引导学生思维，那么它的局限性和缺陷也就在于学生的思维的每一步都要由教师来启发引导。当学生自己还不会一步一步深入思维，还不知道该往哪里去想和怎样想的时候，这是一种积极的帮助学生思考和发展他们思维能力的好办法；但是，当学生自己已经能够阅读教材，已经能够自己展开思维的时候，教师仍然这样一步一步地启发引导，那就不仅没有必要，而且会限制学生的思维，阻碍学生思维能力和学习能力的发展。这时，对教师这种一步一步的启发引导，学生也就失去了曾经有过的兴趣，越来越感到乏味了。

这也就是说，学生已经由基本上依靠教师的学习阶段进入了相对独立的学习阶段，教学方式也应该随之改变了。

（三）第三种教学方式

第三种教学方式是：首先让学生预习，然后根据学生预习中提出的和存在的问题进行教学。

这也是一种很多教师采用的教学方式。它适合于学生已能相对独立学习的阶段，因为这时学生自己已能阅读教材和展开思考了。

这种教学方式与第二种教学方式相比，又有很多不同之处，其中最主要的是：第二种教学方式，学生的学习是由教师一步一步启发引导的，说句不太好听的话，也就是由教师牵着鼻子走的；而第三种教学方式，则是先让学生自己去学习和思考，自己去发现问题、提出问题、寻求解决问题的途径，也就是把学习的主动权开始交到学生手里，不能不说，这又是一个质的变化。

所以，不能把这两种教学方式"等量齐观"，认为它们不过是可供任意选择的两种不同方法而已；同时，也不能抽象地评论这两种不同教学方式的优劣。它们各自适合于教学过程的不同发展阶段。第二种教学方式适合于学生基本上依靠教师的学习阶段，第三种教学方式适合于学生相对独立的学习阶段。

在实际教学工作中，教学方式常常落后于学生学习能力的发展。在学生已经具有相对独立学习能力的阶段，仍然采用由教师牵着鼻子走的教学方式，是一种很常见的现象。为克服这种落后现象，有必要强调指出：应该把第三种教学方式当作适合于学生相对独立学习阶段的基本教学方式确立起来，使之成为这一阶段的教学常规。简单说就是：当学生已经能够自己阅读教材和自己思考的时候，就要先让他们自己去学习和思考。这应该成为一条规则，而不是一种可以采用也可以不采用的方式。违反这条规则，也就是违反常情——当学生已经能够自己读书、自己思考的时候，为什么不让他们自己去读书和思考呢？

当然，这时只靠学生自己读书和思考还不能解决全部问题，因为他们还只是具有相对独立的学习能力，而不是已具有完全独立的学习能力。他们在学习上不仅还有不少困难，而且在读书和思考上还需要很多训练。所以，采取首先让学生预习的教学方式，要抓住几个重要环节。

一是教师在布置预习时，一定要对学生提出明确具体的要求。这实际上也就是一种学习指导。

二是一定要对学生的预习进行检查。这不仅是为了防止自流，更重要的是为了确切地了解学生的学习能力和他们对教材的掌握程度。这既是一个展示学生独立学习能力和肯定他们独立学习成果的过程，也是一个发现和集中学生预习中存在的问题的过程。

三是一定要针对学生预习中提出的和存在的问题进行教学。否则，虽然让学生预习了，但并不管学生预习得如何，教师仍然只是按照自己老一套的办法来讲，那就失去了让学生预习的主要意义，失去了教学的针对性。而没有针对性的教学就是一般化的教学，一般化的教学是不能引起学生的注意和兴趣，取得良好的教学效果的。

四是进行针对性教学时，在解决问题的过程中，一定要继续发挥学生的学习能力。凡是他们自己能够解决的问题，就要让他们自己去解决。

以上四个"一定要"也可以说就是这第三种教学方式的"规定性"要求，但这些规定性的要求本身又具有很大的灵活性和伸缩性。例如，教师对学生预习提出的要求可少可多、可低可高；检查预习、集中问题、解决问题，在内容的广度、难度、深度和方法上，都可根据实际情况灵活处理。因此，这种教学方式不但适合学生相对独立学习阶段的要求，而且既能发挥教师的创造性，又能不断发展学生独立学习的能力。

不过，这种教学方式的适应性也有一定的限度。因为这种教学方式，从布置预习、检查预习、集中问题到解决问题，每一步都是由教师来安排的。当学生的独立学习能力发展到较高水平时，他们就会感到这样实在有些太烦琐，太受限制了。他们已经不需要教师再这样一课一课、一步一步地安排他们的学习了。教师对他们的许多要求、指导和帮助，过去曾经是非常必要并受到欢迎的，现在已经变成了多余的东西，变成了对他们的束缚和干扰。他们觉得与其这样上课，还不如自己读书。他们想要自己学习了。

这时就应该换用另一种教学方式。

（四）第四种教学方式

第四种教学方式就是学生在教师指导下自学。

本来这也不是一种什么新的教学方式，而是早已有人采用的教学方式。它适合于学生已基本上能独立学习的阶段。但是，多年来，在我们的学校中这种教学方式采用得不多，不但在中等学校少有，在高等学校也不很多。这是一种不符合学生学习能力发展规律的现象。之所以如此，主要原因有三。

一是从根本上就没有把培养和发展学生独立学习的能力当作教学的重要目标；或者是虽然口头上也说要培养和发展学生的独立学习能力，但却没有落实到教学实践中去。这样，从整体上就没有把采用这种教学方式纳入教学计划之中，当然也就不会从教学过程一开始就为在一定时期采用这种教学方式有计划、分阶段地做好准备。说得简单点，也就是根本没有打算要采取这样一种教学方式。

二是对学生独立学习的能力估计不足。实际上，学生独立学习的潜力是很大的。证明之一是：近几年有不少自学成才的人，他们开始自学时仅仅具有初中水平，年龄也不过十几岁。为什么在校外能有不少人如此，在学校内有教师的指导和许多有利条件却反而不成呢？证明之二是：在校内也有些初中学生自学了高中课程并取得了良好成绩。他们自学的课程还往往是比较难学、很需要教师来教的课程，如数学、外语之类。既然他们能自发地进行自学并取得成功，为什么在学校和教师有计划有步骤地培养之下，不能使更多的学生具有这样的自学能力呢？如果说在初中就能自学高中课程的学生是少数，他们的学习能力发展较快，那么，就让一般学生比他们晚三年、五年，如在高中时学习高中课程或在大学时学习大学课程，总可以具有相当的自学能力了吧？证明之三是：一般学生也常常在课外阅读一些比课内学习的课本分量更重的书籍，并且基本上能掌握其内容；不少学生还能运用从中学到的知识和技能制造出一些"产品"来。为什么在课外能够如此，在课内有教师指导反而不成呢？再有，证明之四是：在课堂教学之后，每个学生都要独立地做作业。其实，作业中有些难题，要比课本中已写明白的原理、公式和例题难解得多。为什么作业中的难题可以让学生独立去做，课本上已经写明白的原理、公式、例题等却不能让学生自己去学，而非要教师讲解不可呢？以上几点都可以说明，学生独立学习的能力远没有得到充分发挥。

三是习惯不易打破。在教师指导下自学这种教学方式还没有经过一批学校的实验，形成一套切合实际的办法，从而"树立"起来。因此，就会有许多人持怀疑态度。

这也就说明，从第三种教学方式发展到第四种教学方式，又是一个质的变化。第三种教学方式虽然已开始把学习主动权交给学生，但整个过程的每一步骤都是在教师的"控制"之下进行的；而第四种教学方式则进一步把学习主动权基本上交给了学生，教师只是进行一些指导，整个学习进程就都由学生自己掌握了。

这样，学生的学习会不会由于失去了教师的控制而产生分化呢？

回答是：现在一般学校并没有采取在教师指导下自学的方式，而是采取完全在教师控制之下的教学方式，学生的学习也在分化，而且在有些学校有些班级有些课程上分化的现象还很严重。可见不能把并未采用的在教师指导下自学的方式当作学生学习分化的原因。

那么，在教师指导下自学，有的学生学得快，有的学生学得慢，进度不一，怎么办呢？

其实，现在一般的课堂教学，也是有的学生学得快，有的学生学得慢，只不过是按照多数人的情况把进度强行统一起来罢了。当学生已经基本具有独立学习的能力时，如果仍然采取这种强行统一进度的办法，那对学生是很大的束缚；而采取在教师指导下自学的方式，则可以更好地解决这种"统一和不统一"的矛盾，做到该统一的统一，不一定统一的可以不统一。

首先是对学习的要求要统一，也就是学习后要达到什么标准要统一；

学习的时间地点可以统一，也可以不统一；

学习进度可以统一，也可以不统一；

教师指导可以有时统一，有时不统一；

最后，检查和成绩考核要统一。

这就叫作"两头统一，中间灵活"。两头统一，可以保证基本上达到教学的目的要求；中间灵活，可以适应不同学生的不同情况。

这样，会不会造成教学秩序的混乱？

现在，一般学校并没有采取这样灵活的教学方式，而是采取管得很死的教学方式，也有教学秩序混乱的现象。可见教学秩序混乱，原因并不是教学方式灵活。事实上，教学方式太死，不适合学生的学习能力和学习规律，正是教学秩序混乱的重要原因之一。采取适合于学生学习能力和学习规律的灵活的教学方式，不但不会造成混乱，而且会形成一种新型的、生动活泼的、格外良好的教学秩序。

例如：学生可以统一按照课程表的规定在课堂上自学，也可以有的在课堂上自学，有的在自习室、阅览室等地自学。学习进度，可以统一规定一些阶段性的时限，也可以不限，但中间有检查，最后要统一进行成绩考核。教师指导，有时可以把学生学习中存在的共性问题集中起来统一指导，平时则随时进行个别指导。这样，并不会引起什么混乱。现在，学生的自习不正是这样进行的吗？

教师应该相信，当学生已经具有基本的独立学习能力时，把学习主动权进一步交给他们，同时把学好一门课程的责任也交给他们，他们的学习精神要比在课堂上听许多不需要再听的讲解会振奋得多，他们在学习上要花费的心力和所得到的收获也会远比被动听讲大得多。

（五）第五种教学方式

第五种教学方式是完全由学生自学。

这是适合于学生已经有了完全独立的学习能力时的一种教学方式。

既然这样，学生已经不用教师来进行"教学"，为什么还要把这种方式列为一种"教学方式"呢？

因为这不但是一种教学方式，而且是在教学发展过程中应该常常采用的一种教学方式。

例如，在学生完全依靠教师或基本依靠教师的学习阶段，教材中就会有一些部分是学生自己就能够学会的，这些部分就应该完全由学生自己去学习。在他们学习之后，教师可以让他们自己讲解，也可以通过提问或测验来检查他们是否完全掌握了所要学习的内容，并给予评价。在学生相对独立和基本独立的学习阶段，教材中这样的部分会逐渐增多，教师应该在制订教学计划时就有意识地选择一部分这样的内容，让学生自己独立学习。学生完全独立的学习能力，是从一点一滴开始逐步发展的，而不是一下子突然形成的。培养学生完全独立的学习能力，也要从一点一滴开始逐步进行。所以，完全由学生自学的教学方式，并不是只有在学生已经完全进入独立学习的阶段之后，在他们已经能够完全独立地学习全部教材时才能采用的，而是早就可以采用，并且应该在整个教学发展过程中有计划有步骤地采用。

同样，前面所说的第四种教学方式也不是只有在学生已经进入基本独立的学习阶段之后才能采用，第三种教学方式也不是只有在学生进入相对独立的学习阶段之后才能采用。每一种教学方式都不是只有在一个教学发展阶段中才能采用，教学过程的每一个发展阶段也不是只能采用一种教学方式。例如，在学生基本依靠教师的学习阶段的一个单元的教学过程中，并不是自始至终都要采取第二种教学方式，而是有一部分教材也可以采取先由学生预习的第三种教学方式，还有一些教材可以采取在教师指导下自学或完全由学生自学的方式。这在本文的第一部分中，在谈到第三教学过程和第四教学过程时就说过。

以上只是提出了几种基本的教学方式。总的说来，它们各自适合于教学过程的一定发展阶段。但是，如本文的第一部分所说，教学过程并不是一个单一的发展过程，而是一个多层次的复杂的发展过程。第一、第二、第三和第四教学过程交错重叠，在大过程之中有小过程，在大阶段之中有小阶段，形成一种错综复杂的螺旋式的前进运动。因此，教学方式也必须根据这种复杂的发展变化而灵活变换。不过，教学方式不论怎样灵活变换，都应遵循一条原则，那就是要适合学生的学习能力，并且能够充分发挥和发展学生的学习能力。

（本文原载《教育研究》1983 年第 10 期）

教学规律试探

吴也显

　　教学活动是人类有目的、有意识地发展自身的社会实践活动。它是人类作为一个有文化的物种为着世代延续而结成的一种特定关系——教育者和受教育者的关系。这种关系表明：教育者必须向自己的对象"有目的"地传授科学的知识与真理，对受教育者实行理性的改造，从而体现人的本质。这种活动经过千百年人类的实践，已被证明是有规律可循的。许多思想家、教育家都曾对此进行过有益的探索。这一领域中理论之丰富、观点之多样、意见之分歧，是众所周知的。本文仅结合自己的认识谈点粗浅的看法，以就教于同志们。

　　在谈到教学规律时，人们总是首先提出什么是规律的问题。其实对任何事物发展规律的探索无非是舍弃非本质的现象，而抓住"本质的关系"。列宁曾明确指出，规律就是关系，就是本质的关系或本质之间的关系。任何事物的发展规律只有从事物之间内在的、本质的联系中，从动态中去进行探索，才能逐步把握。

　　从苏联教育界探讨教学理论时列出的众多教学原则体系中可以看出"教学"这个概念的复合性质和对它本质认识的分歧。教学活动涉及的因素很多，有宏观的、微观的，但支配教学过程的基本规律到底是什么，至今还没有得到明确的揭示。原则是规律的反映，但又不等于规律。原则表述的可能是非本质的关系，而规律一定是"本质的关系"。因此，规律显然不会像原则那样多。有一种关于教学规律的表述，把教学要遵循的规律和教学自身的规律混为一谈，这也是不够确切的。教学要遵循的规律不一定是教学自身的规律。例如，教育要受社会制约的规律，无疑是教学活动应该遵循的，但它也是一切教育活动都应遵循的。因此它不是教学自身所特有的规律。教学的规律只能从教学活动的本质联系中去加以揭示，从制约教学过程基本因素的总体上去加以分析。

教学活动中要处理的最基本的关系就是教育者、受教育者、教学内容、教学手段这几方面的关系。总的来说，它离不开主客体之间相互作用的基本环节。正是主客体之间相互辩证的关系，构成了教学自身的矛盾运动。

从发展和运动的观点来看，教学活动始终表现为一种过程，支配着这一过程的规律有两个不可分割的方面：一个方面是以揭示主客体之间相互作用为主的教和学相互依存的规律，另一方面是以揭示主客体之间相互作用为主的知识再生产和个体发展相统一的规律。

一、教和学相互依存的规律

教育者和受教育者这两者之间的关系是贯穿在整个教学过程中的最基本的一种关系。教决定着学，学影响着教，它们之间的关系既相矛盾又相统一，任何一方面的活动都以另一方为条件。在活动中教师是教育的主体，只有通过教师的组织、调节和指导的活动，学生才能迅速把知识学到手，促进自己本身的发展；而学生则是学习的主体，教师对学生的指导和调节只有当学生本身积极参与学习活动时，才能起到应有的作用。因此要使教学活动顺利开展，就必须要求这两者之间积极配合，协调一致。这正反映了教和学之间的相互依存关系。

在教学过程中这两者之间的依存关系是整个社会关系中的一个有机组成部分，因此它渗透了社会的要求。教和学之间是一种以认知为基础的全面交往的关系，正是这种错综复杂的关系构成了教学过程中的主要矛盾运动。

首先，教和学相互依存的关系是建立在人类世代交替这一客观需要的基础上的。人是有文化的物种，物质文化与精神文化的积累是一个世代交替的连续过程。教学活动则是沟通人类文化和历史文明的桥梁。教学活动中教育者和受教育者都是社会在延续种族和文化发展上的具体体现者。也正是在这个基础上，教和学结成了不可分割的关系。教师在教学上因而被誉为联系过去和未来的活的环节，而学生则是教师劳动成果的具体体现者。如果教育者不能发挥传递文化的作用，或者受教育者缺乏接受这些物质和精神文化成果的必要条件，教和学就失去了相互依存的基础，这种关系也就不可能存在。

社会要求对教和学之间依存关系的影响具体表现在教师是接受社会的委托对受教育者施加"有目的性"影响的具体执行者。教育者对受教育者所施加的影响，从方向、内容到传递信息的条件和方法，无不受一定社会发展的需要所制约而打下了社会的印痕。而受教育者，作为教育者教学效果和教学质量的体现者，作为学习中的主体，其学习目的、学习要求以及学习的内容和手段也无不渗透了社会的影响。因此，教和学之间的依存关系虽因人类世代交替这一需要而具有其稳固性和连续性，但它的具体内容和表现形式又总是受到社会各种因素的影响，在各个不同历史时期和不同的社会生产条件下存在着各种差异性。

如果把教育看作一个社会系统，那么教学就是教育系统中的一个子系统。在人类社会的最初阶段，由于生产力低下，社会分工还没有发生，生产和教育过程还混为一体，人们在劳动过程中互教互学，这种萌芽状态中的教和学的关系只是在"狭窄的范围内和孤立的地点上发生着"。直到正规化的学校教育制度建立以后，教和学的关系才作为一种稳固的关系发展起来。

在漫长的古代社会，这种建立在手工技术基础上的教和学的关系具有相当保守、封闭的特性。例如，在封建的等级制社会中，教和学的关系，一般地说是教师硬灌教条，学生机械背诵；棍棒纪律成了维系师生关系的唯一手段，谈不上主客体双方的能动作用，因此教学效果和效率都很差。

文艺复兴标志着人类文明发展进入了一个新的阶段，新兴资产阶级提出了人的理性自由、个性解放的口号，在教和学的关系中也开始重视能动性的因素。例如，以夸美纽斯为代表的新兴资产阶级的教育家把教学活动中遵循自然法则、重视感官施教和以理解为主的教学方法提到了十分重要的地位。他极力主张废除棍棒纪律而要求教育者应以"良好的榜样、恳切的言语和经常诚恳坦白的同情"来维系教学的纪律，以"燃起学生的求知渴望和学习热情"。而赫尔巴特和杜威则分别根据资产阶级发展的不同阶段与需要提出了另一种教学关系的模式。由于自然科学，特别是生理学、心理学的发展，以及这些科学成果在教学理论上的运用，二人对教学中主客体之间的关系又从不同方面给予丰富和发展。但是他们的理论各执一端，一个断言"在教育的其他任何职能中，学生是直接在教师的心目中""学生对教师必须保持一种被动的状态"，片面强调了教育者这一个方面的作用。另一个则强调"儿童的学习是主动的，它包含着心理的积极开展，它包括着从心理内部开始的有机的同化作用"，不但认为学生是学习的能动主体，而且认为教学活动"应以儿童为中心"，教育的措施应围绕儿童组织。但是教学理论和实践的发展表明：教学规律的客观性不在教和学对立统一关系的任何一方，而在它们相互关系的作用之中。当代教学的理论已把注意力集中在对教学过程中两者之间相互依存的规律和发挥学的方面主体能动性的探索，发现法的提出就是一例。再从发展的趋势来看，尽管当代社会的信息化已使教和学活动的双方摆脱了时间、空间的限制，而且其中有一部分智力活动已被电脑所代替，国外一些未来学家也曾预言，在现代化教学手段愈来愈被普遍运用的时代，教学过程中的师生关系将会出现一种新的形式，然而，教学中的人机系统终究代替不了教和学的相互作用。教和学之间相互依存的关系始终是教学活动中最主要、最本质的联系，只是在不同社会条件的影响下具有不同的内容和表现形式罢了。

以上是把教学作为社会系统中一个子系统，在其纵向发展中探讨教和学之间的依存关系，但这只是这种依存关系的一个方面。

其次，如果从平面的关系来看，则教和学之间的依存关系还表现为一种以认知为基础的全面影响的关系。

在教学活动中，师生之间虽然主要是一种信息的传递和转换的关系，但教学中师生双方的活动从来不可能只是单纯地传递信息这样一种单线的联系，不可能仅仅局限在一个认知活动的范畴，任何一个教育者在传递知识的同时，也都在影响受教育者的智能发展，并用自己的思想、情感和意志，用自己的精神面貌对受教育者施加潜移默化的影响。教学具有教育性，这是早就被前人所揭示的一条古老的规律。由于教师在教学中是一个教育者，这种地位在心理上就使他成为学生全面学习的对象。学生不但把教师看成知识的传递者，而且也把其看成智慧的开发者和人生道路的引航者。"教育的力量只能从活的人格源泉中产生出来"，尤其是教师的情感对学生的学习和成长更具有十分重大的影响。因此，为了对受教育者进行理性的改造，不仅要通过一种认识的、理性的关系，而且还要以情绪的、心理的关系为纽带，其中师生关系的融洽，更是教学活动得以顺利开展的重要保证。

在教学过程中，师生关系一方面表现为教育者和个别学生之间的关系，另一方面则经常地、大量地表现为教师和整个班集体之间的相互关系。心理相容是教学中集体成员之间得以协调活动的重要保证。而要使教师和学生集体之间做到心理相容，最重要的是教师要真正热爱自己的学生，只有教师热爱学生，才能在师生之间建立起信任的桥梁。教师对学生的情感在一定程度上反映了社会对他们的一种评价，因此具有很大的社会意义，在教学活动中，它集中表现在教师对学生学习态度、学习能力和学习成果的评价上。这种评价不仅对学生的学习产生积极或消极的作用，而且在一定程度上还会影响其个性发展的方向。凡是受到教师关心和信任的学生，往往由于具有一种良好的心境而提高了学习的信心和积极性，从而获得教师所期待的学习效果；而受到教师冷淡对待和训斥的学生，则不仅在学习上会丧失信心，影响学习的效果，教师的消极态度也会在不同程度上影响着班集体对他的看法，从而对他的个性发展产生不良的影响。教师的偏爱和不公正的态度也往往是导致学生之间妒忌不满，以致对教师产生隔阂和对抗的重要因素，一旦产生这种现象，就会在极大程度上影响教学活动的正常开展。因此尊师爱生总是互相促进的，师生对立则必然会导致教学双方积极性的相互抵消。

这说明在教学过程中，对教育者对受教育者的影响和主导作用不能作唯智主义的理解。它应该表现为有目的地去完成教育的所有职能。教育者对受教育者的影响是全面的。由于教师对学生的成长、发展，在某种意义上甚至对学生的一生都有着重要的影响，因此，大到一个社会，小到一所学校，要提高教学质量，总要对进入教学过程的教师在知识、能力、心理品质上提出相称的要求。从古代到现代的教学理论都十分重视加强对教师的专业修养和职业伦理道德方面的训练、提高，也正是反映了这一规律性。

总的说来，在教学过程中教师的人格和对学生的爱是这两者相互依存的心理基础，而教师的业务水平以及教学技艺则是促使这种相互关系得以发展的实践基础。

最后，教和学相互依存的关系还表现在教育者和受教育者是双向关系。

在教学过程中，学生一方面是教师教育的对象，教师对学生起着主导的作用，另一方面，教师又以学生为他认识的对象。教师只有从受教育者的学习过程中不断获得反馈，才能不断提高自己的专业水平和思想水平，使自己能正确地发挥主导作用。这是因为教育的对象不是无生命的自然物，而是具有丰富个性的活生生的个人。教育者要能把自己对环境的认识成果物化到受教育者的身上，就必须对自己的教育对象接受这些认识成果的基础、能力、差异等条件有所了解，因此教师劳动的性质和对象的这一特点不仅要求教师善于吸取客观世界中的各种新鲜信息，而且也善于把学生作为一个认识的客体，以不断提高对自己教育对象的认识和了解。

在教学过程中，受教育者也具有两重性的特点：一方面作为一个受教育者，当他进入教学过程时，他就被确定了是处于受支配的地位，他必须接受教育者的指挥和引导。但另一方面，每个受教育者又都是独立于教育者，不依教育者主观意志为转移的客观存在。教师不能把自己的意志强加给学生，也不能把自己的知识简单地强灌给学生，否则不但不能达到预期的效果，还会引起学生自觉或不自觉的抵制和反抗。这是因为每个学生在他和教师结成师生关系前就有他自己的生活天地，并从中已形成了各自不同的学习基础和习惯、不同的个性特征以及在学习上的独立倾向和要求。因此，学生对教师来说具有自己的独立性，是学习的主体，不是教师可以任意摆布的对象。可以说，对于学生而言，教学过程既是其不断接受教师引导的过程，也是一个不断摆脱教师引导争取独立学习的过程。教的目的本来就是不教，这是教和学之间的辩证法。而根据个体身心发展的规律，随着学生知识、经验、伦理道德观的不断提高和发展，教师的主导作用在意义上、内容上是有所不同的。如小学低年级学生一般对于教师是绝对肯定并依附于教师的，教师是他们心目中当然的权威，而到小学高年级时，学生对教师的言行已具有初步独立评价的能力，在学习上也更多地表现出独立性。到了初中、高中，学生的变化就更为显著，这种变化也导致了师生关系在质和量上的变化。

教师只有承认、尊重并深刻了解学生的这些特点，建立正确的学生观，才能使教和学的依存关系在矛盾中不断统一，从而取得应有的教学效果。

由此也说明，在教学过程中虽然从总的方面说教师处于支配地位，发挥着主导的作用，但教师主导作用的性质、大小，不仅受社会以及本身条件的影响，而且也受学生这一学习主体的特性所制约，只有充分认识教和学之间这种相互依存的关系，才能正确处理教和学之间的矛盾。

教学活动就是在这种教和学相互依存、相互促进、不断产生矛盾、不断形成统一的情况下展开的。教和学之间的这一矛盾运动是促进教学过程不断前进的动力。

二、教学中知识再生产和个体发展相统一的规律

教学过程中学生的发展主要是通过知识的中介实现的。在教学活动中，受教育者的学习活动受着两个缩影的影响：一个是人类文化史的缩影，它主要表现为教材；一个是个体生理和心理的能力，它的发展过程是人类智力和体力发展的一个缩影。教学活动就是要使这两方面的缩影在时间上、序列上能彼此协调一致，使知识的再生产和个体发展统一起来。教学活动中的这个统一性主要表现为它的积累性、简约性、序列性和发展性，而发展性则是这一过程的出发点和归宿。

首先，任何教学都具有积累性的特点。

任何人若想掌握人类积累下来的丰富经验而成为一个社会化的人，都必须依靠教育的活动。黑格尔这个辩证法大师早就揭示了现代精神个体发生律的问题。他认为现代精神个体（意即掌握了现代化知识体系的人）不能靠直接经验发生而只能靠教育发生。恩格斯在吸取人类思维成果的基础上继承了黑格尔辩证法这一合理的内核，提出了"积累起来的遗传"的概念。恩格斯对此曾作了生动的比喻：如果在我们中间，例如数学公理对每个八岁的小孩都似乎是不言而喻的，都无须用经验来证明，那么只是积累起来的遗传的结果。

恩格斯的这一论述说明，人类世代积累起来的经验是可以通过教育被新一代人掌握的。而教学的活动就是把人类世代积累起来的文化和他们长期形成的认知结构，通过知识的中介使下一代获得、储存并传递下来的一种独特方式。知识体系既是前人积累下来的智力活动外化的形式，又是下

一代人得以把前人的智力活动还原、内化为他们的认知结构，并在此基础上进行创新的依据。这种创新了的内容今后又可再加入整个知识体系中去，实现承受和创新的辩证统一。教学的积累性就表现在它既是下一代承受上一代知识体系的最有效的方式，同时也为新一代创造新知识开辟道路。从总体上说，教学是以承受为主，但也包含着创新。承受和创新的关系又随不同的个人和不同的学习阶段而发生着变化。在教学中，只有把学习（承受）和创新结合起来，从发展学习者独创能力着手，才能促进积累性遗传的实现。而积累性遗传本身又可促进新一代人创造能力的发展。因此从这个意义上也可以把教学活动理解为引导受教育者承受人类创造力的过程，是人类总体认识和个体认识之间重要的联系环节和纽带。在教学过程中，个体认识水平和人类总体认识水平的矛盾是教学过程自身矛盾运动的基础。而这个矛盾要在个体认识发展的水平达到社会要求时才能解决。社会要求总是通过教学来不断否定个体原有的认识水平并不断向个体提出新的要求，因此这一矛盾解决的过程，实质上就是个体社会化的过程。

其次，任何教学都具有简约性的特点。

人类丰富的经验和知识体系只有通过浓缩的、简化的表达方式才能使受教育者在短时间内掌握它。教学过程的一个重要作用就是要使学生的个人认识水平迅速提高到当代知识的水平上来。这就必然要求教学过程中使学生掌握的内容是经过精心加工而逻辑化、系统化了的知识，是通过筛选后为当代社会发展所必需，并反映了客观世界基本事实和规律的知识。它具有效用性和发展性的价值。学生学到的观念愈是基本，几乎可归结为定义，那就说明它概括的层次愈高，所包含的经验愈丰富，因此这种知识就愈带有普遍指导的意义，它的适用性也就愈广。在教学中不但知识本身有简约性的特点，而且掌握这些知识所采取的途径也是经过提纯了的认识和实践。这就是说，在教学活动中，指导学生的学习活动，它所采取的任何手段和步骤都应该既是最有效、合理的，也是最节约时间的，违背了这个精神，教学的基本特性也就不复存在。时间是受教育者发展的条件，教学中节约时间的因素既是课程效果、课程成分的数量标志，也是评价教学组织和教学手段是否最优化的一个重要依据。因此，只有按照简约性的特点去组织教学，才能使教学活动具有高效率的作用。

再次，任何教学都具有序列性的特点。

任何教学过程都要受科学知识本身内在的逻辑序列和个体心理活动序列的制约。在教学过程中，从内容的安排到组织形式和方法的选择，都必须遵循这两个序列，并使这两者有机地统一起来。这样才能使每个学生知识的增长和能力的发展做到相互促进。如果只强调科学知识本身的逻辑序列而忽视了个体心理活动的序列，就会影响教学的效果；而如果只强调知识的教学要适应个体心理活动的序列，而没有看到它促进的作用，这样也必然会延误教学的进程。上述两种片面性在教学实践中所造成的危害是众所周知的。

但序列性并不意味着在学习内容上和速度上都必须强求一致，按照划一的格调和步骤去进行。由于知识体系本身的序列是在不断发展的，合理的序列总是相对的，而每个学习者心理活动的具体序列又因各人的基础、能力的不同而存在着个性差异，因此，这两个序列的结合呈现着多样性。对所有的学习者来说，独一无二的序列是没有的，因此只有从受教育者的特点出发"因材施教"，才能取得较好的效果。这也是"因材施教"原则提出的根据之一。

最后，任何教学都具有发展性的特点。

教学的发展性可以说是知识再生产和个体发展相统一这一规律的核心。

发展的要点就是质变，就是新事物的产生。个体的发展既包括生理发展的因素，也包括心理发展的因素。因此发展不仅指智力的发展，而且包括情感、意志品质和性格等精神品质的发展以及身体各器官机能的发展。教学中知识再生产的过程和个体发展的过程之间是紧密联系不可分割的。它既是知识内化的过程，也是生产一个社会化人的过程。当代赞科夫教学实验体系的经验从实践上表明了这一规律的指导作用。

　　首先在知识再生产的过程中主要的原料是知识。知识是人类用语言、文字形式呈现出来的一种社会精神财富。知识体系不仅是人类智慧的结晶，而且也凝聚了人们的思想情感、意志等精神力量，因此它不仅具有智力价值，而且还具有伦理的、美学的等多方面的价值。知识体系不仅是知识再生产过程中的主要原料，而且也是个体发展过程中的工具和手段。"我们必须用基本事实的知识来发展和增进每个学习者的思考力"，列宁的这一指示清楚地说明了知识体系的这一作用。因此只有掌握了知识的体系，才能生产出一个社会化的人来。其次从知识再生产的加工过程来看，前已说明主客体双方在这个过程中的活动从来不可能局限在单纯地传递知识、接受知识这样一个狭隘的范围之中。而从知识再生产这一矛盾运动的纵向发展过程来看，它不仅是学习者把知识内化到自己认知结构中去的过程，而且还伴随着个体整个生理、心理的重新调整和组合。而重新调整和组合了的个体又进一步促进这一内化运动的实现。这两个方面相互渗透、相互影响的过程，不仅包括个体的认识过程和激发认识过程的一系列心理活动，同时也包括个体生理发展的一系列活动，因此呈现出心理活动之间、心理和生理活动之间复合的、多层次的相互影响和渗透的特点。例如，仅仅从围绕知识掌握的认识活动本身来看就有观察、记忆、思维、想象等多方面的智力活动参加，并且在这些活动中还有速度、精确度和深浅度等多种层次的差别，况且掌握知识的过程除了认识的过程外，同时还伴随着情感和意志的过程。此外掌握知识的效果和效率虽在很大程度上直接决定于学习者的心理品质，但是任何个人都是精神实体和物质实体的统一，学习活动的质量往往还受个人体质、健康状况的牵制，尤其是大脑神经活动的机能对学习的水平更有直接的制约作用。人的心理活动"不论它看起来是多么超感觉的，但它总是物质的、肉体的器官即人脑的产物"。心理活动是依赖于脑神经活动的作用而存在的。20 世纪 60 年代以来脑科学家们对生化物质脑肽的研究证明：人的记忆力、意志力等心理活动都与脑肽的存在有关，改变大脑神经结构及其生物化学成分可以改变个体的智力水平，因此个体的生理活动，尤其是大脑的高级神经活动是教学过程得以实现的生理基础，教学活动必须遵循个体生理发育过程的规律，尤其是高级神经活动的规律来组织和安排。要注意教学卫生。而适度紧张的心理活动转过来又可以促进身体机能的健康发展。可以说个体的心理活动每时每刻都在影响着人的脑神经活动，如个体的智力活动就可以动员神经元，增强它的树突的传入冲动活动和轴突的传出冲动活动，等等。这些都说明生理活动和心理活动之间是可以互相转化的。

但是知识的掌握和个体发展之间既有同一性又存在着差异性。教学的预见性就在于能使知识再生产和个体发展在统一过程中彼此协调一致，相互促进。只有把握住这一点，受教育者身心发展的特点和趋势才是可以理解和预见的。当代具有重要影响的皮亚杰有关同化和顺应的认知结构理论以及布鲁纳课程论中提出的要把儿童智慧发展的程序和学科的基本结构有机地结合起来的观点是很值得借鉴的。

对教学规律的认识当前在国内外尚未完全取得一致的看法，国内外公开出版的教育学教科书几乎均未能进行正面的阐述。近年来这个问题已引起我国理论界广泛的重视，相关研究和探讨已迈出了可贵的一步。

在对教学规律的论述和探索中，有些同志主张把"教学相长"当作一条教学规律。"教学相长"的教学思想是我国优秀的历史遗产，至今仍有指导的意义。但这种古老的传统的概括似乎已不能完全反映现代教学系统中人际关系的新特点。在现代教学实践中主客体双方的依存关系应该是全面的，它受社会的、文化的和心理的各种因素的影响，并要求把教育者的理性权威和受教育者这一主客体的自觉能动性紧密地结合起来，因此对现代教学过程中主客体依存的关系有必要作深入的探讨。

还有的同志主张把教学中遵循学生认识过程的规律当作一条规律来表述。前面已经指出教学要遵循的规律和教学本身的规律不是同义语。撇开这点不谈，这样的提法是否也有局限性的一面？诚然，教学活动本质上是一种认识活动，但它和教学活动中其他的各种活动有着不可分割的联系，如果把教学中的这些活动都当作独立的活动而一个个地抽出来，仅仅从某个侧面去加以阐述，是不利于用辩证的、全面的、系统的观点来揭示这一领域中矛盾的客观性的。教学的各个因素之间应该是相互联系而不是分割的，因此宜从教学领域的总体上来加以揭示，否则规律会过于零碎而缺乏整体感。

另外也有些同志把"循序渐进""因材施教"等列为教学规律，这样的提法是否会和教学原则相混淆？故也还有值得商榷之处。

"任何领域的发展不可能不否定自己以前的存在形式。"揭示教学规律是人们对教学领域中矛盾运动本质的认识不断接近的过程。在这一过程中，原有的规律被修正和否定是常有的现象，但每一次的修正和否定又总是向真理靠近了一步。怎样从当代的教学实践出发，运用教育科学及其他邻近科学中的理论成果来进行分析，从中作出理论的概括和升华，进一步揭示出教学的基本规律，还需要一个艰苦的探索过程，这也是教育实践向我们每个教育工作者提出的严肃课题。本文提出上述极不成熟的看法，目的主要在求教于同志们，并希望能在这个问题上展开充分的讨论，以求提高认识，共同前进。

（本文原载《教育研究》1983 年第 12 期）

建立以课堂为基础、课内外结合的教学体制

温寒江

一

随着社会生产的发展，用于传授人类经验的教学方式，也在发展变化。在奴隶社会和封建社会，生产的发展是很缓慢的，农民用牛耕地，几千年来没有多大变化。生产经验的习得，是通过直接模仿。经验的传递，是凭借言语、动作和表情。而比较系统的知识的传授，只能在剥削阶级的少数人中间进行。那时知识的面也是很窄的。各国普遍采用个别教学的组织形式。教师虽然也教几十个学生，但因为学生年龄、智力不一样，学习内容也不一样，只能分别同一个个学生开展教学，教完了这个再去教另一个。

到了资本主义社会，生产大大发展了，科学技术也很快地发展起来，知识量大大增加了。在工业生产中，不仅统治阶级要有知识，工人也要具有一定的科学文化知识，教育也随之发展了。十六、十七世纪欧洲在学校实践中首先创造了班级授课的教学形式，于是个别教学变为集体教学。十七世纪夸美纽斯在他的《大教学论》中对这种新的教学形式进行了研究和理论的概括，到十九世纪该教学形式已广泛地得到推广。我国最早采用班级授课制是从 1862 年清政府在北京开办京师同文馆开始，到 1906 年，废

科举、兴学校，班级授课制在我国才得以普遍推行。

应该指出，班级授课制一开始就是为传授知识而创设的。这在夸美纽斯的著作中讲得很清楚。"一生功课的排列应该组成一个百科全书式的整体"，"自始至终，要按学生的年龄及其已有的知识循序渐进地进行教导"，"每门科目只应该用一本教科书"，"全班都应该得到同样的练习"，"一切科目与语文都应该采用同样的方法去教授"。[1] 这种只重知识传授的教学形式，加上大工业生产的机械化、标准化，是使工人成为只有知识的机械人的重要因素。因此，在工业社会，班级授课制是传递经验的一个好形式，它是教学组织形式的一个巨大进步。

长期实践证明，班级授课制的确有许多优点，主要是：按规定的教学计划、教学大纲、教材进行系统的知识传授和技能训练，学生的基础知识、基本技能（简称"双基"）是扎实的；课堂教学容量大，几十个人在一个班，传授知识的密度高，对普及教育起了很大的作用；充分地发挥了教师在教学过程中的主导作用；因为是在集体中进行教学，它有利于集体主义精神、组织性、纪律性的培养。但是，班级授课制也存在着难以克服的缺点。个性的差异是客观存在的，按年龄编班，几十个人在一个班，用统一的教材、统一的进度和同一的教学方法，就不易照顾儿童能力的差异（掌握知识快慢不同，有的逻辑思维强，有的想象力丰富，有的记忆力强，等等），很难考虑学习动机、兴趣的不同以及个性的其他特点的差异。其结果必然是：不能充分地发挥学生作为认识主体的能动作用，尤其是缺乏让学生独立实践的活动，因而不利于培养探索、发现、创造的精神和独立思考、独立判断、独立工作的能力；不能很好地因材施教，因而不利于发展学生的个性，不利于发展学生多种多样的兴趣、爱好和特长；学生缺乏独立活动、亲自实践的责任心和完成任务后的欢乐情绪。

这些缺点在当代社会就显得更加突出了。当代社会各种信息大量增加，据英国技术预测专家詹姆斯·马丁（James Martin）测算，人类的科学知识在十九世纪是每五十年增加一倍，在二十世纪中叶每十年增加一倍，在二十世纪七十年代每五年增加一倍。而有的专家估计目前大约每三年增加一倍。一些国外专家认为人类社会正走向一个充分发挥人的创造力和首创精神，以智能和知识为核心的高度发展的信息社会。教育正面临新技术革命的严重挑战。如果学校只是单纯传授知识，已经不能解决知识迅速地大量地增加带来的矛盾，已经不能适应科学技术迅猛发展的时代需要。教育应该培养具有独立获取知识、运用知识的能力和善于钻研并富于首创精神的人，使我们的学生将来参加工作时，能挑起进一步发展"四化"的重担，能够创造性地处理和运用各种信息，能适应新技术革命的需要。如果说只重知识传授的传统的教育是昨天社会的"复制"，是昨天的教育，那么，今天的教育应该是未来的教育，使新的一代人能适应未来，掌握未来。教育不应只是模仿、复制或再现过去的东西，而是要用已有的知识（昨天的东西）适应未来，创造未来。因此，教育要做到"三个面向"，就应该以理想、知识、能力为核心来教育新的一代人，培养他们成为有理想、有道德、守纪律，有扎实的知识基础，有分析问题、解决问题的能力，以及有创造力和创新精神的一代新人。教学的任务、内容变化了，教学的组织形式也必然要改变。辩证法告诉我们："有什么样的内容，就必然具有或者必然要求具有什么样的形式。"虽然内容与形式具有多样性，但是"如果以为一种特定的内容，可以随便采取任何一种形式，一种特定的形式可以随便容纳任何一种内容，那就完全错误了"[2]。因此，以传授知识为目的的班级授课制，必须进行改革。

二

因为班级授课制存在着缺点，这种制度推广不久（十九世纪末），就有人开始研究改进它的办法，提出按能力、成绩采取分组教学或个别教学的形式。二十世纪初在美国道尔顿市兴起了个别的或实验室的上课形式，被称为"道尔顿制"。在二十年代，苏联学校曾普遍实行过分组实验教学法。这种分组实验教学法就是把学生每五至六人分为一组，让学生独立学习教师指定的材料。教师不作专门讲解，只进行辅导。还有一种名为"设计法"的教学形式，例如，给学生提出设计一个能容纳一定数量产蛋母鸡的鸡舍的作业。按照这种教学形式的设想，学生在绘制略图、平面图和进行计算的过程中，就获得了有关数学、本族语、物理、化学、制图、图画、劳动和其他学科的有用的综合知识。很显然，这种教学形式会导致学生获得的是一些零碎的、偶然的知识，破坏了各门学科内容的科学性和系统性。到了四十年代，这种分班分组的个别教学形式，受到了多方面的尖锐批评。然而 1957 年苏联卫星上天后，西方为了加速培养尖端人才，对分组教学又重新重视起来，对它开展了再研究、再实验。

目前美、英、法和西德等国实行的分组教学的组织形式，大致可分为两大类：一类称为外部分组，一类称为内部分组。外部分组就是改变了传统的按年龄编班而按学生的能力或学习成绩标准进行重新编组（班）的形式，而内部分组就是在传统的按年龄编班的班级内按学生的能力或学习成绩进行编组的形式。外部分组主要有两种形式：一种是按跨学科的能力分组，即把某一年级的学生按他们"智力"的高、中、低，或测验成绩的好、中、差，分成平行的甲、乙、丙、丁等若干组（班），教师对"高能组"授予具有一定学术水平的课业，对"中等水平组"授予普通的课业，对"低能组"则授予最基础的课业。另一种是按学科能力分组，即根据某一年级的学生某门学科的学习能力或学习成绩，将学生分成水平不同的甲、乙、丙、丁组。同一个学生因为学科成绩不同，可能被编在不同学科的不同等级的组中。内部分组也有两种基本形式：一种是按不同学习内容和不同学习目标分组，一种是按相同的学习目标和学习内容采用不同方法分组。如西德弗勒登格模式，就是让能力和学习成绩不一的学生组成一个大班，经过一段时间教学后，对学生进行"诊断"测验，根据测验结果，把学生分成甲、乙、丙、丁四组，甲组学生自学补充教材，乙组学生由教师上附加课，丙、丁两组学生均由不同教师复习基础课，在大约三学时

（最长为三周）以后，再对甲、乙两组学生进行附加课测验，对丙、丁两组学生进行复习课测验，测验后各组合并为原来的大班，重新进行新课教学。经过一段时间以后，再进行分组。[3]

西方对传统班级教学的另一种改革，就是"开放教育"。这种教育是由英国首先采用，三十年代起，从一些幼儿学校慢慢影响到初等教育，六十年代传到美国，成为相当时髦的东西。"开放教育"的做法是，教学不拘形式，无固定结构，儿童很自由地参加各种各样的活动，不搞分科教学，不按一定教材传授知识。在这种"开放学校"内，教室分成几个"兴趣区"或"活动区"，叫某某区或角，如"阅读角""自然科学区"。每个区或角中，都准备了儿童开展活动所需的大量材料。参加什么活动由儿童自己决定。比如有些孩子在阅读图书，或听别的孩子朗读一本故事书。有的孩子在"数学角"用卷尺量桌子、墙壁的长度、宽度，或者把水、沙倒进一些容器里，记录它们的容量。有的孩子在画图画、玩乐器或跳舞。在这里，儿童是在活动中学习的。比如几个孩子利用电池、电线、开关、电灯泡等作了关于串联和并联电路的实验，获得了连接这两种电路的经验，这就是学习。有的孩子饲养小兔子，不仅观察了它的形象、动作，而且懂得了它的生活习性，掌握了饲养的经验，这也是学习。年幼的儿童画了一张画，说画的是"我和妈妈"，教师告诉他这几个字怎样写，这也是学习。至于较大的儿童，则需要阅读教师写下的课题和指示，阅读一些参考资料，并记下活动的结果。[4]

苏联也对班级授课进行了改革。苏霍姆林斯基在巴甫雷什中学的改革，就是一个典型的例子。在这所中学里一天的时间是这样安排的：早晨低年级学生六点起床（睡眠九小时），少年和青年五点半起床（睡眠七个半小时），学生在起床后到上学前的两个至两个半小时中，在家里做作业，准备功课。完成家庭作业后，学生到学校，然后是上课，这是进行脑力劳动最紧张的一段时间。下午是学生自由支配的时间。在这些时间里，学生可以阅读课外书，参加科学–学科小组活动，在野外劳动、观察自然现象和人们的劳动。在这所中学里，课外活动得到了充分的重视，课外和课内很好地结合了起来。学生的课外阅读是一种丰富的、多方面的智力生活，各种科学–学科小组是智力生活的发源地，小组里洋溢着钻研、好学的精神。在劳动里有思想，有巧妙的技能和技艺。

选修课是苏联采取的一项重大改革措施。学校把教材分为两种：一种是所有学生都必须学的基础教材，一种是适应各个儿童特殊兴趣的补充教材。苏联已从推荐的大量选修课中审定了七十种以上的各科教学大纲。在那些开设选修课的学校，七至十年级通常有一半以上学生参加选修班。

还有不少国家有这种选修课，如在美国有 50% 的课程是选修的。

我国也对班级授课的教学制度进行了多方面的改革。不少学校开展了多种多样的课外教学活动，这是一种很重要的改革。在课外教学中有课外阅读、学科小组、科技小组，搞社会调查、专题讲座、选修课，开展劳动技术活动等。如南京师范大学附属中学，严格控制考试，减少作业负担，让学生有更多的自由支配时间，开展了社会调查、课外阅读、课外学科和科技小组活动，还有开放实验室、课外讲座、选修课、劳动技术课等一系列课外教学活动。湖南省华容县第一中学，多年来积极开展课外科技活动，全校有十六个课外科技活动小组，农业、林业、园艺三个活动场地和航模、无线电、地震测报、气象测报等十三个科技活动室，开展了科学实验活动、课外科技小组活动、课外学科小组活动、课外科技阅读活动和科学游艺活动等五个方面的活动。参加活动的学生达八百二十多人，占全校学生总数的 70%。辽宁省庄河县后张小学，在加强课堂教学的同时，先后建立了粮谷、油料、果树、生物防治、蔬菜、饲养、气象、医药、沼气、无土种植等十个农业科技活动小组。每位教师都担任辅导员，并采取了高年级带低年级的办法，把全校三百四十名学生都组织进来参加活动。他们自己动手创建了农技活动基地，其中有果园、农业实验园和农技园地。上海市提出开辟"第二渠道"教育，在学生上学期间，除了要求他们认真切实学好教学大纲规定的内容外，还要创造条件，充分运用报纸、杂志、电台、电视台、课外书籍等传播信息的各种现代化工具，让他们接受最新的知识，扩大知识面，把社会信息组织到学校教育中来，并加以正确的指导，还要让学生有充分的课外时间（譬如每周有三至四个半天）参加各种有益的活动，包括各种科技活动、参观、考察、实际操作、专题讲座等等。目前上海市不少中小学正在深入进行这方面的改革。

三

上述各种改革，可以分为两类。一类基本上仍然保持着班级授课的特点，只做了某些改进，如分组教学、选修课。分组教学能适当地解决学生知识、能力水平不齐的问题，但又带来了新的问题，即教师往往用固定的眼光看待好、中、差的学生，在教学工作中不努力去改变这种状况，结果学习成绩差的学生常常感到受歧视，产生自卑心理，而学习成绩好的学生则容易产生骄傲自大情绪。内部分组则由于经常进行测验、调查，容易增加师生负担，而且不能保持教学的连续性。选修课是一种比较好的形式，能较好地解决教学与学生由不同能力和多种爱好而产生的不同需要等方面的矛盾。但是这些形式都仍然存在不利于培养学生独立思考、独立工作能力这个根本问题。

另一类改革，如"开放教育"、课外阅读、课外活动等，则具有几个方面的优点。第一，学生根据自己的爱好、兴趣，选择他要读的书、要参加的活动，这种选择是自愿的、多种多样的，因此学生参加的兴趣是浓厚的、积极性是高的，而且可以保持一种自由的良好的学习环境，所以有利于个性的发展。第二，在这种活动中，学生自己设计，找资料，定目标、步骤，然后去执行、检查、总结，教师只处在辅导、咨询的地位，不像班级授课制下，任何事情都要教师耳提面命，故学生的主观能动作用可以得到很好的发挥。这可以较好地培养学生钻研创造的精神和独立思考、独立工作的能力，使学生能比较顺利地掌握不断获取知识和运用知识去解决问题的能力。因此，这类改革，是培养能力的好形式。第三，这些活动对于培养学生道德品质、劳动观点、劳动习惯和审美观点也是一种好形式。学生在广泛的阅读中，容易受到革命思想、英雄人物的熏陶感染，容易激起他们理想的火花，向往、学习某个英雄人物的愿望。在小组活动中，容易培养同学间互助合作的精神，尊重别人意见的品质，共同为实现某一个目标而努力等集体主义精神；培养克服困难的毅力，勇于创新的精神，积极主动完成任务的责任心；培养劳动观点和习惯，以及善于组织、计划、检查的思想素质。但是必须看到，在这类活动中，学生只能学到零碎的、不系统的而且往往不是基础的一些知识，它不能为学生提供扎实的"双基"基础。然而，学生在学习期间打好扎实的知识基础，是一个十分重要的问题。根深才能叶茂，"基础厚，后劲足"。自然界、人类社会呈现在我们面前的，是五彩缤纷的极其复杂的图画，而在这五光十色、千变万化的现象中，隐藏着它的本质的和规律性的东西。基础知识就是人类在认识自然、社会和精神现象过程中长期积累起来的基本的规律性知识。通过掌握这些人类已认识了的本质的规律性的东西，就可以认识形形色色、千变万化的现象。由此可见，掌握基础知识是十分重要的。

根据以上分析，我们认为课堂教学是传授知识、技能的好场所，而课外教学活动则是培养能力的好形式，二者各有优点却又不可得兼。这里必须指出，能力不是表现在知识、技能和熟练本身上，而是表现在获得它们的动态上，即表现在掌握知识技能的过程的快慢、深刻程度、难易和巩固的程度上。[5] 所以能力的培养离不开知识的基础，智力的发展必须以知识作为它的基础和背景。因此，如前所说，只搞课堂教学，像传统做法那样把课堂变成唯一的教学形式，不利于能力的培养。但是若不要课堂教学，如国外的"开放教育"，我国曾实施过的"开门办学"，或只搞课外活动，则会导致学生学不到系统的、扎实的基础知识，最终能力的培养也会失去了基础。这样离开了能力赖以生长的土壤，也就结不出绚丽多彩的智力之果。

　　由此可见，教育要实现"三个面向"，适应新的技术革命的时代需要，就要以理想、知识、能力为目标来培养一代新人，必须改革传统的以传授知识为目的的班级授课制的教学形式，建立以课堂为基础、课内外结合的新的教学形式，把集体教学和因材施教结合起来。

　　这里讲的课外教学活动，不是课堂的延伸或补充，它是教学的重要的不可缺少的组成部分。课堂教学和课外教学活动是互相渗透、互相促进的。从内容来说，课外教学活动是多种多样、丰富多彩的，涉及哲学、社会科学、科学技术、文学艺术等，旨在让学生接触社会上的新信息、获得新知识和扩大知识面，不是课内教材的重复、补充。从方法来说，课外教学活动是灵活多样的，有组织、设计、阅读、研究、讨论、练习、实验、实习等，可以充分发挥每一个人的独立性和主动性，教师只是从旁起指导、咨询、帮助的作用，不是课堂教学的"先生讲，学生听"。检查活动成果会采取多种切实有效的方式，如展示研究成果、实验报告、学习总结、科学小论文等，不是用考试的划一的办法。从组织形式来说，是自愿基础上组织起来的小组、协会，或个别的活动，不是按年龄搞整齐划一的编班。所以课外教学活动的内容、方式、组织形式都是和班级授课制不同的，有人称之为"第二课堂"是不确切的。

　　这种以课堂为基础，把课内外结合起来，把集体教学和因材施教结合起来的教学体制，从理论上说，是一个比班级授课制更为完善的教学体制。一方面，从认识过程来说，学习的认识活动由不知转化为知，由知转化为用，形成了一个完整的过程。"认识的能动作用，不但表现于从感性的认识到理性的认识之能动的飞跃，更重要的还须表现于从理性的认识到革命的实践这一个飞跃。"[6] 传统的课堂教学，只重知识的传授，不重知识的运用。学生完成一定量的练习和实验，一般局限于运用刚学过的知识，缺乏通过独立的实践性活动去综合运用知识。而开展多种多样的课外教学活动，则可使学生通过独立的活动，广泛地、综合地、跨学科地运用知识，比较好地实现认识过程的第二个飞跃。另一方面，从思想品德形成过程来说，课堂教学一般偏于思想、观点的教育，也就是讲的多、做的少，知和行、理论和实践往往是脱节的。而开展课外科学活动，通过亲身的实践，能比较好地培养和锻炼学生的意志、性格和行为习惯。实行课内外结合，就可把知和行结合起来，把理论和实践结合起来，形成知、情、意、行统一的辩证过程，使学生的个性得到全面的和谐的发展。

这种以课内为基础、课内外结合的教学体制，在国外已有成功的经验，苏霍姆林斯基在巴甫雷什中学的实验，就是一个典型的例子。我国不少中小学，如南京师范大学附属中学、华南师范学院附属中学、湖南省华容县第一中学、辽宁省庄河县后张小学等，通过实验也取得了很好的经验。北京市少年宫在参加该机构各种兴趣小组的几万人中调查了 100 人的情况，发现有 67% 的人目前都从事与当年兴趣小组所属学科相同或接近的专业，有的已经作出贡献。华容县第一中学 1979 年毕业的高二数学学科小组成员有 23 人，在全县数学竞赛中有 11 人分别获得一、二、三等奖，有 21 人升入大学，其中 12 人进了重点大学。学校调查了 1977—1979 年毕业后回到护城公社的 113 名校友的情况，其中有 70% 的人担任了民办教师、赤脚医生、农机员和农村基层干部，有 96% 的人在思想上和能力上能够或基本能够适应本职工作的需要。

要实行这种新的教学体制，必须为课外教学活动创造物质条件。要为学生提供丰富的书籍、报刊，提出阅读的书目，建立阅览室、资料室或班级小图书室。要为课外活动提供场地、设备和其他条件。要实行新的教学体制，必须给学生自由支配的时间。因此，要改革课堂教学，适当精简教材，改进教学方法，压缩课堂讲授时间。最好做到上午上课，下午自由活动。还要把课外作业时间大大地减下来。实行这种教学体制，要进一步培训和提高师资，改革师范教育。教师不仅要负责课堂教学，还要负责指导课外各种活动，做到既管课内又管课外，既教书又育人。因此，教师的思想要提高，知识要更新，能力要扩展。只有这样，教师才能胜任课内外教育教学的繁重任务。

最后，实行这种新的教学体制，应随着学生年龄、年级的增高，逐步增加和提高各种课外小组教学活动的数量和质量，从小学到中学有领导、有计划、有步骤地加以实施。

参考文献

[1] 夸美纽斯. 大教学论 [M]. 傅任敢，译. 北京：人民教育出版社，1957：124，215，133.

[2] 李达. 唯物辩证法大纲 [M]. 北京：人民出版社，1978：354.

[3] 李其龙. 西方国家中小学的分组教学 [M] //人民教育出版社《外国教育丛书》编辑组. 中小学教学改革的理论和实际. 北京：人民教育出版社，1979：204-219.

[4] 刘佛年. 开放教育：资产阶级"新教育"的变种 [M] //人民教育出版社《外国教育丛书》编辑组. 中小学教学改革的理论和实际. 北京：人民教育出版社，1979：117-137.

[5] 彼得罗夫斯基. 普通心理学 [M]. 北京：人民教育出版社，1981：484.

[6] 毛泽东. 实践论 矛盾论 [M]. 上海：上海人民出版社，1967：35.

(本文原载《教育研究》1984 年第 9 期)

结构-定向教学思想简介

冯忠良

结构-定向教学是依据我们对于教学、学生的学习及能力实质的探讨而提出的一种教学主张。现将这一教学思想的基本观点、主要理论依据、实施条件，作一扼要介绍。

一、结构-定向教学的含义及其由来

（一）结构-定向教学的出发点

什么是结构-定向教学？结构-定向教学的含义是什么？对于这一问题的简单回答就是：教学要着眼于学生心理结构的形成，而加速心理结构的形成，必须依据心理结构形成的规律，即学习的规律，有计划、有目的地进行定向培养。

要全面了解结构-定向教学思想的内涵，首先必须了解什么是教学。教学是实施教育的一种手段，教育的职能在于传递社会经验。社会经验的传递形式可以是各种各样的，教学是一种有组织地进行社会经验传递的形式或途径。教学的目的在于通过知识、技能与思想行为规范的传递，使学生获得一定的能力与品德。能力与品德的机制乃是心理结构。所以，从心理机制方面来谈，教学的目的在于使学生形成一定的心理结构。

所谓心理结构指的是心理形成物。它是对人的活动起调节作用的一种机能系统。作为能力与品德机制的心理结构存在于人脑内部，依存于一定的神经组织，其存在形式目前还不能直接观察。但是，由于它是对活动起调节作用的一种机能结构，因而其组成要素在原则上可以通过对活动本身作系统的结构分析而确定。所以尽管心理结构是一种内在的机能结构，但人们对其组成要素并不是不可以认识的。

辩证唯物主义的心理观认为，心理是人脑对客观现实的反映，是客观现实在人脑中的主观映象。为此，构成心理结构的各要素在原则上乃是人脑对于客观现实反映的产物，是在学习过程中建立的。虽然构成心理结构的各要素具有主观性，但其来源、内容与产生基础均有客观性。由此，其形成、发展是有规律的。作为教育心理学研究对象的学生学习的规律，从根本意义上来说，就是作为能力与品德机制的各种心理结构组成要素的形成、发展规律。教育心理学之所以是教育科学的一个独立分支，正是应教育及教学实践的特殊需要而产生的。

既然教学的目的在于确立起一定的心理结构，而心理结构的构成要素是可以确定的，其形成、发展是有规律的，那么教学要能取得预期的成效，就必须充分研究并利用各种心理要素形成、发展的规律，进行定向培养。如此才能提高教学工作的效率，提高学习的成效。

（二）结构-定向教学思想的由来

结构-定向教学思想是在探讨教学以及学生学习与能力的本性的基础上，通过教学实验而确立起来的。我们的主要实验工作，大体上可以分为下列三个阶段。

第一阶段为分析性探索实验阶段。这是 1961—1963 年，主要在北京市西城区报子胡同小学，结合语文与数学教学进行的。这一阶段的主要研究内容在于探索有关阅读与写作、计算与解题等能力的构成要素，并对其中的个别问题，如识字、概括课文大意、构思、分数乘除法的对比、解题技能等进行了短期性实验研究。通过这一阶段的探索，我们初步认识到，如要使教学改革大踏步地前进，仅仅依靠对于个别问题的局部性研究是不够的，必须从整体上把握能力本身的结构及其形成、发展的规律，如此教学的成效才能根本改观。

第二阶段为综合性实验探索阶段。这主要是 1973—1975 年，在北京市西城区南长街小学与顺城街第一小学，结合"三算结合"教学的实验进行的。在这一轮实验中，从构成学生统一的计算能力结构出发，抓珠算、口算与笔算之间的内在联系及学习规律。由此总结了当时国内广泛流行的十八个地区的有关经验，改革了传统的"三算分离"的教学体制，制定了一套"三算结合"的定向教学方案。在 1974 年到 1975 年间，分别在上述两所学校的四个一年级班进行综合性实验。实验结果表明，这一教学体制的成效是十分显著的。实验班的学生，仅用二个学年的时间，就基本上学会了过去要四个学年才能学会的教材。这一实验成效增强了我们对于结构-定向教学的信心。

第三阶段于 1980 年与 1984 年先后在北京市西城区新街口大三条小学与北京市宣武区福长街小学进行。本阶段的实验目的，是在总结并修改有关经验的基础上，进一步检验这一教学体制的成效。目前，福长街小学的实验已进入第三学期，所得的初步成果，不仅验证了以前的实验设想，而且在某些方面取得了前所未有的成效。

我们的结构-定向教学思想，主要是在上述实验的基础上形成的，但在理论观点方面，也吸取了国外有关研究的一些有益的思想。

首先是苏联赞科夫的改革小学教学体制的实验与加里培林学派的控制式教学思想。赞科夫的实验给予我们的启示主要有两点。一是他对于传统教学体制的批判，主要是批判了低估学生的学习能力，消极适应学生的已有发展水平，不能充分发挥教学对于发展应有的主导作用。这对于我们破除传统教学体制所确定的框框是很有启发的。二是他所采用的综合性实验方式。我们的实验方式同赞科夫的实验方式基本上是类似的。

加里培林学派的控制式教学思想对于我们的影响较为广泛。其关于学习的活动观点、思维的构造观点、智力活动按阶段形成理论、教学的控制观点，均为我们的结构–定向教学思想提供了某些理论支柱。我们的定向培养观点，是从该学派的控制教学观点中演变来的，是在该学派强调教学要自觉运用学生心理规律的基础上提出的。

其次是美国布鲁纳的结构教学观点和加涅的累积学习观点。布鲁纳曾经（1963）强调："不论我们选教什么学科，务必使学生理解该学科的基本结构。"他还指出："通晓某一学术领域的基本观念，不但包括掌握一般原理，而且还包括发展对待学习和调查研究，对待推测和预感，对待独立解决难题的可能性等态度。"

布鲁纳的这些思想，对于我们关于教学的目的在于使学生形成一定的心理结构的认识是有启发的。加涅的累积学习观点认为，任何新能力的学习，需要先学习包含在新能力里面的从属能力。一个人要学习高级的法则，就需要先学习简单的法则。一个人所获得的任何有意义的学习，可以分解成一系列从属的知识。加涅的这些设想，对于理解心理结构的本性是有益的。

除此以外，瑞士著名的心理学家皮亚杰的构造主义观点，对于我们理解学习的内在机制也有启发作用。他在《发生认识论原理》的英译本（1972）序言中指出，认识的获得必须用一个将结构主义（structurism）和构造主义（constructivism）紧密地联结起来的理论说明。这个观点强调结构是构造的结果，是结构主义思想的新发展，这在原则上是正确的。不过，我们所理解的构造过程，是辩证唯物主义所强调的能动的反映过程。构造本身是反映的能动性的内在体现。

二、结构–定向教学的主要理论依据

（一）能力的类化经验说

我们的结构–定向教学思想，首先是以我们对于能力实质的理解为依据的。我们认为，作为个体心理特性之一的能力，是一种类化了的经验，其形成、发展是通过经验的类化而实现的。这种观点，我们称为能力的类化经验说。

能力的类化经验说认为，如要确切了解能力的实质，必须把能力作为个体心理特性之一来考察，而不能扩大为能量、可能性或潜能。否则就会扩大心理学上能力概念的外延，而把能力等同于生理机能或素质。此外，还必须把能力的实质和能力形成、发展的条件，同能力形成、发展的基础相区别。能力的实质所要说明的是能力是什么，它的本性及其结构问题。能力形成、发展的条件所要说明的是能力的形成与发展受制于哪些影响，依靠哪些因素。能力形成、发展的基础所要说明的是能力是怎样发展形成起来的。这三个问题虽有联系，但论述的对象是不同的。

长期以来，能力理论问题上的混乱，往往缘于论证方面忽视了上述问题的区别。许多能力实质问题上的先验论的观点与"合金"论观点，通常同扩大能力概念的外延，把能力形成、发展的条件同能力的实质与基础相混同是有关的。把能力形成、发展的基础混同于能力形成、发展的条件，则也可导致能力机械论的观点。

作为个体心理特性之一的能力是一种功能方面的结构。要揭示这种内在结构的要素，只能从其功能方面进行推断。从功能方面来说，能力是对人的活动起稳定调节作用的一种心理结构。理解能力这一心理特性，必须了解人的活动及其结构。

人的自觉活动总是由一定的原因所激起，以达到预定目的而告终的。活动本身总是通过主客体（动作对象）的相互作用，通过由主体做出的一系列的动作，作用于一定的对象，从而使对象发生合乎目的的变化而实现的。如果对活动的结构作静态分析，则活动的发生及进行，包含一系列组成要素，其中包括：①活动的需要及目的；②活动的对象和条件；③动作的程序计划；④动作程序计划的执行；⑤活动结果与预定目的的对照。

从活动的动态结构的方面来说，则任何活动的实现，都是由三个互相联系、互相制约的环节组成。这就是定向环节、执行环节与反馈环节。活动的定向环节的主要功能，在于依据活动的需要与活动的对象，确定活动的目的及达到目的的动作程序计划，即解决做什么与怎么做的问题。活动的执行环节的主要功能，在于把定向环节中确定的动作程序付诸实践，并不断将对象的变化与活动的目的要求相对照，从而不断调整预定动作。活动的反馈环节的主要功能，在于把活动结果与预定的目的要求相对照，从而确定活动是否终了。

从活动的动态结构来看，活动的进行除受客观条件的作用外，直接受主体内部的关于活动的自我调节结构的控制。没有活动的自我调节结构，就不可能完成活动的定向任务与执行任务。

这种调节结构要能在复杂多变的环境中完成定向功能与执行功能，其本身必须具有高度灵活的应变性能，必须能与客观现实保持动态平衡。这种结构不可能是人脑本身所固有的东西，而是人脑在反映现实的基础上形成的、由个体经验所组成的一种机能系统，即心理结构。这就是作为个体心理特性之一的能力本身。

要明确构成能力的经验要素，离不开活动的定向与执行，也就是说必须从活动的定向与执行功能中去确定。从这一原则出发，可以确定，知识与技能是构成能力所不可缺少的要素。

所谓知识，就其来源或内容方面来说，是人脑对客观现实的属性与联系的反映，是事物的属性与联系在人脑中的主观映象。就知识的作用方面来说，它是行动的指南，即活动的定向工具。事实表明，无知必无识，无识必无能。任何自觉活动的调节，都必须具有一定的知识。活动的定向所依据的知识不同，则活动的方式也有差异。为此，对于能力的实质，既不能简单地归结为知识，也不能把知识看作与能力无关的东西，或者说是"两码事"。

所谓技能，指的是通过练习而获得的，控制动作执行的那些个体经验，即合乎客观法则要求的活动方式的执行经验。技能与知识虽同属于个体经验，但它们是两种不同的经验。

任何活动总是由一系列的动作构成。动作是主体对动作对象的影响，是活动的构成单位。依据动作的对象及其进行方式，可以把动作分为操作动作与智力动作。操作动作也叫外部动作，其动作对象是物质性客体（物体）。操作动作是由外显的机体运动来实现的。智力动作也叫内部动作，其动作对象是观念性客体，即事物的观念。智力动作是借助于头脑内部语言来实现的。依据构成活动的动作成分，活动可分为操作活动与智力活动。前者由操作动作构成，后者由智力动作构成。由此，技能相应地可分为操作技能与智力技能。

技能的作用在于控制活动的执行。操作技能控制操作活动的执行。智力技能控制智力活动的执行。从技能的功能方面来说，它同知识是有区别的。知识是活动定向工具，技能则是执行的工具。活动的进行不仅需要实现定向，而且要实现执行。所以技能与知识都是活动的自我调节机制中不可缺少的要素之一。事实表明，缺乏有关的技能，活动就难以实现。技能形成水平不同，则活动的进程就有显著差别。

作为能力构成要素的知识与技能，都是在主客体相互作用过程中，即在活动基础上，通过主体对客体的能动反映而获得的，均属于个体经验之列，并非人脑固有的。从这一意义上来说，作为个体心理特性之一的能力，属于个体经验范畴。可是能力指的是能对活动起稳定调节作用的心理结构。因此作为能力构成要素的知识、技能，必须概括化与系统化，也就是类化之后，才能对活动的调节具有经常性与一贯性，即稳定性。所以能力的实质是类化了的经验，是概括化与系统化了的知识与技能。能力的形成、发展依赖于知识、技能的获得以及在迁移过程中的类化。

确认作为个体心理特性之一的能力的实质是类化经验，并不排斥遗传的生物学特性对能力形成、发展的影响。但是，这种影响仅仅是能力形成、发展的一种条件，并非作为个体心理特性之一的能力本身。此外，能力的形成、发展除受个体生物学特性条件影响外，还受个体所处的社会历史条件与主观条件的影响。而且，任何条件对于能力的形成、发展的作用，必须通过能力的形成、发展的基础，即主体的活动才能实现。为此，能力的类化经验说充分肯定主体的能动性观点，同形形色色的宿命论观点是不同的。

能力的实质是类化了的经验，是人脑对客观现实的反映，其获得及迁移是有客观规律的。因此，能力在原则上可以自觉地进行定向培养。

（二）学生学习的接受－构造说

结构－定向教学的另一个理论依据是学生学习的接受－构造说。接受－构造说认为，学生学习过程从其根本任务来说在于接受前人的经验（即社会经验），即把前人所创立的经验变成自己的经验，能应用这种经验去解决面临的各种问题。前人经验的接受必须通过主体的构造活动才能实现。经验的接受过程是主体在头脑中建立起相应的经验结构的过程。

学生的学习之所以是接受学习，在于学生及其学习活动是社会经验传递系统的构成要素之一。从系统论观点出发，系统结构的组成要素的特性是由系统本身的整体功能所决定的。学生及其学习的特性是社会经验传递系统的整体特性所决定的。任何社会经验的传递系统总是由传授者及其传授活动、接受者及其接受活动以及作为传递对象的社会经验这样三个基本要素构成。学生的确切定义就是社会经验传递系统中的社会经验的接受者。学生的学习就是社会经验传递系统中接受者的接受活动。

社会经验的传递是应人类社会生活延续及发展的客观要求而发生的。从历史唯物主义观点来看，人类的社会生活不同于动物的群体生活，是以生产劳动为基础的。进行生产劳动，不仅要求社会成员具有一定的制造与使用工具的知识、技能及能力，同时要求他们具有一定的协调人与人之间关系的行为规范及品德。人总是要死的，社会生活的延续及发展需以能适应社会生活客观要求的社会成员的再生产为前提。社会成员的再生产除了要依靠人类的生育以外，还必须通过教育才能实现。教育的根本职能在于传递社会经验以造就一定社会生活所要求的社会成员。教育作为一种社会现象的本性就在于它是社会经验的传递系统。否认教育的经验传递本性，势必导致否定学生学习的接受本性。承认教育的经验传递本性，就不能否定学生学习的接受本性。

经验的接受之所以必须通过主体的构造活动才能实现，是由经验的本性决定的。辩证唯物主义的经验观认为，经验是客观现实在人脑中的反映，是客观现实在人脑中的主观映象。经验就其来源、发生机制来说是客观的，但它的存在总依存于一定的主体，并具有主观性，不能脱离物质而独立存在。经验不同于物。经验的传递过程不可能像物体及能量的传递过程那样，以手对手的交接、口对口的灌输或脑对脑的感应而完成。注入式教学思想的根本错误在于把经验的传递等同于物体的传递，曲解了经验传递过程的本性。

经验的传递总是借助于一定媒体，赋予经验一定的物质形式，这样经验的所有者才能把其经验传输出来，经验的接受者才能接受。人类用以传输经验的媒体通常为语言、文字或图像。这些媒体可以叫作传输信息的信号，其所负载的经验可以叫作信息。由于经验传递本身具有这种间接性，因而经验的接受也就不可能像接受一种物理的东西那样以现成的形式进行，而是具有特殊的机制。

经验的接受过程及条件，将因经验的具体内容不同而有区别。但是，当代认知心理学的研究表明，任何信息的获得必须经过主体对于外来输入的不同层次的生理与心理的加工及转化才能实现。这种加工方式通常叫作编码或译码，其进行过程可以是自动发生的，也可以是审慎进行的。

经验的接受过程，至少可以分出三种不同的加工方式，即信号的接收、信息的觉察与信息的转化。信号的接收指对传输信息的媒体的加工，其中包括把信号本身所固有的物理能量转化为主体感受器官的神经脉冲，并把这种神经脉冲沿着内导神经传导至中枢投射区，从而使主体对输入的信号产生感知效应。这是经验接受过程中最原始的低级加工层次。通过这一接受层次主体只能感知信号的作用，还不能获得它所负载的信息。为此，必须在此基础上进一步实现信息的觉察。

信息的觉察在于揭露信号的意义作用，即认识各种信号所负载的信息，也就是了解媒体所标志的经验。这就必须辨认信号的特征，依据信号的特征从主体长期记忆结构所贮存的编码系统中，检索出相应的信号及信息。这时主体才能了解作用于它的信号的含义，从中获得确定的信息。通过信息的觉察加工，主体所获得的信息是有限度的，仅限于其记忆结构中所固有的信息，并不能获得新的经验。为此，必须在此基础上进行信息的转化加工。

信息的转化在于改组信息，把一种信息改造为另一种信息，即把一种经验转变为另一种经验，从而获得新的信息，建立起新的经验结构。这是接受学习中最根本的加工层次。要实现信息的转化，主体必须依据信息本身的联系、关系进行复杂的分解与组合，才能把它从一种形式转化为另一种形式，从低级的形式转化为高级的形式。这是通过通常所说的智力动作而实现的。这些智力动作是新的信息的获得及确立新的经验结构的直接基础，也是接受经验的根本。

上述三种接受层次在实际学习中是密切相连的，往往是交错进行的。它们的共同作用在于建立新的经验结构，可以总称为经验的构造活动。在接受学习中，经验的构造活动虽受传授的指引，但传授者不能代替接受者本身的经验构造活动。实现经验构造活动的主体是经验的接受者而不是经验的传授者。此外，经验接受过程中的构造活动水平，不仅受传授方式的影响，而且受制于主体的已有的发展水平。实际表明，在同样的传授条件下，由于不同接受者的学习动机、已有知识与技能等因素不同，学习成效就有明显的差异。

如上所述，把经验接受的过程，看作传授者现成给予的，接受者是消极被动的看法，是对接受学习的一种误解。借助于经验传授过程中的问题而否定传递的必要性的根据是不充分的。在此基础上把接受学习同创造学习对立起来而否定接受学习的必要性也是一种似是而非的见解。

学生学习的本性既是接受学习，则其学习的成效是可以预期的，学习的方向及目标是可以确定的。由此在掌握其规律的基础上，在教学上就可以定向培养。这是结构-定向教学的另一个理论依据。

三、实施结构-定向教学的前提

（一）端正学习的指导思想，明确教改的正确方向

结构-定向教学是一种教学思想，并不是一种教学技术。这种教学思想是以我们教学的经验传递说、学生学习的接受-构造说与能力的类化经验说为依据的。长期以来，出于种种原因，在教育与心理学领域中，关于上述问题的理论观点是相当混乱的。近几年来，西方流行的人本主义的教育与心理学思想对于我国教学工作有一定影响。这同我们的结构-定向教学思想是不相容的。为此，实现结构-定向教学首先必须端正教学的指导思想，清除关于教学、学生的学习与能力的实质等问题上的各种唯心主义与形而上学思想影响，坚持以辩证唯物主义的方法为指导，深入分析教学、学生的学习与能力的实质，才能明确教改的正确方向，清除各种思想障碍。

在当前，实施结构-定向教学，尤其要学习好邓小平同志对于"教育的三个面向"的指示，深刻领会其精神实质。结构-定向教学的根本点在于要求依据教学实质及学生学习规律，在改革教学工作中，提高教学成效，加速人才培养。这同"教育的三个面向"的精神是一致的。

（二）广泛深入展开学生学习规律的研究

结构-定向教学思想是以应用学生学习的规律，提高教学自觉性，清除教学的盲目性为特征的。实行这一教学思想，必须广泛深入地开展学生学习规律的研究。结构-定向教学的成效最终是以学习规律的掌握程度为

转移的。

从教学工作中所形成的心理结构出发，实施结构-定向教学必须研究掌握下列几个主要方面的规律。

第一，由于学生是学习的主体，任何经验的接受都必须通过学生本身的复杂的经验构造活动才能实现。学生的经验构造活动的成效，依赖于学习的动机及积极性。实施结构-定向教学必须研究掌握学生的学习动机及积极性的形成、发展规律。

第二，知识是能力结构所不可缺少的一个组成要素。实施结构-定向教学必须研究各学科中各种知识的掌握规律。

第三，技能是能力结构所不可缺少的一个组成要素。实施结构-定向教学必须研究各学科中各种技能的掌握规律。

第四，学生的品德是在接受各种思想及行为规范的基础上形成发展起来的，实施结构-定向教学必须研究各种思想及行为规范的接受规律。

第五，作为能力与品德机制的心理结构是在知识、技能、思想及行为规范的接受基础上，通过迁移而形成发展起来的。因此，结构-定向教学的实施，必须研究学习的迁移规律。

(三) 依据学习规律合理解决宏观与微观教学法问题

结构-定向教学最终必须通过一定的教学法才能实现。结构-定向教学方法问题，可以分为两类，即宏观教学法与微观教学法。所谓宏观教学法，指各科教学的整体设计，其核心问题是教材组成要素及其层次、序列的处理。所谓微观教学法，指各种教材的具体传递过程的处理，其核心是教学程序的设计及执行问题。

教学方法问题是关于教学的决策。宏观教学是关于教学的全局性决策或叫作战略性决策，微观教学法则是关于教学的局部性决策或叫作战术性决策。任何正确的决策，都不是由主观的武断而来的，而是必须依据客观规律。科学的教学方法不能凭空臆测，而是要遵循学习的规律。教学方法所产生的教学成效取决于教育方法是否正确体现了学习的规律。只有依据学习的规律，才能合理解决教学法问题。

就一定意义来说，有些学习规律的作用范围是全局性的，对教学的全过程都起作用。这种学习规律具有宏观意义。解决宏观教学法问题，必须充分体现这种宏观性规律的要求。有些学习规律的作用范围是局部性的，只对部分教学过程发生作用。这种学习规律具有微观意义。解决微观教学法问题，必须充分体现这种微观性规律的要求。

从系统论观点来看，事物的整体与部分是相互联系、相互制约的。因而在实施结构–定向教学时，不仅要合理解决微观教学法问题，而且尤其要合理解决宏观教学法问题。只有从宏观着眼，从微观入手，才能获得教学整体的最佳效应。

（本文原载《教育研究》1985 年第 11 期）

布鲁姆的教学论及其现实意义

钟启泉

美国哈佛大学教授布鲁纳和芝加哥大学教授布鲁姆（B. S. Bloom）都是当代倡导教育革新的世界著名学者。如果说布鲁纳侧重于探讨教学内容的革新，主张通过学科内容的结构化改革教育、教学，那么，布鲁姆则侧重于教学过程的变革。但两者的目标是共同的：使学生达到高度的学力水平，实现教育的现代化。

布鲁姆做出的理论业绩：教育目标分类学——布鲁姆研究的基础理论，运用这个分类学强调教学过程中的评价的形成性评价理论；运用形成性评价理论使所有学生完全达到教学目标的"掌握学习"理论，以及在上述理论基础上进行课程评价与新课程开发的课程开发论——我们尚未给予足够的重视。本文的任务就是概述布鲁姆四个主要的理论成就及其现实意义。

一、教育目标分类学

晚近教育学界的一个动向是，教育目标的分析作为教育评价的目标分析的一环，越来越兴盛。这种分析的首要代表就是布鲁姆等人的教育目标分类学。它将教育中应当达到的全部目标分成三个领域：由知识的掌握、理解及智力发展诸目标组成的认知领域，由兴趣、态度、价值观与正确的判断力、适应性的发展诸目标组成的情感领域，由各种技能和运动技能诸目标组成的精神运动领域。它还明确了在各领域达到最终目标的过程中，应当形成顺次达到目标的系列。这是一种很有意义的尝试。

这种目标分类同动植物学的分类一样，将教育目标分作大、中、小三类，分成若干层次，这是按渐次具体的方式进行的。就拿认知领域来说，把术语和事实等"具体事物的知识"置于最下层，在它上面是"关系和法则的知识"，然后是能够在新情境中运用这些知识的"应用能力"。更高层次的认识能力，依次为"分析能力""综合能力""评价能力"等等。它表明了这样的目标达成系列：不掌握"个别的知识"，就难以掌握"关系和法则的知识"；而不掌握"关系和法则的知识"，就难以掌握"应用能力"。这种分类尝试可以说是诸多教育科学研究的集大成者：它综合了教育学中的课程论和关于教育目标的细目研究成果，也汲取了心理学中关于能力、价值观、技能的掌握和关于学习的内化过程的研究成果。

教育目标分类学的尝试发端于 1948 年在波士顿召开的美国心理学大会。与会者强烈意识到，建立一种理论框架——对构成教育目标的能力与特性进行分类的框架，以促进测量与评价方面的专家的相互交流，是十分必要的。后来，以布鲁姆为首的委员会经过反复探讨，于 1956 年和 1964 年分别公布了认知领域的目标分类和情感领域的目标分类，最后又公布了精神运动（技能活动领域）的目标分类。布鲁姆的《教育目标分类学》在美国再版了十几次，被译成十几种文字，流传于世界各国。表 1 就是根据布鲁姆等人的教育目标分类作出的学习活动的分类。

表 1　学习活动的分类

类别	类型	内容
认知活动	（1）知识	①了解术语 ②了解事实 ③了解常规的方法 ④了解倾向 ⑤了解分类范畴

续表

类别	类型	内容
认知活动	（1）知识	⑥了解标准 ⑦了解探究方法 ⑧了解原理、法则 ⑨了解理论、结构
	（2）理解	①改述 ②归纳 ③外推
	（3）应用	①规则的应用 ②方法的应用 ③概念的应用
	（4）分析	①抽出要素 ②抽出关系 ③抽出结构原理
	（5）综合	①表达个人见解 ②拟定操作计划 ③概括抽象关系
	（6）评价	①根据自己想法有逻辑地评价 ②根据外部标准有逻辑地评价
情意活动	（1）接受（注意）	①仅仅意识到 ②积极地接受 ③有选择地接受
	（2）反应	①按指令反应 ②积极地反应 ③满意地反应
	（3）价值判断	①领会价值 ②选择价值 ③确信价值

类别	类型	内容
情意活动	（4）价值的体系化	①价值概念化 ②价值体系的组织
	（5）价值的个性化	①赋予价值观 ②赋予世界观
技能活动	（1）基础动作	①确认动作 ②模仿动作 ③定型动作
	（2）规定动作	①合乎一定标准的动作 ②洗练的动作
	（3）创作动作	①钻研独特的动作 ②复合独特的动作 ③钻研独特类型的动作

布鲁姆学派的教育目标分类的工作雄辩地证明：一门学科所要达到的教育目标，是可以作出由简单到复杂的一系列等级分类的。这种分类向人们展示了新的视野、新的追求。最近，国际教育成就评价协会（IEA）所作的国际理科（生物、化学、物理、地学）教育调查的目标分类，就是源于布鲁姆的教育目标分类学。它的分类是这样的：

A. 知识　将基本知识、技能加以分类，重点不放在孤立地了解孤零零的事实上。

B. 理解　学生在熟悉的情境（教室、实验室、教科书等）中所获知识的利用能力。

C. 应用　对于学生来说是在新的情境，选择恰当的知识，并予以应用的能力。

D. 高级过程　囊括了布鲁姆目标分类中的谓之分析、综合、评价的广泛范围的内容。

精选、明确各门学科的教育目标，并使之结构化，一般称为"目标分析"。它是教学研究和教学改革首要的基础工作。曾任 IEA 的美国理科委员会会长的匹兹堡大学克罗伯教授，在周密地分析了学生"科学行为"的基础上，制定了理科教育目标和评价的矩阵，就是理科"目标分析"的一例。布鲁姆学派强调，通过"目标分析"至少要明确：（1）各门学科整个的课程结构；（2）各门学科的年度教学计划和学期末、学年末必须达到的目标；（3）各教学单元的目标结构。

长期以来，教育学界只能笼统地提出"掌握该门学科的基本内容"之类的模糊不清的教学要求或其他同样难以实际测量的概念。布鲁姆学派的教育目标分类和分析，一是为我们提供了经过仔细推敲的共同的术语，二是以具体的行为方式确定教育目标，实际地贯彻、评价，为教学第一线的教师广泛地应用提供有效的依据。无论是考察儿童的学力结构、教师的教授活动，还是课程的结构，都可以起一种基础的框架的作用。当然，应当指出，布鲁姆学派的教育目标分类学主要是适用于美国的文化背景和教育条件，照搬照抄总会要失败的。

二、形成性评价理论

早在 20 世纪 30 年代芝加哥大学的泰勒（R. W. Tyler）教授就倡导教育评价。但是，值得注意的是，现代的教育评价，随着布鲁姆等人的新的评价理论的出现而迎来了新的转折期。它要求用适应并发展每个人的能力、能倾（aptitude），以目标达成度为中心的教育评价去替代传统的以等级化与甄选为主的评价。这是作为泰勒的接班人、芝加哥学派教育学的首领而活跃的布鲁姆的巨大业绩。

布鲁姆从职能的角度把教育评价分为三大类（1973）。第一是诊断性评价或事前配置性评价。第二是形成性评价。第三是总结性评价。这三种评价是对应于评价处于一连串的教育活动的开始前、活动过程中还是活动终结，而作出的区分。但这种区分不仅在于是在教学过程的哪个阶段实施的，而且在于各自的评价步骤、评价结果的利用等方面亦有极大的差异。

不过，布鲁姆特别强调的是同总结性评价相区别的形成性评价。第一个使用形成性评价（formative evaluation）这个术语的是芝加哥大学的哲学家斯克里文（M. Scriven）。他把课程开发过程中借以探求更好的课程结构而进行的各种评价活动总称为形成性评价，而把最终决定课程的总貌和是否实际采用的评价称为总结性评价（summative evaluation）。布鲁姆则把这种区分用于教学过程中的评价。形成性评价这一概念之所以唤起了教育界的广泛注意，是由于布鲁姆倡导了称为形成性测验的新的测验方式，以及实践了借助这种形成性测验实现"掌握学习"的各种各样的教学系统。

形成性测验有许多突破传统观念的新颖之处。这种测验简单来说就是，就5—10节展开的教学单元进行目标分析，列出目标细目分析表。根据表载的每个评价目标来准备评价项目。通过实施这种测验，可以从结构上把握各单元应当达成的目标群中，哪些未达到。因此，作为教学效果的表示法，不必再用百分制，可以采用在目标结构图上标明达成、未达成之类的方式，图式化地表示达成的百分比。这种测验不是历来的以集团标准为依据的常模参照测量（norm-referenced test），而是晚近兴起的以达成标准为依据的准则参照测量（criterion-referenced test）的一种。通过这种测验可以了解每个学生在某一章节达到了何种程度，以及未能达到目标的原因及存在的问题，而且可以根据每个学生达成类型的不同，发现其共同的学习难点，为教师采取补救措施，为课程、教材的编纂修订提供依据。

以上主要是从教师或教育管理者的角度来说明形成性评价的职能。若从儿童本身的角度看，布鲁姆则指出了如下四个职能。

（1）调整学习活动。形成性测验的结果可以确认自己的目标达成状况，推断完全地掌握该单元的主要内容要做怎样的努力，要花费多少时间，借以调整自己的学习活动。

（2）从外部确认学习成果的"强化"作用。凡经形成性测验确认业已达到目标的儿童，会产生成功的满足感，因而可以期待他们更积极地参与下一单元的学习。即使是部分达标的儿童，当得到外部的确认时，也会产生部分的"强化"作用。

（3）诊断学习上的问题。通过形成性测验的结果确认自己的错误类型，可以发现最终目标之所以未能达到，是由于哪些学习课题未能突破，哪些基础知识和能力未掌握，等等，从而明确日后应当主攻的薄弱环节。

（4）获得矫正学习的"处方笺"。这同上述三点密切相关。

根据布鲁姆学派的研究，这种形成性评价至少有三种水平。

第一，教学进程中的形成性评价。主要是通过观察儿童的表情、态度和举手的状况，使用活动表、应答分析器等，在教学的进行过程中作出即时反馈。根据是否达到了每节课的教学目标，教学进度和展开的方向是否适于儿童的能力和兴趣等，修正教学的进程。

第二，以单元为单位的形成性评价，就是针对每个单元的达成目标，准备好评价项目，实行形成性测验，在一个单元的教学过程中作出一次或数次反馈。把握该单元必须掌握的最低限度的单元目标的达成状况，对学生施以必要的辅导，使全员达到所有的目标。

第三，以学期、学年为单位的形成性评价，它以学期或学年一次或数次的概括性反馈为目的。具体地说，期中测验、期末测验一类的典型的总结性评价也要发挥形成性评价的功能。通过测验或成绩评定，来决定是否针对每个学生的学力缺陷进行辅导。

这三种水平的形成性评价都是学校教育中应当时时追求的。唯有这样，才能实现扎实的、有效的教学。当然，基于各门学科的特点以及儿童发展阶段或学年阶段的不同，各种水平的形成性评价所占的比重应有不同。例如，单元水平和学期水平的形成性评价，特别能在初高中的数学、理科、英语、文法等系统性强的学科上发挥作用。体育、音乐、美术基本上以教学过程中的形成性评价为中心。而在小学低年级阶段，无论哪门学科，以仅采用学期、学年水平的形成性评价，加上随时调整教学进度的形成性评价为宜。

在现行的学校制度中强调形成性评价有其特殊的意义。测验确实不是万能的。实施不当的测验所起的作用，恰恰是"反教育"的、"反发展"的。但是，我国教育界目前有些人看到了考试的一些弊端，而走向极端，要求"废止考试"。这不能说是严肃的、正确的主张，它至少表明持这种意见的人，对于什么是现代教育，什么是学校教育中的评价，以及两者之间的关系，缺乏科学的思考。教育评价总是存在"积极效应"与"消极效应"两个侧面。目前学校中的各种评价，包括平日测验和升学考试，起着维持一定的学力水准的作用，更是改进教学计划、指明每个学生应当开展的学习课题所需要的。因此，大阪大学梶田睿一教授发出警告说，"评价无用论"的主张，发展下去会导致"教育无用论""学校无用论"的。

三、"掌握学习"理论

"掌握学习"（mastery learning）是反映布鲁姆基本的教育观的重要理论。布鲁姆分析了学生的能倾分布：1%—5%的学生居于上位；相反，大约有5%以下的学生，由于各种各样的缺陷，诸如有碍于学习音乐的听觉缺陷，有碍于学习美术的视觉缺陷，以及不能很好地理解抽象的概念等，成为跟不上学业的"差生"。但是，90%的学生的能倾差异，不过是一种学习速度的差异（rate of learning）。只要根据每个儿童的能力和能倾，以及学习成就状况，有重点地给予适当的学习课题，安排适当的学习时间，改进教学法、学习方法等，那么，所有儿童最终都能达到确定的（最低限度标准的）全部教育目标。布鲁姆所追求的"掌握学习"，是以"人人都能学习"这一信念为基础的。它是以基础能力和能倾各有差异的学生组成的学习集体为前提，以传统的集体学习的教学方式为核心，使所有儿童都能达到一定的学力水平的开发性研究。

布鲁姆的"掌握学习"的原型，是卡罗尔（J. B. Carroll）的"学校学习模式"（1963）。它的核心观点可以归结为两点：第一，任何一个学生只要有充足的学习时间，就能完成任何学习课题，并非只有能力强的人才有完成高级的学习课题的潜力。第二，在现实中出现的学习达成度的差异，是由于该生所需的学习时间量与实际耗费的学习时间量的差异所致。可用如下的函数关系表示：

$$学习达成度 = f\left(\frac{实际学习时间}{必要学习时间}\right) \qquad ①$$

这两种学习时间量主要受如下五种变量的制约。

其一，"对课题的能倾"，即学习某特定课题所必需的基础能力，它与该课题的先前学习量和多元的学习能倾有关。

其二，"教学的质"（quality of instruction），即提出的某一学习课题的适合与否，这同教学及教材能否满足下述主要条件有关：（1）学习什么和怎样学习，要使学生能够理解；（2）能以明确的形式提供视听条件；（3）能使每一个学习阶段系统化，并为下一阶段的学习作好准备；（4）教学过程中能恰当地根据每个学生的需要和性格加以调整。

其三，"教学理解力"（ability to understand instruction），即理解教师的指导和理解教材所需的能力。可以认为它是一般智能与语言能力的"合金"。

上述三变量都是制约"必要学习时间"的因素。可以说，学生对该课题的能倾、教学的质以及教学理解力愈高，必要的学习时间就愈少。

其四，"学习机会"（opportunity），即学习给定的课题所容许的总时间量。

其五，"学习持续力"（perseverence），即学生主动地学习该课题所耗费的总时间量。这是跟学习热情和毅力有关的变量。

上述两个变量是制约"实际学习时间"的因素。可以认为，学习机会所容许的学习时间愈长，学习持续力愈强，实际所投入的学习时间愈长。

将以上五个变量代入①式，则得：

$$学习达成度 = f\left(\frac{学习机会 \times 学习持续力}{能倾 \times 教学的质 \times 教学理解力}\right) \qquad ②$$

从这里不难看出各种变量间的关系，从而推演出"掌握学习"的基本策略。这就意味着，从教师角度要考虑如何增加学生的学习机会和提高教学的质，从学生角度要考虑如何通过教学活动形成并提高学习持续力、教学理解力和能倾。

布鲁姆在不改变卡罗尔的基本思想的基础上进一步发展了卡罗尔的模式。其基本策略如图 1 所示。

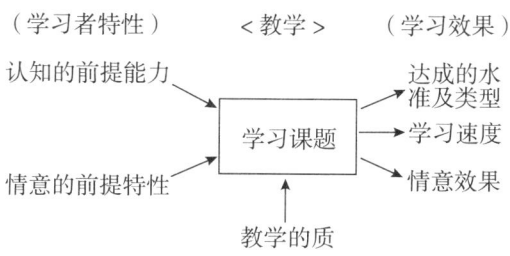

图 1　布鲁姆模式

在布鲁姆看来，决定教学效果的主要有三个变量。第一，认知的前提能力（cognitive entry behaviors）。它是指今后所要学习的前提——基础知识，学习者已掌握了多少。这关系到学习该课题的已有知识与已有的各种能力的量。它同稳定的、难以变化的一般智能和能倾是有区别的。第二，情感的前提特性（affective entry characteristics）。学习者参与学习过程的动机作用的程度是受种种态度制约的，如学习者对特定的学习课题的态度、对学校的态度、对学校中学习的态度以及对自身的态度，还受以往的成功与失败经验的制约。第三，教学的质。布鲁姆认为，这三个变量对学习达成度的影响作用，分别占 50%、25%、25%。就是说，学习者在学习某特定课题之前的准备体制，远比教师的教授重要。这是其一。其二，这三个变量都是可以操作的。在实际的教学过程中应考虑到：作好课前指导和学习课题的系列化，提高认知的前提能力；施以增强学习动机作用的种种影响,以改变情意的种种特性;制订好教学计划,以提高教学的质。这样,就可以全面地提高学力水准。

"掌握学习"的教授法可用图 2 表示。

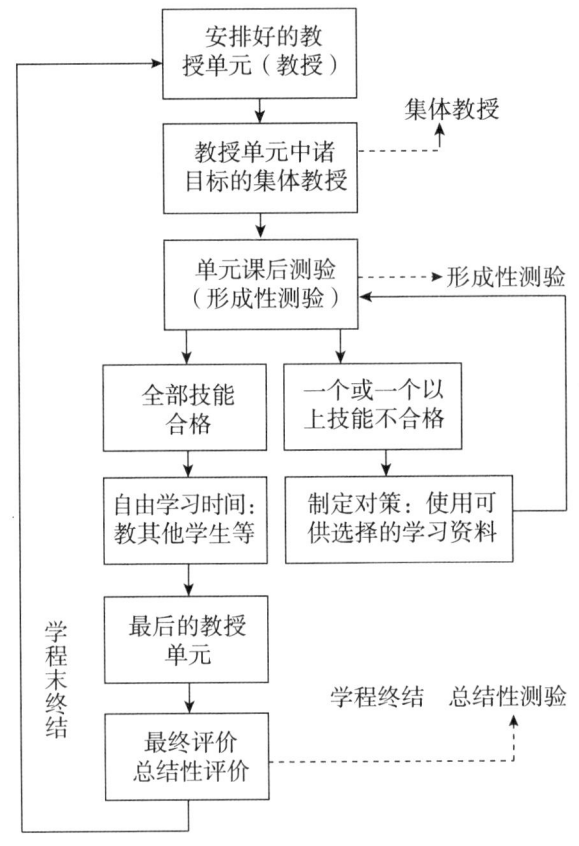

图 2 "掌握学习"的教授模式

图的最上方是学习单元(一般以 1 周或 2 周为一单元)。整个教学从最上方的教学目标的设计始,至最终评价、总结性测验止,一步步地进行。图中的班级集体教授,无疑是教学的核心环节。"掌握学习"的基本精神和特点在于:(1)教学目标的精选与结构化;(2)适时地进行形成性评价;(3)为不同学生设计"矫正学习"或"深化学习";(4)不根本改变学校和班级的组织,在普通的学年制班级里便可实施。正因如此,"掌握学习"理论获得了相当广泛的影响。正如日本的佐藤三郎教授指出的："重要的是，布鲁姆的这一主张乃是对学生学业的常态曲线分布的'神话'发起的挑战，和对儿童的潜在智力寄予深刻信赖。它说明借助教师对每一个儿童的援助，是可以完全地习得共同可以求得的智力水准的学习的。"正是在这个意义上，日本学者把"mastery learning"评为"完全习得学习"。

四、课程开发论及其思想背景

有人把学校的课程喻为"整个教育系统的软件"。而现代的"课程开发"已经"不只是一门学科，或者一个国家的特殊性的问题，而是科学技术的前所未有的发展所造成的二十世纪后半叶的教育改革的中心课题之一"。

那么，布鲁姆在这个问题上的主要观点是什么呢？

首先，我们必须注意的是他关于智力潜能的研究。他认为，智力的潜能早在婴幼儿期就受到各种各样的环境因素的极大影响。他的一个著名假设可以概括为表 2。由此表可以作出二点解释：第一，以 17 岁时测得的智力成熟度为 100%，则各年龄阶段的成熟度分别为：4 岁 50%，4—8 岁 30%，8—17 岁 20%。这表明了年幼期的重要性。第二，在具备同样智力的儿童中间，被剥夺了文化刺激的儿童跟普通条件下的儿童相比，4 岁前为−5；反之，刺激丰富的儿童为+5。这两极间的差至 4 岁时达 10。如表 2 所

表 2　智能成熟度

年龄	智能成熟的百分比（%）	文化刺激的剥夺	普通	丰富的文化刺激	差
出生—4 岁	50	−5	0	+5	10
4—8 岁	30	−3	0	+3	6
8—17 岁	20	−2	0	+2	4
合计	100	−10	0	+10	20

示,至 17 岁,相差竟达 20。布氏通过这项研究,主张个人的特性可以分为易受环境左右的部分和不变化的部分。而智力就属于受环境影响而变化的一种特性,而且这种变化在年幼期尤为显著。

其次,我们必须注意的是,在上述思想背景下他所提出的建立"课程中心",以便系统地进行"课程开发"的主张。他说:"知识爆炸、社会目标和教育目标的变化、儿童学习类型的变化、关于教学过程的新的知识的增加等等,使各国的课程面临着一场根本的、系统的改革。历来实施的临时性的修修补补的课程修订,已经不合时宜了。为了适应新形势的发展,各方面的有关教育的专家要团结一致,建立起课程开发的体制,以便从事研究、调查和评价的工作。课程中心,这个形式可以作种种考虑:可以是中央集权的或地方分权的,可以设在教育部或设在教育部之外。关键的问题在于,要建立起课程开发的有用的体制。情报资料的分析研究、调查、形成性评价等等,要通过众多专家的协作,一步一步地做去。"布鲁姆强调,在课程开发中必须充分考虑如下几个问题:

(1)各门学科的专家对各门学科内容本身的建议。

(2)社会学家、心理学家、经济学家、政治学家、历史学家的有关社会背景的研究成果和建议。

(3)教育心理学家、教育社会学家、学生辅导专家对受教育者特征的意见和研究成果。

(4)哲学家、社会学家、历史学家有关价值观的见解和研究成果。

(5)心理学家有关学习法则的研究成果。

仅从需要各方面专家的协作这一点看,课程学确实是一门"综合科学"。那么,要综合各门科学的成就展开课程开发,"课程研究中心"无论如何是必要的。

最后,我们必须注意支撑这一理论的更加广阔的"问题意识"。布鲁姆指出,今日的教学研究面临着七个问题需要解决:(1)学习中的个别差异的研究;(2)学业成绩对于个性形成的影响的研究;(3)"教授过程"

的研究；（4）关于学生必须而且能够掌握的基础知识的研究；（5）显露课程和隐蔽课程的研究；（6）关于测验作用的研究；（7）把教育作为社会系统中的一个系统来进行的研究。大阪大学的梶田睿一教授评论说，"单个地把握这七个问题，未必是新颖、珍奇的，但若统览这七个问题，就可以看出布鲁姆那种旨在立足于尽可能广泛的视野探讨教学革新问题的朴实、坚实的学风。"

布鲁姆在1983年6月赴日讲学期间指出，最近有许多国家又在数学、理科、社会科和外国语等课程方面，致力于更加根本的、系统的改革了。这是一个重要的信息，我们不能等闲视之。不错，我国教育界也在开始关注课程、教材的"现代化"问题。这是好事。但是笔者认为，在这方面存在两个痼疾急待医治。一个是思想认识问题。有些人近年来一味鼓吹"删繁就简"，似乎"厚本变薄本"，教材就"精"了，甚至主张"降低教材程度，才能提高教学水平"。这是片面的说法。关系到基础教育水准的教材的程度，不应当是随意地定夺的。它自有它的客观依据。这依据至少有三条，而且缺一不可：一要看它是否反映了时代的社会的客观要求；二要看它是否汲取了现代科学知识的基本成就；三要看它是否符合儿童身心发展的规律。舍此准绳，不经任何理论论证和实验的"降低教材程度"，也许局部地提高了考试（随意降低了要求的）成绩水平，但决不能笼统地说"提高了教学水平"。课程、教材的"现代化"并不是原有教材的添添减减所能解决的。如果不从现代科学的成就高度，不从教材结构化要求的高度来考虑改革，动辄照"一砍二删"的逻辑办理，那么，课程、教材的水准只会越改越低落，其内容只会越改越干瘪。须知，教材的难易同教本的厚薄并无必然的联系。恰恰相反，正是这些薄得可怜的"尽是骨头而无血肉"的教材才是难啃而令人生厌的！再一个是组织机构的问题。长期以来，我国中小学教材编写工作习惯于"游击式"作风，"召之即来，来之即编，编之即散"，缺乏一支稳定的、训练有素的专门队伍。但是，课程、教材的改革恰恰是一项包括编纂、评价、修订、师资培训等多环节的系统工程，是一种旷日持久的连续的作业。缺乏研究的积累，缺乏战略目标，是不可能产生出最优化的课程与教材来的。由此看来，建立教育理论工作者和实际工作者能够协作研究的"课程、教材中心"，是势在必行了。否则，嘴上高喊"现代化"而在实际行动上却净是往后看、朝后退，岂非南辕北辙?! 在这方面，布鲁姆的理论向我们提出的一系列课题，难道不值得我们认真思索吗?

(本文原载《教育研究》1986 年第 9 期)

关于教学模式的探讨

张武升

教学模式是教学实践的产物，对于指导教学实践具有重要的意义。研究和探讨教学模式，可以丰富和发展教学思想与理论，指导教学改革实践。

教学模式的定义与结构

关于教学模式，在国外研究较多。美国教学研究者乔以斯（B. Joyce）和威尔（M. Well）于 1972 年出版《教学模式》一书，专门系统地研究了流行的各种教学模式。在我国近些年也有人专门撰文介绍和研究教学模式，教学模式成为当前教学研究的一个重要课题。但是，对于教学模式的定义，国内外研究者们看法并不一致。在国外较有影响的教学模式定义是乔以斯和威尔的定义。他们认为，教学模式是构成课程和课业、选择教材、提示教师活动的一种范型或计划。[1] 在国内关于教学模式的定义，大致有三种：第一种是认为模式属于方法范畴，其中有的认为模式就是方法，有的认为模式是多种方法的综合；第二种是认为模式与方法既有联系又有区别，各种方法在具体时间、地点和条件下表现为不同的空间结构和时间序列，从而形成不同的模式；第三种是认为模式与"教学结构-功能"这对范畴紧密相关。教学模式是人们在一定的教学思想指导下，对教学客观结构作出的主观选择。[2] 笔者认为，上述教学模式定义在某些侧面反映了教学模式的本质，但尚欠科学。先来看乔以斯和威尔的定义，他们把教学模式定义为一种教学范型或计划。实质上，教学模式并不是一种计划，计划只是它的外在表现，教学模式蕴含着某种教学思想或理论，用"范型"或"计划"来定义教学模式显然将教学模式简单化了。就国内的三种定义来说，第一种定义与乔以斯和威尔的定义有同样的简单化缺陷。实质上，教学模式既不是方法，也不是方法的综合。第二种定义实际只承认模式与方法的区别与联系，指出了教学模式的形成，并非严格的科学定义。第三种定义触及了教学模式的本质，即结构与功能，但也不是一个严格的科学定义。那么，究竟应怎样定义教学模式呢？我们认为，要给教学模式下一个科学的定义，首先要从一般意义上考察一下模式的定义。

美国两位著名的比较政治学者比尔和哈德格雷夫在研究了一般模式后下的定义是："模式是再现现实的一种理论性的、简化的形式。"[3] 比尔和哈德格雷夫的模式定义有三个要点：第一，模式是现实的再现，也就是说，模式是现实的抽象概括，来源于现实；第二，模式是理论性的形式，也就是说，模式是一种理论，而非工艺性方法、方案或计划；第三，模式是简化的形式，也就是说，模式这种理论性形式是精心简化了的，以经济明了的形式表达，例如爱因斯坦用 $E=mc^2$ 来表明能量与质量的互换原理，是一个典型的简化形式。我们认为，比尔和哈德格雷夫的模式定义较为科学地揭示了模式的本质，是可取的。从一般意义的模式定义推论教学模式的定义，我们认为，教学模式是在教学实践中形成的一种设计和组织教学的理论，这种教学理论以简化的形式表达出来。

任何教学模式都有其内在的结构。教学模式的结构是由教学模式包含的诸因素有规律地构成的系统。完整的教学模式结构一般包含如下因素。

（1）主题。教学模式的主题因素指教学模式赖以成立的教学思想或理论。主题因素在教学模式结构中既自成独立的因素，又渗透或蕴含在其他因素之中，其他因素都是依据主题因素而建立的。例如国外的信息加工教学模式结构包含的主题因素就是信息加工的理论，无指导者教学模式结构包含的主题因素就是人本主义教学思想。

（2）目标。任何教学模式都是指向一定的教学目标，为完成一定的教学目标而创立的。目标是教学模式结构的核心因素，对其他因素有着制约作用。例如国外的社会探索教学模式结构的目标因素是通过科学探索和逻辑分析，培养学生解决社会问题的能力；无指导者教学模式结构的目标因素是培养学生自我认识、自我实现、自我教育的能力。

（3）条件（或称手段）。条件因素指完成一定的教学目标，从而使教学模式发挥效力的各种条件。任何教学模式都是在特定的条件下才能有效。条件因素包括的内容很多，有教师、学生、教材、教学工具、教学时间与空间等。

（4）程序。任何教学模式都有一套独特的操作程序，详细具体地说明教学的逻辑步骤、各步骤完成的任务等。例如赫尔巴特教学模式的操作程序分为明了、联想、系统、方法四个阶段或步骤，杜威提出的实用主义教学模式结构的操作程序分为情境、问题、假设、解决、验证五个阶段或步骤。

（5）评价。评价是教学模式的一个重要因素，它包括评价方法、标准等。由于不同教学模式完成的教学目标、使用的程序和条件不同，因而评价的方法和标准也就不同。所以一个教学模式一般要规定自己的评价方法和标准。例如美国布鲁姆的掌握教学模式结构的评价因素不同于标准化评价，它的标准是效标参照性的。

主题、目标、条件、程序和评价这五个因素相互依存、相互作用，构成一个完整的教学模式。一般来说，任何教学模式都要包含这五个因素，至于各因素的具体内容，则因教学模式的不同而不同。

教学模式的种类、特点与功能

由于教学实践依据的教学思想或理论不同，教学实践的形式就不同，从而形成不同的教学模式。关于教学模式的种类，国内外不同研究者从不同角度有不同的分类。乔以斯和威尔依据教学模式的理论根源，区分出四种教学模式。

第一种是社会互动教学模式。这种类型的模式依据的是社会互动理论，强调教师与学生、学生与学生的相互影响和社会联系。属于这种类型的教学模式有：杜威和塞林的小组探索模式、奥利弗和夏沃尔的法理学教学模式、马歇尔和考科斯的社会探索模式等。

第二种是信息加工教学模式。这种类型的教学模式依据的是信息加工理论，把教学看作是一种创造性的信息加工过程，依据计算机、人工智能的运行规程确定教学的程序。属于这种类型的教学模式有：施沃德的科学探索教学模式、布鲁纳的概念获得教学模式、皮亚杰和西格尔的认知发展教学模式、奥苏贝尔的先行组织者教学模式等。

第三种是个人教学模式。这种类型的教学模式依据的是个别化教学的理论与人本主义的教学思想，强调个人在教学中的主观能动性，坚持个别化教学。属于这种类型的教学模式有：罗杰斯的无指导者教学模式、格拉斯尔的教室集会教学模式等。

第四种是行为修正教学模式。这种类型的教学模式依据的是行为主义心理学理论，它把教学看作是一种行为不断修正的过程。属于这种类型的教学模式主要有斯金纳的操作条件反射教学模式。

按照乔以斯和威尔的分法，在我国近年出现的一些依据不同思想或理论而建立的教学模式有：依据结构主义心理学理论而建立的"结构-定向"教学模式[4]，依据"教为主导，学为主体"的教学思想而建立的"学导式"教学模式、"自学辅导式"（数学）教学模式[5]，依据课程论和教学过程理论而建立的"六课型单元"教学模式[6]，依据认知心理学而建立的"四阶段"式课堂教学模式[7]，等等。

除了乔以斯和威尔的教学模式分类方法外，还有其他的分类方法，例如依据时代水平不同来划分教学模式，可分出传统的教学模式和现代的教学模式。由赫尔巴特创立的"四阶段"教学模式一般被认为是传统的教学模式，而上面介绍的乔以斯和威尔分出的教学模式则都属于现代教学模式。如果从教学模式形成或创立的方法来划分教学模式，可以分出归纳教学模式和演绎教学模式。归纳教学模式指从教学经验中总结、归纳出来的教学模式，它的起点是经验，形成的思维过程是归纳，例如赫尔巴特的"四阶段"教学模式、巴班斯基的最优化教学模式等就属于归纳教学模式，因为它们是从丰富的教学经验中归纳出来的。演绎教学模式指从一种科学理论假设出发，推演出一种教学模式，然后用严密的实验证实其有效，它的起点是科学理论假设，形成的思维过程是演绎，例如上面介绍的国外的信息加工教学模式、行为修正教学模式及国内的"结构-定向"教学模式、"四阶段"式课堂教学模式等就属于演绎教学模式。

尽管教学模式类型不同，但从一般意义上来看，各种教学模式都有如下特点。

（1）个性。个性指教学模式特有的性能。没有普遍有效的教学模式，任何一种教学模式都有其特定的使用目标、条件和范围。因此，选择教学模式时必须注意不同教学模式的特定性能，不能随意搬用。

（2）操作性。任何教学模式都不是空洞的思辨游戏，而是操作形式。就是说，任何教学模式都是便于理解、把握和运用的。一个典型的教学模式一旦建立，要能迅速为一般人使用。

（3）开放性。教学模式不是封闭性的，而是开放性的。教学模式随教学实践、教学观念与理论的变化而不断修正、发展。所以，没有一成不变的教学模式，国外许多有影响的教学模式都曾经历过几次大的修正、发展。

（4）优效性。优效性指教学模式特有的优良的效力。优效性是教学模式的生命所在。如果一个教学模式不是优效的，就会被淘汰或取代。所以，为了保持优效性，教学模式要不断变革、发展。

教学模式有什么功能呢？美国社会科学家多伊奇曾研究过一般意义的模式的功能，指出模式一般具有四种功能：组合、启发、推断和测量。组合功能指模式能把有关资料（经验的与科学的）按关系有规律地联系起来，显示出一种必然性。启发功能指模式可以启发人们探索新的未知的事实与方法。推断功能指模式可以使人们依据它所提示的必然规律，推断预期的结果。测量功能指模式能通过揭示各种关系，以表明某种排列次序或比率。[8]

多伊奇对一般模式功能的研究对我们认识教学模式的功能有启发。我们认为，教学模式的功能分两个方面：一是理论方面的功能。教学模式能以简化的形式表达一种教学思想或理论，便于为人们掌握和运用。二是实践方面的功能。教学模式的实践功能包括指导、预见、系统化、改进四种。指导功能指教学模式能够给教学实践者提供达到教学目标的条件和程序。预见功能指教学模式能够帮助预见未来的教学结果，因为它揭示出一种"如果……就必然……"这样的联系。系统化功能指教学模式能使教学成为一个有机的系统，因为教学模式是一个整体结构，对教学的各种因素都发生作用。改进功能指教学模式能改进教学过程、方法和结果，在整体上突破原有的教学框框。

教学模式的发展趋势

在上面我们已经指出，教学模式具有开放性、不断变革与发展的特点。在教学实践和教学研究过程中，教学模式不断变革和发展，老的教学模式不断被修正、改进，新的教学模式不断涌现。为了把握教学模式发展的趋势，让我概略回顾一下教学模式的历史发展。

自有教学产生，就有一定的教学思想作指导，并表现出一定的形式。教学思想与形式逐渐积累、提炼成一定的模式，这是教学认识发展史上的必然现象。但真正称得上完整的教学模式则是近代才产生的。18 世纪德国教育家赫尔巴特用伦理学和心理学研究教育和教学，提出了"四阶段"教学模式。赫尔巴特教学模式对当时和后来的教学实践产生了深刻的影响，直到本世纪初一直主导着教学实践。但是，赫尔巴特教学模式忽视和压抑了学生的能动性、积极性，是一种被动的教学模式。

进入本世纪，世界各国政治、经济和科学文化发生了深刻的变化，这种变化影响到教育、教学领域。尤其本世纪初发生了世界性经济危机，给当时的教育、教学提出了新的问题。在这种形势下，赫尔巴特教学模式已不适应社会和教育、教学变革的需要。美国实用主义教育家杜威打着反传统的旗帜，提出"进步主义教育"，主张教学改革。他从实用主义教育理论出发，提出了"五阶段"教学模式。"五阶段"教学模式是杜威儿童中心主义和"从做中学"教学思想的集中体现。杜威的教学模式弥补了赫尔巴特模式的不足，强调从儿童的兴趣出发，培养学生的主动性和创造性。杜威教学模式是特定时代的产物，本身具有忽视系统的理论知识教学的缺点，所以，到50年代末就受到批判，失势了。

50年代以后，则出现了教学模式"百家争鸣、百花齐放"的繁荣景象。据乔以斯和威尔1980年总结统计，共出现了23个教学模式，[9]较有影响的有马歇尔和考科斯的社会探索模式、塔巴的归纳教学模式、布鲁纳的概念获得教学模式、皮亚杰和西格尔的认知发展教学模式、奥苏贝尔的先行组织者教学模式、罗杰斯的无指导者教学模式、斯金纳的操作条件反射教学模式等等。这一时期教学模式繁荣的原因有很多，主要有：出现了新的科学技术革命，特别是系统论、信息论、控制论、人工智能、电子计算机的产生，对教学实践和研究产生了深刻的影响；第二次世界大战后，教育思想理论圈内流派迭起丛生，继实用主义教育后，出现了改造主义教育、结构主义教育、要素主义教育、永恒主义教育、存在主义教育、人本主义教育等教育思想或理论，其中一些思想理论创立了自己的教学模式；新科学技术在教学上的应用，引起教学工具的现代化和教学工艺的变革，为新的教学模式的产生提供了技术条件。纵观50年代末以来的教学模式，有如下发展趋势。

（1）从单一的教学模式向多样化教学模式发展。在50年代以前，教学实践中基本上由赫尔巴特教学模式和杜威教学模式先后占主导地位，教学模式单一。50年代末以来，各种教学模式向具体的教学方向分化出来，呈现出多样化趋向，很难说由哪一种教学模式占主导地位，不同教学模式相互批评、竞争、借鉴，发挥着各自特有的功能，为教学实践提供了选择教学模式的广阔余地。

（2）从归纳教学模式向演绎教学模式发展。我们在前面曾谈及教学模式的形成有两种方法，50 年代以后产生的教学模式大都属于演绎教学模式，即从一种思想或理论假设出发，设计一种教学模式，用实验检验证明其有效后，确立这一教学模式。从归纳模式向演绎模式发展，说明 50 年代以后，教学理论和研究方法发生了变革，科学水平有了提高。

（3）教学模式越来越重视引进现代科学技术的新成果，日益现代化。例如信息加工教学模式就是引进了信息加工、人工智能、计算机等新科学技术成果。

（4）教学模式越来越强调学生在教学中的主体地位，注重调动学生参与教学过程的能动性、积极性。这一发展趋势在科学探索教学模式、无指导者教学模式中表现得尤为突出。

参考文献

[1] 钟启泉. 着眼于信息处理的教学模式：现代教学模式论研究札记之一 [J]. 外国教育资料，1984（1）：16-24，15.

[2] 佚名. 全国教学论第二届学术年会综合报道 [J]. 教育研究，1987（12）：70-72.

[3] 塞弗林，坦卡德. 传播学的起源、研究与应用 [M]. 陈韵昭，译. 福州：福建人民出版社，1985：14.

[4] 冯忠良. 结构——定向教学实验简介 [J]. 教育研究与实验，1989（4）：50-54.

[5] 卢仲衡，徐建彬，王兴华. 自学辅导教学与常规教学培养创造性思维的比较研究 [J]. 教育研究，1987（1）：50-55.

[6] 黎世法. 最优中学教学方式的研究和实验 [J]. 教育研究与实验，1984（2）：51-55.

[7] 李红久. "四阶段"式课堂教学模式及实验分析 [J]. 教育研究，1986（2）：31-34.

[8] 同 [3] 27-28.

[9] 赵中建. 教学模式种种（一）[J]. 华东师范大学学报（教育科学版），1986（2）：24.

（本文原载《教育研究》1988 年第 7 期）

课程综合化的几种模式

杨爱程

在课程演化的漫长历史上，分科课程占统治地位的时期并不很长，它只是近现代科学文化知识高度分化的结果。早期的学校课程虽然具有某些分科教授的形式，但其整体的综合性是占主要地位的。例如，我国封建社会的正统儒家课程，就是以"伦理–政治"为中心的综合整体。在现代课程论中，人们又提出了许多新的课程综合模式，其中影响比较大的有智力发展、人格发展和社会适应。下面我们就这几种主要模式，分别进行简略的讨论。

一、"伦理–政治"模式

在我国，早在周代，学校课程以"伦理–政治"为中心的格局就已初步形成，所谓"三德三行""六艺六仪"，所谓"乡三物"中的"六德六行"，等等，无不具有"伦理–政治"的内容。就是"礼、乐、射、御、书、数"等"六艺"，也主要着眼于培养统治者的军事政治才能。在春秋时期，孔子进一步突出了"伦理–政治"教育内容在学校课程中的核心地位。他的教学内容，即《诗》《书》《礼》《乐》《易》《春秋》这"六经"，无一不是为"文、行、忠、信"这"四教"服务的。可以说，在孔子那里，课程是以最高道德观念"仁"和最高行为规范"礼"为中心的综合性整体。

由孔子整理、加工、规范化了的课程体系，经过孟子和后世儒家代表人物的充实和完善，形成了中国正统的封建教育中学校课程的基本框架。在2000 多年来封建统治阶级的维护下，它所发生的变化微乎其微。对于这个严密的课程综合体，《礼记·大学》中概括得最为精辟，这就是"格物""致知""正心""诚意""修身""齐家""治国""平天下"。这八条既是教育目的的基本纲领，又是课程和教学的逻辑顺序。用现在的话来说，"知、情、意、行""知识、伦理、政治"全都融合其间，并指出要培养"治国、平天下"的栋梁之材，首先要"从我做起"，从抓好自身的道德修养、塑造健全的人格入手。这种认识就是从现代哲学和教育心理学的观点看，也称得上是一种完整的教育理论、一种完整的人的发展学说。这一理论在以后 2000 多年的历史中，也同样没有发生重大的变化。

在欧洲封建时代，"三艺""四艺"等分科课程虽已开始发展，但封建伦理和基督教教义的传授也曾是课程体系的核心，并在此基础上形成了一个综合性整体。当时，西欧各国的启蒙教育课程，几乎以围绕《圣经》展开的道德说教为其唯一的内容。在 14—16 世纪的"文艺复兴"运动中，这种"伦理-宗教"中心课程受到了猛烈的冲击，自然科学和世俗文学艺术被引进了学校课程。在"伦理-宗教"教育被大大削弱的同时，分科课程也迅速发展起来，原有的课程综合体便逐步解体了。尽管如此，"伦理-宗教"中心的课程思想的影响却一直存在着。这一点在夸美纽斯、裴斯泰洛齐、赫尔巴特等近代西方资产阶级教育家的思想中都有明显的表现。当然，他们所主张的伦理道德教育已经具有了全新的含义。

重视伦理道德和政治思想的教育，可以说在古今中外的一切正式教育中都是共同的。但是，把伦理和政治教育作为课程综合体的核心，却仅仅是奴隶社会和封建社会学校教育中特有的现象。原始社会的教育内容处于弥散、随机的状态中，是与生产和生活相统一的，因而谈不上有什么课程综合的中心。

二、智力发展模式

在西方课程思想史上有一种影响很大的观点，认为课程设置和编排要为学生的智力成长服务。因此，对儿童进行的智力训练就是全部课程的中心。持这种观点的教育家重视形式胜过内容，重视过程胜过事实，重视知识的发现和创造胜过知识本身。

这种观点经过了长期的发展演变，到今天仍然是教育思想领域里的一股不可忽视的力量。在17—18世纪流行于欧洲的"颅相学"中，就已经有着这一观点的雏形了。颅相学家们认为，人的心智由37种"肌肉"组成，它们分布在大脑的不同部位。他们声称能准确地指出哪一种"智力肌肉"处在头颅的哪一位置，锻炼某一块"肌肉"就可以提高某一种智力，正如通过举重可以增强二头肌一样。19世纪欧洲机能心理学家们以新的形式继承了颅相学的遗产，提出了人的心理具有许多相对独立的不同"机能"，如推理的机能、记忆的机能等。每一种机能只有用一种特定的学科内容去锻炼才能够增强。所以，课程的内容无关紧要，之所以要选择某一学科，只是因为它有增强某种机能的作用。比如，古典拉丁文和希腊文虽然在日常生活中用处不大，但能够训练学生思考和记忆的机能，故而必须把它们作为课程的主要组成部分。进入20世纪以来，机能心理学衰落了，但类似的观点依然在影响课程论的发展，如主要流行于美国和英国的"要素主义"和"永恒主义"，教育学者们依然坚持"智力训练"的基本立场。与此同时，以杜威为首的进步主义教育家们为智力发展说输入了新的营养。杜威把教学看成解决问题的探究过程的观点，对智力发展说产生了深远的影响。后来的美国教育思想家和心理学家，如布鲁纳、吉尔福特、加涅、布鲁姆等人，虽然各自的观点不同，但在把教育和教学看成智力发展的过程这一点上，是一致的。

智力发展学说对课程论的重大影响是，人们越来越把注意的焦点放在智力发展的过程、顺序和规律上，而不是放在课程的具体内容上。这一点对课程的综合化有着极为重要的意义——既然教学的主线是学生的智力发展，而学生智力的发展又纵横贯穿于一切学科领域，那么继续坚持传统的学科界限，维护传统学科的学术纯洁性的立场，就失去了理论上的重要意义。在当代教育界，要求培养学生的智力、能力、创造力的呼声越来越高，而且已经有相当多的研究证明，智力、能力和创造力都是各种知识和经验的综合性产物，那种认为掌握了传统学科的逻辑结构就自然而然地具有了智力的观点，已经受到了普遍的怀疑和批判。智力、能力和创造力的发展过程势必打破传统的学科界限，从而使自己处于课程综合化的中心地位，并按照自己的需要重新组织学校课程的全部内容。

三、人格发展模式

以人格的发展为主线安排教育内容的思想，与西方人文主义传统有着密切的关系。从早期的人文主义思想家，一直到当代的人本主义心理学家和存在主义哲学家，都极为重视个人的自由发展。养成完美和谐的人格，便是他们向学校教育提出的基本要求。人文主义思想家在教育思想领域的代表人物，如夸美纽斯、裴斯泰洛齐、卢梭等，都把培养学生完美的人格当作教育的最高理想，其中卢梭的教育思想尤其突出地代表了以人格发展为中心开展教育活动的思想。

卢梭的思想对后来盛行于美国的进步主义教育思想产生了明显的影响。进步主义教育思想的鼻祖杜威在《学校与社会》一书中提出，教育的真正中心不是学校，不是书本，也不是教师，而是儿童；不能把成年人的意愿强加给儿童，因为儿童的精神世界完全不同于成年人，儿童当时"感觉到的"兴趣和需要是安排课程内容的重要依据。尽管杜威后来曾明确表示反对极端的"儿童中心主义"，但他的上述观点却成了"儿童中心"课程论的奠基石。

　　"儿童中心"课程论的基本精神，就是课程内容的选择和编排要着眼于儿童的实际情况，适应儿童身心发展的自然倾向。儿童的个性千差万别，其发展倾向千差万别，因而课程组织也要千差万别，甚至每个学生都应当具有适合自身发展需要的独特课程。以马斯洛为代表的人本主义心理学家则把培养"自我实现"的人作为教育的最高目标。在他们那里，人格发展同样是处在教育的中心地位。

　　从人格发展的角度研究课程组织时，首先遇到的问题就是"什么样的课程最能适合于健全人格的形成"。也就是说，各种教育内容，如知识、经验、技能、价值、态度、伦理等，在人格发展中处于什么地位？相互关系怎样？在这里，发展中的人格成了实现课程综合的轴心。正如培根所说的那样："凡有所学，皆成性格。"凡是有益于人格发展的内容，就应当在课程组织中占有一席之地。各种教育内容互相联系的方式则决定于人格发展的逻辑，而不是决定于传统的学科划分的逻辑。实际上，人格的健全发展正是在打破了各种教育内容之间存在的种种人为界限时才能够实现。

四、社会适应模式

　　教育的社会效果一直是教育思想家和全社会所关心的问题。在社会的发展和文明的进步中，教育无疑起着非常重要的作用。对教育的社会作用，有人作出了很高的估计。如有人认为，日本"二战"后国民经济高速发展的根本原因，就是很高的教育普及率。有人甚至把社会发展的全部希望寄托在教育上。本世纪二三十年代我国就曾出现过"教育救国论"，认为只有搞好国民教育，中国才有希望摆脱贫穷落后的悲惨命运。显然，这种观点过分地夸大了教育的力量。在西方，从古希腊开始，许多思想家、教育家和政治家，也都很重视教育对社会发展的重大作用，比较近的典型例子就是本世纪初开始流行于美英等国的"社会改造主义"教育思潮。"社会改造主义者"强调教育在改造社会现状中的作用，他们无视西方资本主义社会中阶级对立的实质，却要求通过教育的途径来消除社会不平等，解决诸如种族歧视、失业、贫困和犯罪等重大社会问题。这样的任务，显然是教育所难以胜任的。当然，教育作为一种积极的社会力量，在一定的社会条件下无疑会对各种社会问题的解决作出重要的贡献。我们既要充分估计教育的社会作用，又不能过分地夸大这种作用。

对教育的社会作用的重视，必然要求给学校的课程设置提出一定的要求。总的说来，学校课程设置的根本依据，就是社会对教育提出的客观要求。但社会要求有长远的、稳定的基本要求，例如提高全体公民的基本素质，传播人类和本民族的优秀文化遗产，等等；也有某一特定历史阶段或某一特定地区的暂时的、特殊的要求。在课程研究和课程编制中，需要妥善处理这两种社会要求之间的关系，使学校课程既能及时反映当时当地的社会要求，又能保持基本稳定，有一个为长远的社会发展目标服务的眼光。

社会向教育提出各式各样、变化多端的要求，学校课程必须适应这些要求。社会需要的具体形式通常可以用一个问题来表示。例如人类生存环境的恶化，就向人们提出了一个尖锐的问题：怎样保护环境，才能保证人类社会的健康发展？学校就要围绕这个问题，对学生进行系统的环境教育。这里，社会问题就成了课程综合的中心。以重大的社会问题为中心的课程一般都带有跨学科的性质，它不受传统学科界限的制约，直接以解决社会问题的逻辑线索为轴心，吸取各有关学科的知识和技术手段，组成一门独立的新学科。这种以重大社会问题为核心的课程，是现代学校课程综合化的又一个重要模式。除环境教育课程外，法制教育、婚姻家庭和计划生育、战备教育的课程，都属于这一类型的课程模式。

五、各种课程模式的相互关系

上述四种课程模式，都是在中外教育实践中出现过的。但是，除了

"伦理-政治"模式在古典课程中曾经占据支配地位外,其他三种都没有真正占据过支配地位。实际上,在近现代学校课程实践中,只有分科课程才是真正占据支配地位的课程模式。

那么,究竟哪一种是"最好的"课程模式呢?经过对包括分科课程在内的各种课程模式进行综合考察,我们认为片面强调任何一种孤立的模式都可能给教育带来损害。"最好的"课程模式很可能存在于各种模式的最优结合之中。

以什么为课程组织的中心,反映着课程设计者对教育目的的看法。例如,坚持学科课程的人还没有从认识上摆脱传统的学科的局限,他们过分热衷于提高传统学科的学术水平,而忽视学生的人格发展、社会适应能力乃至思想品德、审美情操、行为习惯等;过分看重专门学科领域的"学术纯洁性",而忽视了课程的宏观结构和成堆的社会问题;过分重视英才教育,把眼睛盯在少数"尖子"学生身上,却忽视了使一般儿童接受起码的文化教育。又比如主张以智力发展为中心的人,往往倾向于形式教育说,在强调课程内容的"智力价值"以及智力活动的过程和方法的同时,却忽视了基本知识、价值观念、职业教育和思想品德教育等课程内容。而以人格发展为中心的观点在正确地把人的发展放在课程组织的中心地位的同时,也常常过分强调"自我实现"或者个人的"人性完成",却忽视了个人发展的社会制约性,甚至导致极端个人主义的恶性膨胀。另一方面,社会适应模式虽然注意到了课程与社会生活实践的广泛联系,但它又常常过分强调当时当地的社会需要而忽视了学生个人的发展要求,尤其是常常忽视了全面提高学生的基本素质以适应未来的社会需要这个长远目标。有人还指出,如果片面强调社会适应,学校课程往往为满足暂时的和局部的社会需要而牺牲其他重要的教育目标,甚至随个别政治领导人的喜怒好恶而变幻不定。

总之,孤立地强调任何一种课程模式,都有可能造成宏观课程结构的失调。理想的课程结构应当是能够在文理之间、学术性和非学术性之间、智能和知识之间、普通教育和职业教育之间、个人发展与社会要求之间、当前需要和长远目标之间、特殊需要和一般需要之间，保持基本平衡的课程结构。我们的结论是，各种不同的课程模式我们都需要，它们不是互相孤立、互不相关的，而是一个综合性的有机整体。之所以如此，也正是因为我们的教育目的不管划分成多少个具体目标，归根结底仍然是一个综合性的有机整体。

(本文原载《教育研究》1988年第10期)

教学论十年

王策三

10年来，我国教学论发生了巨大变化，有了长足的发展，在速度、广度、深度上都显示出来。这是一段重要的历史。对此认真回顾，加以总结，深刻理解，鼓舞信心，并从中发现某些规律性的东西，探索进一步发展的线索，是十分有意义的。

一

这10年来教学论的发展变化，是在广阔的社会历史背景下发生的。

在世界范围内，发生了新的技术革命。它对新生一代的素质及其培养，提出了新的要求。迄今的无论哪一种教学制度及相应的教学理论，都不足以完全适应了。同时，在许多年代的积累的基础上，与教学论有关的许多学科的理论、方法和手段，如脑生理学、心理学、系统科学、电子技术等，有了新的发展和突破，这就决定了一场新的更深刻的教学改革运动是不可避免的。近30年来，群家崛起，多种多样的教改实验和教学理论思潮，十分活跃。

在国内，过去，"左"的路线干扰，尤其是"文化大革命"，给我们国家造成严重损失。以党的十一届三中全会召开为标志，我国历史发生了伟大转折，进入了一个新时期，实现了政治、思想路线上的拨乱反正，工作重点由以阶级斗争为纲转移到以经济建设为中心，改革开放政策以新的时代内容丰富了四项基本原则。我国整个社会主义事业从此改观，改革不断深化，进展日新月异。这一切，必然要反映到教学领域里来。

如果没有上述国际国内的环境和条件，这 10 年教学论的发展变化是不可思议的；而联系这些环境和条件来观察和思考，就能使我们真正理解这种发展变化的深刻内容、意义和影响。

二

这 10 年，教学论的变化是多方面的。至少可以举出下面一些最重要的事实。

第一，历史反思。在党中央关于解放思想，实事求是，以实践为检验真理的唯一标准等指示精神的鼓舞和引导下，我们认真检讨了新中国成立以后乃至近现代几十年来教学论发展的经验教训，揭露了教学实践中发生过的一系列偏差的教学论根源，清算了教条主义、经验主义、"长官意志"在教学研究中的各种表现和影响。这种工作过去从未真正做过。尽管每每强调总结经验，但在"左"的思想路线下，是不可能有严肃的科学的反思的，甚至南其辕而北其辙，后果适得其反。由于历史太深沉，这 10 年中所做的反思也是深沉的。这种历史反思，提供了重要的思想基础，使长期受压抑的教学研究的"生产力"获得解放。

第二，开放引进。在党中央关于改革开放政策的指导下，这 10 年，我国教育报刊、师范院校课堂对国外教学研究的信息，从内容到方法，从理论到技术，进行了广泛的介绍。如苏联苏霍姆林斯基、赞科夫、巴班斯基等人的教学理论和教学实验，新近关于合作教育学的论争，美国程序教学的理论和技术，布鲁纳的结构-发现教学理论，保加利亚卢扎诺夫的暗示教学法，等等等等。其兴趣之浓，反应之快，数量之多，不带偏见而又注意分析研究的立足点之提高和批判能力之增强，可以说是自清末开始向外国学习教学论以来所罕见的。看到人家这些年下了那么大功夫，搞出了那么多东西，大大激发了我们要走向世界、迎头赶上的紧迫感，也开阔了多年被禁锢着的思路。

第三，理论探讨。这 10 年，我们对教学领域一系列重大问题，进行了理论上热烈的讨论。例如，关于教学中传授知识与发展智力及个性的关系问题，关于教学中不仅要重教也要重学的问题，关于教学认识论、教学规律、教学原则的问题，关于课程论、教学评价、教学艺术或美学的问题，等等。许多理论探讨的成果，已经或正在转化为教学实践，涌现出数量相当可观、质量在逐步提高的教学论专著、教材和论文，填补了学科体系中的许多空白。一代新的教学理论工作者队伍正在成长。广大教师的理论兴趣明显地日益激发起来，并在不断提高。这一切，开始改变过去长期漠视理论研究，理论贫乏的状况。

第四，方法突破。经过拨乱反正，马克思主义恢复了它的本来面目。这 10 年，我们逐步在克服把马克思主义简单化、庸俗化以及用一般方法论代替具体研究方法等偏差。紧密结合教学研究对象和任务的具体需要，教学论研究方法也具体化多样化了。开始注意把定性分析与定量方法结合起来，广泛运用了测量与统计的方法。在教学评价等个别环节上，还尝试运用模糊数学的方法。"三论"即系统论、信息论、控制论的理论和方法也被引进教学论研究，展示了有希望的前景。毛泽东倡导的古今中外法，也在克服盲目排外和历史虚无主义过程中得到恢复和进一步发展。比较教学论和教学论史的研究已受到关注，这方面的著作正在酝酿问世。这 10 年教学论研究方法方面最引人注目的一个突破，就是实验法广泛开展。由于它的性质和意义远远超出方法范围，我们另外专门讨论。

第五，实验热潮。这 10 年来，我国的教学实验蓬勃发展，数量越来越多，规模不断扩大，类型日益多样，水平逐渐提高。有各门学科的实验，有专题的实验，有教学方法的实验，有课程教材的实验，有整体综合实验，有大型实验、中型实验、小型实验，还有所谓微型实验。各种实验遍布全国各省（自治区、直辖市，台湾未计）的各级各类学校，大大改变了过去多年教学研究中停留于泛泛议论和仅仅描述经验的习气。教学实验之花结出科学之果。我们的许多理论原则的提出，对外国教学论成果的吸收和改造，都得力于教学实验，甚至主要来自实验。

以上几个方面的发展变化互相促进。外来新鲜信息给我们的反思和探索以很大的启发；而如果没有深刻的反思和自己的独立探索，也就不会那么热情地渴望了解、研究外来的信息，更不会获得有效的教益。所有这些方面的发展和变化，共同造就了我国教学论空前未有的大好局面和进一步向前发展的新起点。

三

综观这 10 年来教学论的发展变化，怎样给予评价呢？有些什么主要成就和经验呢？

（1）10 年来的成就，从它实际达到的水平和我们追求的目标来说，当然是极其初步的。对此必须保持清醒的头脑，不可估计过高，但是又要给予充分肯定。这不只是为了鼓舞信心，也是一种实事求是的科学态度。

我认为，10 年来主要的成就之一，就是我国教学论开始走上了逐步科学化、现代化和中国化的道路。

这首先表现在与世界范围教学论的一般发展汇合起来。正如前述，从本世纪 50 年代开始，在世界范围内，兴起了强大的教学改革浪潮。这一教学改革浪潮的实质，就是对于教学论现代化的努力和科学化的新探索。新中国成立，正欣逢其时，然而出于种种原因，我们未能迎头赶上。当苏联人正举起批评凯洛夫教育学的旗帜、提倡发展个性教学的时候，我们却在把苏联的教学模式推向极端和绝对化。当美国人正努力克服实用主义教育的消极影响、加强科学教育和开发智力的时候，我们却陷入最粗陋的实用主义教育泥淖之中。这就与世界教学论发展的一般进程相脱节。这 10 年来我国教学论发展变化的重大意义之一，就在于和外部世界重新取得联系，加入了共同发展、共同前进的行列。这对教学论领域是非常重要的。尽管不同社会制度、世界观和国家之间，互有区别，但许多教学的基本原理原则，又有共性，需要经过世世代代、九州万国的人们共同实践，共同创造、考验，才能确立。唯物主义常识告诉人们，违反客观规律是不会不受惩罚的。轻视甚至无视前人、他人的研究成果，把自己封闭孤立起来，这就不仅有精粗、快慢、文野之分的问题，而且肯定要吃苦头，在现时代是根本行不通的。

我们说教学论开始走上逐步科学化、现代化和中国化的道路，也具体表现在我们的教学论研究比较务实了，搞活了。在过去多年中，我们的教学论研究可说是很不务实的：有时僵化，而有时又盲动；往往不管教学实际的需要和可能，也不管教学的具体任务和条件，简单地从某种书本（有时还是外国的教科书）、某种老经验或个别领导人的某一指示出发，"一刀切"地规定（实质上是强加）教学实践采取某一种教学模式，包括理论模式、课程模式、方法模式等等。结果，教学实际工作遭受挫折和损失，而教学理论则停滞不前，甚至起着阻碍教学实践发展的作用。这10年来的情况不同了。各种各样的理论主张发表出来，各种各样的教学实验涌现出来，各种各样的研究方法被采用，对国外各种各样的教学研究信息感兴趣，等等。这一切说明什么呢？这反映出我们已经培育出一种务实的精神，真正面对我国的现实，从我国实际出发，具体分析我国教学实际中各种各样的具体矛盾，力图解决各种各样的实际问题。有了这种务实精神，我们就能克服理论脱离实际的缺点，就能克服片面性绝对化的形而上学僵化现象，就能把我们的教学研究搞活，就能不断有所创新。

（2）我认为，10年来我们主要的经验之一，就是依靠十一届三中全会的精神，有效地克服了教条主义、经验主义、"长官意志"在教学研究领域中的消极影响，这才使我们的教学研究得以正常开展起来，教学研究工作的结构开始日渐合理。

我们已逐步认识到，必须自觉地使我们的教学研究工作，建立起合理的结构，才能较好地发挥出教学研究的整体功能，不断取得好成绩。

首先，我们的研究所涉及的方面和具体领域比较地全面一些了。这10年来，我们已陆续地全面开展起关于历史的研究，关于现实的研究，关于理论的研究，关于实验的研究，关于国际的研究，关于国内的研究，以及关于方法、技术、手段的研究，……而在教条主义、经验主义、"长官意志"的影响下，过去多年中的教学研究工作，可以说是极其片面的，残缺不全的，甚至缺乏合理结构的意识。

其次，我们也逐步明确了层次性的概念。教学研究结构的合理性，不仅应该具有全面性，还应该包括层次性。只有当研究工作包括了多种不同层次的结构或由多种不同层次构成时，才能发挥整体效应。这10年来，我们在这方面也有所创造。过去许多年中，我们的教学研究结构，不仅是残缺不全的，而且也是不分层次的。对于教学经验汇编，教师工作手册，教学条例、教学法，以及一般教学论，对于它们各自不同的性质、不同的任务、不同的研究方式和不同的功能，是浑然不分的、一锅煮的，美其名曰："理论和实践统一"。其结果是，深不深，浅不浅，不够抽象，又不够具体，以为到处适用，其实到处都不适用。这10年来，我们在实践的基础上，分别开展了各种不同层次的研究，并显示出各自的特色来，是有说服力的，特别是作为一般教学论和各科教学法的中间环节的各种学科教学论，异军突起，方兴未艾，更给人以很大启发。这是符合科学发展既分化又综合的规律的。我们还在理论上展开了关于教学论学科性质的争论，争论使层次性的概念更加明确起来。原来，关于教学论是理论学科还是应用学科或兼而有之等争论，都是以不分层次的观念为前提的（也是缺乏教学论的史的发展观念的反映，本文不作讨论），承认并明确了层次性的现实和概念，这些争论也就解决了。

最后，我们突出了理论研究和实验探索的特殊地位，这也是很符合规律的。合理的结构的各因素之间，总是不会静态平衡的。在动态发展中总必然也有必要突出某些因素。这 10 年来，我们对理论研究比较重视，用力也较多。这正适应现代教学论发展的一般趋势。教学论也和其他许多领域一样，发展到现时代，在不断继续分化过程中，越来越重视综合。在加强实践操作性的同时，越来越重视理论性。理论先行、理论超前、理论主导的概念越来越明确，尤其是，向来注重微观研究和实证研究的西方教育科学界，越来越觉察到宏观研究和整体把握对象的重要，并在努力提高教学研究的抽象、概括水平。这是不难理解的。现代社会生活，包括教学活动在内，以发展形式的极其多样性、变化的极其急剧和深刻性为特征，没有综合的方法，没有宏观视野，没有理论思维，怎么能够把握得住呢？恩格斯早就说过，"一个民族想要站在科学的最高峰，就一刻也不能没有理论思维"[1]。毛泽东当年正是在强调实践重要的同时，指出，"感觉只解决现象问题，理论才解决本质问题"[2]。这在今天更显得有现实意义。

这 10 年中，我们的教学实验蓬勃发展，这绝不是偶然的，并且说明了深刻的规律性。它反映了时代精神，与现代教学论发展趋势也是合节拍的。当今时代特点之一，就是"现代科学为生产技术的进步开辟道路，决定它的发展方向。许多新的生产工具，新的工艺，首先在科学实验室里被创造出来"[3]。在教学领域也不例外，教育科学理论为教学实际工作开辟道路。许多新的教材和教学方法，也首先在教学实验中被创造出来。通过实验，最新的理论成果可以迅速地得到检验、修正和发展，进而转化为教学实践。在教学领域，要改革，要创新，要加速发展，没有教学实验是绝对不行的。

总之，提倡广泛的多方面的研究，发扬各自的优势和特色，互相配合起来，并尽可能使教学研究的结构日渐合理一些，这一切是与克服教条主义、经验主义、"长官意志"在教学研究领域中的消极影响分不开的。这就是 10 年来重要的经验。

当然，在这个经验中，也包含了另一方面的内容和涵义，就是反对醉心舶来品，搞屠龙之术，无实事求是之意，有哗众取宠之心，等等。不过，这不是这个时期的主要倾向，我们暂且存而不论。

四

从 10 年来的变化、成就和经验中，能不能看出，为了进一步的发展，我们要着重研究、完成哪些任务和课题呢？

党的十一届三中全会的精神发展到十三大，已明确形成和提出我国社会主义初级阶段的理论，使我们更清醒地认识基本国情，认识我们所处的历史阶段，这给了教学研究以更有力的方法论武器。

首先，我们要以社会主义初级阶段理论这个武器，继续不断地克服教条主义、经验主义、"长官意志"对教学研究的消极影响。这种影响远未肃清。从事教学研究的许多同志，包括我们自身，过去、现在和今后，未必能完全幸免。单就"长官意志"而言，一方面在某些教育管理干部身上存在；一方面在专业研究人员身上存在，所谓"唯上"就是其具体表现。它有深刻的社会、历史、认识根源，还有继续存在的现实土壤，它们的共同要害，就是与社会主义初级阶段的理论和基本路线不相容，与奔腾向前的现实生活背道而驰。按照它们的精神，毋需进行多方面的、具体的、复杂的研究，有了本本（有时竟只是某几篇文献）就够用了；"兵来将挡，水来土掩"（实即头痛医头，脚痛医脚）就行了。它们对多样性、变异性心怀恐惧，"一刀切"的顽症已深入膏肓，始终在这一种"一刀切"和另一种"一刀切"之间摇摆。教条主义、经验主义借"长官意志"得以推行；"长官意志"依靠的正是某些"教条"或"经验"，它们结成阻碍教学研究发展的"神圣同盟"。如果不继续不断地克服它们的影响，就很难指望有更大的进展。10 年来的成绩就是在克服它们的斗争中取得的。这是一条宝贵的经验，应该继续发扬。

其次，如上所述，10 年来我们在历史的研究、现实的研究、国际的研究、国内的研究、理论的研究、实验的研究，以及研究方法、技术、手段的研究等方面，积累了相当可观的成果，而社会主义初级阶段理论的提出，又把我们的认识提高一大步。如果我们运用这一理论对它们进行综合研究，将不仅能够使我们已有的成果得到升华和提高，而且也将能够发现和提出新的课题，推动教学研究的进一步发展。

下面，我个人提出一些不成熟的看法。

虽然我们已开展了多方面的研究，但是我们似乎未来得及在众多问题之中区分出主次，从而把主要问题提取出来，以便集中力量进行更深入更具体的研究；也未来得及找出众多问题之间，特别是主要问题之间的内在联系，以便作为一个整体来进行更系统全面的研究。据此，我认为，以下三个问题，是互有内在联系的主要问题，是今后一个时期需要着重加以研究的。

（一）要很好地研究全面发展、因材施教问题

我们的教学需要一个崇高的切实的目标。本来，我们早就提出把全面发展作为教育的总方针，在教学任务方面也反复探讨过知识、技能、智力、非智力因素、道德品质、个性等因素及其相互关系。在师生关系方面也反复探讨过发挥学生主动积极性、确立学生主体地位等问题。我们也经常讲因材施教，50 年代中期曾讨论过，还提到了教育方针的高度，后来在教学原则、德育原则、体育原则中也都提到它。但是，我总感觉，这一切，还未抓住根本精神，也缺乏积极求实的现实精神。全面发展的根本精神是崇高的社会主义、共产主义人道主义精神，全面发展不是单靠良好的愿望，而是与现实条件相联系的。全面发展指的是个人充分自由的发展，是与个性发展不可分割的。可是，在我们相当普遍的学校教学实践中和相应的教学思想理论中，很缺乏崇高的社会主义人道主义精神，甚至与之格格不入。学生不是在欢乐中学习，而是在强制下学习，不是身心舒展、生动活泼地成长，而是身心感受压抑，被动地刻板地度过青春黄金般的岁月。同时，我们的教学要求，差不多是不讲实际条件的，对不同地区、不同学校、不同师生素质、不同办学条件，不做合理的区别，一律要求，平均要求。有时不切实际地提出高要求，而有时又不尽量在可能条件下鼓励

学生充分自由地发展自己的个性。学生个人缺乏个性、独立性、创造性，学生集体则缺乏生气和活力。这一切，既不符合马克思主义全面发展学说的基本原理，也不符合社会主义初级阶段经济、文化、教育发展的极大不平衡性和商品生产要大发展的现实状况和要求。

如果我们的教学理论和实践缺乏崇高的社会主义人道主义精神和积极求实的现实精神，学生个性得不到主动的生动活泼的发展，那么，即使在知识、技能、能力、道德行为规范等方面进行具体细微的分类研究，规划得全面而完备，井然有序，又有多大意义，有多大实际成效？

因此，关于全面发展、因材施教问题，必须从根本精神上和现实精神上，重新认识，认真地进行研究。

(二) 要很好地研究马克思主义教学认识论

我们的教学论需要一个概括程度高、包容性大的理论基础。古往今来，许多人从事教学研究，提出了许多教学体系，作出各自的贡献，功不可没。但他们在观察、解决复杂多样的教学问题时，往往只取某一角度或方面，结果只得到局部真理和效果。这种局限性大都与各自的教学和心理学理论基础的狭隘性有关。我们自觉地明确以马克思主义认识论作为教学研究的方法论基础，这本来可以指望克服种种狭隘性、局限性。但是，我们有过多种失误。首先，对马克思主义认识论本身作了机械的理解，严重忽视了认识的主体问题。再就是没有正确处理好一般认识论和教学论的共性和个性的辩证统一关系。有时强调共性，代替了个性，在教学论中硬搬实践—认识—实践的公式；有时则强调个性，否定了共性，在教学论中轻视实践、活动、发现、探索等；又有时缩小了认识这个概念的涵义，在教学论中把认识概念变成了与情感、意志、能力、性格等并列的心理学概念（即通常所说的认知），成为教学实践中偏重知识学习而忽视发展智力、个性的理论根源。这些事例说明，我们尚未真正建设起马克思主义的教学认识论，也说明这种建设具有原则性、重要性和迫切性。

10 年来，这方面的研究已有所进展。我们逐渐更明确地认识到，尽管教学不只是认识活动，例如可以被看作社会实践活动或艺术活动，或其他过程等等，但是，教学，就其主要特点或本质属性来说，乃是一种认识活动；而教学作为认识活动，又是区别于一般认识活动的一种特殊认识活动。教学认识有它独特的动力、条件、客体、主体、领导、方式和检验标准等等。我们应该把这种研究继续推向前进。有了真正科学的马克思主义教学认识论作为教学论的理论基础，就有可能真正克服诸多教学体系的各种片面性及其所依据的理论基础的狭隘性，同时，也有可能有效地吸收一切教学体系中的合理成分和科学因素。为什么它有这种种可能性呢？因为，既然它确认教学是一种认识活动，而认识，作为人脑对客观世界的反映，它具有最大的概括性和包容性，可以为一切精神活动、心理活动、意识活动等的研究，提供一般的指导线索。我们面对现代化教学理论和实践发展复杂多变的局面，要想整体地把握，全面地研究它们，统驭它们，没有这样一个概括程度高、包容性大的理论基础，是不行的。

（三）要很好地研究多样综合教学结构问题

从某种意义上说，这 10 年来我们的研究，特别是对国外各种教学论思潮的研究和国内蓬勃发展的教学实验研究，都主要是在探索新的教学结构，并且取得了喜人的成绩：可以看到以多样形式表现出来的新教学结构。

过去多年中，我们在教学结构上最大的问题，就是没有充分探明和揭示教学结构内外部联系的规律性，长期以来教学结构单一化、绝对化和僵化。这两方面是互相联系着的。现在已经认识到，教学结构的发生发展和变化，是与一定历史时期社会政治经济、科学文化教育等多种条件相联系着的，还有它自身相对独立的继承关系。近代以来，它的一般发展道路，大体分为三个时期：18 世纪前后工业化初期、19 世纪后半期和本世纪初工业化进一步发展时期、本世纪 50 年代以来的新技术革命时期。早先是所谓的资产阶级传统教学体系，以班级授课制为代表，取代古代个别教学模式；然后是所谓的"进步主义教育"的教学体系，以设计活动式为代表，与班级授课制长期对峙，相持不下；如今则是群家崛起，出现了无限多样的教学模式，并且，原来彼此不同的模式在互相吸收对方的某些因素成分，在多样化的同时又出现综合化的趋势。我们必须适应这种趋势，用多样综合的教学结构取代单一化、绝对化、僵化的教学结构。不仅如此，根据我国国情，多样综合结构尤有特殊意义。社会主义初级阶段理论明确指出，我国现阶段重要特点之一，就是"现代化""先进""发达"的东西和"落后""贫困""不发达"的东西"同时存在"；我们肩负着既要着重推进传统的产业革命，又要迎头赶上新技术革命的"双重任务"。[4] 这意味着，思考我们教学结构所涉及的条件和情况，更为复杂交错。例如，在传统产业革命时期，适应普及教育这一历史要求产生并为之服务得很好的班级授课制，我们今天就不能放弃，还要促其完善；但时代又毕竟不同了，我们又必须站在新的历史高度上将它与当代许多新的教学体系，加以新的综合研究。

教学结构是教学实践经验的提炼和概括形式，是教学理论的可操作形式和具体化。它包括课程教材结构、教学过程结构、师生关系结构等等。教学结构是教学论中诸多问题的集结点。教学结构多样综合化，则是符合现代教学论发展趋势的，是全面发展、因材施教的教学目标所要求的。而马克思主义教学认识论，以其高度概括性和包容性，为它提供了坚实的理论基础。只要我们肯下功夫，群策群力，是可望不断取得研究成果的。

参考文献

[1] 中共中央马克思恩格斯列宁斯大林著作编译局. 马克思恩格斯选集：第 3 卷 [M].
    北京：人民出版社，1972：467.

[2] 毛泽东. 毛泽东选集：第 1 卷 [M]. 北京：人民出版社，1951：286.

[3] 邓小平. 邓小平文选（一九七五——一九八二年）[M]. 北京：人民出版社，1983：84.

[4] 沿着有中国特色的社会主义道路前进：在中国共产党第十三次全国代表大会上的报告
    [M]. 北京：人民出版社，1987：8，14.

（本文原载《教育研究》1988 年第 11 期）

教学模式研究的方法论三题

杨小微

教育研究中的一个突出问题是"理论下不去，实践上不来"。也就是说，理论研究成果很少能转化为现实的教育力量，而实践经验也难以升华为理论。近些年来，人们对教学模式给予了深切的关注和细致的探讨，这表明学者和教师共同关心的热点，正趋向理论和实践之间的"中介"研究。由于教学模式综合考虑了从理论构想到应用技术的一整套策略和方法，把应用性理论和概括性经验加以整合、试验或印证，既让"理论下得去"，也使"实践上得来"，从而开始改变两者之间可望而不可即的尴尬局面。

教学模式涉及设计和组织教学活动的方法论问题。怎样研究教学模式，这本身也有一个教育科学研究的方法论问题。就此，笔者谈点一孔之见，以求教于同行。

一、人是教学模式的出发点

人是教育的对象。教育以培养人为它的活动的本质特征，或者说是它存在的依据。回答了"人是怎样的"，才能决定"教育是怎样的"。各种教育教学流派的对立、冲突和论辩，最根本的分歧就在于对"人"的认识。由这一根本分歧，才衍生出关于教育活动中人与人关系的不同处理方式。

关于这一点，60 年代的西方学者在研究学习理论时就已经注意到了。美国学者奥尔波特（G. W. Allport）指出："学习理论（象心理学的许多其它理论一样），是以研究者对人性的概念为依据的。换句话说，每一位学习理论家都是一位哲学家，尽管他也许并不认识这一点。""研究（和建立）学习理论的心理学家们，是从某种关于人的动机的本质的成见开始的。"

莫里斯·比格（Morris Bigge）发挥了这一观点，指出"一个教师关于学习过程的本质的观点，大大地受他对人的动机的本质和根源的见解所影响"，"尽管一个教师也许还没有想出他对这个问题的答案，但他教学的方式必然含有关于这个问题的答案的某种见解"。也就是说，教师在考虑学习问题和教学问题时，总要自觉不自觉地从两方面对人的天性或本质作出假设：一是在基本的道德天性方面，是天生就恶或善，还是既不善也不恶；二是在人同环境的关系方面，人是能动的、被动的抑或相互作用的。这两个方面交替组合，构成五种基本观点，进而产生五种学习理论（见下表）。

人的本质观	相应的学习理论
1. 恶而能动的	形式教育的心理训练
2. 中性而能动的	柏拉图等人本主义的心理训练
3. 善而能动的	卢梭的自然展开理论
4. 中性而被动的	赫尔巴特的统觉理论，桑代克、华生等的"刺激-反应"理论
5. 中性而相互作用的	韦特墨等的"格式塔-场"派

考察各种教学模式的理论基础则不难发现它们都暗含着这两方面的基本假设。如赫尔巴特的"传递-接受"型模式、斯金纳的"程控-应答"型模式，均基于"中性而被动"的假设。在赫尔巴特看来，人的"心"（或"心灵"）是一个可以容纳各种观念的容器，在最初表象出现之前，心中什么也没有，并且除了固有的感受性，心完全是被动的。因此，学生在教学中是以一种被动的姿态，接受教师由外面提供给他的观念，从而形

成他的心理。又如杜威、布鲁纳等人的"引导-发现"型模式，更强调人在与环境的相互作用中的能动性，强调学习者通过把新来的信息和以前构成的心理框架联系起来，积极地构成他的知识，成为自主的和自己开动脑筋的思考者。而苏联合作教育学实验所创造的各种模式，更像是卢梭"善而能动"观点的当代翻版，它们竭力主张师生人格平等和协作劳动，主张学生对学业任务的自主选择。

教学模式要以学习理论作为重要的依据之一，所以上表中几种关于人的本质观对教学模式研究是颇有价值的，但我们决不可以忘记，作为教育的主要策略的教学模式，不仅以现实的人性为出发点，更要以未来的人、理想的人为出发点并使其成为教育的归宿。教学论不能满足于学习理论对学习现象及其规律作出的描述和解释，还需要对人的未来形象作出构想，并由此出发进一步构想如何处理教学活动中的人际关系（如师生关系、生生关系），如何规范和组织教学活动。这种处理、规范和组织的任务，当然要由教学模式来承担，教学模式作为一种"微型教学论"的要义也正在于此。

美国心理学家罗洛·梅（Rollo Mag）在 60 年代曾预言："在以后几十年中，在我们的文化领域内……心理学研究方法之间的决战，将要在人的形象问题这个战场上进行。"

应该说，罗洛·梅是很有远见的。不过，历史比他的预言走得更远。关于人的讨论，既远远地超过了心理学范围，也不是停留在现实的人那里。日本临时教育审议会关于教育改革的终结报告、1983 年 11 月 "加拿大之明日"科技讨论会、1979—1980 年苏联《文学报》关于"未来的人该是怎样的"的讨论，均立足于本国的历史和现实，着眼于世界发展大趋势，提出了面向 21 世纪的教育目标，展示了种种未来人的形象。

然而，未来人的形象的设计绝非易事，需要在历史与未来之间找到一个交接点，这个交接点只有在立足于现实而又面向未来时才有可能找到。我们不能光凭对未来的乐观和热情来估计现实教育对象的基本特点。

综上所述，我们可以得出这样几点结论：

（1）"人是教学模式的出发点"中的"人"，有三重含义：①带有历史传统和个人早期经验的人；②现实的、尚未成熟、正在发展的人；③在理想中将要成熟，发展为那种样式的未来人。

（2）创造、发现或选择教学模式要综合考虑人的历史参照性、未来必要性和现实可能性。作宏观决策时应更多地着眼于未来，而具体实施中则需更多地考虑现实性，对未来人的假设和对现实人的实证之间，肯定（也必须）存在落差，教学模式应把不断缩小这种落差视作自己的使命。

（3）善与恶是社会价值观的反映。它们既是相对的，也是后天的，因此我们持"中性"的观点。能动性与受动性是人在与环境相互作用时存在的两个方面特性，什么时候哪方面特性更鲜明更突出，要视人的生理成熟程度、知情意发展水平、学习材料的新旧难易以及主体对材料的主观态度等各种参数而论，不可一般地简单武断地说人是受动的、能动的或者与环境相互作用的。

二、系统思维是研究教学模式的重要思想方法

以人为逻辑起点的教学模式，在向着它的功能目标运动时，总是处于课内外多种因素相互联系相互作用的复杂网络之中，这就产生一个矛盾：客观教学环境是复杂的、变幻不定的、测不准的，而我们所把握的模式是相对单纯、比较稳定、在一定程度上可以预测的，那么，如何才能以单一去处理杂多呢？

伴随现代科技发展而诞生的系统思维，以客观事物之间存在的多种联系为前提，把事物当作一个系统放在特定的环境中，研究其运动及演化。与系统思维有关的是反馈思维，它强调把信息作为事物之间联系的普遍中介，运用信息反馈方法，可以实现系统运行的稳定、演变及最优控制等目的。这两种思维方法，对于我们选择教学模式的功能目标、处理构成教学

模式的诸因素关系、判断教学模式的共性（普适性）和个性（专门性、场合性）等，都是颇有启迪的。

在教学这个复杂系统中，各要素之间的因果联系既有线性的，也有非线性的。如果 A 导致 B，B 又导致 C，如此递进，那么抓住 A，则可顺次解决 B、C……。但是，在更多的情况下，因果关系是非线性的。很可能 A、B 互为因果，如知识和能力、教和学；也可能 A、B 共同导致 C 或 D，如课内外活动之于学生个性发展，教材和教法之于学生知能、个性、思想品德形成等等。这时，就要从不同层次、不同维度来考察分析谁主谁次、谁轻谁重，一切都要视具体场景下具体的事态来估量，决不可泛泛而指。那些如"从知能中心转向个性中心""由教师主体转向学生主体""变课堂为学堂"之类的宣言，貌似激进，其实正落入新的窠臼，是一种十分有害的理论导向，有必要警惕这种硬性思维把教学模式引向封闭和僵化。

我们不可能找到普遍有效的教学模式，但有希望找到解释教学模式的统一认识方法，从而自如地把握各种模式。运用信息反馈原理便可观察到各种教学模式运行的内在一致性，像接受式教学、发现式教学、暗示教学、程序教学等这样一些形态各异的教学模式，都可看作是信息调控模式，其间的区别仅在于：信息的载体不同，如词语符号、表情、音乐、动作等等；信息反馈的回路不同，如"接受式"是教材中所含信息经由教师传递给学生，然后学生在教师引导下领悟教材并练习巩固，即"教材→教师→学生→教材"，而"发现式"则由学生直接接触教材、找出问题、提出假设、收集材料、达到领悟，教师从旁给学生加以诱导或提示，即"学生→教材→教师→学生"；信息给出的方式不同，如"接受式"中教师给出清晰的定论，"发现式"里教师只暗示若隐若现的问题。质言之，我们可以通过信息联系来把握各种模式的统一性，从而灵活地选择、借鉴或重组教学模式，这样就可能自如地以"单一"来处理"杂多"了。

三、研究教学模式的最终目的是摆脱模式

正如叶圣陶老人断言"教是为了用不着教",我们也可以说:研究模式是为了摆脱模式。

当自然或社会的规律还是必然的时候,当人们的行为还只是一味模仿他人、显不出"我就是我"的时候,他是不自由的,亦即受到自然的或必然的支配;一旦由模仿走向创造,则标志他已步入了"自由王国"。

人与人之间存在许多自觉不自觉的模仿,比如,从一个教龄稍短的教师身上,可以看到他最崇拜的老师或者教研组长的影子;而在一个教龄稍长的教师那里,又可以看到许多"从前的他"。"我"可以折射"非我",即模仿他人,也可以再现"旧我",即模仿自己。人们请专家示范或讲学、组织观摩课,其意多在于"摄取"一些"非我"。教学模式出自许多人许多辈的经验浓缩或理论升华,它对于一个想掌握它的教师来说,算是一个浓缩的"非我"。关键在于能不能(或者说怎样才能)把"非我"转化为"我",成为一个与众不同的"我"。

其实,与众不同并不意味着完全排他,它的标志是独特性和创造性。独创性并不排斥对他人经验的吸取、模仿,恰恰相反,创造自模仿始,或者说以模仿为基础。如果说模仿是人们经千百次重复证明为有效而定着下来的"格",那么要想"出格"(即超越模式)首先得"入格"(即模仿模式),独创性的精髓就在源于经验又超越经验。传统的师范教育总是强调教师要掌握一种单一的模式并熟练地运用它,这在事实上遏止了教师的创造性发挥。正因此,历史上才会有某种教学模式一统天下的局面,才会有新模式绝对取代旧模式(如杜威学派的"儿童中心"加"活动中发现"取代赫尔巴特学派的"教师中心"加"知识的定论传授"),各领风骚数十年的景观。事实上,如美国人乔以斯和威尔在《教学模式》(1980 年英文版)一书中所指出的,"没有一种教学模式是为适合所有的学习类型或

学习风格而设计的"。学校和教师的任务是用基本的、多种多样的教学模式来装备他们自己。这些模式能完成不同的目标，能运用于和适合于不同的学习者，能被巧妙地结合起来创造课堂和各种有深度的学习中心。一旦教师掌握了运用基本模式的各种技能，那么他就能通过学习新模式和通过联合、改造基本模式而创造新模式来扩展这些技能。

总之，我们对教学模式必须有一种豁达的态度。模式像一架"学步车"，功不可没，却不能终生依赖。模式更像一级级台阶，它会导引教师们一步步登上创造的巅峰。

参考文献

[1] 比格. 学习的基本理论与教学实践 [M]. 张敷荣，张粹然，王道宗，译. 北京：文化教育出版社，1983.

[2] 布鲁纳. 教育过程 [M]. 邵瑞珍，译. 北京：文化教育出版社，1982.

[3] 杜威. 杜威教育论著选 [M]. 赵祥麟，王承绪，编译. 上海：华东师范大学出版社，1981.

[4] 李霍甫. 综合论述：教育事业的方向和前途 [J]. 外国中小学教育，1984 (3)：7-9.

[5] 梁忠义. 日本临时教育审议会最终咨询报告 [J]. 外国教育研究，1988 (1)：27-33，59.

（本文原载《教育研究》1990 年第 1 期）

教学过程的社会交往现象分析

唐文中　赵鹤龄

现代教学论研究表明，教学过程中的社会交往具有十分重要的教学意义。学生个性的发展，教学目的的实现，不仅取决于传授知识的性质和质量，更重要的是取决于教学交往关系本身的性质。在学生对社会的认识、价值观念的形成、对社会规范的认同、社会交往经验和技巧的获得以及人格的发展等方面，相比较而言，教学过程中的人际交往影响更具有根本性意义。不仅如此，这种交往关系对学生知识的掌握和智力的发展也有着重要影响。

一、教学过程中社会交往对学生社会观念形成的作用

这里所说的社会观念，是指个人对社会性质的认识和体会，对社会规范、行为准则的认同水平，对个人权利与义务的理解，以及个人对他人、对集体、对社会的态度和适应水平等。一个生活在社会中的人，必须在上述方面形成自己的观念，否则他便难以成为有独特个性的人。

社会观念的获得，是一个人社会化的结果。刚来到人世的婴儿，只是一个生物性的存在，要成为一个社会存在，必须通过社会性学习，即通过与他人交往来实现。社会性学习的结果之一，便是社会观念的形成。儿童的社会化自出生就开始了，在家庭中与父母交往是其早期社会化的途径，

但儿童的社会化途径主要是学校生活。学校交往生活的社会化程度无论从哪一方面说都比以血缘关系为纽带的家庭生活更高。同时，从总体来说，学校生活对学生社会化的影响比学生在校外交往中受到的影响要大，因为社会生活的基本特征是组织性，而校外交往是自发的，缺少约束力。当然，如果学校教育生活被削弱，校外的影响作用就要大了。教学又是学校生活的基本活动，仅从这一点而言，教学过程中的人际交往对学生社会化的影响就不容忽视。

教学过程中的人际交往主要是学生与教师之间的交往和学生与学生之间的交往两种形式。

教师与学生之间的交往可分为权威型、民主型和放任型三种形式。在权威型师生关系中，教师对学生行为具有绝对的支配权力，学生唯教师意志是从。在典型的权威型关系中，教师是社会统治者的代言人，他的言行对学生来说具有"法律"效力。我国古代有所谓"天地君亲师"之论，有法律上的"背师""逆师"之罪。在教学过程中宣教式的讲授，学生口诵心惟，不可有半点疑心。在这种师生关系中，必然形成填鸭式、注入式的教学。在民主型师生关系中，教师与学生在教学过程中处于平等地位。教师不是以权威者自居，而是以引导者出现；不是把知识讲给学生就完事，而是让学生自己去思考、质疑、行动。因此，"在真理面前人人平等"是这种关系的必要原则，启发式的教学则更为这种类型的师生关系所需要。在放任型师生关系中，教师采取放任的态度，学生处于自由主义状态中。教师没有责任感，没有周密的计划，只向学生布置一些学习内容，没有必要的检查评价。学生没有明确的目标，也没有责任感和约束感。这种放任型的教学作为一种思想，可以在本世纪初美国出现的"道尔顿制"中找到原型。但在教学实际中，那些对教学不负责任、没有兴趣和信心的教师，对学生"大撒手"，这种师生关系也是放任型的。

上述三种不同类型的师生关系对学生社会观念产生不同的影响。教育社会学家的研究表明：教学过程中师生关系的类型，归根结底是一个社会中社会关系结构类型的投射。专制社会中的教学倾向于权威型师生关系，民主社会中的教学倾向于民主型师生关系。所以有这种对应关系也不难理解，因为一个社会的社会关系精神总会通过正式或非正式渠道影响到教学过程中的人际关系。从正式渠道来说，一个社会的政治、经济、法律、宗教、道德规范、行为准则必定要求在教学目的、教学计划、教学思想、教学制度上得到反映；从非正式渠道来说，教师的思想、行为、人格等方面必定渗透着他那个时代、那个社会的精神，学生也是如此。这些就决定了教学中师生关系类型从总体上是特定社会中社会关系类型的缩影。正因如此，学生才得以通过师生交往，有意或无意地学习到一定社会的社会规范、行为准则，并且还随时可能得到来自教师或肯定或否定的评价，使这种学习不断在尝试成功和失败中得到强化。最终，学生把特定的社会规范、行为准则内化为他的社会观念，内化为他的行为内在的法则。这就是教学过程中学生社会观念形成的过程。

教学过程中除了师生的交往，还有学生之间的交往。这种交往同样影响到学生社会观念的形成。学生之间的交往可分作有组织的和自发的两种。有组织的交往包括发生在教学讨论小组、实验小组、作业小组等活动中的人际接触。自发的交往是学生自愿结成小伙伴后的人际接触。在有组织的学生交往活动中，交往关系类型大体上也有权威型、民主型和放任型三种情况，它们与师生关系类型相似。学生这种有组织的交往使学生在师生交往中体会到的社会观念得以进一步强化，是学生对已获得的社会观念的实践。在自发的学生交往中，学生之间是自愿的、平等的、感情化的交往，但也并非无任何准则可言。事实上，学生能够自愿地结合在一起，必定存在某种可被共同接受的准则，比如公平、对权威的承认等。这些仍然是社会规范和行为准则的渗透。因此，自发的学生间交往对学生社会观念的形成也有一定影响。学生在同自己学习伙伴相处的日子里，会从成功与失败中体会到一定的人际交往经验。

但是，教学过程中的人际交往并非完全被动地为社会关系类型所决定。所谓社会关系类型，其实质是一个社会中占支配地位的关系类型。由于社会中存在着不同的阶层、阶级，不同的利益和价值观念，它们之间的冲突也会自发地影响到教学过程中的人际关系。教学过程中权威型关系也好，民主型关系也好，放任型关系也好，都可能是教师或双方自觉或不自觉的选择。因此，在专制社会中师生关系并非都是权威型的，在民主社会中师生关系也并非都是民主型的，而不论在何种社会，放任型关系都可能存在。学生个人也有着自己的独立经验，也常常会与教学关系类型发生冲突。这种冲突的结果可以是正向的，表现为学生最终对于教学关系类型的顺应；也可以是负向的，表现为学生对教学关系类型的社会性离轨。这种顺应和离轨只是一种中性说明，对其性质的肯定与否定则取决于人们的社会价值观。比如，对权威型教学关系的离轨，从权威型教学关系的支持者角度看，当然是否定的，但从民主型关系的支持者角度看就不一定是完全否定的。

学生间自发的人际关系也可以影响教学进行。它可以是正向地，也可以是负向地影响到教学关系类型。比如，日本的一位叫上田薰的学者在他的《教学过程——其实证研究》中谈到他的一次观察。他发现在一个班的课堂上，当学生出现意见对立时，持有不同意见的两派成员常常是固定的。后来他才明白，这是由于这个班存在着两个学生"集团"。当两个"集团"的首领意见出现分歧时，讨论就会出现两派对立，两个头头之间不让步，讨论就会僵持下去。

以上情况说明，教学中人际关系并非总是被动地为社会关系类型所决定，而是存在着复杂的选择过程。学生正是在这种复杂的人际关系作用中，认识自己与他人、与集体、与社会的关系，学习社会规范和行为准则，形成社会观念的。

二、教学过程中的社会交往对学生交往能力形成的作用

人生活在社会中，只在观念上把握社会交往经验是不够的，还要有实

现社会交往的能力和技巧，这样才能适应社会生活。人的交往方式和能力需要通过学习才能获得。社会学家倾向于把人类交往方式分作语言交往和非语言交往两类。语言交往方式是以人类的语言、符号为工具的交往方式，非语言交往方式是以非语言符号工具进行的交往方式，比如通过人的动作、表情、语音、语调提供信息进行交往的方式等。由于人类的交往方式和能力是在成长过程中习得的，因此，教学过程中的人际交往无疑是学生学习社会交往方式、形成交往能力和技巧的重要途径。

（一）对学生语言交往能力的影响

人类的语言交往可以分作书面语言交往和口头语言交往两种情况。读、写、算是书面语言交往能力的基本方面。这方面水平的高低构成了人与人之间交往能力的重要差别。毫无疑问，人们的这种能力和技巧主要是通过学校学习获得的。学校把形成学生读、写、算能力和技巧作为教学的基本任务明确列入教学大纲，因为读、写、算能力和技巧还是学生能够进一步学习深造必备的基本功夫。但是书面语言能力主要是通过有计划的练习活动形成的，并不取决于人际关系交往，所以，我们这里主要阐明的是由人际关系交往决定的口头语言交往能力和技巧。虽然在初等学校教学大纲中也有关于口头表达能力培养的明确要求，但这种能力和技巧的许多重要方面是依靠长期的人际交往活动形成的。

口头语言表达能力和技巧在于让听者能注意自己的讲话并能听明白、感兴趣。因此，进行口头语言交往时，一定要选择合适的内容、语言、速度，观察对方的表情，看对方是否听明白了自己的话，是否感兴趣；如果对方心不在焉，或者没听明白，就要对自己的谈话做出调整。这些就是口头语言表达能力和技巧。孔子的"未见颜色而言谓之瞽"，批评的就是那些不懂口头语言表达技巧的人。有好的口头语言交往能力和技巧可以增强交往的效果，而拙劣的口头语言交往常常会造成交往的中断。因此，应该重视学生的口头语言交往能力和技巧的培养。

教学过程中学生要表达的思想常常比日常生活中要表达的思想复杂，选用的语言、词汇要求有较好的规范性，交流的环境对使用的口头语言也比较挑剔，这些都决定了教学过程对学生口头语言交流质量的提高有重要作用。

与口头语言表达密切联系的还有倾听和答问的能力和技巧。《学记》中讲，当教师要讲究问的技巧（"其言也，约而达，微而臧"），也要注意倾听学生的谈话（"必也其听语乎"），还要讲究回答问题的技巧（"善答问"）。注意倾听别人的意见，会使谈话者感到对方是尊重他、对他的谈话感兴趣，从而可以使他把自己的意见表达得更完善，这样有助于深化交往。在倾听与自己不同的意见时，更要求有一定的修养和能力。孔子讲"毋意、毋必、毋固、毋我"，也就是我们平时所说的宽容和理解。这些都是必要的品质和能力。与别人谈话时，准确把握对方的意思是最根本的，若所答非所问，交往就无法进行，当然还要讲究其他方面的技巧，这里就不一一说明了。教学过程中，说、听、回答问题是最基本、量最大的活动，对于学生上述品质、能力、技巧的培养无疑起着巨大作用。应该特别指出的是，教学过程中的语言交往是在学习科学知识、追求真理的过程中发生的，因此，这种交往类似于科学家间的交往情境。科学家之间的意见交往把人类的交往发展到了一种崇高的境界，教学过程对于发展学生类似的交往品质、能力和技巧具有其他语言交往过程和语言交往环境所不可代替的功能。

（二）对学生非语言交往能力的影响

人的非语言交往方式种类很多，诸如语音、语调、手势、目光、姿态、交往距离、个人仪表乃至气味、声息都可以成为非语言交往方式。它之所以能够成为交往方式，是因为能够传递信息，表达思想。比如，同样是目光，注视、怒视，传达的信息便不同；同样一句话，大声说、柔声说、怒声说，表达的意思可能十分不同；在一些情境中，交谈的距离近些，可以表示友善、亲密，而在另外一些情境中，则可能引起反感，迫使交谈中断。非语言交往在人际交往中拥有不可忽视的作用，社会学家曾做过测验统计，在传递信息的形式中，语言信号占 7%，声音和面部表情两种非语言信号各占 38%、55%。非语言交往能力和技巧是在人的交往生活中潜移默化地形成的，但有明显的区别，即有文野之分，这在很大程度上也取决于一个人的文化教养。这样，教学过程对非语言交往的品质、能力和技巧就有着特殊意义。

非语言交往方式是教师与学生交流思想的重要手段。教师在课堂上的声调、目光、手势起着重要的辅助作用，不仅给学生以特定的信息，也是学生学习非语言交往方式的可供模仿的榜样。在一些情境中，学生还要同样用非语言交往方式同教师交流思想和信息。这些都有助于学生形成良好的非语言交往能力和技巧。学生之间在教学过程中同样存在着大量非语言交往。学生之间往往在非语言交往方式上有自己的特点，社会环境和班级风气往往给这种特点带来很大影响，其结果可能使学生之间的非语言交往显得文质彬彬，也可能使之带有"流气"的色彩。教学过程中的交往绝大多数情况下是健康的、有组织的交往，因而在矫正学生不良的非语言交往方式、发展健康的非语言交往方式方面同样具有重要作用。

三、教学过程中社会交往对学生人格发展的作用

人格是人们都熟悉的概念，但说清楚人格究竟是什么却很困难。有的研究者曾统计过，心理学家、社会学家给人格下的定义竟有 50 种之多。这里采用的是系统学家的看法，即人格是人的心理的总体特征。事实上，日常生活中人们对人格的理解与这种看法很相似，例如，人们常常把尊重他人人格与尊重他人同等看待，也把侮辱他人人格看作是侮辱他人。在这种看法中，人格既包括了人的一般特征，也包括了人的个体差异特征。

一个人的人格同样是在他的社会化过程中形成的。按照当代人本主义

心理学家马斯洛的看法，人格的发展是人的能动的自我实现过程，这个过程包括生理、安全、从属、尊重和自我实现一系列从低到高的心理需要的满足。虽然马斯洛的理论有其局限性，但他的需要层次学说在人格理论中是很有影响的。我们可以借助这一理论框架，对教学过程中学生的人格发展做出说明。

马斯洛认为，生理需要是人的基本需要，当这一需要得到满足后，出现的是安全的需要。儿童在家庭需要父母的保护，在学校需要教师的保护。这种保护包括身体方面，也包括精神方面。学生在学校有恐惧感，则不利于健康人格的形成。安全需要得到满足后，是从属的需要。学生生活在集体中，需要集体对他的接纳、认同，需要老师和同学对他的爱和关心。如果得不到满足，他会产生遗弃感、孤独感，这同样不利于健康人格的形成。接下来学生还有被尊重的需要。学生有自尊感，要求他人对自己的尊重。学生在学习中感到有信心、能胜任，并且能够得到老师和同学的肯定和称赞，有助于尊重需要的满足。反之，经常遭到挫折，也得不到对他的力量的肯定，会使他对自己的人格产生怀疑，乃至丧失自我、自甘暴弃。安全、从属、尊重是健康人格的最基本需要。自我实现需要是人格最高层次的需要。这种需要表明人有着把自己全部潜能充分实现出来的愿望，这意味着一个人是科学家材料就成为科学家，是画家材料就成为画家。对学生来说，就是要形成自己的理想，有理想与否是学生人格发展水平的重要标志。

上述需要的满足过程就是人格发展过程，教学过程总要对学生这些需要发生影响，因此也必定会对学生的人格发展发生作用。所不同的是教学过程既可能促进学生需要的满足，也可能有损于学生需要的满足。换言之，教学过程既可以有益于学生健康人格的发展，也可以损害学生的人格或阻碍学生健康人格的发展。因此，应重视教学过程对学生人格发展的作用。

那么如何使教学过程有益于学生健康人格的发展呢？当代教学理论研

究表明，教学必须把发展学生的人格、促进学生潜能的自我实现作为根本目的之一。因此，教学不应以知识为中心，而应该把满足学生感情、兴趣、情绪需要放在重要位置。这种教学要求教师不是把教好知识作为唯一的根本工作，还要求把信任学生、尊重学生、同情学生、真诚地对待学生作为根本责任。只有这样，才能实现教学的目的，发展学生健康的人格。

传统教学无视学生人格发展问题，甚至也没有尊重学生人格的观念。一些教师把体罚、嘲笑、侮辱学生看作是对学生负责，是所谓"恨铁不成钢"，这种错误在教学实践中仍然十分严重地存在着。以上这些问题，与传统的教学理论没有把教学过程对于发展学生人格的意义阐述清楚有很大关系。

四、教学过程中社会交往对学生智力和创造力发展的影响

说明教学过程中的人际交往对学生智力发展的影响，莫过于罗森塔尔效应这一事例。罗森塔尔曾做过一项教师期望效应实验。首先他对小学六个年级中每个年级的一部分学生做了智力测验，然后从被测验的学生中随机地选出一部分学生，告诉任课教师这些学生能够比其他学生智力发展得更快。隔一段时间再进行测验，结果，这些学生智力确实取得了发展，特别是低年级效果更显著。罗森塔尔把学生这种发展归因于教师的期望。那么教师的期望为什么可以促成学生智力发展呢？这是因为教师事先有了某些学生会更有发展的印象，在同这些学生的交往中更有热情。这种交往方式上的异样，会使暗含的期待不自觉地被传达给学生，从而影响到学生的动机、兴趣、情感和意志品质，并进而对学生的智力发展发生作用。因此，无论是实验结果，还是理论分析，都可以说明教学过程中的人际交往对学生的智力发展产生很大影响。其中，教学过程中的人际交往常常是通过影响学生的非智力因素间接地对智力发展产生影响这一点，值得特别注

意。学生在教学过程中不可避免地要同教师、同学交往，并产生肯定或否定的体验，从而对情感、动机、兴趣等非智力因素方面发生作用。因此，要促进学生智力发展，就不能忽视教学过程中的人际交往作用。

如果说教学过程中的人际交往是间接地对学生智力发展发生作用，那么对学生创造力的发展则更接近于直接发生作用。首先应清楚，不能把智力与创造力等同起来，虽然创造力要求有最低限度的智力，但两者并不存在明确的相关性。因此，教学过程中的人际交往对学生智力和创造力的影响也会有所不同。现代心理学表明：所谓创造性，本质上乃是一种情绪、情感过程，创造性活动是由儿童生活的社会气氛培养出来的。之所以这样说，是因为创造是一种异样行为，因此，对于培养创造性来说，心理安全和心理自由是必须具备的条件。对于教学过程来说，保护学生的好奇心和异样行为，解除学生恐惧心理，鼓励多样性和个性，就是培养学生创造力的根本措施。这样看问题就不难得出结论，教学过程中的人际交往性质对学生创造力的发展具有根本性的影响。

（本文原载《教育研究》1990 年第 3 期）

关于提高我国教育实验科学水平的几点思考

裴娣娜

　　教育实验是一种重要的研究方法，也是教育科学发展的基础和源泉。要建立具有中国特色的教育科学体系，要使中国的教育走向世界，在加强理论研究的同时，必须大力开展教育实验。基于这一认识，广大教育工作者以极大的热情投入到教育实验的探索中。尽管我们起步晚，缺乏经验，可是近年来教育实验得到了非常快的发展，并初步形成了多类型、多层次、多水平的教育实验模式。这不仅促进了教育教学质量的提高，而且对我国教育科学理论的更新和发展起到了重要作用，教育实验的意识得到了树立和增强。教改实验不仅培养了一批学者型的教育实验工作者，而且为教育实验科学理论体系的建立提供了坚实基础，为进一步提高我国教育实验科学水平提供了范例和经验。但是应该看到，目前我们还面临许多问题和困难，这涉及外部的和内部的多种因素，其中关键的问题是提高教育实验的科学水平。有的同志认为，目前有教育实验概念泛化的倾向，在当前进行的教育实验中，很少实验算得上真正的教育实验。这一看法尽管有点偏颇，但也提出了两个重要问题：一是什么是教育实验，什么是一个好的教育实验？二是目前我国教育实验科学水平亟待提高。实验可以有多种类型、多种水平和层次，但总要遵循一些基本的认识方式和方法论原则。我认为提高教育实验科学水平应该着重研究以下几个问题。

一、教育实验课题的价值问题

教育实验，作为一种科学发现活动，是一种有目的的、受一定价值观支配的活动，具有明确的价值取向。实际上，价值效益正是一个教育实验是否存在、能否进行和在更大范围内推广的首要检验标准。要提高教育实验的科学水平，首先必须研究实验者的主体价值标准对教育实验的制约和影响以及教育实验活动的价值特征。

（一）价值标准和价值判断在教育实验中的作用

正如马克思指出的："'价值'这个普遍的概念是从人们对待满足他们需要的外界物的关系中产生的。"价值，体现了教育实验活动的目的性。教育实验活动是研究者的实践-认识活动，这是价值的基础。实验研究对象的存在、属性和合乎规律的变化，是否按照研究者的尺度满足研究目的，使之适合于教育的进步发展，这是价值的尺度。价值，具有重要的认识论意义，这是我们看问题的基本点。

从认识论角度分析，价值标准和判断在教育实验发展中的主要作用在于：一是价值作为实验的动机是教育实验认识的重要内容，它将规范、调节研究者对教育实验的理解、取舍与设计；二是影响教育实验体系的表达方式和风格；三是决定教育实验的评价，即确认和评价教育实验活动及其结果有无价值，是正价值还是负价值。价值标准和价值判断，是主体进行教育实验活动的动力因素。我国现在的教改实验和实践所提出的大量问题，突出地集中到一点：如何掌握价值标准？

（二）教育实验的价值表现

价值，带有很大的主观成分。对教育实验的效益性价值，目前存在不同的看法。有些搞理论研究的同志认为，既然是教育实验，追求的主要应该是检验、修正和发展教育理论。他们主要关心的是一般的带普遍性的问题。有些搞实际工作的同志认为，教育作为培养人的实践活动，主要应该考虑是否有利于提高及格率、升学率，是否有利于提高教育质量。他们更关心教育变化的具体过程和行为。有的同志取折中的看法，将促进青少年全面发展作为教育实验的内在目标，而将理论的探索创新作为实验的外在目标。实践中似乎也存在这样一种"矛盾"现象：理论处于较低的经验层次的实验，却取得了较满意的实际效果。这些看法上的分歧，容易造成实验目的的不确定性，这就要求我们必须进行认真的反思，以确立正确的价值导向，在更高层次上形成共识。如何解决这个问题，根本取决于对教育实验本质特征以及相应的价值表现的认识。

从总体上分析，教育实验的价值效益主要表现在两个基本方面。一是教育实验的社会效益，就是根据社会实践发展的需要，要求实验有利于提高教育质量，促进青少年德智体全面发展。这里强调的是应用价值。二是学术效益，就是根据教育科学本身发展的需要，要求实验有利于检验、修正、创新和发展教育理论，建立科学的教育理论体系。这里追求的是理论价值。二者有分工，有所侧重，又统一于教育实验的基础上。它们之间是有矛盾的，但不是绝对对立的，可以想办法统一。而教育实验的功能正是由教育实验的本质所决定的。

教育实验是获取知识、检验理论的一种特殊实践活动。首先作为一种相对独立的社会实践活动，教育实验区别于一般教育实践。它具有实验的根本特征，这就是自觉主动地去探索、变革和创造，是主动采取某个变革措施，发挥实验的"纯化、重组、强化、模拟"作用，探索教育内外部规律性联系、因果关系，从而发展理论。同时，教育实验又不是一般的实验活动，它是教育实践。因此，变革、创新的范围限制在教育实践活动领域内，是以培养人的教育活动作为研究对象的。通过教育实验提高教育教学质量，是检验发展创新某些教育理论假设的合乎逻辑的必然结果。一个好的实验研究选题应该使两方面科学地统一。比如冯忠良教授进行的改革基础教育教学体制的实验，通过对结构-定向教学原理的探讨，改革中小学教学体制，全面优化教学系统，争取在九年普及义务教育期间较好地完成十年教学任务。张定璋教授的整体优化教学，卢仲衡教授的中学数学自学辅导实验，张梅玲教授的小学数学发展教育实验，等等，都具有把两方面统一起来的特征。在国内已有一批类似的"龙头实验"为我们提供了范例。

（三）教育实验选题的价值性判断

如何判断一个教育实验研究的价值质量？我认为应看它对以下三个条件的符合程度：第一，基础性，即该实验研究所确定的课题将对教育科学有关领域的发展具有决定性意义，为这一领域其他问题的解决奠定基础。第二，创新性，即该课题的研究对原有理论框架、思维模式或实践方式将有所突破、更新和再创造。这种创新性绝不是那种单纯对事实的简单归纳或从理论出发凭空的思辨性演绎，而是要改变原有理论的基本概念和原理，突破和超越原有理论并能够解释原有理论所不能解释的现象。第三，变异性，即该课题的研究不仅能引发一系列有内在联系的、逐渐深化发展的研究课题，而且对相邻近学科的研究将产生重要影响，有较好的外部价值。当然，对教育实验的效益性价值不能只作静态考察，而应把价值关系置于教育实验的全过程来进行分析，有意识有目的地分析实现一定价值效益的发生发展全过程以及教育实验活动的价值特征。这正是有待进一步研究的课题。

二、教育实验假说的合理性

实验假说是根据已有的事实材料和科学原理对所要研究的问题作出的一种假定性解释。它是理论的先导，为实验研究确定目标和方法提供方向，是教育实验进行科学探索的关键和基础。假说是一个从观察发现到理论发现的中介环节，一方面要以一定的经验事实为基础，另一方面要以一定的教育科学理论为依据，并且要遵循科学方法论和一定的逻辑原则。一个好的实验假说必须在以下几方面具有科学性合理性。

（一）所依据的教育经验事实

实验是认识的基础。教育实践、事实依据是教育实验假说形成的出发点。教育实践中大量丰富的问题帮助我们确定研究目标和认识角度，因此要十分重视现有的还不充分的经验事实。目前占有的事实材料可能有谬误，这就要求我们必须对"客观事实"和"经验事实"这两个概念加以区分。这里所说的经验事实，指的是由研究者通过观察、调查所获得的知识，是通过主体对客体的反映所直接确定的事实。而客观事实则是客观存在的研究对象本身的发展规律。这正是需要我们通过教育实验去研究和揭示的。教育实验假说不仅反映研究者在一定时期对研究对象的认识水平，而且也必然带有研究者多方面的主观需要。由于人的主观意识的参与，加之所研究的教育现象的复杂性，经验事实可能符合客观事实，也可能不符合客观事实，因此对教育实验假说所依据的经验事实必须加以考察：不仅要进行事实判断，而且要进行价值判断。实验假说只有在能对客观事实进行近似反映时，才能成为较科学的假说，也才有可能经过教育实验检验后成为科学理论。譬如，我们要研究课堂电化教学过程整体优化方案的设计，探讨在各个教学环节中如何使电教媒体作用得到最佳发挥。如果实验假说在那种单一、僵化、程式化教学环节基础上来探讨课堂电化教学的优化，那么，这种教育实验无论过程程序多么规范，其实验结果也很难得到较科学的解释。原因在于，在现代教学思想指导下，研究者多以结构方法，用综合的、动态的观点来分析教学过程结构，实际教学中绝不是只采用一种教学模式而是采用多样、综合的教学模式。因此，优化是相对的，只是教师按一定教学目的，在分析教材知识结构和学生认识结构的基础上，在形成教学结构时的一种最佳选择。

（二） 所依据的教育科学基本原理

由于教育科学理论对教育实验起着定向、规范、选择、解释作用，所以任何教育实验都必须有一定的教育理论指导。没有科学理论指导的实验必然起点低，盲目性大，实验结果的解释也会受到很大局限。教育科学理论正是实验假说形成的核心。

考察我国目前的教育实验假说，其主要（核心）的教育科学理论基础，大致有四种类型。第一种是把现有的教育学、心理学、教学论、德育论等一般原理，运用于教育实践以探索教育教学内在联系。如目前关于学制课程的研究，学生主体性以及主导主体关系的研究，非理性因素以及愉快教育的研究，等等。对这类科学理论向经验渗透的实验，应着重考察其所依据的是不是为以往教育实践所证明，而又符合现代教育观的新理论。第二种是依据系统科学的思维方式和方法。如整体改革实验立足于"组合质变"原理，遵循整体优化、学生主体在活动中发展、因材施教的具体操作原则，寻求教育各因素、活动各阶段的横向与纵向的最佳联系，以达到优化教育过程、提高教育整体效益的目的。还有探索学科课程、教材及教学层次和优化结构的教改实验等。对这类实验应重点考察所引进的系统科学概念、原理与教育科学的结合点。第三种是对国内外有关理论的借鉴、移植和改造。例如，引进斯金纳的程序教学理论、巴班斯基的教学优化理论、赞科夫的教学与发展思想、加里培林的智力技能发展阶段理论、布鲁姆的认知目标分类学以及皮亚杰的结构建构及活动理论等，汲取其合理内核，结合中国实际加以变通，作为教育实验的主要理论依据。引进的教育理论，也包括国内在较大范围内相互借鉴学习的一些教育教学的新理论和新方法。对此类实验，主要是考察引进理论在新条件下的生长点，从理论依据、目标、内容、实验过程及方法方面全面考察其普遍性程度。第四种是对优秀教师的教学经验及优秀学生的学习经验的总结提炼，辨明经验的因果联系，加以筛选总结。如上海青浦县的"尝试指导，效果回授"的数学教改实验，黑龙江的"注音识字、提前读写"教改实验，黎世法的最优中学教学方式实验（从改善初等教育发展的内外部环境入手），全面提高小学教育质量的综合实验（JIP计划），以及一批优秀教师，如李吉林、吕敬先、马芯兰、魏书生等进行的学科教改实验，均属此种类型。对此类实验的理论基础考察不仅要审视实验所依据的经验事实的科学性，而且要判断所提炼结晶成的新理论观点对科学事实与因果性解释关系分析的合理性。

无论哪种类型的实验假说，在寻找（建构）理论基础时，必然涉及对旧的、不合理的教育教学思想观点、原则方法的批评，具有鲜明的针对性、批判性。无论哪种类型的实验，总要对自己的实验假设进行历史的综合考察，包括逻辑学、教学论、心理学和教学法的基本原理和方法，因此具有综合性。多种实验假说常常存在互补性，但由于研究者研究的问题角度不同，为了维护自己的观点，它们往往易于表现出某种不恰当的排他性，理论观点上争论分歧各有其一定的合理性。这里，全面而具体的分析就显得十分重要了。

三、教育实验方法论基础的科学性

教育实验是一种认识活动，必须借助于抽象的理论思维，才能克服经验的狭隘性，为教育实验活动提供概念范畴和理论框架。哲学作为一种方法论、理论思维的手段，贯穿在教育实验整个过程中。只有坚持马克思主义世界观方法论的指导，才能正确解决在教育实验总体规划及实验过程中所涉及的各种矛盾问题。因此，我们必须认真对待教育实验中的若干哲学认识论问题。

首先是教育实验过程中的主客体关系。教育实验中主客体关系表现为实验者与实验对象相互作用过程的双向建构。一方面是客体主体化，实验研究者基于对实验对象的一定认识，提出实验目的，形成实验假说，并采用一定的形式手段去影响和变革实验对象，即把实验者的需要、目的、能力对象化；另一方面是主体客体化，实验对象要以自身的现实性去影响、限制和改变主体的活动，即教育教学活动的规律性、青少年身心发展的规律性制约着教育实验目的的提出、实验活动方式的选择以及实验结果的产生与解释。

把握教育实验中的主客体关系是十分重要的，它从根本上决定着实验过程中主体能动性的发挥。这要求实验者必须提出明确的实验目的，并通过形成假说来确定"应当做什么"和"应当怎样做"；要求实验者立足于教育自身的现实性来决定主体对待客体的态度。如果研究者无视教育现象的规律及条件制约，必然导致实验的失败。主体的能动性正是表现为认识和改造研究对象，并把它们置于自己的控制之下。教育实验作为一种实践活动，实际上仍是主客体相互作用的活动。

其次是教育实验中科学理论与经验事实之间的关系。如前所述，经验事实是从观察和实验中获得的原始资料，而科学理论则是反映客观真理的系统化的知识。总体分析，教育科学理论呈现出两种基本形态，一种是反映经验层次认识水平的经验性原理，一种是反映事物普遍本质的理论原理。无论是经验性原理还是理论原理，它们都是对经验事实的抽象概括与解释，标志着人的认识由现象到本质的深化。教育实验中，经验事实与科学理论二者的关系并不是单向地由经验事实决定科学理论，而是双向地交互作用并贯穿于教育实验的全过程。

如何促使经验事实转化为科学理论并保持二者动态的一致？这里，理性方法——科学的抽象起着十分重要的作用。教育实验要检验因果关系的推论，要从经验事实引出思想、观点和意见，这是认识的能动飞跃，是一种创造性的思维过程，它必须借助科学的抽象作为中介，通过分析与综合，对教育现象内在的矛盾运动进行实事求是的分析，以把握复杂的教育系统基本过程和构成要素；通过演绎和归纳，由个别、特殊上升到一般，以把握教育现象的普遍本质与一般规律。特别是应该看到，与自然科学不同，教育实践和实验提供的经验事实是全面、综合且极其丰富的，蕴含其中的科学理论不会自然显露出来，仅靠对经验事实进行简单整理或加工是不会得出科学合理的结论的，也不会对实验结果做出应有的理论解释。实验这种抽象的理论方法的特点是寓于其感性具体活动之中的，正是在这个意义上，马克思把实验作为理性方法的重要条件。

科学的抽象要充分，但又不能过分。教育实验越具有探索性质，就越需要强调理论的指导，强调提供的事实的可靠。实验应在不同条件下重复，避免"以偏概全"或轻率做结论。如果凭主观，把某些概念、因素、环节绝对化，片面夸大或把它们看作凝固不动和孤立存在的东西，其实验结果必然脱离教育客观实际，实验就不会有旺盛的生命力。

再次是教育实验过程中质与量、定性与定量分析的关系。要把握教育实验的质与量，就必须处理好定性与定量分析的关系。定性分析，关心有效性，关心过程，注重整体；定量分析，关心可靠性，关心结果，注重普遍性。鉴于教育实验对象的复杂性，对其进行定性分析以把握质的属性是进行教育实验最基本的条件。如果混淆事物间质的区别，必然导致认识上的谬误和实践中的失败。也就是说，在一定的研究情境中，通过逻辑分析、因果分析、矛盾分析等方法确定研究对象是否具有某种性质或某一教育现象的变化原因、变化过程。与此同时，还必须重视对研究对象属性进行数量分析，从而准确判定事物性质的变化。教育实验中二者是互补关系，交织于实验全过程。如何根据教育实验特点处理好定性与定量分析关系同样是一个有待深入研究的重要问题。

最后是学习、移植与创新、输出的关系。为了促进教育实验的发展，我们应该不断学习国内外先进教育理论和教育实验方法。要在对外交流中跟上时代步伐，抓住前沿研究课题，更新理论基础，改进研究方法。我们既不能故步自封，也不能盲目照搬。如何处理好学习、移植与创新、输出的关系，仍然有一个方法论问题。学习，要从全局上搞清引进理论的发展源流并掌握发展趋势，不仅把握基本观点，而且还应全面分析其产生的时代背景及发展演变、理论的针对性、哲学与心理学依据、理论的贡献与局限性以及在研究方法上的特点。那种只抓只言片语的做法必然带来盲目性。移植，必须立足于本地区、本校实际，通过对引进理论与方法的变通改造而确立其生长点。如有的地区在移植"注音识字、提前读写"教改实验时，不以超前发展为目标而重在打好基础，方法上相应变通而形成自己的特色。因此，移植绝不是简单的模仿重复。学习、移植是重要的，而创新与输出则是我们追求的目标。这里需要打破我国长期以来形成的师承、模仿、记忆，最后才是创新这一缺乏独立性和批判性的思维方式。

四、教育实验类型、水平的多样性

正如恩格斯指出的，"科学分类就是这些运动形式本身依据其内部所固有的次序的分类和排列"。掌握不同分类标准，确定自己实验类型、水平及其特点，是搞好教育实验的一个重要前提。

（一）教育实验具有不同的类型

教育现象的复杂性，决定了教育实验的多类型特征。目前，我国学者从不同角度提出了分类标准。有的依目的、性质将教育实验分为探索性实验、形成性实验和验证性实验；有的按研究范围分为单项单科、多项、综合及整体实验、常态与超常实验；有的按结构与功能关系，分为检验原有理论、提出新理论或按理论假设寻求操作程序的实验；有的按实验控制程度，分为前实验、准实验和真实验；等等。这些见解各有某些合理性，并各自发挥对实验的指导解释作用。事实上，随着教育实验和方法论的发展，很难设计出一个单一的分类方案来囊括全部实验类型，而一种实验又往往是多方面的、综合的，可以归入好几种实验类型。为了对教育实验类型有一个整体的把握、理解和应用，我认为以下两点是需要注意的。

第一，从总体上分析，教育实验是从以下两条线索发展起来的：一条

线索是从自然科学实验经由心理学而引进教育领域，这就是物理学→生

物学→$\genfrac{}{}{0pt}{}{实验生物学}{实验心理学}$→实验教育学的发展过程；另一条线索是，教育实验从

一般教育活动本身分化发展而来，如裴斯泰洛齐、杜威和赞科夫的教育实验。教育实验正是经历了漫长历史的发展而形成了目前这两种各具特点的基本模式类型的：一种是模仿自然科学，强调数学工具的运用，强调严格控制实验条件，将事实与价值分开以追求客观结论；另一种是选择教育自然环境，强调研究目的的应用性、对象的整体性以及定性的说明方法。两种基本模式各有其哲学的方法论基础，各有其局限，又各有合理之处，因而在研究简单问题和复杂问题上各有其有效性及运用范围和条件。我们必须坚持以马克思主义辩证唯物论为指导，结合我国教育实验发展的实际，汲取两种模式的合理因素，努力探索具有中国特色的多样综合的教育实验类型及体系，而不是急于把自己的实验归入某一具体类型。

第二，教育实验的类型分析要放在教育研究总体分类的更大范围内思考。如果以研究的目的、功能、作用为标准，教育研究可分为基础研究（发展和完善理论，回答"为什么"）、应用研究（检验并运用理论，回答"是什么"）、发展研究（发展用于学校的有效策略，回答"如何改进"）、比较与评价研究（对两个或两个以上选择活动的相关价值做出判断，回答"怎么样"）和预测研究（分析事物未来发展的前景和趋势，回答"将会怎样"）。一个实验往往兼备两三种不同目的，研究者必须对自己进行的实验有具体明确的目标分析。一定要对某一实验类型加以简单生硬界定，往往会陷入困惑局面。

（二）教育实验具有不同水平

我国学者以往将实验层次分为经验层次和理论层次。我们实际考察后认为，教育实验有四种不同水平。这四种水平实际上也正是一个教育实验发展的四个基本阶段。第一种水平是经验描述水平，带有较大的尝试探索

性，属于搜集资料水平。第二种水平是探究原因水平，有一定的理论假设的引导和恰当的条件控制，并以科学理论解释实验结果，实验具有较好的内部效度。第三种水平是迁移推广水平，实验在不同环境条件下进行，不仅对实验条件有明确分析，而且实验方案具有可操作性，有较好的外部效度。第四种水平是理论研究水平，揭示潜在的基础理论原则，形成较完善的理论体系。

教育实验的四种不同水平，实际上反映了人类认识发展的不同阶段，这就是从现象的描述（具体）到形成理论性认识（抽象）再到本质的深入（思维的具体）这一发展过程。研究者要客观地分析本实验所处的水平，并不失时机地创造条件向高一级水平发展。我们不能因为实验暂时处于第一种水平而横加指责，也不能因为满足于第二种水平而使实验半途停顿。

五、教育实验的设计与程序的合理性

实验设计与实施程序是否合理，主要从三个方面加以考察。一是所设计的实验过程的可操作性、规范性，二是对教育实验的外部效度的考察，三是教育实验方案的可行性。

（一）实验设计及实施过程的规范性

一般来说，实验的一般步骤是：（1）实验的设计；（2）实验程序的执行；（3）分析资料数据；（4）形成结论并撰写实验报告；（5）重复实验或扩大实验。在这个过程中，要保证教育实验的科学水平，首要的是搞好实验设计。所谓搞好实验设计，就是在确定研究课题基础上，研究者必须科学地确定和描述教育实验方案过程中的一系列活动，论述它的内容和方法。教育实验方案设计一般经过以下几个步骤（如图1所示）。

研究问题的描述
（陈述研究假设） → 确定实验处理
（自变量） → 列举群体、样本、实验单位、
抽样方法及样本大小 →

选择因变量及
适当的测量方法 → 判定需要控制的无关因素，
控制方法、控制过程和程度 → 选择实验设计

图 1　教育实验方案设计步骤

这一程序不仅适合于教育实验设计，也适合于对某一教育实验进行的评价分析，是一个可操作步骤。如果仅仅关注对实验设计的选择而忽视了其他环节，将会造成很大的盲目性。实验设计在很大程度上制约着实验结果的处理。对实验中取得的资料数据进行较合理的分析，确定误差范围，才能获得有价值的结果。

（二）对教育实验的效度判断

内在效度（internal validity）和外在效度（external validity）是实验设计质量的评鉴标准。自从坎贝尔（D. T. Campbell）和斯坦利（J. C. Stanley）1966 年使用这两个概念以来，学者们皆以此作为实验科学性水平的重要标志。内在效度表明的是因变量 y 的变化在多大程度上来自自变量 x，表明实验结论的真实性程度。没有内在效度的实验是没有价值的，因为内在效度决定了实验结果的解释。而外在效度涉及教育实验结果的概括化、一般化和应用范围问题，表明实验结果可能的推广程度。

如何判断某一教育实验的效度？第一，要确定自变量与因变量，同时判断两个变量间的关系，分析实验结果是不是唯一由这个原因产生的（内在效度）。判断实验结果能否正确应用到非实验情境则是推广问题（外在效度）。实验中由于自变量变化而发生相应变化的因素是很多的，研究中要确定哪些是主要因变量，同时考虑能否对所确定的衡量主要因变量的反应指标（操作定义）加以检验。第二，要对可能影响内外部效度的因素进行分析。第三，判定实验设计中控制无关因素干扰的方法。这里需要指出的是，教育实验效度具有不同等级、不同层次，是一个由低到高的效度取值范围。要根据教育实验目的全面考虑实验的内外部效度，以取得比较满

意的解释力与推广力。

（三） 教育实验方案的可行性

研究者要全面分析主观条件、客观条件以及时机是否恰当，充分发挥人的主观能动性，积极创造条件，从整体上把握实验实现的可能性。

综上所述，教育实验是丰富多样的，我们不可能寻求一个所谓的"最优模式"，而只能从认识论、方法论高度研究教育实验的内在规律，才可能在制定方案、实验过程和解释结果三个方面做得比较科学，比较合理，并使实验具有独特之处，从而更好地实现研究目标。

参考文献

［1］ GAY L R. Educational research：competencies for analysis and application ［M］. 3rd ed. Columbus, OH：Merrill, 1987.

［2］ BEST J W. Research in education ［M］. 4th ed. Englewood Cliffs, NJ：Prentice-Hall Publishers, 1981.

［3］ 沈庆华. 浅谈实验心理学的形成建立及其对心理科学发展的意义 ［J］. 西北师大学报（社会科学版），1989（2）：74-79.

［4］ 王策三. 教育实验评价标准探讨 ［J］. 教育研究与实验，1990（4）：1-5.

［5］ 袁运开，陈其荣，缪克成，等. 方法科学手册 ［M］. 上海：上海科学技术出版社，1989.

［6］ 中国大百科全书总编辑委员会《哲学》编辑委员会，中国大百科全书出版社编辑部. 中国大百科全书：哲学：I ［M］. 北京：中国大百科全书出版社，1987.

（本文原载《教育研究》1992 年第 7 期）

试论北美教学理论的形成与发展

——兼论教学理论与学习理论、课程理论的关系

施良方

美国心理学家詹姆斯（W. James）在上世纪末提出了"心理学是一门科学，教学是一门艺术"的观点，一直得到以注重科学精神和实用价值自诩的美国教育工作者的广泛认同。根据这种观点，若要知道怎样教学，与其从科学研究和心理学原理中寻找答案，还不如向优秀教师学习，从他那里能学到更多的东西。[1] 在这一传统的影响下，作为一门独立的分支学科的教学理论，几乎没有萌发的可能。但是，如果由此认为北美教育理论界不研究教学理论的问题，那也不是事实。实际上，北美教育理论界一直是把教学问题放在课程理论和教育心理学中来探讨的，即把教学作为课程实施和教育方法来研究。

到了本世纪 50 年代末，美国课程改革运动的深入，促使课程研究人员思考课程与教学之间的关系，并感到有必要构建教学理论。与此同时，越来越多的心理学家关注心理学（尤其是学习心理学）的原理在课堂教学实践中的运用。他们在对学习理论进行反思的基础上，也意识到建立教学理论的迫切性。通过课程研究人员、教育心理学家和教育实践工作者的几方面努力，从 60 年代起，教学理论的一些基本问题开始明朗起来并引起大家的关注，一些学者纷纷提出教学理论的准则。自 70 年代以来，教学理论已得到系统的研究和迅速的发展。1972 年，一份国际性的教学研究的学术杂志——《教学科学》（*Instructional Science*）的问世，可以作为教学理论研

究已成为一种国际性趋势的标志。

一、教学理论的定义

在西方教育史上，欧洲大陆的教育学家，如德国的拉特克（W. Ratke）与捷克的夸美纽斯（J. A. Comenius），在 17 世纪就曾采用过"教学论"（didactics）一词，并把它解释为"教学的艺术"。事实上，夸美纽斯在他的《大教学论》里，把对年青一代进行科学教育、改变行为习惯、培养宗教信仰以及学校工作的组织等问题都包括在内了。其论述范围，几乎同我们在《教育学》中论述的问题一样广泛。[2] 当今西方教育界很少有人再用"教学论"（didactics）一词，所以，一般英文教育辞典或辞书，通常不收这个条目，甚至在一些非专业性的普通英文字典中，也见不到这个词。

在北美，60 年代兴起的教学理论，有好几种提法，如"theory of instruction""instructional theory" "theory of teaching" 或 "teaching theory"，这些词通常是可以交互使用的，这与英国的习惯用法有所不同。在英国，"教学"（instruction）往往是指特定技能的传授，类似于"训练"（training）一词；而"教学"（teaching）则是指知识的传递和能力的培养，通常是与"教育"（education）或"学校教育"（schooling）联系在一起的。因此，英国教育哲学家赫斯特（P. H. Hirst）与彼特斯（R. S. Peters）在分析"教学"（teaching）的概念时强调，不要把"teaching"局限在"instructing"这种传统的方法之内。[3]

与此相对照，北美的教育理论工作者用词并不那么讲究，甚至有些凌乱。有些人在各种场合下交替使用这两个术语。而在有些人看来，"instruction"所包括的内涵要比"teaching"更广泛些，前者还包括教学过程。[4] 但也有人倾向于使用"theory of teaching"一词，这或者是由于对英国传统的认同，或者是为了表明它与"学习理论"（theory of learning）的对应关系。而当作为一门分支学科时，多数人使用的是"教学理论"（theory of instruction）一词，还有些人为了明确表达自己的观点，使用"教与学的理论"（theory of teaching-learning）或"学与教的理论"（theory of learning-teaching），这取决于作者把重点放在"学"还是"教"上。然而，所有这些术语，一旦被翻译成中文，都成了教学理论或教学论。

使一些中国读者费解的是，在北美的教育文献中，还常常出现交互使用"教学理论"、"教学心理学"（instruction of psychology）与"教学技术学"（technology of instruction）的现象。例如，美国研究教学问题的知名学者格拉泽（R. Glaser）[5] 和阿特金森（R. C. Atkinson）[6]，在他们研究教学的代表性文章中，都把"教学心理学"作为"教学理论"的同义词来用，这反映了他们要在心理学研究和教学实践基础上构建教学理论的倾向。另外，一些作者在使用"教学技术学"这个术语时，不仅仅是指"硬件"和"软件"（如视听辅助手段、一般教育媒介和计算机辅助教学等）——狭义的教学技术学，而且也涉及使用这些手段的指导性原理——广义的教学技术学，后者显然是与教学理论相重叠。所以，有人认为，使用"教学理论"还是"教学技术学"，往往取决于作者的理论背景，而不是这两个词本身不同的意义，斯金纳（B. F. Skinner）的《教学技术学》（*Technology of Teaching*）一书就是一个例子。斯金纳由于其新行为主义的立场，历来嫌弃"理论"一词，强调操作性，事实上，他在该书中提出了一系列教学的指导性原则。因此，我们把这本书称为"教学理论"也未尝不可。

可见，在北美的教育文献中，教学理论方面的著作，不只局限于冠以"教学理论"名称的书籍，还包括"教学心理学"和一部分"教学技术学"著作。至于加涅（R. Gagne）和格拉泽等人的"教学设计原理"方面的著作，当然也包括在内。

自 50 年代末以来，课程改革和学习理论研究的深入发展，促使人们从不同的视角对形成和发展教学理论提出了要求。近年来，教学理论已被北美的教育工作者广泛接受，并已有了相当具体的含义。人们普遍认为，教学理论是指一种探讨如何使学习过程达到最佳状态的理论体系。换言之，教学理论的主要目的，是要为学生获得知识和发展理智技能提供最有效的方法。

二、课程理论与教学理论

在北美的教育文献中，有些术语界说得相当模糊，使得人们经常混淆使用。"课程"与"教学"就是一个典型例子。不少人认为，所有课程改革的尝试，都是旨在确定教育目标和达到这些目标的手段，而课程与教学常常是被用来描述目的与手段的。由于这两个词经常被联系在一起，不少人以为它们是一回事，其理由是："真正的"课程，只有在与教学紧密相连的学习活动中才能看到。

然而，这只是一种表面的事实。实际上，从美国现代课程理论发端之际，"课程"与"教学"这两个术语就是混合在一起的。大家公认的美国现代课程理论的奠基人泰勒（R. W. Tyler）的代表著作《课程与教学的基本原理》（*Basic Principles of Curriculum and Instruction*），被简称为《课程原理》（*Curriculum Rationale*），就是一个明证。泰勒的课程原理是想要回答下列4个问题：

（1）学校应该试图达到什么教育目的？

（2）学校提供哪些教育经验才能实现这些目标？

（3）怎样才能有效地组织这些教育经验？

（4）我们怎样才能确定这些目标正在得到实现？[7]

可见，泰勒是把教学作为课程理论中的一个部分来对待的。这种观点几乎支配着北美课程理论的体系。例如，美国学者比恩（J. A. Beane）等在《课程规划与编制》一书中[8]，用图解的方式来说明课程领域所涵盖的方面（见图1）。看来，把"课程"与"教学"当作一回事，不仅仅与这两个词经常联结出现有关，而且与北美课程理论体系密切相关。

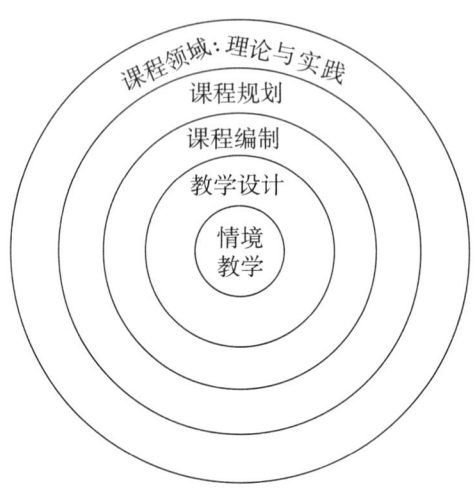

图 1　课程领域

　　1957 年，美国因苏联第一颗人造地球卫星上天而引发的课程改革运动，使得一批著名科学家、学者与教育工作者一起，为革新科学与数学教程作了种种努力。在这一过程中，大家日益感到，需要系统阐述课程理论与教学理论。一些教育工作者开始意识到，若要形成和发展教学理论，首先必须对课程与教学作出区分。波姆（W. J. Popham）和贝克（E. J. Baker）在 1970 年出版的《制定教学目的》（*Establishing Instructional Goals*）一书中，专门探讨了课程与教学之间的区别。他们认为，课程是指学校的意图，教学则是指学校的实践。目前，比较一致的看法是：课程是为有目的的学习而设计的内容，教学则是达到教育目的的手段。相应地，课程理论主要探讨教育的内容和目标，而教学理论则主要关注达到这些目标的手段——尽管目标与达到目标的手段之间有千丝万缕的关系，甚至还存在着某些重叠部分，但这两者毕竟侧重不同的方面。在这方面，奥苏贝尔（D. P. Ausubel）等也做过有益的尝试，他们试图用图表来说明课程理论与教学理论所关注的问题[9]（见图 2）。

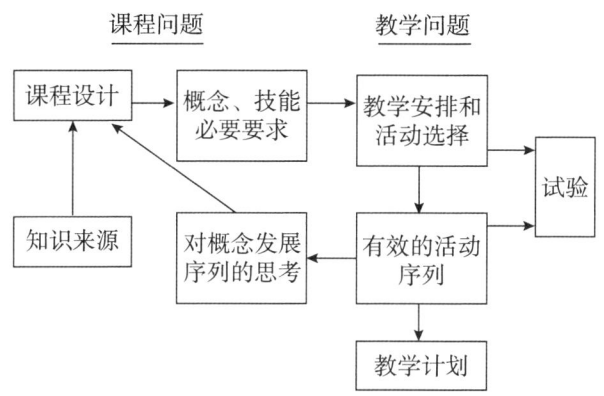

图 2　课程与教学理论关注的问题

60 年代初，美国最大的课程研究组织——"督导和课程编制协会"（ASCD），受布鲁纳（J. S. Bruner）著作的影响，开始关注建立教学理论的问题。1963 年，该协会还邀请布鲁纳参加年会，专门讨论课程与教学理论的问题。翌年，"督导和课程编制协会"还专门成立了"教学理论委员会"，由戈登（I. J. Gordon）任主席。该委员会的主要目的，是要阐明如何科学地形成教学理论。它们认为，现在已到了用系统的和实验的方法来构建教学理论的时候了。1968 年，该委员会出版了名为《教学理论的准则》（*Criteria for Theories of Instruction*）的小册子，引起了相当大的反响。一时间，对教学理论准则的探讨成了一个热门的课题，除了课程研究者之外，不少心理学家和教育工作者也参与了这场讨论。

三、学习理论与教学理论

美国是教育心理学的发源地，本世纪初桑代克（E. L. Thorndike）的著作奠定了教育心理学的基础，但在课程改革运动中，人们不再满足于心理学原理在一般教育与训练中的运用，而是比以往任何时候都更关注学习心理学在课堂教学中的运用。1959 年春，《哈佛教育评论》（*Harvard Education*

Review）刊发专辑，讨论了"学习法则能否在课堂中运用？"的问题。许多作者认为，学习心理实验应该更接近教学实践，他们所关心的是学习理论的研究对课堂教学能有多大的实践意义，并试图把握学习理论与教学理论之间的关系。对此，各人的观点也不一样，归纳起来，大致有以下几种看法。

第一种观点认为，学习理论与教学理论在内容上如此不同，在方法上如此无关，以至于两者之间谈不上有什么关系。例如，史密斯（B. O. Smith）认为，"学"与"教"是两种不同的、独立的现象，理解了某一种现象，并不一定有助于理解另一种现象；了解学习的起因和机制，也并不是发展教学科学的必要条件。因为"教"与"学"并不是共同扩展的——教学仅仅是影响学习的可能条件之一。学生在没有教学的情况下也可以学习，同样，即便教学很得法，但如果学生不感兴趣，没有学习的动机，或认知准备不足，那么这种教学也不一定会导致学生的学习。我们可以称这种观点为"无关论"[10]。

第二种观点认为，学习理论在解释能力方面不及自然科学理论，即使是看来最有说服力的学习理论，其理论与事实之间的关系，也不及自然科学中的理论与事实的联系那么紧密。学习理论并不是单纯以学校教育中的"学"与"教"为直接研究对象的。早期的学习理论是以基础研究，尤其是动物行为研究为中心展开的。虽然各种学习理论详细阐述了学习过程及其控制的问题，但极少论述教师在课堂上应如何引导学生学习，以及学生的行为是如何变化的。鉴于学习理论几乎无法直接应用于教育实践，难于指导课堂教学，与教学问题没有内在联系，因而需要构建教学理论，以作为学习理论的补充。例如，美国心理学家盖奇（N. L. Gage）认为："虽说学习理论探讨了有机体学习的方式，而教学理论则探讨人们影响有机体学习的方式。……为了满足教育实践的需要，必须把学习理论'倒立'过来，以形成教学理论。"[11] 我们可以把这种观点称为"补充论"。

第三种观点认为，学习理论与教学理论是相互依赖的，虽说这两种理论的发展都有一定的独立性，但都涉及与另一种理论的不断交换。例如，阿特金森以为，教学理论要阐述学习过程，因为在对学习有较深刻的理解之前，是不可能制定真正有效的教学策略的。但是，如果有人以为一种完善的学习理论是形成教学理论的先决条件的话，那他在教学理论方面将不会有任何进展。所以，确切地说，学习理论的进展会影响教学理论的形成。同样，教学理论的发展也会影响学习理论的研究[12]。我们可以把这种观点称为"相互作用论"。

第四种观点则认为，学习理论构成了教学理论的最佳基础。从某种意义上说，学习理论可以作为教学理论派生的基本来源，例如，布鲁纳认为："教学理论必须考虑到学习和发展这两个方面，必须同那些它所赞同的学习理论和发展理论相一致。"[13]（着重号为笔者所加）在他看来，学习理论是描述性的（descriptive），而教学理论则是处方性的（prescriptive）和规范性的（normative）。言下之意，教学理论是学习理论的进一步推衍。这一观点得到不少人的认同，我们把这种观点称为"推衍论"。

综观上述几种观点，持"无关论"的人是极少数的，其他三种观点都承认学习理论与教学理论存在着一定的关系。相比之下，持后两种观点的人更多一些，实际上，教与学之间的关系，是一种客观存在。"教"本身并不是目的，目的是要促进学生最佳地"学"。尽管说学生没有学习，并不一定意味着教师教学水平差，但学习毕竟是教学效果的唯一可靠的尺度。现在大家公认，教师的基本任务是要了解学生的情况，然后进行相应的教学，才有可能达到预期的效果。教学是否有效，在于能否有效地控制影响学习的各种心理变量。

至于学习理论与教学理论的关系，奥苏贝尔的观点是有启迪的。他认为，虽说到目前为止，学习理论确实存在着一些不可否认的缺陷，但这绝不意味着学习理论在应用于教育方面存在着必然的或内在的限制因素，而仅仅是某些流行的学习理论的特征。这些学习理论并不探讨在课堂中发生的学习，而只是根据实验室里的学习不加分析地外推。在它们看来，"学习理论与教学理论并不是相互排斥的，两者都是一种完善的教育科学所必需的，没有哪一个能替代另一个。教学理论必须建立在学习理论的基础上，但必须更加注重应用"[14]。事实上，当代几种有影响的学习理论已把重点放在学生在学校里的学习上。例如，奥苏贝尔的"认知同化理论"、布鲁姆（B. S. Bloom）的"学校学习理论"、加涅的"层次结构学习理论"和布鲁纳的"认知发展理论"等，都对影响学校学习的各种因素或变量予以相当的重视。鉴于教学的目的就是要促进学生最佳地学习，我们也可以把研究学校学习的理论看成是教学理论。

看来，我们可以得出这样的结论：即使一种有效的学习理论无法告诉我们如何进行课堂教学，但它确实可以为我们提供一个发现一般教学原理的最切实可行的起点。如何才能有效地控制教学情境中的关键因素？其可靠的解答大多来自学习理论。可以说，一种合适的学习理论并不是改进教学的充足条件，但是，一种有效的教学理论必然是建立在有关的学习理论的基础上的。当然，教学理论不是学习理论的简单的和直接的应用，我们不能把教学理论看作是学习理论的直接的派生物。学习理论可以为有效的教学理论提供一般的方向。对教学理论的形式，还需要进行许多补充性研究，以说明学习理论不涉及的一些实际问题和新的教学变量。

目前，研究学与教的问题也成为一种世界性的潮流。1985年，欧洲成立了"学习与教学研究协会"（EARLI），其宗旨是要促进对学习过程、发展过程与教学过程进行理论性的和实验性的研究。这与布鲁纳所讲的"教学理论必须与学习理论和发展理论相一致"的观点，构成遥相呼应的局面。

四、教学理论的准则

本世纪60年代以来，北美教育理论工作者对构建教学理论产生了极大兴趣，表现在一些组织和学者纷纷提出教学理论的准则，对教学理论的构成作了较深入的探讨。其中有大家所熟知的布鲁纳对教学理论特征的探讨（1966年），以及美国"督导和课程编制协会"提出的教学理论的10个准则（1968 年），阿特金森（1972 年）与格拉泽（1982 年）分别提出的教学理论的准则或要素。

布鲁纳在《教学理论探讨》一书中认为，一种教学理论必须明确提出它的各种特点，而且必须有一些关于教学过程的具有普遍意义的原理。在他看来，一种教学理论必须具备以下 4 个特征。

（1）教学理论应当详细规定能使人最有效、牢固地树立学习——一般形式的学习和特殊类型的学习——的心理倾向的经验。

（2）教学理论应当详细规定将大量知识组织起来的方式，从而使学习者易于掌握。

（3）教学理论应当详细规定教学内容的最有效的序列。

（4）教学理论应当详细规定学习和教学过程中奖励与惩罚的性质和步调。

布鲁纳由此提出了 4 条教学原则：（1）学习动机的原则；（2）学习内容的组织或结构的原则；（3）教学序列的原则；（4）奖惩性质和步调的原则。[15]

1968 年，美国"督导和课程编制协会"的"教学理论委员会"在戈登的领导下，经过 4 年的努力，提出了构建教学理论的 10 个准则：

（1）教学理论的陈述应包括一套公设（postulates），以及对这些公设中的术语所下的定义。

（2）教学理论的陈述应该对它所关注的内容的界限以及应用的范围作出明确说明。

（3）教学理论的构建必须是内在一致的，即有一套合乎逻辑的相互关系。

（4）教学理论应该与经验性材料相吻合。

（5）教学理论必须能够产生假设。

（6）教学理论必须包括超越经验性材料的一些概括。

（7）教学理论必须是可以验证的。

（8）教学理论必须用一种可以收集资料以便反驳它的方式来陈述。

（9）教学理论不仅必须解释以往的事件，而且必须能够预测未来的事件。

（10）在目前，教学理论应该具有定性的综合。[16]

事实上，综观北美的教育理论，几乎难得有合乎上述准则的理论，因此，有人批评这些准则不现实。但这种努力的结果，促使更多的学者探讨这个问题。

1972 年，阿特金森在《教学理论的构成》一文中认为，建立教学理论是教育工作者义不容辞的责任。他以决策论为依据，认为教学理论是指一种探讨如何使学习过程达到最佳状态的理论体系。因此，它必须符合以下 4 个准则或具备以下 4 个要素：

（1）教学理论要有一个学习过程的模式，也就是说，要阐明学习的过程。

（2）教学理论要具体说明各种可采纳的教学行动。因为教学理论主要是为了提出最佳教学策略，而有效的教学策略必须是适应性的，即要适应学生的情况，随时准备作出调整。

（3）教学理论要具体规定教学目标。理想的教学目标可以有许多，但有时很难兼顾。在他看来，最重要的教学目标，是最大限度地提高全班学生的平均成绩。

（4）教学理论要具体说明每一种教学行动的成本和教学目标的收益。他认为应该通过分析决策，权衡教学的成本与收益，把主要精力放在那些收益较大的教学策略上。[17]

格拉泽以行为科学为基础，认为教学理论的目的，是要理解和设计学生获得知识、技能的最佳教学策略，教学理论所关注的是如何使学生知识、技能的初始状态转换到目标状态。为此，教学理论必须具体说明它所包括的 4 个基本要素。

（1）教学理论要具体说明学生要达到的目标状态，这要求分析构成教育目标的知识、技能的结构和掌握的过程。这种分析包括两个方面：第一，达到目标状态所需要的知识、技能的结构；第二，使用这种知识、技能的认知策略。也就是说，要包括对陈述性知识和程序性知识的分析。

（2）教学理论要具体说明学生的初始状态，这还包括分析和评价作为教学内容提供给学生的知识、技能。这里重要的是要对学生进行分类。学生的初始状态可能会促进也可能会阻碍他们的学习，教学理论必须关注对这些影响学习的因素的分析。

（3）教学理论必须阐述从学生初始状态到目标状态的转换过程，这涉及从一种状态转换到另一种状态的条件，还包括对转换过程中的一系列中间状态的分析和排列。

（4）教学理论必须阐述对所发生的转换过程的评价与监控。评估的基本功能是要提供反馈信息。评价和监控的重点是转换过程，而不是结果。[18]

上述团体与个人，虽然来自不同的研究领域，但从其对教学理论构成的分析中，可以清楚地看到教学理论与学习理论、课程理论的相互依赖甚至相互交叠的关系。无论是从课程理论中分化出教学理论的尝试，还是在学习理论基础上建立教学理论的努力，这三者之间的密切关联，是一种客观存在。如何界定各种理论之间的界限和范围，看来还有待进一步探讨。

五、对我国教学理论发展的思考

综上所述，我们可以看到，北美教学理论的形成和发展，只是近二三十年的事。布鲁纳 1966 年出版的《教学理论探讨》一书书名采用"toward"（探讨，或译走向、朝向）一词，表明教学理论尚处在形成的过程中。虽说这些年来，许多教育理论工作者都在关注教学理论形成和发展的问题，但至今我们还很难寻找到比较有影响的有大家公认体系的教学理论的专著。可以预见，教学理论将是北美教育理论界未来若干年中的一个研究热点。

相比之下，我国学者对教学论的探讨起步较早些。1961 年就出版了苏联学者达尼洛夫与叶希波夫在 1957 年出版的《教学论》[19]。从 80 年代初以来，我国学者已出版了好些本有一定影响的教学论专著或教科书。应该说，这些著作在某些方面都有些新的突破，但就总体而言，还能看到苏联教学论体系的影子，最明显的例子是：第一，把课程理论作为教学内容这一部分来处理，构成了涵盖课程理论的"大教学论"；第二，往往只重视以哲学认识论作为教学理论的基础，忽视了教学理论的心理学（尤其是学习理论）的基础。笔者认为，这不利于我国教学理论的发展。

首先，随着社会的迅速变化，教育也要作出相应的改革；而课程改革始终是教育改革的一项重要内容。而长期来，课程理论在我国没有受到重视。这一方面是由于我国以往进行的课程改革实质上就是编制全国统一的教材，使人们认为研究课程问题似乎没有什么意义；另一方面是由于课程被作为教学论中的教学内容这一部分来对待，讨论教学计划、教学大纲、教科书等问题，束缚了课程理论的研究和发展。虽说现在已出版了几本课程论的专著，但似乎还只是停留在对国外课程理论的介绍和某些课程问题的探讨上，很难说已有一个理论体系。高等师范院校和研究机构从事课程理论研究的人也不多，这些都很难适应当前蓬勃发展的课程改革实践的需要。看来，我国教育理论界已到了打破原有的"大教学论"体系，让课程理论从中走出来的时候了。这与北美的情况恰恰相反：大致说来，北美是从已有的课程理论中分化出教学理论，而我国则是从原有的教学理论中分化出课程理论。

当然，课程理论与教学理论之间必然存在着各种联系和交叉重叠部分，课程理论必然会考虑到课程实施的问题，而教学理论则肯定会涉及与教学方法密切相关的教学内容的问题。但作为一门独立的分支学科，其各自的侧重面是有所区别的。从哲学上来讲，两者是内容与形式，或者说目的与手段的关系。至少，我们在理论思维上可以甚至有必要作出这样的区分。

其次，我国现有的教学论，名义上是研究"教"与"学"的双边活动，但实质上主要研究"教"的问题，对"学"的问题，诸如学习的性质、学习的过程、学习的动机、学习的迁移等问题，研究甚少，有的教学论著作甚至不提及这些问题。这种局面是当年提议把"教授法"改为"教学法"的陶行知先生在九泉之下也会感到不安的。教的法子必须根据学的法子，这是陶行知提倡用"教学"一词的初衷之一。[20] 在笔者看来，这种现象部分是由于我国学者在研究教学论时过于强调以哲学认识论为基础，忽视学习心理学基础造成的。

为了改变教学理论不重视"学"的现象，似有必要形成和发展学习理论，北美是在学习理论的基础上探讨教学理论的走向问题，而我国则似需要加强教学理论的心理学基础。因为任何一种有效的教学方法或教学策略，都是建立在对学生认知结构的了解的基础上的，离开了学生的"学"，"教"也就失去了效用。环视我国的教育书籍，除了两本翻译的学习理论专著外，还没有一本是我国学者自己编著的。这不能说不是个遗憾。对学习问题的深入研究，是摆在我们教育理论工作者面前的一项重大任务。

根据上述介绍和分析，笔者认为，我们有必要把学习理论、课程理论和教学理论作为教育科学的三门分支学科独立出来，以便深入研究。至于这三门学科的界限和范围以及三者之间的关系，还有待探讨。但有一点是可以肯定的：这三者相互依赖、相互促进，而且是有一定的相互渗透的。

参考文献

[1] HILGARD E R, ERNEST R. A perspective on the relationship between learning theory and educational practices [M] //RICHEY H G, HILGARD E R. Theories of learning and instruction: the sixty-third yearbook of the National Society for the Study of Education. Chicago: University of Chicago Press, 1964: 405-411.

[2] 马骥雄. 外国教育史略 [M]. 北京：人民教育出版社，1991：385-388.

[3] 赫斯特，彼特斯. 教学 [M] //瞿葆奎. 教育学文集：教学：上册. 北京：人民教育出版社，1988：63-78.

[4] SNELBECKER G E. Learning theory, instructional theory, and psychoeducational design [M]. New York: McGraw-Hill, 1974: 116.

［5］GLASER R. Instructional psychology：the acquisition of knowledge and skill ［M］// GLA-SER R，LOMPSCHER J. Cognitive and motivational aspects of instruction. Amsterdam：North-Holland Publishing，1982：9-13.

［6］ATKINSON R C，PAULSON J A. An approach to the psychology of instruction ［J］. Psycho-logical bulletin，1972，78（1）：49-61.

［7］TYLER R W. Basic principles of curriculum and instruction ［M］. Chicago：University of Chicago Press，1949：1.

［8］BEANE J A，TOEPFER C F，ALESSI S J. Curriculum planning and development ［M］. Boston：Allyn & Bacon，1986：352.

［9］AUSUBEL D P，NOVAK J D，HANESIAN H. Educational psychology：a cognitive view ［M］. 2nd ed. New York：Holt，Rinehart and Winston，1978：367.

［10］SMITH B O. Critical thinking ［M］. Washington，D. C.：American Association of Colleges for Teacher Education，1960.

［11］GAGE N L. Theories of teaching ［M］// RICHEY H G，HILGARD E R. Theories of learning and instruction：the sixty-third yearbook of the National Society for the Study of Edu-cation. Chicago：University of Chicago Press，1964：268-285.

［12］施良方. 阿特金森论教学理论 ［J］. 课程·教材·教法，1989（5）：51-53.

［13］BRUNER J S. Toward a theory of instruction ［M］. Cambridge，MA：Harvard University Press，1966：40.

［14］AUSUBEL D P. Learning theory and classroom practice ［M］. Toronto，ON：Institute for Studies in Education，1967：3-5.

［15］布鲁纳. 布鲁纳教育论著选 ［M］. 邵瑞珍，张渭城，等译. 北京：人民教育出版社，1989：131-145，441-442.

［16］GORDON I J. Criteria for theories of instruction ［M］. Washington，D. C.：Association for Supervision and Curriculum Development，1986.

［17］ATKINSON R C. Ingredients for a theory of instruction ［J］. American psychologist，1972，27（10）：921-931.

［18］同 ［5］.

［19］达尼洛夫，叶希波夫. 教学论 ［M］. 北京师范大学外语系 1955 级学生，译. 北京：人民教育出版社，1961.

［20］陶行知. 陶行知教育论文选辑 ［M］. 再版. 北京：生活·读书·新知三联书店，1947.

（本文原载《教育研究》1993 年第 1 期）

活动课的理论与实践初探

高　峡

　　自从 1992 年国家教委颁布《九年义务教育全日制小学、初级中学课程计划（试行）》并将活动课程正式列入课程计划以来，活动课逐渐成为课程改革的一个热点领域，许多地区开始了关于活动课的实验。但是，关于活动课的理论和实践中的一些基本问题，目前教育界还没有形成统一的认识。比如：如果界定活动课的概念，它的性质和内容是什么；活动课是在怎样的理论和历史背景下发展起来的；它在整个课程体系中的地位和作用是什么；当前在我国推广活动课的意义何在；应当如何开展活动课的教学，其指导原则和设计原理是什么；等等。这些问题都有待于深入的研究来回答。本文将结合笔者近年来围绕活动课所进行的研究和实验，对上述问题进行一些初步的探讨，并对我国今后推广活动课谈几点意见。

一、活动课的理论历史背景

　　活动课程的思想最早起源于 19 世纪末美国的实用主义教育哲学，而大大推动其发展的还是本世纪初以后、以杜威为代表的进步主义教育运动。它最初的涵义是指依据学生的经验组织教育内容的一种课程形式，是被作为与学科课程相对的形式提出的。活动课程的倡导者们针对传统教育以学科、课堂和教师为中心，脱离社会生活和忽视儿童学习兴趣及心理发展等弊端，主张教育内容要与儿童的社会生活经验和活动密切相连，要依据儿童的经验、兴趣决定课程的内容和结构。可以说，这里的"活动"大体与"社会生活"同义，也就是杜威所说的"学校即社会，社会即学校"。[1] 在此基础上，进步主义教育学派进一步主张，要以问题解决学习为主要形式展开活动课程，通过学生主体的实践性的学习活动，促进其人格的全面发展。这些具有鲜明时代特征的课程改革思想和主张为后来活动课程的发展奠定了基础。上述思想在世界很多国家都引起了极大的反响，导致了从 20 年代到 50 年代的大规模的教育改革运动，[2] 并对"二战"后世界许多国家和地区教育课程的重新构建和发展产生了巨大影响[3]。"二战"前美国加利福尼亚州和弗吉尼亚州实施的围绕家庭、学校、社区以及亲近大自然、文化生活等展开的活动课程计划，以及"二战"后日本问题解决学习、地域学习等在社会课教学中的广泛应用，都是上述改革的具体体现。[4]

进步主义学派所提出的活动课程理论，对于改革传统的课程体系具有巨大的积极意义，但也有其明显的缺陷。主要问题在于它过分强调儿童经验的重要性，并把活动课程与学科课程完全对立起来，而使活动课的学习陷入肤浅的、零散的生活经验的积累，未能取得预期的效果。特别是从 50 年代后期开始，受苏联人造卫星上天的影响，美国教育界强调基础学科、系统学习的主张重新成为主导思想，活动课程的理论与实践走入了低谷。

70 年代以后，随着终身教育思想的普及和课程理论赖以建立的教育心理学等的发展，活动课被赋予了新的涵义，它与其他课程类型的相互关系也发生了变化。第一，社会的急剧变化，特别是信息社会的发展、知识的爆炸，使人们对于强调"系统学习"的教育所带来的问题有了进一步的认识。人们深刻地感到，过分强调学科结构性、系统性和理论性的教学模式不仅导致教学与社会实际的分离、忽视知识的应用性和学生能力的培养，而且在一定程度上导致了课程内容的膨胀和难度的加大，加重了学生的负担，影响了学生的身心健康和教育质量的普遍提高。现代社会的经济、政治和科学的发展要求教育必须全面提高人的素质和能力，而这仅靠知识的系统学习是难以实现的。在这种背景下，活动课理论中的尊重儿童的主体地位、重视教育内容与社会生活的联系、重视儿童个性及实践能力的培养等合理的、积极的部分重新受到人们的重视。

第二，许多教育理论工作者和从事教学实践的教师经过长期的摸索认识到，以系统的知识学习为主的学科课程和以活动体验学习为主的活动课程不是截然对立、不可兼容的，相反，只有将两者紧密结合起来才能做到优势互补。在学科课程中所学的知识只有在与学生的现实生活的更紧密的结合中才能得到巩固，才能具有"生产性"，才能转化为素质和能力。而活动课程的体验学习只有在知识的基础上才能克服直接经验的狭隘性和局限性，学生多种能力的培养以及情感、态度的培养常常是和知识分不开的。因此，强调与学科课程紧密结合，是当代活动课程与早期活动课程的重要的不同点。近年来，在许多国家，学科教学、课堂学习越来越多地与体验及活动学习融合在一起，学科课程活动化已成为共同趋势。[5]

第三，课程理论研究的深入也对活动课的发展和改革产生了重要影响，如70年代流行起来的人本主义心理学及其课程主张便是其中之一。人本主义者认为，课程的职能是要为每一个学生提供有助于个人发展的经验，自我实现是课程的核心，课程是满足生长和个性整合需要的自由解放的过程。基于这种观点，他们强调学校应以注重学生个性发展的情感领域与认知领域整合的合成课程为主。[6]

特别值得注意的是，为了适应当代社会科学技术迅猛发展、知识体系不断出现新的分化与综合的趋势，解决有限的学时和知识量的无限增加之间的矛盾，一些国家越来越注重"综合学习"这种70年代以后逐渐形成和发展起来的新模式。所谓"综合学习"，是将学科学习及学校内外各种活动紧密结合起来，让学生综合应用所获得的知识和能力，将课堂学习与社会中各种现实问题相联系，通过这种学习，促进学生的自然认识和社会认识的统一、认识与行动的统一，综合提高学生作为公民所应具备的基本素质。"综合学习"的提倡不仅对于学科知识学习，而且对于活动课的经验及体验学习的深化也起到了良好的促进作用。从国外的一些实践来看，综合学习强调打破原有的狭隘的学科界限，重视跨学科的综合性活动；强调学习活动要与社会实践紧密相连；重视学习主体的体验学习以及学习方法的学习。例如，在日本中小学里，综合学习常常伴随着诸如生态环境调查、野外探险、动植物培育等活动进行。[7] 这种综合性的学习活动，扩大和丰富了活动课的内容，使之不再限于经验学习的范围，可以说是活动课的一种新形态，我们可将其称为"综合活动课"。

事实上，在我国近代以来的教育发展的历史中，也可以看到进步主义教育思潮及活动课思想对课程和教学的影响，如陶行知先生早从 20 世纪二三十年代就积极倡导的"做中学"等教育主张及实践就是一例。但总的来说，由于传统教育教学思想的影响，长期以来我国一直沿用单一的学科课程体系。尽管新中国成立后曾进行过多次课程改革，并强调教育要面向社会、理论要联系实际，但明确将活动课程作为学校课程的必要组成部分则不过是近几年的事。因此，我们有必要从理论和实践上加强这方面的研究和探索，在借鉴国外活动课程和实践经验的基础上，建立和发展我国活动课程及教学体系。

二、活动课的概念及其基本特征

如前所述，随着教育理论研究的深化和课程改革实践的发展，活动课的内涵也不断丰富和发展。那么，活动课究竟应如何定义，它又具有哪些特征呢？

笔者认为，活动课是指一种以综合性学习为主要内容，以学生主体的活动及体验学习为主要形式，以促进学生的认知、情感、行为的统一协调发展为主要目标的课程及教学组织模式。作为现代课程体系的重要组成部分，活动课在课程目标、编制原理、教学过程及评价方法等方面具有以下一些基本的特征。

（一）课程目标和内容的综合性

在课程目标和编制原理上，学科课程是以传授分化的知识体系，即各学科的系统知识为目标，它主要依据各学科知识体系的内在逻辑关系设计内容，强调知识的系统性和连续性，关注本学科课程与其他学科课程之间的区别和界限，将学生的思维和认识活动纳入系统学科的轨道。而活动课的目标则在于使学生获得主体意识、行为能力、情感态度的综合发展。因此，在编制原理上活动课程不以单一的学科知识为中心，而是以学生的心理水平、学习兴趣、社会生活以及跨学科的综合性知识为基础设计学习内容；强调学科间的联系、知识的综合运用以及综合能力的培养[8]。社会课（social studies）以及 STS（科学·技术·社会）教育比较典型地体现了活动课的这些特征，如环境教育、计算机文化、人口发展与经济等学习专题都体现出了活动课的综合化学习的特点。

（二）学习过程的实践性

在教学过程及活动的设计上，学科课程以课堂讲授型为主，所关注的更多的是教师如何才能使学生多快好省地掌握大量的知识；而活动课程则以强调亲身实践的体验性学习为主，所关注的是学生如何在实践中学习和运用知识、发现和解决问题，强调理论与实际、知识与社会生活和生产实际之间的联系。体验性学习的依据在于，儿童的亲身体验易于实现其认识的内化，有利于人的认知、情感、行为的统一和协调发展。学习活动的主要目的并非追求某种统一的答案，而在于培养学生知行合一的行为习惯和积极参与社会、勇于实践的态度。在活动课中，大部分时间用于学生的各种自主性活动，如社会调查、小组讨论及设计制作等。

（三）学生地位的主体性

学科课程中教师占主导地位，而活动课中学生的主体性得到充分的尊重。学生的主体地位体现在他们不是被动地接受知识，而是主动地学习和运用知识，活动课注重学生的自我组织和互相启发，充分发挥学生自身的探索和创造精神。活动课中，学生可以参与从活动设计到评价的全过程，既是学习者也是活动的组织者；教师的作用主要是向学生提供必要的指导和建议，师生间指导与被指导的纵向的、单向的交流，为学生与学生之间的互相促进的多向交流关系所取代。

（四）教学评价的过程性和全面性

学科教学评价是以教师为主体、以学生为客体的，其评价目标和内容主要是学科知识点，评价的标准是统一的，主要方式是教师实施的书面考试或测验，其性质是静态的和终结性的。与之相比，在活动课中，学生既是评价的客体，也是评价的主体。活动课的评价应体现出过程性和全面性。所谓教学评价的过程性，即强调评价的主要着眼点应在学习过程而非结果上，也就是说评价的主要依据是学生在整个学习活动中表现和态度的变化。所谓全面性，即评价应从个体认知、情感、能力等多方面着眼，而评价的标准是非统一的。评价多采用观察记录的方法，以学生自我评价、相互评价与教师评价相结合的方式进行，其性质是动态的和形成性的。

上述活动课的基本性质表明它与学科课程在教学目标、教学组织形式、教学评价等方面是有很大不同的。另一方面，它也不同于课外活动。尽管活动课在强调学生的活动方面与课外活动有某些相似之处，但二者在目标、作用、组织、参与以及内容等方面，有着明显的区别。从目标和作用来看，活动课着眼于培养和发展每一个学生的基本、必需的素质和能力，而课外活动则主要着眼于发展特长、培养兴趣、丰富学校生活；从组织及参与方式来看，活动课是被列入课程计划并有课时标准的，它要求全体学生必须参与，而不像课外活动那样主要依据个人自愿和需要经过选拔；从学习内容上来看，活动课是以综合性学习为主体，而课外活动则以学习和掌握某种技能、技巧（如绘画、书法、踢足球等）或某门学科知识（如气象、动物、植物等）为主体。因此不能将活动课视为课外活动的自然转换或替身，也不宜因活动课的设立而取消课外活动。

应该认识到，学科课程、活动课程与课外活动具有不同的目标和功能，在学校教育中，三者是不可相互替代而又相辅相成的。

三、综合活动课的设计原理——实验的启示

基于上述对活动课的基本理解和认识，我们从 1993 年 9 月起，在北京十一学校进行了"综合活动课"的课程改革实验。① 课程内容以社会学习为主，实验采用单元设计法，已展开的单元主要有"十一"探秘、生活小区设计、垃圾与我们的生活环境、人口的变化与我们的生活等。在实验设计、组织和实施的过程中，我们力求从以下几个方面贯彻活动课的思想和原则。

（一）尽可能使学习内容和过程贴近社区及学生的日常生活

以环境教育为例，我们选择了垃圾——固体废弃物这一既有巨大社会意义又与学生日常生活联系紧密的内容作为学习的主题。选择这一主题的理由是：环境问题既是关系全局的理论问题，又是一个发生在学生周围的现实问题。因此，便于学生结合生活实际进行学习。比如，让学生结合自己的生活实际，进行有关垃圾的调查和讨论。学生们自愿组成小组，有的调查了家庭的垃圾和资源回收情况，有的以学校的垃圾为题进行调研，也有的对社区的垃圾问题进行了分析。

---

① 谈实验由北京师范大学、中央教育科学研究所和北京十一学校共同组成的实验小组完成，实验对象为初一年级的 143 名学生。

（二）将综合性的知识学习与学生的能力、态度、行为培养统一起来

为了促使学生从多种角度分析和认识问题，我们又将专题分解为若干个小专题，如生活的变化与垃圾的数量种类的变化、垃圾箱的分布与种类、垃圾的运送及处理方式、废物利用与资源回收、环保工人的劳动等。在学习方法上，指导学生综合运用以往所学的各种知识，运用图文及影像资料的搜集和分析、讲座、实地考察、讨论会、校内环保宣传活动等方式，全方位地提高学生掌握知识以及分析和解决问题的能力，在使学生掌握垃圾的有关知识的同时，充分强调了环境意识和自觉保护环境的态度的培养。通过体验学习，使学生认识到保护环境的重要意义，尤其是保护环境不仅是全社会的责任，而且是每一个人不可推卸的责任，从而养成爱护环境的态度，将环境意识转化为自觉的行为。为此，在学习活动中，我们组织学生参观了北京郊区的垃圾堆放场和处理站，并组织了学生在公园里清除垃圾的义务劳动等，收到了良好的效果。一些学生不仅自己改掉了乱扔垃圾的毛病，而且能够对周围的人施加积极的影响。

（三）在学习活动中，充分调动学生的积极主动性和潜能

为了突出主体作用，发挥其学习的积极主动性，在各个单元中，我们均采用了小组学习（group study）的形式，每一个小组围绕一个共同专题展开学习活动。小组人员随机组成，组长民主产生，每一个小组成员须担负一定的工作。专题学习的活动内容均由学生自己设计和安排。例如，在校内环境宣传活动中，活动的设计和组织、宣传材料的制作等，都是学生独立完成的。一些平时缺乏积极主动性的学生也表现出了极大的参与热情和较强的组织能力。在讨论会中，学生根据自己所掌握的材料和对问题的理解，各抒己见，进行了热烈的讨论。参与实验的教师们说，在以往的课堂教学中，学生们很少表现出这样的积极性和主动性。

（四）在学习的评价上，注重过程评价与成果评价的结合

活动课的一个重要特点是它所注重的并不只是掌握知识这些有形成果，而更多强调的是学生在学习过程中的态度、情感的变化和能力的提高，学习过程本身就是评价的重要内容。因此我们把在学习过程中每一个人是如何获得知识，以及其态度、能力和情感的变化作为评价的重点，并制定了小组及个人的活动记录表，通过自我和相互评价，引导学生关注和认识自己及他人在学习过程中的发展和变化。同时，由于我们设计的活动课采用了专题学习的内容和小组学习的形式，各小组学习内容不同，所经历的学习过程和采用的学习方式也不同，因而，我们采用了多元化的评价标准来衡量小组和个人的学习成果。

通过两年来的实验和探索，可以看到，综合活动课的这种学习形式对于学生知识、能力、情感及行为的统一协调发展，对学生整体素质的提高起到了明显的效果。如在环境问题的学习活动中，教育不仅使学生掌握了很多有关环境的知识，也使学生发现问题、主动地根据问题去搜集资料、提出解决问题的方法以及与他人合作等多方面的能力得到一定程度的提高；对于环卫工人劳动的辛苦及其重要意义的切身感受，也使他们对个人和社会的关系有了更深刻的理解。这些不仅有助于学生形成关心和爱护周围生活环境的态度和意识，而且促进了态度和意识向行为习惯的变化。

我们感到，综合活动课的学习有助于拓宽学生视野、提高学生的学习兴趣，有助于克服知识割裂、理论与实际脱节和学生负担过重等问题，有助于培养学生的学习能力、主体意识和创造能力。正由于如此，活动课受到了实验班老师和学生的普遍欢迎。据调查，96%的学生认为活动课没有影响其他学科的学习，95%的学生说活动课是自己最喜欢的课之一，另有95%的学生认为通过活动课的开展，自己的动手能力比以前提高了。有的学生说，以前是在学到知识后才感到快乐，而活动课是在快乐中学到了知识；还有的学生说，在查阅资料和社会调查的过程中学到了不少课堂上学

不到的知识，但在活动过程中所经历和感受到的很多东西比知识本身更重要，有些可能会影响我们的一生。

四、推广活动课的意义和几点建议

第一，活动课提供了一种有助于促进学生整体发展的课程及教学模式，特别是它对于纠正传统教育对人的发展所带来的一些弊端、适应现代社会对人综合素质培养的需求具有重要的作用。因此它将在今天和未来学校教育中占据越来越重要的位置。从我国基础教育的现状和由应试教育向素质教育转变的实际需要出发，我们应当大力加强对活动课的研究和实验。

第二，活动课和学科课是现代课程体系的两个有机组成部分，它们在人的发展中具有优势互补、相辅相成的作用。在知识的系统性、知识学习的效率等方面，学科教育具有无可替代的优势；而活动课在促进知识的综合化，提高人的主体性、学习能力和创造能力，形成积极的态度和情感，以及促进理论与实践的结合等方面具有学科教学不能比拟的优势。因此，在今后课程改革的理论研究和实践中，除了探讨活动课自身体系的建立和发展等一系列问题外，还要进一步深入探讨如何更好地实现两者的融合和互补，尤其需要探讨如何在学科课程中更多地渗透和吸收活动课的内容，促进学科课程向综合化、多样化、开放化的方向发展。

第三，活动课的发展要求人们树立新的课程及教学观念，并构建相应的课程编制体系和指导、评价体系。活动课的编制必须贯彻多样灵活和因地制宜的原则，课程大纲仅提出活动课的一些基本原则、内容和方法，具体学习内容、活动方案的设计和教材的编制应尽量做到地方化，并照顾不同年龄阶段学生的身心特点。教材编写应突出学习的过程性、学生主体性以及问题解决学习的特点，围绕不同的专题和单元，提供案例及多种形式的参考资料，包括文字、图片（照片）、数据以及相应的声像资料。无论是内容设计还是课时安排均应给予地方和教师调整或发挥的余地。

第四，要推广活动课、提高其质量和效果，必须提高任课教师的素质和教学水平。活动课虽然强调学生的主体性，但对教师的要求并没有降低，而是更高了。教师不再是单纯的知识传授者，而成为学习内容的设计者和学习过程的引导者与组织者。它要求教师参照教学大纲，根据不同地区的实际、不同年龄学生的特点，设计出切合实际的学习活动单元，并在整个学习过程中，根据不同学生的不同情况，进行个别化的指导。同时要求教师掌握正确的活动课评价方法。因此，应当通过短期培训加强教师的活动课教学能力的培养。

参考文献

[1] 吉本均. 教授学重要用語300の基礎知識［M］. 東京：明治図書，1986：49.

[2] 袁振国. 教育改革论［M］. 南京：江苏教育出版社，1992.

[3] 同［1］143.

[4] 城戸幡太郎. 世界の教育運動［M］. 東京：共立出版，1958.

[5] 梅根悟. 梅根悟教育著作選集［M］. 東京：明治図書，1977.

[6] 施良方. 论课程的基础［J］. 课程·教材·教法，1995（1）：54-58，38.

[7] 梅根悟，海老原治善，丸木政臣. 総合学習の探究［M］. 東京：勁草書房，1977.

[8] 長尾彰夫. 新カリキュラム論：指導要領の改訂と明日の教育［M］. 東京：有斐閣，1989.

（本文原载《教育研究》1996 年第 2 期）

我国教学论教材的比较研究

李定仁　潘洪建

20 世纪 80 年代以来，我国教学论研究方兴未艾：成果丰硕，教学论教材建设也取得了可喜的成绩，但是，仍然面临一系列不容忽视的问题。在迈向 21 世纪的征途中，回顾与反思我国教学论教材建设的历程及其得失，进行教材建设的跨世纪思考，无论对于教学论教材建设，还是对于教学论学科发展都有十分深远的意义。

据统计，我国 80 年代以来公开出版的教学论教材共 14 种。它们是：游正伦编著《教学论》（教育科学出版社，1982 年），董远骞等著《教学论》（浙江教育出版社，1984 年），王策三著《教学论稿》（人民教育出版社，1985 年），董远骞著《教学原理和方法》（人民教育出版社，1985 年），吴杰编著《教学论——教学理论的历史发展》（吉林教育出版社，1986 年），彭永渭编著《教学论新编》（辽宁教育出版社，1986 年），罗明基主编《教学论教程》（黑龙江人民出版社，1987 年），关甦霞编著《教学论教程》（陕西师范大学出版社，1987 年），路冠英、韩金生著《教学论》（河北教育出版社，1987 年），刘克兰编著《教学论》（西南师范大学出版社，1988 年），何志汉著《教学论稿》（西南师范大学出版社，1988 年），唐文中主编《教学论》（黑龙江教育出版社，1990 年），吴也显主编《教学论新编》（教育科学出版社，1991 年），李秉德主编《教学论》（人民教育出版社，1991 年）。在此，笔者主要选择其中影响较大、具有代表性的五本教材做比较研究，借以研究 80 年代以来我国教学论教材的基本特征和问题，并在此基础上提出今后教学论教材建设的努力方向。这五本教材分别为王策三、刘克兰、唐文中、吴也显、李秉德编著（以下分别简称王本、刘本、唐本、吴本、李本）。

一、教材结构比较

教材结构，即教材框架、体系，它反映和体现学科体系，制约教材对学科内容的选择、组织，对学科研究也有着一定的积极作用。

纵观五本教学论教材的框架结构，其共同之处在于：第一，以基本概念和范畴构造教材框架。五本教材均以教学论学科的基本概念和范畴的阐述展开教材体系。这些基本概念和核心范畴主要包括"教学"、"教学过程"、"教学原则"、"课程"（亦称"教学内容"）、"教学方法"、"教学组织形式"、"教学评价"（或称"教学效果的检查与评定"）。尽管这些概念的名称和表述不尽相同，但它们均被赋予较为明确而具体的含义，无多大歧义。如果说基本概念和核心范畴的形成是一门学科成熟的重要标志的话，那么，似乎可以断言，教学论在学科成熟的道路上已取得可喜的进展，其学科独立性日益增强，教学论教材的主要论域初步形成。第二，教材结构的前后组织遵循从基本理论到具体操作的顺序。教材首先在绪论部分简要介绍教学论的研究对象、学科性质、历史演变、研究方法，然后着重阐述教学论的基本理论问题，如教学的概念、意义、任务，教学过程的本质、特征，经过"教学原则"这一范畴的过渡，转入教学工作的组织、实施问题，如教学内容、教学方法、教学组织、教学评价等。教材在理论揭示的基础上阐述具体问题，试图将基础理论与实际运用紧密结合起来，较好地体现了教学论学科理论性与应用性的双重特征。第三，结构体系的开放性。"文化大革命"后，教学论教材的结构框架一直处于演变之中，并非铁板一块。五本教材在阐述教学的基本原理、方法时，均注意反映教学论研究和教学改革、实验的新成果。王本将"教学内容"改造为"课程",用三章的篇幅系统评介,拓宽了教材的视野。刘本在"课程编制的类型"部分引入"潜在课程",还将"教学效果的检查"扩展为"教学评价"。唐本增设"教学模式"一章,李本增设"主体论""环境论""反馈论"等章。如此,教学论教材不断地吐故纳新,原有概念、范畴不断地被赋予新的涵义,教材结构也随之改变。开放的体系增强了教材的适应性和生命力。

五本教材在结构框架上的不同之处表现在以下方面。第一,教材体系的构建方式不同。五本教材的结构布局各有特点,可大致分为两类:一是采用通常的编排方式,即按照从一般理论到具体应用的顺序组织章节,先是教学的基本概念、原理,后是教学工作的组织实施,不着意追求和表现章节间的内在逻辑关系。如王本按"专题讨论"的形式陈述教材内容,在探讨了教学论"科学化"有关问题后,分别就教学的概念、过程、原则、课程、方法、手段、组织形式、效果检查一一阐述。刘本、唐本亦大致如此。吴本虽尝试以过程论、构成论、实施论、艺术构建框架,但基本思路与此相同,也可归于此类。体系构建的另一种方式是寻求一定的逻辑进行逻辑构建。例如,李本依据系统论观点,认为教学活动系统由相互影响、相互制约的七大要素组成:学生、教学目的、课程、教学方法、教学环境、反馈和教师。由此,李本"以教学各要素为基点,分别论述它们各自的本质和内涵,以及它们和各方面的有关联系,并在此基础上研讨如何处理好各方面的关系"[1],从而构建教学论教材的框架结构,使其成为一个比较完整的体系。第二,教材篇章构成、数目有所不同。第三,教材基本线索存在差别。有的教学论教材各章节之间有明显的线索,以贯穿各章、统领全书。如王本以科学化为线索,提出问题,阐发己见,反思教学论科学化历程中的是非得失。吴本以教学论发展史为主线,对教学论各领域的发展状况进行回顾与总结,并以科技发展对教学理论和实践的影响为辅线贯穿全书。而其他教材缺乏明确的线索。

应当看到，教学论教材结构框架正处在探索、形成阶段，有待进一步完善。其主要问题表现为：其一，教学论的基本概念、范畴的含义有待明确界定，特别是概念、范畴的类型、层次、前后依存关系尚待清理、反思。唯有如此，才有助于摆脱经验总结式的"工作框架"，加强教材结构的逻辑性，提高教材的理性水平。其二，教学论教材中"教论""学论"的关系及其处理。教学是教师教、学生学的共同活动，二者相互作用、相互制约，而现行的教学论教材重"教"轻"学"，甚至以"教"代"学"。有人称教学论为"教论"。那么，应如何处理二者的关系呢？刘本安排了"学习过程""学习方法"与"教学过程""教学方法"相互呼应，唐本设"教会学生学习"，其他教材仅在一些章节中略有涉及。其三，怎样吸收、包纳已有研究成果，保持教材的开放性？是在已有的框架内将新的成果纳入原有概念之中，还是另设章节，嵌入原有框架，或是作为附录列于教材之尾？这些是构建教材体系不能回避的问题。

二、教材内容比较

教材内容有如教材的血肉，它是学科内容的具体叙述，体现着作者对学科知识的组织、概括能力和应用水平，影响着教材的质量。下面就教学论教材的理论探索水平、应用研究状况和教学适用性进行比较、分析。

（一）理论探索

教学论是一门理论性较强的学科，有众多的理论问题须待研究、解决。其中，"教学过程本质"是一切理论中最为根本、最为基础的问题，它对其他问题的解决具有决定性、导向性作用。以下主要围绕这一问题进行比较，从而窥见教材理论探讨的状况。

五本教材对"教学过程本质"的探讨有如下共同之点：第一，力图从不同的视角进行探讨。王本从马克思主义认识论原理出发，认为"教学过程本质上是一种认识过程"[2]，并对这一"认识过程"的特殊性进行了充分而严密的论证，令人信服。刘本着眼于教学过程的基本因素及其相互关系、主要矛盾的分析，认为教学过程就是"师生双方有目的有计划地以教材为中介，通过教师的教和学生的学共同完成预定任务的统一活动过程"[3]。唐本以系统论观点分析教学过程，阐述了教学系统的一般性结构、认识结构、人际交往结构、动力结构及其特点和功能，展示了教学过程的复杂性、多面性。吴本从系统观、信息观、模式观、社会学观诸侧面分析教学过程，以揭示教学过程的实质、特点。李本也从马克思主义认识论出发，剖析了教学活动的认识方面和实践方面，由此得出，教学过程是学生在教师的指导下，对人类已有知识经验的认识活动和改造主观世界并形成和谐发展个性的实践活动的统一过程。无疑地，这些探讨丰富和深化了人们对教学过程本质的认识。第二，在评析已有教学过程本质观的基础上进行阐述，并试图有所创新、突破。五本教材在探讨教学过程本质时，大多先是介绍、综述已有成果、观点，并加以分析，然后才提出自己的观点。

理论探索的不同之处是：其一，角度不同。论者们从多种视角对教学过程本质进行了理性分析，以揭示教学过程各个侧面的特征。其二，理论探索的深度、详略有别。如王本用长达 17 页的篇幅对教学过程的本质进行了全面而深刻的论证、阐述，颇见功力。吴本、唐本也均从多种角度对教学过程的特性进行了深入、具体的分析，使其成为教材中精彩的篇章。而刘本、李本较为简略。

理论探讨存在的主要问题是：第一，理论研究的角度、思路未能贯彻始终，首尾如一。如对教学过程本质认识的仁智之见并未合乎逻辑地贯彻于教材的结构之中，从而产生具有不同体系特色的教材。事实上，教材面貌依然"似曾相识"。这在一定程度上有悖于教学过程本质探讨的初衷，失却了理论探讨的意义。第二，述多于评、破多于立。综述、介绍较多而评价分析不够，批判较多而创造性不足，教材总体理论水平不高。这固然与教材特性的限制有关，但也反映了教材理论探索的问题所在。当然，各教材对于不同问题的理论探索各有长短，在此不能一一比较。

（二）应用研究

教学论不仅具有理论性，而且有应用性。应用研究主要包括对教学实践问题的思考、解答和教学理论的具体化、操作化两方面。

其共同点有：一是及时吸收、反映教改实验成果。五本教材均注重反映、总结国内外教改实验的成果。如多数教材重点选择、评介了影响较大、具有时代意义的赞科夫的"教学与发展"实验、布鲁纳的结构课程和发现教学、巴班斯基的"最优化教学"、瓦根舍因的"范例教学"、洛扎洛夫的"暗示教学"、卢仲衡的"数学自学辅导法"等，并用辩证唯物主义、历史唯物主义观点加以评析，进行理论上的概括和总结。二是重视理论的操作化研究。

不同之处在于：第一，反映教改实验的方式有别。有的教材将同一改革实验置于教材的不同章节进行述评，有的放在教材开头（如王本），有的作为补充材料置于教材后面专章介绍（如刘本、唐本），有的兼而有之。第二，对应用问题研究的程度、水平有别。王本着力于教学理论基本概念、范畴、关系的阐释、分析，对理论的应用、操作问题仅仅提出一些建设性意见，指明理论具体化的努力方向。吴本在"教学实施论""教学艺术"部分专论教学工作的具体操作。刘本、唐本特别是李本则致力于理论探索与应用研究的有机结合。李本辟有"原则论""方法论""环境论""反馈论"诸章，在阐明基本原理的基础上提出有关策略，以实现理论的操作与运用。

应用研究存在的主要问题有：第一，引用国外教改实验的例证较多，而对国内教改实验的关注不够。这不利于实现教学论教材本土化，体现教材的中国特色。第二，大多数教材评述较多，分析政治、经济、文化背景对教改实验的制约关系较少，缺乏对引用的教改实验的深入挖掘，理论概括不够。第三，理论操作化的方式、程度有待研究。理论研究与应用操作研究是分而论之，还是合而为一？理论操作化应达到何种程度，才能使之既有效地指导教学实践，又区别于学科教学论？这些都需继续探讨。

（三）教材的教学适用性

教材建设不仅包括框架建构、内容表述，还应具有较高的教学适用性，即教材应有良好的系统性、学术性和可读性，以适合教师的教授和学生的学习，激发教学兴致，促进学生对教学理论知识的掌握。

教材的系统性，即教学论教材是否系统、连贯、全面地陈述教学理论、知识、方法。王本立足于"扩展、加深和提高"的教学目的，不是系统、全面、直接地陈述教学论概念、原理、方法，而是围绕专题提出问题，摆出有关争论的观点，阐述自己的看法，因而，教材内容的系统性较差。刘本、李本、吴本、唐本均能根据教学的实际需求和教学论学科特点，系统而全面地向学生阐述、介绍教学论知识，教材内容的系统性较高。

教材的学术性。作为大学教材，它必须具有较高的学术价值，即能反映本门学科的研究动态，体现本门学科的研究水平，让学生了解和思考学科前沿问题，把握学科发展趋势。五本教材中，王本的学术性尤为突出，著者从教育哲学的高度，对一系列教学论问题进行了清理、分析，发表了许多独到的观点、看法和主张，具有较高的学术性。其他四本教材虽对某些问题进行了理论上的探讨、分析，但对多数问题仅做一般阐述，教材整体的学术性次之。

教材的可读性。它主要反映在教材的语言风格、编排体例、文字图表的清晰度等方面。五本教材中，刘本条理分明，行文流畅、自然，语言通俗质朴，可读性最强。唐本、吴本、李本语言精练、层次清晰，可读性较高。王本重在阐发、论证，逻辑严密，对于一般水平的读者，可读性较差，但对具有一定教育学知识素养的读者，又有着较强的可读性、启迪性。从编排体例看，唐本在正文叙述前加了"内容提要"，正文后附有

"复习思考""阅读与参考"。王本、李本仅附有"思考题",刘本、吴本只有正文。相比较而言,唐本更为规范,适合学生学习。

教材特色。不同特色的教材可以多方面、多层次反映学科发展的状况,适应不同类型和程度学生的需要。王本以专题讨论的形式提出问题,摆出有关争论的观点,然后阐述自己的看法。刘本恰当地运用了历史比较方法,系统而全面地阐述、分析教学论的发展和问题,并对不同意见、观点进行客观的介绍和比较全面的评价。唐本对教材内容予以更新、补充,注重整体分析。吴本力图摆脱经验描述的局限,增加了教材容量,对教学过程的分析颇具新意。李本整合已有资料、观点,对教学主体、教学方法、教学环境、教学反馈重点论述,融汇各家观点,富有成效。

三、世纪之交教学论教材建设的努力方向

基于以上比较、分析,笔者结合自己的思考,提出世纪之交我国教学论教材建设的方向。

(一)教材结构理性化

关于教学论教材的结构,向来有两种意见:一种意见主张从严格的逻辑出发组织教材内容,构建教材结构,强调教材的逻辑性,注重理性分析,力求把教学论知识囊括在严密的逻辑框架之内。另一种意见强调教学论教材的应用性、实践性,主张教材应根据教学工作的实际需要安排章节内容及其结构关系。前者又称为教材结构的"理性主义"观点,后者亦称为教材结构的"工作主义"观点。不可否认,两种观点均有合理的成分。笔者认为,教学论学科性质决定了教材结构必须两者兼顾,既要加强教材结构的逻辑性,又要考虑实际工作的需要。那么,如何处理二者之间的关系呢?由于一般教学论(亦即"教学论")是学科教学论的理论基础,它对学科教学论具有理论的指导作用。这就在很大程度上决定了教材的宏观

结构应是"理性主义"结构，即它具有严密的逻辑框架，以包容和统摄所有的教学问题及其理论。在建立宏观的理性主义结构的前提下，适当考虑和照顾教材的应用性、操作性。而学科教学论教材则应增强应用性、操作性，侧重于"工作主义"结构。只有如此，一般教学论才能实现它对学科教学论和教学实践的基础性、指导性功能。就事论事的"工作主义"的框架结构难以满足教学实践对教学理论的理性需要，难以发挥理论对实践的指导、干预作用，不利于学科发展和教材建设。从我国教学论教材发展历程看，教材结构的理性追求日渐明朗，教材框架的逻辑体系正趋理性化。今后，教学论学科和教材应大力加强概念和范畴建设，制定出教学论学科独特的概念和范畴，确立其起点范畴、过程范畴和终结范畴，通过范畴之间的内在关联，演绎出教材的逻辑体系，从而超越经验总结式的"工作主义"框架，在更高的层次上统整教学论知识和研究成果。

（二）教材内容整合化

教材内容整合化具有两方面的含义。

第一，整理和综合现有的研究成果。作为高校教材的教学论教材应反映该学科的历史和现状，吸收、整合迄今为止的一切国内外教学论研究成果，并在此基础上有所发展、创造，以实现教材内容的综合化、系统化。已有的教学论教材均注意反映和吸收教学论研究成果。但是，大多数教材在总结、综合前人、他人研究成果时，概括层次不高，未能有机地纳入自己的体系。有的甚至给人以拼凑之感，材料堆积现象严重。即使像李本那样整合已有资料颇有成效的教材，尚有不少地方有待完善。今后的教学论教材建设，应在确立严密的逻辑框架之下，根据教材体系各自的特点，吸收、改造有关研究成果，进一步提高抽象、概括水平，努力追求教材的整合。

第二，整合学科教学与活动教学诸方面的内容成果。近年来，随着课程论研究的深入，课程结构已突破了以往单一的学科课程的格局，课程形态日益多样化，潜在课程、综合课程、活动课程进入人们的视野。其中，活动课程的研究与实验尤为引人注目。然而，作为活动课程实施的重要途径之一的活动教学似乎还未引起足够的重视，研究十分薄弱。笔者认为，正如学科课程与活动课程是课程形态的两种基本类型一样，学科教学与活动教学也构成教学论两大重要领域。然而，现行的"教学论"不过是"学科教学论"的集合体，教学论教材也不过是学科教学论集合体教材，而不是由学科教学论与活动教学论有机构成的完整意义上的教学论（即一般教学论）教材。活动教学是教学工作的组成部分之一，它具有学科教学无法替代的功能，有着自身独特的特点、内容、方法、作用，理应纳入教学论的研究范围，否则，一般意义上的"教学论"名不符实。因此，教学论教材应反映活动教学的研究成果，整合学科教学和活动教学的有关内容，使其成为完整意义上的教学论教材。

（三）教材风格多样化

十年来，我国教学论教材在风格、特色方面的探索取得了一定的成绩，但从总体上看，我国教学论教材无论从结构体系，还是从内容篇章、文字表述看，特色仍不明显。为了培养创造型人才，满足不同类型、层次学生的需要，提供多种规格、层次和风格的教材，是至关重要的一个环节。今后，在教材特色建设方面，应加强下述工作：从多种角度构建教材框架，如历史的、科学化的、结构要素的、心理学的、社会学的角度。教材框架方式可以是逻辑演绎的，也可以是归纳的，或二者混合的。教材内容可侧重理论探讨，也可侧重操作应用，或二者有机结合。教材编排方式上，可为讲座式、专题讨论式、章节式、访谈式多种方式。语言风格方面，严谨、活泼、凝重、精练、朴实、华丽，不拘一格。为了适应不同类型、层次人群的需要，应既有适合师范院校在校学生的普通教材，又有面向教学第一线教师的自学教材。

（四）教材配套系列化

教材配套建设是指为课程的理解、实施、评价编制的各种课程标准、教科书、教学参考书、音像教材、学习指导书、活动手册、练习册、实习指导册等。系列、配套的教材是课程实施的重要保证。就我国现今的教学论课程看，只有单一的教科书，缺乏相应的课程标准、学习指导书、手册，这不利于教学论教材的编制和实施。实现教材系列化、配套化是教材建设不可忽视的方面，它对于确保教学论课程的教学质量有着十分重要的意义。为此，今后的教学论教材建设必须作出应有的改变。

参考文献

[1] 李秉德. 教学论 [M]. 北京：人民教育出版社，1991：20.

[2] 王策三. 教学论稿 [M]. 北京：人民教育出版社，1985：111.

[3] 刘克兰. 教学论 [M]. 重庆：西南师范大学出版社，1988：178.

（本文原载《教育研究》1997 年第 1 期）

关于活动教学几个理论问题的认识

田慧生

一、活动教学思想的形成与发展

从历史上看，活动教学思想经历了一个长期演变、发展的过程，它是在不断批判以灌输、记诵、被动接受为特征的旧教育体系的过程中逐步确立起来的。这一思想萌发于欧洲文艺复兴时期。以维多利诺、拉伯雷和蒙田为代表的一批人文主义教育家在对中世纪封建教育的批判中最先表述了活动教学的某些观点，他们反对摧残儿童身心发展的强制性教学，反对纯书本学习，提出应尊重儿童的个性，要把儿童当儿童看待，主张让儿童通过观察、考察、游戏和劳动等活动来理解事物，获取经验。维多利诺在他创建的"快乐学校"中甚至还创造性地通过活动字母教具教拼读和拼写，通过游戏教学算术，运用绘图、测量方法教学几何知识。

由人文主义教育家播下的活动教学思想的种子，在以卢梭为代表的近代浪漫自然主义教育思潮的催生和滋润下，得以迅速生长。卢梭自然主义教育的基本主张是教育要适应儿童的自然发展，要保持儿童的自然本性。卢梭从感觉论的立场出发，认为"我们真正的老师是经验和感觉"。因此，凡是儿童能从经验中学习的事物，都不要使他们从书本中去学。而经验主要来源于行，来源于体验。自然主义教育的后继者裴斯泰洛齐和福禄贝尔不仅继承了自然教育思想，而且在实践中进一步检验和发展了这一思想。裴斯泰洛齐主张教学必须依从儿童的自然发展顺序，强调多感官学习的重要性，认为"追究一个事物的性质或外表所用的感官愈多，你对这事物知道的也愈正确"。福禄贝尔则认为教育要以儿童经验和活动为基础，因而十分重视儿童的自我活动，认为教育的基本任务是"通过儿童的自我活动、游戏、作业以及各种创造性活动，认识自然或客观世界，认识自己的本性，从而实现内在与外在的统一；促使儿童内在本性的自由、协调、多面的发展，儿童的主动性、创造性和自主精神得以发挥"。在这些思想的影响下，游戏、作业、劳动和实物教学逐渐成了被普遍应用的教育形式和方法，这无疑为活动教学在实践中的发展奠定了基础。

真正给活动教学思想发展以极大推动的是当代活动教育的集大成者——杜威。杜威实用主义教育理论产生之时正值赫尔巴特学派的教育理论在美国盛行，为对抗"传统派"教育的"主知主义"和"教师中心论"，杜威系统提出并实践了以"做中学"（learning by doing）为核心的实用主义教育思想。他认为教育应以儿童及其活动为起点、目的、中心，学校教育的作用就是传递、交流和发展经验，个体要获得真知，就必须在活动中主动去体验、尝试、改造，必须去"做"，因为经验都是由"做"得来的。杜威大力倡导的新的儿童发展观、儿童活动观以及他积极实践的"做中学"和"活动-经验课程"，极大地丰富了活动教学思想的内涵，推动了活动教学在实践中的发展。可以说，正是由于杜威的特殊贡献，特别是他对于新的儿童发展观和活动观的系统化、实践化，活动教育教学思想才逐步取代了传统的主知主义教育思想的主导地位，成为 20 世纪上半叶欧美教育思想的主流，对当时乃至以后的欧美学校教育产生了广泛而深远的影响。

在当代，活动教学思想与实践得到了进一步发展。来自两方面的研究成果为活动教学在当代社会背景下的深化发展提供了充分的理论依据。一方面研究来自瑞士心理学家皮亚杰，他创立的发生认识论深刻揭示了活动在儿童认识发展中的根本作用，他认为人对客体的认识是从人对客体的活动开始的。活动既是认识的源泉，又是思维发展的基础，儿童思维的发展完全是儿童一系列不同水平活动内化的结果。皮亚杰学说从心理学角度对个体认识发展的规律作出了最有影响的科学说明，进而为活动教学奠定了坚实的认识论基础。另一方面研究来自苏联，以维果茨基、列昂捷夫和达维多夫为代表的一批教育家和心理学家将马克思主义认识论中的"实践"概念引入到教学理论中，把人的发展基础确定在主体对客体的主动实践活动上，认为人的发展是在他完成某种活动的过程中实现的。也就是说，人是在活动过程中通过积极主动地掌握社会历史、文化经验以促进心理发展的。以个体自然的发展为目的的活动是一种特殊类型的活动，其实质是个体对社会能力的"占有"与"再现"。个体正是通过"再现"人类的社会历史活动，去"占有"具有独特形态的活动成果，将它变为自己的私有财产，从而促进自身的发展。苏联学者关于活动理论和发展性教学的研究，开创了以马克思主义为指导的活动教学的历史，赋予了活动教学新的时代内涵。

我国活动教学的研究，可追溯至本世纪二三十年代陶行知先生的"生活教育"实验和陈鹤琴先生的"活教育"实验。经过几十年的探索发展，我国不少中小学在活动育人方面积累了有益的经验。九十年代初，国家教委正式将活动课程纳入九年义务教育课程计划，活动及其在人的发展中的作用得到了应有重视，活动课程的研究与实验逐渐形成高潮。这一切，为逐步在学校教育的主战场——课堂教学中渗透活动教学思想，开展活动教学实验研究，提供了良好背景。

透视活动教学的历史，可以得出几点简要的认识。

第一，活动教学是对以"知识本位""教师中心"为特征的传统教育不断反思与超越的产物，是在与传授式、灌输式教学相抗衡的过程中逐步形成的一种教学主张。从活动教学思想形成发展的历史来看，无论是文艺复兴时期人文主义与宗教蒙昧主义的斗争，启蒙运动时期浪漫自然主义与封建专制主义的斗争，还是现代"进步派"与"传统派"的斗争，斗争的焦点都集中在如何看待儿童在教育中的地位以及如何实现儿童的身心发展这样一些根本性问题上。或者说，坚持知识是教育的出发点还是儿童是教育的出发点，主张儿童在被动接受中学习还是在主动活动中学习，成为历史上传统教学与活动教学两派思想的一个分水岭。从维多利诺到卢梭到杜威，他们的教育主张虽不尽相同，但都共同反对把学生作为知识的容器，反对被动接受，主张尊重儿童，解放儿童，让儿童成为自己学习和活动的主人，让儿童的天性得到发展，重视儿童的学习兴趣和直接经验，鼓励儿童通过自主活动和主动学习获得身心和谐发展。这些认识贯穿于活动教学思想演变发展的整个过程，构成了活动教学思想的基本内核。

第二，历史上形成的各种活动教学的主张有其合理之处，但同时也存在着诸多认识上的局限性甚至谬误。例如，杜威的"做中学"理论虽然丰富和推进了活动教学的研究，但其一些片面、激进的理论主张也曾使活动教学在欧美的学校实践中一度受挫，陷入低谷。因此，对于历史上形成的活动教学思想遗产，必须批判地借鉴，合理地吸收，在扬弃的基础上为我所用。

第三，历史上关于活动教学的理论构建和实践探索总体上较为零乱，既不系统，也不完整，甚至对于"什么是活动教学"这一最基本的理论命题，也没有形成一个比较明确完整的答案。"'活动教学'这一概念始终未明确提出和界定，它一直隐含在教育家们的理论释述和教育实践，而且极为模糊，理解不尽一致。"这一状况既增加了进一步研究活动教学的难度，但同时也为我们丰富、发展甚至创造性地解决活动教学中的一些理论与实践问题提供了可能。

第四，活动教学的思想与实践是随着时代的发展而不断发展变化的，不同时代的教育家都曾赋予过活动教学不同的时代内涵。活动教学在历史上的几次兴起活跃，都有其深刻的社会历史背景。当前我们重提活动教学，绝不是要简单重复历史，而是要立足基本国情，根据跨世纪教育改革的总体要求，特别是由应试教育向素质教育转轨的现实需要，合理借鉴活动教学的思想成果，对现行课堂教学的一些弊端，如重知识传授轻能力培养、重学习结果轻学习过程、重间接知识的学习轻直接经验的获得、重教师的讲授轻学生的探索、重视考试成绩忽视整体素质提高等等进行必要改造，在教育过程中不仅仅把学生看作一个知识的学习者，更重要的是把学生看作一个有丰富内心世界、独立人格尊严和巨大生命潜能的活的生命体，尊重他们，关心他们，爱护他们，通过创设有利于学生全面、主动发展的各种活动，确立学生在学习过程中的主体地位，让学生的生命潜能和创造精神在丰富多样的自主活动中得以充分释放，让课堂真正焕发出生命活力。

二、活动教学视野中的"活动"及其内涵

"活动"是活动教学理论中的一个核心概念，要准确把握活动教学的本质，就必须首先对"活动"的内涵有清晰的了解。

从哲学的范畴讲，活动是人存在和发展的基本方式，是通过对周围现实的改造满足人的需要或达到人的目的的过程。就其实质而言，活动就是人对周围现实的变革，变革的最根本形式是劳动，人的一切形式的物质活动与精神活动都派生于劳动。劳动总是指向创造性地生产一定的物质产品和精神产品，因而具有对象性、主动和能动的特点。

学生是生活在学校这样一个"准社会"中的"准社会成员"，他并不从事真实的社会生产劳动，对他来说，学习和受教育就是他的劳动。从劳动的本质意义上说，学生确确实实没有创造世界改造现实，但他确确实实是在创造着他自己，这种创造方式就是学习。由此可以看出，学生的学习活动和学校的教育活动作为社会生产劳动的一部分，与人类总体实践活动（哲学意义上的）在本质上具有内在同一性，但与此同时，它又具有自身特殊的内涵和具体规定性。这是我们正确把握活动教学中"活动"这一概念的基本前提。

我们认为，活动教学涵盖的"活动"是一个具有特定内涵的概念，它

既不完全等同于一般意义上的人的活动——劳动，也不同于传统教学中使用的"活动"概念。传统教学意义上的活动有两个显著的特征：一是被动活动，即学生在被告诉、被教导、被演示的情况下被迫参与活动，学生作为活动主体的主体地位没有得到落实，学生活动的自主性、能动性和创造精神得不到充分发挥；二是片面活动，即只重视学生接受间接经验过程中的内在观念活动，忽视甚至排斥学生以获取直接经验和感性经验为目的的物质操作活动和社会实践活动。因此，传统意义上的活动是一种学生被动参与的、观念活动与实践活动相脱离的不完整的活动。

那么，究竟什么是活动教学意义上的活动呢？概括地说，活动教学意义上的活动，主要是指学校教育教学过程中学生自主参与的，以学生学习兴趣和内在需要为基础，以主动探索、变革、改造活动对象为特征，以实现学生主体能力综合发展为目的的主体实践活动。它具体包含以下几项规定性。

第一，对象性。对象性是人的活动的本质特征，它表明人的任何活动都是指向一定的对象的，不管是简单的活动还是复杂的活动都必须有明确的对象。根据马克思主义的活动观，建立在对对象世界改造基础上的人的"对象性活动"，是人类本质力量和主观能动性实现的过程，也是人类活动有别于动物活动的根本所在："正是通过对对象世界的改造，人才实际上确证自己是类的存在物。"活动的对象性特征一方面表明，人的活动是一个对象化地体现着作为主体的人的主观能动性的客观过程，是活动主体通过占有、改造活动对象实现自己的目的、意志和加强自身本质力量的过程；另一方面也表明，面对对象世界，人的活动也是有条件的，受限制的，"人作为对象性的、感性的存在物，是一个受动的存在物"。活动的对象性体现了人的活动的主动与受动、主观能动性与客观制约性的辩证统一，强调了活动对象及对象化在活动中的重要性。人的活动是丰富多样的，因而人的活动对象也是丰富多样的。学生学习活动的对象可概括为两类：一类是以实物存在的客观事物和客观环境，一类是以心理映象或符号存在的心理表象、观念、情感、知识体系、学科结构等。活动的对象性特点要求我们实施活动教学时，既要充分激励学生活动的积极性和能动性，使他们在对活动对象的占有、改造过程中主动实现主体能力的发展，同时又必须高度重视和认真研究活动的对象特点与对象内容，依据对象的规律和特点，如学科的特点、知识的属性、实物情景的变化等合理设计活动，特别是对教材中那些具有创造性、改造性因素的内容进行挖掘、研究和整理，逐步形成一些能体现活动教学特色的独特的对象内容，以不断提高活动的有效性和目的性，保证活动的顺利进展。

第二，整体性。学生的主体活动具有整体性，这是当代活动理论研究的一大进展。历史上虽有不少教育家自觉或不自觉地关注过学生的活动，但他们大多只强调了学生活动的某个或某几个侧面，实际上这样或那样地肢解了完整的学生主体活动。例如，柏拉图认为教学主要是教学生如何"记忆"，重视的是学生的内部记忆活动；夸美纽斯则认为教学就是教学生感知，强调的是学生外部的感知活动；"传统派"教学论只注意到学生的内部活动；"进步派"教学论重视的是学生外部的经验活动；行为主义重视学生的行为训练，忽视学生的认知或理性活动；现代人本主义教学思潮高扬的是学生的情感、意志等非理性活动；"文化大革命"期间在我国出现的"粗陋实践主义"则把学生活动等同于社会实践；如此等等。其片面性不难看出。

活动的整体性包括两方面涵义。一是活动的结构具有整体性。完整的活动是由外部活动和内部活动两部分构成的，"活动既包括物质的、实践的，又包括智力的、精神的操作；既包括外部的，也包括内部的过程"。所谓外部活动，主要指实物性的操作活动、感性的实践活动。学生主体外部活动是指教学中学生主体的感知、操作、言语等活动，其中常见的有听讲、观察、操作、练习、交往活动、社会实践等。学生主体外部活动是学生主体的特殊实践活动，它的主要目的不在于改造外部客观世界，而在于通过外部活动，掌握人类的历史经验，进而促进认知结构的形成，它的方向是向"内"的。学生主体外部活动是完整的学生主体活动的重要组成部分，在教学认识中起着重要作用。内部活动是针对外部活动而言的，它主要指内部心理活动。学生主体的内部心理活动是多方面的，主要包括知、情、意三个方面。知，即认识活动，它是学生主体对教学客体的观念把握；情感活动是学生主体对内在需要、动机和外在行为、状态的价值性情绪体验；意志活动则是学生主体为完成教学任务而进行的确定目的、支配行为的活动。这三种活动各有规定和功能，但又相互联系、相互渗透，共同构成了完整的学生主体内部心理活动。

二是活动的过程具有整体性。就教学活动的内在运行机制来看，教学过程正是学生主体外部活动与内部活动的双向转化过程，科学、完整的教学认识过程是一个由外而内、由内而外的物质活动与观念活动相互联系、相互作用、相互转化的过程，是学生主体活动内化和外化的统一。在教学实践中，学生学习活动的内化过程，就是学生的外部感知、操作活动经过不断的概括化、言语化、简缩化逐步形成概念的过程，是外部物质感性活动向内部的心理活动（表象、思维）的转化过程。学习活动的外化则是将内部过程在操作和言语上展开、呈现出来，在教学认识过程中它可以起到检查内化、巩固内化、深化概念理解、调整充实学生主体的认识结构等作用。列昂捷夫指出，现代心理学最重要的发现之一即是内部活动与外部活动并不分离。孤立的、纯粹的外部活动和内部活动在教学过程中是不存在的，外部活动有内部活动的参与，内部活动也有外部活动的表现形式。在教学实践中，正是通过外部活动及其内化、内部活动及其外化的转化过程，学习者才真正实现了对知识的掌握及主体力量的发展。

第三，阶段性。从发生学意义上讲，人的认识起源于活动，活动决定着人的发展水平。从学生个体发展的角度看，学生活动的内容、水平又受制于学生身心发展的年龄特征，是依据学生身心发展的规律有序展开、分阶段提高的。因此，学生主体活动具有鲜明的阶段性特征。维果茨基学派的研究表明，每个年龄阶段的儿童都有多种活动，但其中必有一个最重要的主导活动。从学校教育总的目的要求来看，智力活动无疑应当是贯穿学生整个学习生活的主导性活动，其他各类活动则是伴随性活动。但同样是智力活动，不同年龄阶段儿童的智力活动特点、内容、水平是有显著差异的。因此教学必须依照儿童心理发展规律，设计出符合儿童年龄阶段特点的活动，特别是作为主导活动的智力活动。例如，学前期儿童思维发展处于动作思维阶段，他们对外部事物以图像把握为主；7—10岁的儿童形象思维处于优势地位，抽象思维在逐渐形成之中，他们对外部事物以图像把握为主；10岁后的儿童抽象思维逐渐得到发展，对事物的认识逐渐转向以符号把握为主。为此，小学中、低年级的各科教学就应该依据学生的认知特点，通过组织各种观察活动，提供丰富的感性材料和接触实物、接触现实生活的机会，促进学生形象思维的发展。高年级教学则应在丰富的感性实践活动基础上，加大学生探索、研讨活动的力度，提高活动内容的概括水平，促进学生思维向抽象方面转化。

第四，开放性。活动的开放性是保证活动主体能够自主活动的一个重要条件。开放性是针对传统教学活动的封闭性而言的，它集中体现在以下几方面。（1）活动内容的开放。内容的开放包括两方面涵义：一是内容的丰富多样性，二是内容的可供选择性。开放的活动内容应能够满足处在不同发展水平、具有不同兴趣和爱好的学习者的多方面需求，使他们通过对活动内容的选择、占有获得各得其所的相应发展。（2）活动过程的开放。过程的开放性要求活动应是动态发展的，是适时变化的。学生的课堂表现、课堂需求应成为调整课堂活动进程的基本依据。传统教学的最大弊端之一就是将课堂活动过程视作完成预设方案的不变流程，上课是执行教案的过程，教师的教和学生的学在课堂上最理想的进程是完成教案，学生在课堂上实际扮演着配合教师完成教案的角色。于是"课堂成了演出'教案剧'的'舞台'，教师是'主角'，学习好的学生是主要的'配角'，大多数学生只是不起眼的'群众演员'，很多情况下只是'观众'与'听众'"。显然，在这样僵死、封闭的课堂中，学生的主动性、创造性和学习潜能不可能得到充分发挥，而教师的教也只能停留在"匠人"的水平，不可能真正升华到艺术的境界。（3）活动空间的开放。空间的开放要求教学活动不一定完全局限于课堂内进行，根据活动的需要，活动空间可以由课内向课外乃至校外延伸。另外，即便是在室内进行教学活动，也可以根据活动特点，打破单一的"秧田式"座位编排方式，进行座位的各种组合，使固定空间变为弹性空间。（4）师生关系的开放。师生关系的开放表现在两个方面，一是在人格上建立一种相互尊重、民主平等、情感和谐的人际关系；二是在角色扮演上形成良好的转换机制，教师可以是传道者、引路人，也可以是学习者、意见倾听者，可以是长辈、导师，也可以是兄长、朋友。向何种角色转换，何时转换，一切都视活动的需要而定。（5）活动结果或活动产品的开放。活动结果或产品的开放意味着活动结果具有多种可能性。在教学过程中，依据活动目的和需要的不同，师生在对活动结果的追求上，既可以长驱直入，也可以迂回包围；既可以得出统一认识，也可以保留多种意见；既可以穷追不舍，形成完整结论，也可以恰到好处地停留在活动过程的某一位置，创造出留有"教育空白"的"残缺美"。

第五，建构性。活动的建构性是活动主体在活动过程中自主、能动、创造特性的集中体现。主体活动在本质上是一种指向活动对象的合目的性的主动建构、积极探索、不断改造的过程。历史上，不同时代的持有活动育人观点的教育家虽然从不同的角度阐发活动的意义，对活动的见解不尽相同，但在一个问题的认识上，却表现出了惊人的相似之处。这就是他们无不把教育活动看成是活动主体对活动对象主动探索、主动变革和主动建构的过程。例如，卢梭很早就提出，"教育都应该是行动多于口训"，"不要教他这样那样的学问，而要由他们自己去发现那些学问"。杜威则更加明确地指出："教育并不是一种'告诉'和被告知的事情，而是一个主动的和建设性的过程。"皮亚杰认为，个体的认识起因于主体对客体主动的不断的同化、顺应和平衡活动，即建构的作用。在他看来，"复制的真理只能算半个真理"。真正理解一个概念或理论，就意味着主体对它们的重新探索、发现和创造，而不是简单接受、重复与记忆。苏联活动学派在广泛研究的基础上也证明，教学认识不是对外部事物的"纯粹描述"，而是一种主动探索和变革的活动，教学必须强调学生对文化材料的主动变革，而不是被动接受和重复训练。

学生主体指向学习对象的主动建构活动，是学习者占有、内化人类文化成果，实现主体能力发展的必然途径。"在某些教育工作中，用作教育内容和手段的人类文化范式，是以一种无生命的干瘪的形态表现出来的，并且是强加给学生的。学生对历史的占有，是一种抽象的外在占有。"但是，通过学习者积极探索、不断改造的主体建构活动，人类文化成果"就能渗入学生自己的'主观状态'，从而脱去它的外在性，变成学生内在的精神财富和发展源泉；这个成果就能以一种具体的展开了过程的形式，全面地被学生所占有"。从这个意义上讲，学习主体探索、改造活动对象的过程，是一个实现对象与自我双向建构的过程。正是在这一过程中，学习者的主体性才得到了充分显示，主体力量得到了不断丰富与发展。

三、活动教学的本质与特征

通过对活动教学思想渊源的追溯和活动概念的剖析，我们可以初步对活动教学的内涵作出如下概括。所谓活动教学，主要指以在教学过程中建构具有教育性、创造性、实践性、操作性的学生主体活动为主要形式，以鼓励学生主动参与、主动探索、主动思考、主动实践为基本特征，以实现学生多方面能力综合发展为核心，以促进学生整体素质全面提高为目的的一种新型教学观和教学形式。

由上可以看出，活动教学具有两种存在形态，它既是一种教学观，又是一种教学形式。作为一种教学观，它视教学过程为一种特殊的活动过程，强调活动在学生认知、情感和个性行为发展中的重要作用，提出教学认识的关键就在于建构学生的主体性学习活动，在于通过活动促进学生的主动发展。这一教学观具有普遍适用性，它对一切形式的教学活动都有指导意义。

作为一种具体教学形式，活动教学则必须更主要地凸显它的个性和特殊性，必须形成一套有自己鲜明主张和特定目标、内容、方法要求的教学规范，以区别于其他教学形式。为此，我们有必要对活动教学的基本主张及规范要求作进一步界定。

第一，活动教学是坚持以"以活动促发展"为基本教学指导思想的教学。

"以活动促发展"是活动教学的立论基础和实践切入点。历史上诸多教育家关于"活动"与"发展"关系的论述以及当代心理学特别是皮亚杰和列昂捷夫等人关于活动在人的认识、思维、个性等形成发展中的作用的研究，为活动教学的这一基本主张提供了充分的认识基础和理论依据。例如，早在十九世纪，德国著名教育家第斯多惠在论及人的发展问题时就明确指出："发展与培养不能给予人或传播给人。谁要享有发展与培养，必须用自己内部的活动和努力来获得。"皮亚杰在充分论证了个体的认识源自活动的基础上进一步概括道："个体的发展实际上就是练习、经验、对环境的作用等意义上的大量活动的产物。"列昂捷夫则在研究人的意识、智慧与活动的关系的同时，对人的个性这一更为复杂的心理构成物的形成发展机制进行了揭示，指出："个性在任何方面都不是先于人的活动而存在的；个性也和人的意识一样，产生于活动。"

活动教学对现代教学理论和教学实践的突出贡献之一，就是它将"活动"的概念引入教学领域，并将"活动"与"发展"紧密联系起来，鲜明地提出"以活动促发展"的教学主张。"以活动促发展"具有多种涵义：首先，它意味着"活动"与"发展"是教学的一对基本范畴，"活动"是实现"发展"的必由之路。学生主体活动是学生认知、情感、行为发展的基础，无论学生思维、智慧的发展，还是情感、态度、价值观的形成，都是通过主体与客体相互作用的过程实现的，而主客体相互作用的中介正是学生参与的各种活动。其次，它意味着教育教学的过程是一个特殊的活动过程。"教育的最终目的，是要实现教育对象的全面发展，而教育对象的发展，归根到底要靠他的自我作用，靠他在对象化活动中形成内在本质。"教育要改变学生，就必须首先让学生作为主体去活动，在活动中完成学习对象与自我的双向建构，实现自我发展。因此，教育教学的关键或直接任务，是要创造出学生的活动，是要给学生提供适宜的活动目标和活动对象，以及为达到目标所需的活动方法和活动条件。从这个角度来看，"教育、教学目标，不是直接指向学生，而是要指向学生的活动，然后再绕道迂回到实现学生全面发展这个最终目的"。

活动教学坚持将"活动"作为自己理论研究和教学实践的出发点，强调"以活动促发展"的教学指导思想，不仅丰富和扩展了教学论的认识基础，更重要的是它在教学实践中将引起从教学观念到教学操作的一系列变革。正如有的研究者所指出的："学生的认识主要是在实践和活动中发展起来的。认识这一规律的重要意义在于必须使学生在教学过程中活动起来：既动脑，又动手、动口，积极参与教学过程，而不是静听、静观。这是涉及教学观念变革的一项具有根本意义的变革。"无疑，在实践中坚持"以活动促发展"的教学指导思想，将使教学向着有利于学生活动开展的方向，进而向着有利于学生自身发展的方向转变。

第二，活动教学是倡导以主动学习为基本习得方式的教学。

第斯多惠曾指出："一个人要不主动学会些什么，他就一无所获，不堪造就，……人们可以提供一个物体或其他什么东西，但是人却不能提供智力。人必须主动掌握、占有和加工智力。"这段话在一定程度上对主动学习的价值作了相当生动的注解。活动教学认为，学生的学习过程是学习主体对学习客体（包括现实客体和知识客体）主动探索、不断变革，从而不断发现客体新质，不断改进已有认识和经验的过程，而不是如传统教学所认为的是学生通过静听、静观接受现成知识结论的过程。因此，在教学

255

实践中，活动教学倡导以主动学习为基本习得方式，"主张以主动探索发现和解决问题方式掌握人类长期积累起来的关于自然和社会的系统知识，并在经验重组和交流活动中实现对已有认识的突破和创新，达到情感、行为的升华和提高"。

在学习实践中，主动学习既是一种基本的习得方式，同时也是学生学习主体性得以确立和实现的一种基本方式。它从根本上体现了活动教学所主张的"以活动促发展"的精神实质，保证着学生主体活动、主动发展在教学实践中的具体落实。主动学习是一类学习方式的总称，它具体包括探究发现学习、问题解决学习、技能操作学习、交往学习、合作学习、体验学习和有意义的接受学习①等多种学习方式。这类学习一般具有以下几方面共同特征：（1）它是建立在学生浓厚的学习兴趣和强烈的内在学习需要基础上的；（2）它是在学习者对学习对象的主动操作、探索、加工、体验、变革的自主活动过程中实现和完成的，这一过程往往伴随着学习者强烈的情绪体验和克服困难的意志活动；（3）这类学习的目的不仅在于获得知识，更重要的是要通过对知识产生过程的重演、再现，探索和占有镌刻于知识中的人类智慧，即人的价值观、活动方法和认识能力等。因为"活动的观点不仅指向掌握知识，而且指向掌握知识的方法，指向思维和活动的模式和方法，指向儿童的认识能力和创造能力"。

必须强调的是，这类学习方式的运用是有条件限制的，它要受到多种主客观因素的制约，如学生的原有知识经验准备、学习内容的特点、教学时间、教学设施条件和教师作用的发挥等。其中，教师如何发挥作用以及作用发挥得如何，将直接影响学生主动学习的效果。在学生主动探索、主动发现的学习活动中，教师的作用集中表现在两个方面：一是通过再加工、

---

① 根据著名心理学家奥苏贝尔的有意义语言学习理论，有意义的接受学习不是机械的，也不是被动的，它与被动接受学习具有本质的不同。有意义的接受学习要求学生积极主动地把新知识纳入原有知识结构，并不断重建和改组已有认知结构，实现知识的同化。在奥苏贝尔看来，知识的同化过程也包括了问题解决和创造的形式，呈现新材料也不限于教师讲解，还包括学生讨论、自学和其他呈现方式。从这个意义上看，有意义的接受学习也是主动学习的基本方式之一。

再改造，将客观知识在实物水平和言语水平上展开。这种展开不是重演知识产生的原始过程，它包括三种类型：（1）缩短，即对原发现的冗长过程予以剪辑，去掉大量的原始步骤；（2）平坡，即降低原发现过程的难度坡度，使其对学生稍具难度而仍有学习的可能；（3）放大，即突出发现过程的重要环节、关键步骤，以及引起学生的思考和探究等一系列精心设计、编制的步骤，帮助、引导学生的学习活动。二是在展开的同时及时对活动进行简化，即概括化。因为活动的展开不是目的，展开是为了便于学生在活动中理解、内化知识。因此，在对内含知识的活动过程、方式充分展开后，教师就应引导学生逐渐抽取活动中的共同因素，在实物活动基础上增强言语活动水平，剥离活动中的次要、附加及多余成分，达到概括性认识，形成结论。由上可以看出，在主动探索性学习活动中，教师的作用不仅没有被削弱，其主导作用反而加强了，学生对教师的要求也更高了。

第三，活动教学是以问题性、策略性、情感性、技能性等程序性知识为基本学习内容的教学。

活动教学作为一种具体的教学形式，必然有其特定的对象内容。这是因为学生在以教材客体为活动对象并试图掌握它的时候，学生主体活动不可能是任意的。作为特定内容的知识块会以其特有的性质来限定、规定学生主体的"消费"（对知识的占有）方式，它迫使学生主体以知识块所包含的人类活动方式来进行"消费"。或者说，学生"再生产知识"必须以"生产知识"的方式来进行。比如电学的基本定律欧姆定律是德国物理学家欧姆经过长达十年的实验探索才提出来的，学生对这一定律的学习也必须采用实验的方法，而不能单纯地进行语言讲授。这里"生产知识"的方式是实验，而"消费"也必须遵照"生产的方式"来进行。当然，依照"生产的方式"来进行并不意味着重复原始过程，而是根据经过教材和教师简化了的、典型化的方式来进行。由此可以看出，以学生的主动学习为特征的活动教学是要受知识本身特点所制约的，因而是有特定的对象内容和适用范围的。

现代认知心理学的广义知识观，将知识划分为陈述性知识和程序性知识。① 陈述性知识是有关"是什么"的知识，它主要体现为事物的名称、概念、命题、事实等方面的知识。例如，学习"中国的首都是北京"这样的单个命题，所获得的知识即这种知识。这类知识通过教师的讲解就可以为学生所掌握或记忆，因此这类知识通常又被称为记忆性知识。程序性知识是有关"为什么"和"怎么办"的知识，主要涉及概念、规则、原理的理解和应用，解决问题的技能、方法、策略的形成，以及情感的体验，等等。这类知识具有较强的特殊性、个体性和活动性，它关心的是在教学实践中如何通过学生的主动活动促进对概念、原理的理解，以及如何将贮存于头脑中的原理、定律、法则等命题知识转化为技能，实现由静态向动态、由贮存知识向探究知识、由缓慢再现知识向创造性解决问题的转化，从而实现学习能力的发展。因此，这类知识不可能单靠讲授、告诉的方式为学生所掌握，学习者只有通过自己的操作、运算、探究、体验等具体活动才能占有、内化这类知识。从知识的内在特性来看，程序性知识客观上要求必须以活动的方式来实现知识的内化，因而是非常适合以活动教学形式进行教学的知识类型。

但是，需要指出的是，这种知识类型的划分通常更多地具有理论意义，教师在教学实践中如何把握知识内容，设计出适合学生学习需要、学科特点和知识特性的有效活动，关键取决于教师对活动教学思想的领会和对教材的钻研。探讨活动教学知识类型适用性问题的现实意义，在于试图说明并不是所有知识都适合以具体的活动教学方式来教学。作为一种具体的教学形式，活动教学是有一定的知识适用范围的，生动的、富有启发的讲授在某些知识类型的教学中仍是十分有效的。活动教学和讲授教学在尊重学生、重视学生学习主体性的前提下能够各得其所、各显其能，在取长补短、协同配合的过程中实现最佳的整体教学效益。

---

① 认知心理学家安德森主张把知识分为陈述性、程序性两大类，他认为策略性知识也是程序性知识的一部分。

第四，活动教学是以能力培养为核心、以素质整体发展为取向的教学。

活动教学关于"活动"与"发展"关系的基本主张，为"以能力培养为核心、以素质整体发展为取向"的新型教学目的观奠定了合理的认识基础和实践基础。这意味着活动教学不仅在认识上突出了能力培养和素质整体发展的重要性，更重要的是它在实践中找到了促进学生能力及素质整体发展的基本途径——学习者的主体实践活动。传统教学在教学目标的选择和追求上，历来重视知识的学习，而比较忽视学生能力的培养。这种状况表面上表现为一种认识的偏差，但深层上却反映出传统教学在实践中始终没有形成一套促进学生能力发展的有效机制，亦即没有从根本上确立活动在学生能力及素质发展中的应有地位，这就可以充分地说明为什么我们的学生在课堂上辛辛苦苦学习记忆了大量知识，但动手做事的能力和其他方面的素质并未得到相应发展这样一种普遍现象。例如，学生在外语课上花了大量时间背单词、学语法、做题目，却很少在语言情境活动中交往、实践，其结果是到头来只学得了一些外语知识，并未形成真正的语言交际能力。品德课上教会了学生许多道德知识，但由于缺少必要的道德实践活动，不少孩子会讲"大道理"，但不会做诸如助人、谦让等"道德小事"。这样的事例，在我们的现实教学生活中比比皆是。

以能力培养为核心、以素质整体发展为取向的教学目的观，是由活动教学的基本宗旨和实践特点内在规定的，它是活动教学对于教学价值、教学功能认识的集中概括。这一目的观表明，只有在学生丰富多样的主体实践活动中，学生知识的获得、情感的丰富、能力的发展以及人格的独立和完善等等，一句话，学生素质的整体提高才是可能的和现实的。

四、活动教学与杜威"做中学"的联系与区别

活动教学的一个始终不可回避的问题就是我们主张的活动教学与杜威

的实用主义教育理论及他主张的"做中学"是什么关系。由于五十年代我们对杜威的实用主义教育思想进行过全盘否定与批判,人们对活动教学形成了一种特有的心理敏感。因此,当我们在新的历史条件下再谈活动教学时,必须正视二者的关系。

我们认为,杜威的实用主义教育思想中虽有不少极端性、片面性的错误东西,但它在反对灌输式的传统教育、推进现代教育思想与实践发展方面所建立的功绩,是历史性的,它至今仍制约着西方中小学的教育实践。在今天看来,杜威思想中的许多合理成分,如重视教育与生活的联系、强调儿童的亲身实践和主动发展、重视儿童的兴趣经验和需要、重视创造性和个性的培养等等,对于我们研究、实践活动教学乃至实施素质教育仍有着积极的现实意义,是我们应继承的合理思想内核。从这一点来看,我们所倡导的活动教学与杜威的理论是有一定渊源关系的。

但是,如作进一步的比较就会发现,我们所研究的活动教学与杜威的"做中学",无论在思想理论基础还是具体教学主张上又都存在着质的不同。首先,从思想理论基础来看,我们强调的是马克思主义认识论、实践观,而杜威学说的理论基础是主观唯心主义、经验主义和机能主义心理学等。其次,从具体的教学主张来看,杜威在教学内容和课程方面片面夸大儿童的本能、兴趣和生活经验,以局限于儿童生活经验的活动课程取代系统的学科课程;在师生关系方面片面强调儿童的中心地位,过分否定教师的指导作用;在教学方面片面夸大"做""实践""主动作业"的作用而否定系统知识的学习。这一系列片面的认识和主张将杜威的"做中学"引向了极端,最终导致了失败的命运。我们所主张的新型活动教学是在充分吸取了已有历史教训的基础上提出的,在课程观上,它既重视学习的兴趣、经验和活动课程,更强调系统的学科课程的重要性,并将重点置于如何在学科课程的教学过程中贯彻活动的观点、实施活动教学上。这无疑是一种全新的尝试,是与杜威的主张全然不同的。在教学观上,它既强调活动在教学中的重要性,也重视活动的适用范围和条件限制;既重视活动教学的价值，同时也不否定其他教学形式的合理性，主张在教学过程中应实现多种教学形式、方法的协同、互补，发挥整体效益。在师生观上，它既主张在主动学习中确立学生的主体地位，同时更强调教师的主导作用，要求在教学过程中加强教师的指导，形成民主、平等、合作的新型师生关系。这些根本性区别表明，新型活动教学是对历史上包括杜威"做中学"在内的各种活动教学扬弃、发展的结果，它是适应时代发展需要的一种新的教学观和教学形式。

参考文献

[1] 陈建翔. 教育中项论 [J]. 教育研究与实验，1995 (3)：5-8.

[2] 戴本博. 外国教育史：中 [M]. 北京：人民教育出版社，1990.

[3] 第斯多惠. 德国教师培养指南 [M]. 北京：人民教育出版社，1990.

[4] 杜威. 民主主义与教育 [M]. 北京：人民教育出版社，1990.

[5] 列昂捷夫. 活动 意识 个性 [M]. 上海：上海译文出版社，1980.

[6] 马克思. 马克思1844年经济学哲学手稿 [M]. 北京：人民出版社，1985.

[7] 刘会增. 教学活动论 [D]. 北京：北京师范大学，1993.

[8] 潘洪建. 论活动教学 [D]. 重庆：西南师范大学，1996.

[9] 皮亚杰. 皮亚杰教育论著选 [M]. 北京：人民教育出版社，1990.

[10] 皮亚杰. 心理学与认识论：一种关于知识的理论 [M]. 北京：求实出版社，1988.

[11] 宋宁娜. 活动教学论 [M]. 南京：江苏教育出版社，1996.

[12] 唐文中. 教学论 [M]. 哈尔滨：黑龙江教育出版社，1990.

[13] 田本娜. 外国教学思想史 [M]. 北京：人民教育出版社，1994.

[14] 卢梭. 爱弥儿：论教育 [M]. 北京：商务印书馆，1978.

[15] 田慧生. 关于活动教学几个理论问题的认识 [J]. 教育研究，1998 (4)：46-53.

[16] 叶澜. 让课堂焕发出生命活力：论中小学教学改革的深化 [J]. 教育研究，1997 (9)：3-8.

[17] 张焕庭. 西方资产阶级教育论著选 [M]. 2版. 北京：人民教育出版社，1979.

（本文原载《教育研究》1998年第4期）

新中国课程研究的回顾与展望

黄甫全

在世纪交替之际，随着教育和课程改革的不断深化，我们需要对新中国的课程研究进行回顾和展望。"课程研究"这一术语，来自英语"curriculum studies"。在已有的课程文献中，课程研究分为"理论"和"实践"两个层面。课程的理论研究意在建立作为学科的课程理论体系，宗旨是更好地指导课程实践；而课程的实践研究主要是发现、分析和解决课程研制（curriculum development）过程中的各种问题。新中国建立50年来，课程理论研究曾经中断过，但实践层面的课程研究则一直在进行。本文拟就新中国课程研究的历史演进以及未来发展走向，发表一孔之见。

一

50年来，我国课程研究的历史演进，由于受社会的政治、文化或经济改革的强力作用，经历了一段曲折而艰难的路程，可以区分为五个不同阶段：改造阶段、"苏化"阶段、"革命"阶段、恢复阶段和改革阶段。

（一）改造阶段

改造阶段从1949年底持续到1952年，是新中国对旧中国形成的课程理论和课程设置进行改造，制定实施新课程的阶段。1949年12月召开的全国教育工作会议制定的教育和课程改造的基本原则为："建设新教育要以老解放区新教育经验为基础，吸收旧教育某些有用的经验，特别要借助苏联教育建设的先进经验。"[1] 教育部一成立就把课程改造列入重要议事日程，紧锣密鼓地组织开展大中小学课程标准的修订工作。其间模仿苏联，把"课程标准"的称谓改为"教学计划"和"教学大纲"，分别颁布实施了新的中小学教学计划，形成了新的中小学课程。其中既有继承的成分，又有创新的成分。与老解放区的课程和国统区的旧课程相比较，新课程的特点突出表现为：

（1）像老解放区一样取消了"公民训练"以及"社会"中的公民知识内容。

（2）继承了旧中国中小学课程中分科目和活动的结构形式。

（3）发展并规范了集体活动形式，把活动区分为朝会或课间会、周会、校内课外活动以及校外社团活动等四种。

（二）"苏化"阶段

这一阶段从 1953 年至 1956 年。"苏化"即苏联化，即在当时政治、经济和社会全面学习苏联的背景下，教育和课程也全面学习苏联，照搬苏联的教育思想、"课程"理念、"课程"形式和"课程"结构，把苏联"课程"模式照搬到我国。典型表现为：

（1）取消了"课程"的提法，同时也就取消了"课程理论研究"，搬用苏联的"教学计划""教学大纲""教科书"和"教学法"等一整套专门概念及其理论，形成了配套的高度统一的教学思维方式。

（2）套用苏联小学、不完全中学和完全中学的"课程"结构和科目设置，形成了苏联式的中小学教学计划。当时，每年都有新的中小学教学计划出台，都有重大变动，其中有代表性的是 1955 年《小学教学计划及说明》和 1953 年《中学教学计划（修订草案）》。[2]

（3）移植了苏联式中央集权的课程管理制度，全国中小学统一使用一个"教学计划"、一套"教学大纲"和一套"教科书"。苏联于 20 世纪 30 年代初期，以"苏联人民委员会"和"联共（布）中央"的名义，连续制定颁发了《关于苏联中小学结构的决定》《关于中小学教学大纲和教学制度的决定》《关于中小学教科书的决定》[3]，建立起了全苏联高度集权而统一的"教学计划"、各科"教学大纲"和标准"教科书"以及"固定课程表"。而我国政务院分别于 1953 年和 1954 年颁布了《关于整顿和改进小学教育的指示》和《关于改进和发展中学教育的指示》[4]，统一了全国中小学的"教学计划""教学大纲""教科书"以及固定的"课程表及教学进度"。

（4）模仿苏联中小学主要科目的内容结构。比如苏联的历史科目包括古代史、中古史、近代史、苏联史、附属国和殖民地国家的近代史。[5] 我国的历史科目就包括世界古代史、中国古代史、世界近代史和中国近代史。又比如苏联的地理科目包括自然地理、外国自然地理、苏联自然地理、外国经济地理和苏联经济地理。[6] 我国的地理科目就包括自然地理、世界地理、中国地理、中国经济地理和外国经济地理。

（5）规定外国语科目主要开设俄语。1954 年教育部发布专门通知规定："高中设外国语科，一、二、三年级每周授课时数均为 4 小时；从一年级起授俄语；个别地方如缺少俄语师资的可授英语；二、三年级原授英语的，可继续授英语，如有俄语师资而学生又愿意改授俄语并对英语教师能作妥善安置者，可改授俄语。" 1956 年教育部又发布初中恢复外语科的通知，规定各地中学教俄语和英语的比例暂定各为 50%。[7]

（6）引进与移植苏联的教科书及其制度。我国 1950 年组建了人民教育出版社，专门编辑出版中小学教科书及一般教育用书。1954 年制定了经教育部党组批准的人民教育出版社《关于本社当前任务、编辑方针、组织机构及组织领导的决定》，明文规定："数学和自然科学教科书应吸取苏联先进成果，以苏联最新出版的教科书为蓝本，结合中国实际情况予以适当改编。对苏联教材的整个思想体系与基本学科内容不作大的变动，只对其中不适合中国实际情况的具体材料加以适当的更改或补充。语文、历史、地理等教科书必须自编，苏联在这方面的编辑原则、方法和经验，应尽量吸收。世界自然地理、世界经济地理及世界史等也可以苏联课本为蓝本，加以适当改编。"[8]

（三）"革命"阶段

这一阶段从 1957 年至 1976 年，持续了整整 20 年。其间，中小学课程实践为政治运动所左右，形成了"劳动化""本土化""大革命"三个亚阶段。

1."劳动化"亚阶段

这一亚阶段大致从 1957 年到 1959 年，课程研究从"苏化"这一极端，走向"劳动化"的另一极端。到 50 年代中后期，一方面学苏联走极端已在政治、经济和文化教育等实践中引起了大量严重问题；另一方面中苏矛盾摩擦越来越激烈，所以各个领域开始纠正学习苏联的偏差，课程领域也是如此。在教育上，1957 年毛泽东同志提出了著名的"培养劳动者"的教育方针。1958 年 3 月召开的第四次全国教育行政会议正式决定，在一切学校中，必须把生产劳动列为正式课程。这期间，课程出现如下变革：

（1）形成了"劳动化"课程。按《1958—1959 学年度中学教学计划》计算[9]，把全年体力劳动和参观天数按每天 8 学时换算为 960—1632 学时，加上"生产劳动"课的 404 学时，规定的"劳动"课时达 1364—2036 学时，占总时数的 18.29%—26.35%。这只是书面计划。实际上，在"大跃进"的高潮时期，高、中等学校以及许多小学均已停课。

（2）下放课程管理权力。1958 年 8 月，中共中央、国务院发布的《关于教育事业管理权力下放问题的规定》明确指出，在课程体制上，"各地方根据因地制宜、因校制宜的原则，可以对教育部和中央主管部门颁发的各级各类学校的指导性教学计划、教学大纲和通用的教材、教科书，领导学校进行修订补充，也可以自编教材和教科书"。

2. "本土化"亚阶段

这一亚阶段大致从 1960 年到 1965 年。在检查和批评文教战线的"共产风、浮夸风、强迫命令风、干部特殊风和瞎指挥风",贯彻执行"调整、巩固、充实、提高"八字方针的背景下,课程体系进行了全面调整。1963 年颁发实施了《全日制中小学教学计划(草案)》[10],初步形成了具有时代性的本土化课程体系。这一课程体系的特点有:

(1)以"苏化"时期建立的课程体系为基础。1963 年颁发实施的《全日制中小学教学计划(草案)》,在课程设置、课程门类、课时分配和进程安排上,与 1955 年《小学教学计划及说明》和 1953 年《中学教学计划(修订草案)》基本一致。

(2)保留了"劳动化"亚阶段强化了的劳动课程。中小学均开设"生产常(知)识"课程,小学四年级以上劳动半个月,中学则每年劳动一个月。

(3)建立了综合性的政治、语文、数学、生物、历史、地理等课程。

(4)中学设置了选修课程。高中三年级开设选修课程,学校可根据师资设备等条件,酌设农业科学技术知识、立体几何和解析几何、制图、历史文选、逻辑等选修课,学生可以根据志愿和爱好,任选一门或两门。选修课不进行考试。

(5)小学增加了外国语课程。师资条件具备的一部分全日制小学在五、六年级开设外语课,每周 3 课时,适当减少语文、数学课时。

(6)增加了课时。与《1957—1958 学年度小学教学计划》和《1958—1959 学年度中学教学计划》相比,语文、数学、物理、化学、音乐等课程增加了课时,每年教学周增加了,每周课时也较大幅度增加了。每学年授课总课时,小学从 5336 课时增加到 6620 课时,中学从 6094 课时增加到 6708 课时。

3. "大革命"亚阶段

这一亚阶段从 1966 年开始,一直持续到 1976 年。这是"文化大革命"时期，经济、政治、文化被"大革命"，教育和课程也被"大革命"，高等学校招生考试制度被取消。

（四）恢复阶段

这一阶段从 1977 年到 1984 年。1976 年底，"文化大革命"结束；1977 年恢复普通高等学校招生考试。大中小学教育教学秩序走向正常，课程进入全面恢复时期。

（1）中小学课程逐步恢复到"文化大革命"前的模式。从 1978 年开始国家逐步修订颁发了数种中小学教学计划，其中比较典型的是 1981 年颁发的《全日制六年制重点中学教学计划（试行草案）》[11]，1984 年颁发的《全日制六年制城市小学教学计划（草案）》和《全日制六年制农村小学教学计划（草案）》[12]，基本上是对 1963 年颁发实施的《全日制中小学教学计划（草案）》的恢复。

（2）恢复以学科课程为主的课程结构。小学开设 12 门学科课程，中学开设 14 门学科课程。

（3）在高中二、三年级以限定选修课形式，建立起了文理分科教学的分科选科制度。

（4）恢复了课程理论研究。在教育界一些学者的努力下，课程理论研究开始恢复。课程理论研究的内容主要有三方面，一是总结 50 年代以来我国课程研究的经验教训，二是介绍引进国外急速发展中的课程理论知识，三是研究课程实践中存在和出现的理论问题。

（5）创办了全国性的课程研究机构和学术刊物。1981 年，由人民教育出版社主办的课程理论学术刊物《课程·教材·教法》创刊；1983 年，直属教育部的课程教材研究所建立，与人民教育出版社合署办公。

（五）改革阶段

这一阶段从 1985 年开始持续至今。背景是经济体制已经在从计划经济向市场经济转型，政治体制改革已经提出和启动，文化开始突破"一统化"，走向多元化。课程被牵动而开始了适应社会发展需要的改革进程，表现出的特点为：

一是确立了课程改革的指导思想。1985 年颁布的《关于教育体制改革的决定》提出："改革的根本目的是提高民族素质，多出人才、出好人才。""要改革同社会主义现代化不相适应的教育思想、教育内容、教育方法。"[13] 1999 年国务院批转教育部的《面向 21 世纪教育振兴行动计划》，其中将课程改革指导思想明确化和具体化为改革课程体系和评价制度，"2000 年初步形成现代化基础教育课程框架和标准，改革教育内容和教学方法，推行新的评价制度，开展教师培训，启动新课程的实验。争取经过 10 年左右的实验，在全国推行 21 世纪基础教育课程教材体系"。

二是编制了新的课程。1985 年启动了新时期第一轮中小学课程改革，先开展义务教育阶段课程整体改革研究，随后又开展了高中课程整体改革研究。在研究的基础上，1992 年颁发了《九年义务教育全日制小学、初级中学课程计划（试行）》及配套的 24 个学科教学大纲（试用）；1994 年，在每周工作 44 小时的新工时制条件下，又进行了调整，形成了两套最新的方案[14]；1996 年印发了《全日制普通高级中学课程计划（试验）》[15]。

三是课程改革取得了突破性的成就。新的义务教育课程克服了过去的小学与初级中学相互脱离的问题，在课程纵向结构上实现了小学与初级中学的一体化[16]。新的高中课程，意在与新的九年义务教育课程相衔接，同时使高中教育更好地适应 21 世纪经济和社会发展的需要，提高高中办学的质量和效益[17]。课程改革取得的成就主要表现为：

（1）明确提出了小学、初级中学和高级中学阶段的培养目标，实现了三个阶段目标的统一、连贯和递增，突出了基础性、时代性和针对性的特征。

（2）加强了德育。首先从小学三年级开始开设社会课，着重进行历史、地理方面的教学，同时增加了初中历史、地理等课的学时，为落实和加强中国近现代史教育和国情教育提供了学时保证。其次，对各学科都明确提出结合本学科特点对学生进行德育的具体要求。最后，对各类活动提出了进行德育的具体要求。

（3）优化了课程结构，有利于对学生进行德智体等各方面的教育。第一，构建起了学科类课程辅之以活动类课程的课程结构模式。第二，初中增加了适量的职业技术教育的内容，形成了文化基础教育为主、职业技术教育为辅的课程内容结构。第三，调整了各类学科课时的比例，适当降低了语文、数学和外语等学科学时在总学时中的比例，略为增加了社会科学类和自然科学类课程的学时，适当提高了体育、美术、劳动课的学时比例。第四，增强了课程的灵活性和多样性。

（4）增强了课程的弹性和可选择性。义务教育阶段，设计了"五四"和"六三"两种学制的课程计划；高中阶段，为"升学型""职业型""综合型"三种办学模式提供了可以选择的不同课程安排。

（5）提出了课程由中央、地方和学校三级管理的构想。新课程明确规定了国家、省份以及学校对于课程管理的职责和权限，给予了地方和学校更多的自主权。

（6）对考试考查作了明确规定。为了控制和减轻学生过重的学业负担，规定了义务教育阶段的学期、学年和毕业的终结性考查、考试都属于学生合格水平的考核；每学期只进行一次考试，严格控制各级统一考试。

四是课程理论研究取得一系列标志性成就，表现为：第一，课程论从教学论中独立出来成为教育学科体系中的一门分支学科；第二，课程理论概念和术语为教育行政界和教育实践界所接受和使用，课程方案、课程计划、课程标准、课程编制、课程实施、课程评价等术语开始流行和使用；第三，出版了一批有影响的课程论专著，发表了大量的课程研究学术论文；第四，建立了全国性的课程学术组织并开展了活动，1997年成立了"中国教育学会教育学分会课程专业委员会"，并在广州主办了"全国首届课程学术研讨会"。

二

目前，我国课程研究在实践上处于深化阶段，理论上处于发展时期，两者均打着社会和教育新旧交替的烙印，虽然取得显著成就，但尚存在一系列问题。

（一）课程形态仍然是传统的学科课程

课程形态，是与一定的社会文化相匹配的课程成分、课程内容和课程形式的统一体，是随社会文化的发展以及教育体系的发展而不断变化发展的。从古至今，依次形成了原始课程、艺术课程、学科课程和经验课程四种形态。学科课程是以学科的形式来组织教学内容的一种课程，它以人类对知识经验的科学分类为基础，从不同的分支科学中选取一定内容来构成对应的科目，从而使教学内容规范化、系统化。学科课程实质上就是分科课程，它强调将学科分解到单一知识系列，以获得教学内容的清晰性和教学效率的高效性。

我国的学科课程形态有两方面的历史渊源：一是本世纪初，引进日本的课程模式；二是 50 年代，引进苏联的课程模式。清末民初，我国在引进西方新学制的同时，引进了配套的课程体系。当时主要是从近邻日本引进的，而日本的课程模式却源自德国的分科课程形态，是以赫尔巴特（J. F. Herbart）等主张的传统教育思想为灵魂的、与集权社会相匹配的传统课程模式。这样的课程形态被引进后，与当时的集权政治相合拍，就落地生根了。后来留美回国的杜威（J. Dewey）的门生们，诸如陶行知等，曾进行了不懈的批判斗争，再加杜威本人来华推动，经验课程对分科课程形成了超越之势。但是到了 50 年代初，我国在学习苏联的过程中操之过急，走了极端而全盘"苏化"的道路，引进了苏联 30 年代成型的课程模式。这一课程模式，则是德国赫尔巴特分科课程模式的苏联版，格外僵化、保守。我国 1963 年颁发的课程，从其内在实质上讲，就是这两个来源结合的产物，它把传统的学科课程中国化了。

到 70 年代末，我国恢复高考，匆忙中颁发实施的中小学课程，实际就是 1963 年课程的翻版。80 年代以来，历经 10 余年的课程改革，各方面均有了改变，但是作为课程形态的学科课程模式，在总体上基本没有被触及、没有被改变。

学科课程在内容和结构上，重视学科经典内容的学习，忽视学生学习习惯和人生态度的培养，忽视学生的实践和经验。在课程实施中，以教师、课堂和书本为中心，采用讲授、灌输方式，忽视交流、合作、主动参与、探究等学习方式。

（二）课程观念陈旧

因为受封建陈腐观念残余的影响和受来自西方的传统课程观念的限定，再加上现实社会转型过程中保守观念的维护，所以我国课程观念至今仍然十分陈旧。

（1）在课程本质观念中，"计划说"仍然占据主导地位。国外对课程本质的阐释，有三种典型的观点：一是"计划说"，即把课程的本质看成一种书面"计划"；二是"经验说"，即把课程的本质看成学生获得的全部"经验"；三是"预期结果说"，即把课程的本质看成一种"预期教育结果"[18]。而在我国，对课程本质的探讨经历了近 20 年，出现了多种观点，但是专题考察表明："对课程的本质涵义，研究者们越来越倾向于把它看成是旨在使学生获得的教育性经验的计划。"[19]

（2）在课程价值观念上，仍是片面的社会政治本位。从 1958 年到 1978 年，强调和实施的教育方针是"教育必须为无产阶级政治服务"，学校建立和实施的是作为政治工具的各种课程，形成了普遍的"社会政治本位"的课程价值观念。80 年代以来，强调和实施的教育方针是"教育必须为社会主义现代化建设服务"，因为"当前最大的政治就是经济建设"，所以为社会经济服务，实质也是为社会政治服务。

（3）在课程构成观念中，一方面把课程载体构成狭隘化为"教材"，缺乏课程包括多媒体课件的现代观念；另一方面把课程实质构成狭隘化为"教学内容"，将内容与目的目标、手段、方法、评价等割裂开来。

（4）在课程过程观念中，受课程本质的"计划说"局限，仅仅把课程过程理解为课程设计或规划过程，局限于明确指导思想、原理分析、目标确定、内容选择和内容组织，把课程编制仅仅看成是课程方案的编制，即制定课程计划、编制课程标准和编写教材。这种狭隘的课程过程观念，与陈旧的课程本质观念一起，把人们的课程行为限制在了"课程规划或计划"阶段，导致课程改革中往往割裂和轻视课程的实施和课程的评价。

（5）借"后现代"之躯还儒家传统思想之魂，强调"天命"下贯而成"人性"的道德教化的课程追求。发源于西方的后现代主义思潮，核心追求是"工具理性还原"，承认情欲是人之本性，承认理性是人的本质力量，但批判"人类中心主义"，批判理性异化为支配人的外在力量，批判"理性至上主义"，主张把理性从"至上"的异化状态还原为为人性实现服务的工具地位。传统儒家思想强调"天人合一"，被看成是与西方的后现代主义思潮相契合的，进而被突出强调为生态教育的理念追求。其实，"天人合一"的传统，强调"天命"下贯而成"人性"，以"天理之性"统一人的"气质之性"，强调人通过"践仁"的"道德实践"，去实现最抽象的"道德理性"。这显然是与后现代主义的根本追求背道而驰的。

（三）课程体制的"理论、行政与实践"三张皮

在我国，一方面非常重视理论与实践相结合，另一方面却存在课程理论与实践严重相互脱离的问题。实际上这里存在一个认识偏差的问题，过去人们只肤浅地注意了理论与实践"两张皮"问题，忽视了教育中理论、行政和实践三个层次的特殊相互关系。事实上，我国课程体系存在着理论、行政与实践"三张皮"的问题，对行政力量的中间干涉重视不够、研

究不够。课程行政从中央、省、地、县到乡，形成了一个完善而独立的系统和层面；由于独特的历史境遇，课程行政获得了"过度膨胀"的权力，课程理论一直呈"虚弱"状态而被迫成为"装饰工具"，进而导致课程实践出现"形式主义"的现象，演绎出了我国课程界特有的理论、行政与实践三张皮相互严重脱离的问题。

（四）目的不明与目标混乱

从表面上看，我国是最重视教育目的和目标的，但实际上我国的教育目的和目标却存在严重问题，集中表现为目的不明和目标混乱。在教育目的上，有"培养劳动者""培养接班人和建设者""培养'四有'新人""培育'四有'公民"等多种提法，还有其他不同提法，但没有一个能起统率作用的、明确的教育目的。教育目的不明，教育目标就必然混乱，我国至今缺乏全面的、系统的和科学的可以落实的教育目标体系。

（五）内容膨胀

我国的教育内容根本上还是西方近代形成的百科全书式分科内容体系，是一个陈旧的但独立的内容体系。体系不改，随着文化的大发展，老内容出不去，新内容又必须进来，结果必然是内容膨胀。于是，相关的问题成堆，而且愈演愈烈；学生负担越来越重，书包从挎包到背包再到拉包；教师负担也随之越来越重；学生体质下降，近视比例越来越高；教育脱离实际需要；用非所学；等等。

（六）方法异化

本来，教育教学方法只是手段，是为目的目标、内容服务的。但是，一方面，我国的教育体制决定了，教育目的目标以及教育内容是全国统一和被规定好了的，这使广大教育第一线的教师对它们难以有所作为，只能在教育教学方法上一味地努力；另一方面，在我国的课程里，教育教学方

273

法没超越授受式灌输的传统，这就给予了广大教师在方法的努力上以无法超越的历史限定。于是造成了教育教学实践中，人们普遍地努力追求方法改革，追逐科学化方法，进而扭曲为标准化方法。德育搞灌输，智育也搞灌输，教育教学方法唯灌输是举，方法异化为目的，内容变成了方法的实现载体。所以，满堂灌、题海战术、频繁考试、体罚、办各种类型补习班，导致学生厌学、教师厌教。

（七）课程评价扭曲

在我国课程中，评价环节一直被忽视。而在课程评价中，又表现出严重的偏向：重视评价的工具性，忽视评价的本体性；重视成就性评价，忽视诊断性评价；重视结果性评价，忽视发展性评价；重视终结性评价，忽视过程性评价；重视量化评价，忽视定性评价；重视科学性评价，忽视人文性评价。特别是高考制度作为最有影响力的评价环节，成了各级各类教育评价乃至各级各类教育的"指挥棒"。评价被扭曲，进而影响了整个教育的健康发展。

三

针对上述问题，循着50年来新中国课程研究发展的基本脉络，笔者集数年的课程研究的心得认为，随着经济、政治体制改革的深化和文化与科技的长足发展，在21世纪上半叶我国的课程研究必将产生突破，呈现如下发展趋势。

（一）构建新型课程范式

到21世纪上半叶，我国课程研究和课程改革的主题必然是"课程现代化"，这已成为共识。但对课程现代化的实现机制，人们有三种不同见解：一是"渐进说"，二是"突变说"，三是"渐进突变统一说"。[20] 笔者是主张"突变说"的，认为当代我国课程研究和课程改革的发展，必然也必须超越现行的"学科"课程范式，构建"整合"课程范式，实现课程范式的突变。也有人称，要构建新的"课程形态"①。

主张"突变说"，是基于对"课程范式的周期性突变律"的认识[21]。在有文字记载的数千年人类文明史上，产生和存在着四类常规课程，寓于其中的是四种课程范式，一是"原始"课程范式，二是"艺术"课程范式，三是"学科"课程范式，四是"经验"课程范式。

这已有的四种课程范式把儿童和教育内容看成对立的，要么片面地出发和落脚于作为客体的内容，要么片面地出发和落脚于作为主体的儿童，使课程中出现了主客二分，它们均属于"主客二分"型课程范式。而当代课程改革的理想从一开始便立意超越"主客二分"，走向"主客统一"。这首先表现为布鲁纳（J. S. Bruner）提出的新主张：课程改革的目标就是要实现作为客体的"学科结构"与作为主体的"认知结构"的整合。然后表现为马斯洛（A. H. Maslow）等人本主义心理学家强调，课程既要实现儿童的"认知"与"情意"的整合，还要实现儿童的认知发展和情意发展、文化发展的整合。这是与已有的"主客二分"型课程范式截然不同的、崭新的"整合"型课程理念和范式。在这样的大背景下，当今我国课程改革的实质，显然是实现课程范式从"主客二分"向"整合"的转型。

（二）建立大课程观

我国现行的课程观，实际上是一种"小"课程观，已经严重不适应课程改革深化的要求。为了解决这一问题，预期到21世纪初叶，一种超越性的大课程观将会在我国逐步形成并成为主流观念。

1. 关于课程本质观

人们将树立全面的观点，把课程既看成是一种"教育计划"，也看成

---

① 1999年1月上旬教育部召开基础教育课程改革专家工作组成立会议，教育部基础教育司副司长朱慕菊提出，课程改革建立的新课程要实现学生学习方式的转变，从过去的被动学习转变为主动学习，实质就是要构建新的课程形态。

是一种"预期教育结果",还看成是学生获得的一种"教育经验",等等。进而我们还将站到人的本性是"活动"的高度,把课程看成"一段教育进程",课程将不仅仅是存在于"观念状态"的可以分割开的"计划"、"预期结果"或"经验"了,它根本上是生成于"实践状态"的无法分解的整体的"教育活动"。既然是"教育活动",就必然现实地而不是抽象地包含着和涉及着教育的各个要素和各种成分、教育的方方面面。从这个意义上,课程实质上就是实践形态的教育,课程研究就是实践形态的教育研究,课程改革就是实践形态的全面的教育改革。所以,课程研究和课程改革就是一种涉及社会的方方面面的、需要全社会参与的社会性的教育行为,而不仅仅是教育领域内部的仅仅涉及教育内容的孤立的"课程"行为。

2. 关于课程价值观

到 21 世纪,人们将形成辩证整合的课程价值观,并以"学生为本课程"加以实现。辩证整合的课程价值观至少包含以下方面:(1)个人需要与社会需要的整合,强调个人需要。(2)个体需要与群体需要的整合,强调个体需要。(3)社会政治、经济、文化、科技等需要的整合,解决课程的社会价值的割裂问题。这有两个层次:①政治、经济与科技、人文价值的整合,强调文化、科技需要;②各种社会价值整合为整体性社会价值。(4)个体身心需要的整合,解决课程的个体价值的割裂问题。这也有两个层次:①身体、认知、情感、欲望之间价值的整合,强调身体、情感与欲望需要。②各种个体价值整合为整体性个体价值。(5)人文与科学的整合。(6)公平与效益的整合。(7)普及与提高的整合。(8)阶段与终身的整合。

3. 关于课程系统观

课程系统结构有两个维度:共时态和历时态。就共时态而言,课程系统由教育者、学习者和内容三大要素构成。就历时态而言,课程系统的要素有"关于个体和社会的理论""教育目的和目标""教育内容""活动样式""效果""评价"。

因此，课程研究特别是课程改革，是一项系统工程。课程改革，实质上不局限于内容的范围，从共时态看，必须包含教育者、学习者与内容的同时改革；从历时态看，必然包含理论、目的目标、内容、活动样式、效果和评价等的整体改革。

4. 关于课程构成观

课程构成包括物化构成和层次构成两个方面。在物化构成上，要超越课程就是教材的观念，扩大为课程材料，包括课程原理、课程计划、课程标准、课本、教学指南、教师指导、补充材料、课程包（多媒体课件）等。在层次构成上，课程由学者的理想课程、政府的官方课程、学校的校方课程、教师的所教课程与学生的所学课程构成。

这样，课程研究以及课程改革，一方面，不能仅仅把着力点放在课程计划、课程标准和课本上，还必须重视课程原理、教学指南、教师指导、补充材料和课程包，尤其要重视多媒体课件；另一方面，不能囿于理想课程和官方课程而让校方课程、教师所教课程和学生所学课程放任自流了，必须系统地规划、实施和评价理想课程、官方课程、校方课程、教师所教课程与学生所学课程。规划、实施和评价的展开逻辑，也将从"理想课程→官方课程→校方课程→教师所教课程→学生所学课程"，转换为"学生所学课程→教师所教课程→校方课程→官方课程→理想课程"。

5. 关于课程过程观

因为课程是一段教育进程，所以课程就不仅仅是课程研制的产物，而且是一种过程。课程过程包括微观过程与宏观过程两个层次。课程微观过程就是课程研制过程，由课程规划、课程实施与课程评价三个环节构成。在课程研究和课程改革中，不仅要重视课程规划过程中的原理分析、目标确定、内容选择和内容组织，以及制订课程计划、编制课程标准和编写教材等，更要重视教学目标、教学设计、教学策略和方法以及组织教学等课程实施过程，同时重视教学评价和课程评价等。

课程宏观过程实质是一种课程创新过程，包括课程改革和课程变迁过程。需要建立课程改革、课程变迁以及课程创新的经常机制，使课程始终处在变化发展之中，从过去的"死"课程嬗变为现代的"活"课程。

6. 关于课程与教学的关系

从夸美纽斯（J. A. Comenius）1632 年出版《大教学论》以来，人们长期信奉"教学包含课程"的大教学观。20 世纪以来，随着课程论诞生而成为一门独立的教育学分支学科，许多人开始信奉课程与教学是两个相互独立又相互联系的领域。当代，持续的课程改革牵动了教学改革，人们开始相信，课程实质上包含着教学。在我国，"教学包含课程"的大教学观至今仍然占支配地位。近来一些学者呼吁建立课程独立于教学、课程论独立于教学论的观念，已得到了广泛的回应。其实，当代课程既不包含于教学，也不独立于教学，课程实质上包含着教学。我们需要从大教学观走向大课程观。

（三）构建课程研究和课程改革运行的新机制

长期以来，我国课程研究和课程改革的运行机制是"中央一统的政府行为"。其特点，一是"中央集权"，二是以行政为唯一机制的纯粹的"政府行为"。很明显，这是一种缺乏"理论参与和指导"的运行机制，是不完善的。到 21 世纪，我国的课程研究与课程改革的运行机制需要在三个方面改进和创新。一是改变中央集权的状况，课程决策权将实行中央、地方与学校三者分享。二是创新"学术行为"机制，基本构想是全国建立和运作"基础教育课程改革专家工作组"，有关大学建立"基础教育课程改革实验与指导中心"，有关地区和中小学幼儿园建立"基础教育课程改革实验基地"，三者协调合作，实施课程研究与课程改革实验的"学术行为"。三是建立课程研究与课程改革的动态机制。课程研究与课程改革的运行实行"学术行为"与"政府行为"的有机结合，先通过"学术行为"机制开展课程研究与课程改革实验，建立起新的课程体系和课程模式；再通过

"政府行为""破旧立新",组织实施新课程体系和新课程模式;进而运用动态机制,使课程研究与课程改革成为一种连续的社会性行为,从而使课程处于不断发展过程之中。

(四) 明确教育目的和建立教育目标体系

当代对我国教育目的有多种提法,各有历史渊源和现实依据,但适用范围有别。我们认为,其中具有一般性,适用于中国全境和全社会的当是"培育有理想、有文化、有道德、有纪律的公民"①。所谓公民,是现代公民,教育需要培养他们具有"现代公民意识""现代公民道德""现代公民智慧"。[22] 我国长期缺乏一套完整的具有科学性的教育目标体系,导致教育目的与教育实践和课程实践之间缺失有机联系,使得教育活动与课程改革、课程实践长期处于经验的或盲目的状态。21 世纪,我国必须也必然要建立起具有操作性和科学性的教育目标体系。这一教育目标体系可以考虑以"三基一个性"为内核,即基础知识、基本技能、基本能力和健康个性。

(五) 更新教育内容

教育内容是教育目的和教育目标得以实现的保证,新的教育目的和教育目标体系要求新的教育内容与之配套。当代我国的教育内容不仅十分陈旧,而且具有僵化的封闭性。更新教育内容,需要采取两项革命性的举措。第一,更新教育内容的结构形式,使教育内容结构从"学科"转变为"类"与"范畴"的有机结合。从内容与儿童之间的相互关系看,一方面,教育内容可以分为"工具类""人文类""科学类"等三大类;另一方面,

---

① 1986 年颁发的《中共中央关于社会主义精神文明建设指导方针的决议》提出,"培育有理想、有道德、有文化、有纪律的社会主义公民"。之后,党中央多次提出和强调"培养公民"问题。直到党的十五大,江泽民代表党中央再次指出并强调,我国当代文化建设的一项长期而艰巨的任务是"培育适应社会主义现代化要求的一代又一代有理想、有道德、有文化、有纪律的公民"。

教育内容又可以分为"基础知识范畴""基本技能范畴""基本能力范畴""健康个性范畴"等四个范畴。第二，更新选择新教育内容的主体。组织杰出的自然科学家、工程师和社会科学学者，脱离开现有课程和教材，独立地按照有关原则重新选择出新的中小学幼儿园教育内容。

（六）建立课程实施指导机制

长期以来我国的课程实施，实际上只是中小学幼儿园教师被动"执行"课程的过程。课程改革要求中小学幼儿园教师转变为主动的课程研制者，这就需要建立满足教师需要的课程实施指导机制。一是在师范教育与教育培训中设置"课程研究"学程和学分，使教师掌握课程研究和课程实施的基本知识和基本技能。二是建立各级"课程研制（发展）中心"，通过课程专家对教师进行课程实施指导。三是在教育督导中，建立课程督导的机制。四是中小学幼儿园建立自己的课程研制机构、完善课程实施指导的机制。

（七）建立课程评价体系

在严格的意义上说，长期以来我国缺乏自觉的课程评价机制，到 80 年代末期，才开始注意课程评价的问题。21 世纪，我国课程研究和课程改革发展的必然趋势之一，是建立课程评价体系。（1）新的课程评价体系必须是全方位的。在某种意义上，它就是我国的教育评价体系，其中最难的也是最关键的是要把高校招生考试制度纳入课程评价体系之中，超越现行的高考制，建立起新的注册制。（2）课程评价体系必须是过程评价与终结评价的有机结合，其中课程过程评价的机制是尤为重要的。（3）课程评价体系必须是外部评价与内部评价的有机结合。（4）课程评价体系必须是课程过程的"产品"评价与"效果"评价的有机结合。

根据境外和国外的经验，建立新的课程评价体系需要三方面的条件：一是普及的和高质量的中小学幼儿园教育，为普及高等教育提供充足而合格的生源；二是普及高等教育，一般应达到能接纳已经普及了的高中教育的 60% 以上的毕业生进入大学；三是需要一个相当长的过程，如我国台湾，1968 年取消初中升学联考，直到现在决定，于 2000 年取消高中联考，到 2002 年取消大学联考，进而才正式确立新型的教育评价体系，前后历经 35 年余。

（八）建立新的课程体系

到 21 世纪，我国课程研究和课程改革发展的目标必然是构建起一套与社会主义现代化相匹配的新的课程体系。这一新的课程体系，我们将其设计、描述和概括为"多元化的课程体系"，其具体内涵是：（1）多级分权的课程体制，包括国家课程、地方课程和学校课程。（2）多种类型的课程计划。从层级结构看，包括全国课程计划、地方课程计划和学校课程计划；从类别结构看，可以分为一类课程计划、二类课程计划和三类课程计划等。（3）多层次的课程标准。从层级结构看，包括基准性课程标准、提高性课程标准和超越性课程标准，进而与三类课程计划相匹配，形成至少九个层次的课程标准。（4）多风格的教学材料，包括结构上的多风格，如教程式、学程式等等；装帧上的多风格，如简朴的、精致的等等；组合上的多风格，如教材式、课件式等等；媒体上的多风格，如传统媒体的、现代多媒体的等等；理念上的多风格，形成不同的心理学流派和教育学流派的多种教材。

参考文献

[1]《中国教育事典》编委会. 中国教育事典：初等教育卷 [M]. 石家庄：河北教育出版社，1994：4.

[2] 刘英杰. 中国教育大事典：1949—1900：上 [M]. 杭州：浙江教育出版社，1993：358，370.

[3] 瞿葆奎. 教育学文集：苏联教育改革：上册 [M]. 北京：人民教育出版社，1993：251-266.

[4] 瞿葆奎. 教育学文集：中国教育改革 [M]. 北京：人民教育出版社，1991：131-142.

[5] 同 [3] 273-275.

[6] 同 [3] 269-271.

[7]《中国教育事典》编委会. 中国教育事典：中等教育卷 [M]. 石家庄：河北教育出版社，1994：56，64.

[8] 同 [2] 144.

[9] 同 [2] 374.

[10] 同 [2] 359-375.

[11] 同 [2] 377.

[12] 同 [2] 361-362.

[13] 同 [4] 797-810.

[14] 国家教育委员会. 实行新工时制对全日制小学、初级中学课程（教学）计划进行调整的意见 [J]. 课程·教材·教法，1994（9）：2-5.

[15] 国家教委基础教育司. 关于印发《全日制普通高级中学课程计划（试验）》的通知 [J]. 课程·教材·教法，1996（6）：1-4，9.

[16] 马立. 关于《九年义务教育全日制小学、初级中学课程计划》的若干说明 [J]. 课程·教材·教法，1992（11）：4-10.

[17] 金学方. 关于《全日制普通高级中学课程计划（试验）》的介绍 [J]. 课程·教材·教法，1997（1）：1-3.

[18] 黄甫全. 课程本质新探 [J]. 教育理论与实践，1996（1）：21-25.

[19] 张廷凯. 我国课程论研究的历史回顾：1922—1997（下）[J]. 课程·教材·教法，1998（2）：10-16.

[20] 王永红，黄甫全. 课程现代化：跨世纪的思考：首届全国课程学术研讨会述评 [J]. 课程·教材·教法，1998（2）：1-9.

[21] 黄甫全. 论课程范式的周期性突变律 [J]. 课程·教材·教法，1998（5）：8-13.

[22] 黄甫全. 当代社会生活善变与人的素质提升 [Z]. 台北："人文关怀与社会实践"系列学术研讨会，1999.

（本文原载《教育研究》1999 年第 12 期）

试析反思性教学

熊川武

反思性教学（reflective teaching，又译为反省性教学等）是近些年在西方一些发达国家兴起的新的教学实践。它的开创性特征与尚需进一步完善的方面同时引起了人们的注意。这里对其起因、特征、模型、缺陷等进行评说，以便"借石攻玉"，在我国教学领域里发挥其积极作用。

反思性教学的起因

早在 20 世纪初，杜威在《我们如何思维》《逻辑：探究的理论》等书中认真论述过反思性思维（reflective thinking）问题，虽未明确使用反思性教学这个概念，但由于这些书尤其是《我们如何思维》实际上是论述思维与教学的（孟宪承与俞庆棠将 *How We Think* 译为《思维与教学》）[1]，因此有人认为强调教学的反思性等于提倡反思性教学，进而认定杜威是反思性教学的倡导者，并根据杜威的一系列见解推演出"开发反思性教学意味着对某种情境或人作出积极反应的习得的意向。这些意向中最重要的是思想开放性、责任性和执着性"[2]。但杜威所处的时代决定了反思性教学不可能全面展开，主要原因有二：一是揭示反思性教学机制的工作没有较大程度的完成，如人们对反思性教学中教学主体的特征和教学要素的相互作用等知之不多。二是反思性文化高潮尚未到来，人们缺乏自觉反思的意识。此外，杜威的整体教学思想中存在一定的不合理性，如对直接经验的过分推崇等，这也使得有些教学工作者对反思性教育持怀疑态度。[3]

杜威之后，时代发生了深刻的变化，诸多变化孕育了反思性教学。

第一，反思性文化的出现，强化了教学主体的反思意识，为反思性教学的面世作了思想上的准备。人们知道，萌发于本世纪初、大兴于第二次世界大战后的反思之风，先后吹绿了元哲学、元科学、元数学、元物理学等以反思为特征的学科之树，给教育工作者以较大启示，并催生了元教育学。一些具有反思性质的理论如批判理论（critical theory）和后现代主义（postmodernism）理论，特别是卡尔（W. Carr）与凯密斯（S. Kemmis）等的批判教育学理论被用于教学实践，"激起了通过研究教师自己的情况，促进教师对自己行为原因与结果的意识的重要性的大量思考"[4]。其结果是教育主体的反思意识极大增强，并体现于教学实践中。

第二，心理学和伦理学以及教学理论等的进步，为人们揭示反思性教学的机制和设计反思性教学模型等提供了理论工具。近几十年来，批判性思维理论、维果茨基心理学派的理论、弗拉维尔（J. H. Flavell）等创立的元认知理论等，都成为建构反思性教学模型的极有效的工具。在伦理学领域，教学伦理学为人们认识教师为何自觉反思教学提供了道德方面的依据，从而使人们把增强教师的职业道德或责任感作为反思性教学的重要基础。在教学理论领域，批判性教学理论、发展性教学理论以及各种传统教学理论中的合理成分都为反思性教学吸收，这是反思性教学面世不久便站稳脚跟的基本前提。

第三，对教学"合理性"的追求，成为教学主体反思自身行为的动力，加速了反思性教学实践的进程。半个多世纪以来，人们在教学领域里进行了大量研究并逐步认识到，教学研究的本质在于追求更合理的教学实践。而反思性教学恰好被认为是现阶段人们的认识所能达到的合理的教学之一。"人们通常假定，反思在本质上是教学和师范教育的好的和合理的方面，而且在某种意义上，教师越能反思，越是好的教师。"因此，"当人们努力追求合理性并确证观念与行动，以形成对现象的新的理解和鉴赏时，就要激励教师进行反思性教学"[5]。

第四，当代教师职业要求教师成为学者型教师，使得教师把反思性教学作为自身发展和获得较多自主权的手段。所谓学者型教师，除了专门学科的知识和技能等外，还应具有深厚的教育理论修养、广阔的教育前沿视野、敏感的教育问题意识、过硬的教育科研能力。教师不可奢望仅靠职前师范教育就可获得这些特征，而需在长期的教学实践中，借助反思不断探究和解决教学问题，掌握科学研究的本领。相关研究证明，成功的和有效率的教师倾向于主动地和创造性地反思他们事业中的重要事情，包括他们的教育目的、课堂环境，以及他们自己的职业能力，于是反思被广泛地看作教师职业发展的决定性因素。此外，许多专家指出，现实中对反思性教学的热情，部分来源于企图更充分地理解教师职业发展的独特性，并与它的复杂性保持一致；也可能部分来源于对当前西方国家加大控制教育的倾向的反动。在一些国家里，由于教育日益政治化，反思性教学也同号召教师自主权与解放联系起来，以便教师能批判地分析意识形态，并考虑他们实践的价值基础。因此，反思性教学客观上鼓励"教师对自己的职业发展肩负更大责任，并获得某种程度的职业自主权，……赋予教师权力，以便他们更好地影响教育的未来方向，并在教育决策中扮演更为主动的角色"[6]。

由上可见，反思性教学是反思性文化在教学领域里的反映，是教学主体进一步自觉的象征，标志着由心理学与伦理学以及教学理论等学科支持的教学实践合理性的进一步提升。

反思性教学的特征

反思性教学"何许事也"，至今众说纷纭。梳理起来，大致有这样几说。一是认为"反思性教学是教师借助发展逻辑推理的技能和仔细推敲的判断以及支持反思的态度进行批判性分析的过程"[7]（简称"批判分析说"）。二是认为"反思是立足于自我之外的批判地考察自己的行动及情境的能力。使用这种能力的目的是促进努力思考以职业知识而不是以习惯、传统或冲动的简单作用为基础的令人信服的行动。这样的反思性定向包括：把理论或以认识为基础的经验同实践联系起来，以分析自己的教学和实现改革为目的的学校情境，从多种角度审视情境，根据机动方案分析自己的行动和自己行动的结果，理解教学的广泛的社会和道德基础"[8]（简称"定向反思说"）。三是认为反思性教学至少有三个层次：第一层次主要反思课堂情境中各种技能与技术的有效性，第二层次主要反思作为课堂实践基础的假说和教学的结果，第三层次主要反思道德的和伦理的以及其他直接或间接的与课堂教学有关的规范性标准（简称"层次划分说"）。四是主张将反思性教学分为三类：一类是对实践反思（reflective-on-practice），二类是实践中反思（reflective-in-practice），三类是为实践反思（reflective-for-practice）（简称"种类区分说"）。实践中反思与对实践反思，就其性质而言，基本上是反应性的，主要以反思发生的时间区分——实践中反思指反思发生在实践过程中，对实践反思意味着反思发生在实践之后。而为实践反思具有超前性，"是为了指导未来的行动（更实用的目的）"[9]。

推敲起来，这些见解既能给人一些启发，也有令人不敢苟同之处。"批判分析说"主张反思性教学依赖理智的思考和批判的态度与方法等，是教学主体自我解剖的过程，不无道理。但这种观点把反思性教学定位于"心理活动"，忽视了它的实践方面，似乎简单化了。"定向反思说"要求多维度反思，尤其认为仅从技术上考虑或评价教学是片面的，还要求教师审慎地考虑其实践的伦理意义并乐于矫正自己的不良行为，比较深刻。但它的枚举式的"表述"无法给人们一个有关反思性教学的完整印象。至于"层次划分说"和"种类区分说"，前者主要从空间的角度（要素），后者主要从时间的角度（顺序）描述反思性教学，有利于人们认识反思的对象和阶段，但在其他方面两者都留下了较大空白。总之，这些观点的较大缺陷是没有全面揭示反思性教学的实质。

有鉴于此，这里将反思性教学尝试定义为：教学主体借助行动研究不断探究与解决自身和教学目的以及教学工具等方面的问题，将"学会教学"与"学会学习"统一起来，努力提升教学实践合理性，使自己成为学者型教师的过程。这个定义包含反思性教学的如下特征。

第一，立足教学实际创造性解决问题。反思性教学要求教学主体不断发现教学中存在的问题——可以是特定教学主体造成的个别问题，也可以是不同教学主体面临的普遍问题——针对问题设计教学方案并组织教学，通过解决问题，进一步提高教学质量。与操作性教学（即按照教材或上级的要求等按部就班进行的教学）仅求"完成"教学任务不同，反思性教学通过解决问题不断改造教学过程，千方百计追求"更好地"完成教学任务。仅求"完成"教学任务的操作型教师，通常只想了解自己教学的结果，因此喜欢问"怎么样"。反思型教师不仅想知道自己教学的结果，而且要对结果及有关原因等进行反思，因此总是问"为什么"。这种"追问"方式，往往促使反思型教师增强问题意识和"解题"能力。当然，反思性教学主要借助行动研究（action research）解决问题。所谓行动研究，诚如卡尔和凯密斯所说，"是社会实践者为提高自己的实践的合理性与正当性，增进对实践及其得以进行的情境的理解而采取的自我反思探究的一种形式"，其模型是"计划-行动-观察-反思"。[10] 按照行动研究的要求教学，教师就要面对新的教学问题，提出假说，并通过教学实践检验假说，直到解决问题。这意味着教师同时扮演着研究者的角色，进行着创造性的劳动。由此可见，反思性教学中的"反思"不同于操作性教学中某些教师偶尔进行的"反思"，前者科学意味较浓，后者经验特征明显。

第二，"两个学会"加速师生共同提高。两个学会即"学会教学"（learning how to teach）与"学会学习"（learning how to learn）。学会学习早已为人们熟悉，其含义也随人们的理解日趋丰富，不仅有技术的意义，而且有人格意义等。学会教学虽是新概念，但其含义与学会学习有类似之处，即要求教师把教学过程作为"学习教学"的过程，不仅学习教学的技术，还要学习教学伦理与道德知识，善于把自己的主体性与主体间性融合起来。由于反思性教学以"两个学会"为目的，因此，它既要求教师教学生"学会学习"，又要求教师"学会教学"，自身获得进一步发展，直至成为学者型教师。在反思性教学的视界里，这两个学会的关系是：学会学习是教学的终极性目的，而学会教学是直接的目的。也就是说，教师的学会教学是为了学生更好地学会学习。因此，反思型教师懂得"学会教学"必须以深切体验学生的"学会学习"为前提。也就是说，只有从学生的"学会学习"的角度去思考"学会教学"，才能真正学会教学。而不断地学会教学，才能在不断变化的教育条件下有效地指导学生学会学习。

第三，凸显"道德感"。道德感（conscience）通常以责任感等表现，是教师自觉反思教学行为的前提。换言之，没有道德感的教师，除非因教学上的失误而迫于外界压力，否则不会自觉反思自己的教学行为。在反思性教学理论家看来，对于有合格师资的学校来说，要提高教学质量，增强教师的道德感似乎比提高教师的教学技能与能力更为重要。个中道理并不复杂：责任感强的教师会自觉反思自己的教学行为，而只要一次反思发现一个（或一些）问题，进行一次研究，学会一些东西，教学技能与能力就会逐步增强。因此，反思性教学理论家们强调，我们必须找到"激励学校教师……去思考他们正在做的和他们为什么做"[11]的方法。相反，教学技能与能力强却不负责任的教师，在教学上的投入往往非常有限。因此，与操作性教学不同，反思性教学既注意教师教学的技术问题，又把教学伦理与道德问题提上重要日程，在增强教师的道德感上下功夫。

概言之，反思性教学"帮助教师从冲动的例行的行为中解放出来"，"以审慎的意志的方式行动"，不断解决教学问题，"更好地"完成教学任务，是教师"在其职权范围内，改进自己的教学实践，变成更好、更有效率、更富有创见的行家的工具"[12]。可见，反思性教学既是培养学生的过程，又是培训师资的过程。

反思性教学的模型

开发有效的教学模型，是一些反思性教学专家乐此不疲的事情，因而一些富有特色的教学模型相继问世。以下所介绍的是当下比较流行的经过适当简化的模型。

（一）埃拜模型（如图1）[13]

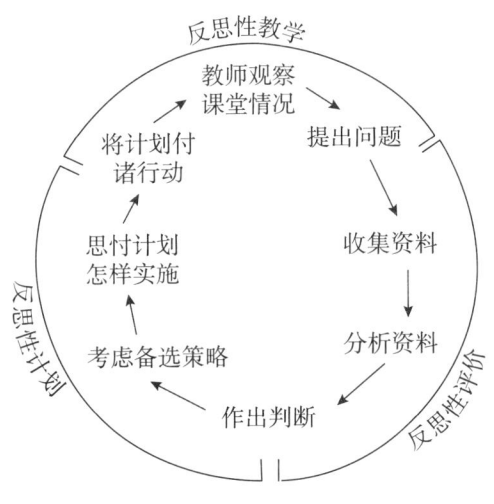

图1 埃拜模型

埃拜（J. W. Eby）模型表明，广义的反思性教学不仅指课堂行为（狭义的反思性教学），还包括课前的计划与课后的评价。计划是相对的起点。反思型教师制订计划，通常先根据道德原则对以前的教学工作作出判断，如"照顾学生的情绪不够"；然后从解决这个问题出发考虑备选策略；最后确定适合学生和课堂具体情况的策略以及完整的实施方案。紧随反思性计划的是狭义的反思性教学，即将反思性计划落实在课堂教学中。此时，教师不仅要运用传授知识与发展能力等的具体技能，而且要察言观色，审时度势，及时发现新情况。若发现了新情况，要针对性地提出问题，如"我能做什么""我怎样改进"等，并采取有力的变通措施。课堂教学结束，进入评价环节。反思性评价首先要收集关于教学的客观资料和主观信息，通常采用查阅作业或听取学生的意见等方法。在对收集到的资料与信息进行分析处理的基础上，作出事实与价值判断，到达相对终点。于是一个反思性教学周期结束，之后再进入新的反思性教学阶段。

（二）爱德华兹-布朗托模型（如图2）[14]

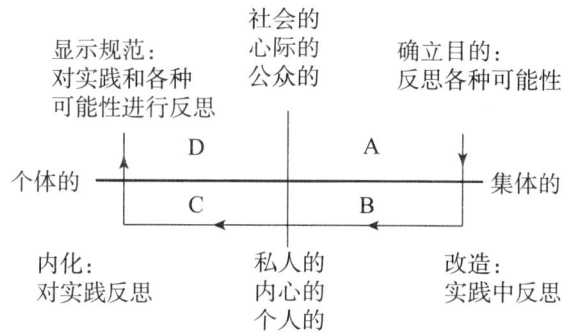

图2 爱德华兹-布朗托模型

爱德华兹（A. Edwards）与布朗托（D. Brunton）模型说明，反思性教学主要在四个象限运作。在A象限，教学主体的主要任务是确定教学目的，并思考在实现目的的过程中存在的多种可能性。B象限意味着教学实践已经开始，此时教学主体根据自己内心的体验反思集体情境下教学目的与手段的适宜程度。如果不如人意，则作必要的改造。在C象限，作为个体的教学主体，立足整体教学实践的大背景，深刻体会在B象限获得的具体的教学感受。当进入D象限时，教学主体的主要任务是将个人获得的感受外化出来，使之融入社会规范体系。此时，教学主体尤其要超越个人的局限性，从社会方面着想，对新的实践的各种可能性进行反思。从整体上看，A象限与D象限代表教学的社会层面，B象限与C象限代表私人层面；A 象限与 B 象限代表集体层面，C 象限与 D 象限代表个体层面。当处于社会层面时，教学主体的反思以社会要求和利益为参照。当处于私人层面时，个人的经验往往介入反思。因此反思活动不断由社会层面深入到私人层面，又从私人层面上升到社会层面。同时，反思有时发生在集体情境中，有时出现在个别条件下，在群体认识与个体认识的转换中深入。

（三）拉博斯凯模型（如图 3）[15]

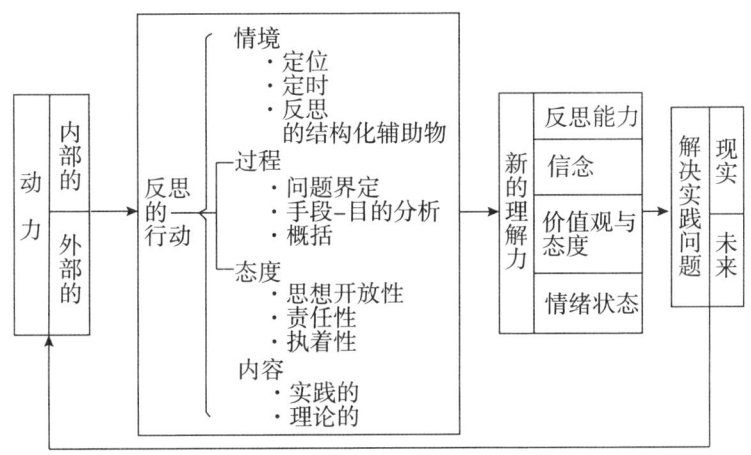

图 3　拉博斯凯模型

拉博斯凯（V. K. Laboskey）模型表明，反思性教学主要包括三个部分：一是动力（动机形成阶段），二是行动（反思阶段），三是结果（解决问题阶段）。在反思的动机作用下，教师采取反思的行动。反思的行动总是处于特定的情境中（定位、定时、结构化辅助物），并与具体内容相联系。反思的内容主要有实践的与理论的，或者是两者融为一体的。反思不同的内容，需要不同的情境。在初步确定反思情境与内容后，反思过程启动。首先是发现并明确问题（问题界定），接着从要解决的问题（目的）出发思考可利用的手段（手段–目的分析），并归纳出解决问题的带有规律性的原则。在反思过程中，教学主体应具有杜威倡导的态度：思想开放性

（open-mindedness，又译开启心扉）、责任性（responsibility）、执着性（wholeheartedness，又译全心全意）。反思性教学的结果是教师的"新的理解力"的形成。新的理解力主要有四个方面的内涵：改进了的反思行动的能力，变化了的关于课程、教材或教学等领域的信念，进一步澄清了的教学什么更重要的态度和价值观，改善了的教师的情绪状态或品质。总之，新的理解力是教师得到提高的标志，为解决现实的或未来的教学问题打下了基础。解决实践问题是该模型的最终目的。

这些模型因设计者对反思性教学的认识差异和不同的理论基础而各显特色。埃拜模型以杜威的反思理论和柯尔伯格的道德理论为基础。爱德华兹-布朗托模型的理论根据是维果茨基的学习理论和近些年来比较流行的行动研究理论。拉博斯凯模型虽博采众长，但主要立足于杜威与布鲁姆等人的理论。理论根据等方面的不同而导致模型的差异，不足为怪。不过，在实质上，它们是一致的：发现问题—探讨研究—解决问题，在发展学生的同时实现教师自身的提高。

对反思性教学的反思

如果说反思性教学的优越性值得重视，那么它的不甚完善之处也是不可忽略的。研究并正视反思性教学的缺陷，是发展反思性教学的关键。

第一，有些反思性教学工作者至今对教学实践合理性缺乏全面的认识，使得反思性教学的评价标准难以问世，这给合理评价与正确掌握其质量带来了困难。如前所述，反思性教学追求更合理的教学实践。但"合理性"意味着什么，反思性教学工作者尚不能作出全面回答。例如有人认为教学实践合理性就是"教师能为他的课堂决策和行为辩护"，"为行为过程提供恰当的理由与根据"。这虽是教学实践合理性的一面，但不是全部。因为讲清理由和根据是一回事，理由和根据本身是不是合理的又是一回事；能辩护是一回事，能不能做到又是一回事。在没有掌握合理的评价标准之前，完全可能出现这样的情况，即反思时误把正确的视为错误的并作为纠正的对象。在这种意义上，深入研究教学实践合理性，开发反思性教学的评价体系，有可能使我国的反思性教学后来居上。

第二，反思性教学过多地依赖常规性教学的策略，似乎没有创造出较多的独特的教学策略，使得自己的风格尚未全面展示出来。这意味着在探讨教学策略方面，发展反思性教学的路子比较宽广。尤其在通过反思发现问题的策略、设计反思性教学方案策略、利用提问等激发反思的策略、师生相互理解的策略等方面，开发前景较大。

第三，反思性教学较浓的"揭短""纠偏"的意味，容易使一些意志品质薄弱的教师产生畏惧感。此外，有些反思的方法，如记反思日记等显得烦琐，需要教师投入较多的精力。因此反思性教学的使用范围似乎是有限的。它特别不适于优柔寡断的教师。因为这样的教师可能只顾反思而不敢果断决策，把反思当作目的，而忘了行动、结果，反省了一辈子却什么也没干成。[16] 因此，在激发教师的动机、培养意志品质等方面，反思性教学大有文章可做。

综上所述，反思性教学反映了人类对教学实践合理性的不断追求，是现阶段培养学者型教师、加速教学专业化的有效形式，也是提高教学质量的新的尝试。它的尚未完善的方面和环节一旦为人们认识，正是人们大可用武之地。

参考文献

[1] 杜威. 思维与教学 [M]. 孟宪承，俞庆棠，译. 北京：商务印书馆，1936.

[2] VILLAR L M. Teaching：reflective [M] //POSTLETHWAITE T N, HUSEN T . The international encyclopedia of education. 2nd ed. New York：Pergamon，1994：6215.

[3] 戴本博. 外国教育史：下 [M]. 北京：人民教育出版社，1990：91-94.

[4] CALDERHEAD J, GATES P. Conceptualizing reflection in teacher development [M]. London：Taylor & Francis，1993：1.

［5］同［2］.

［6］同［4］123.

［7］同［2］.

［8］VALLI L. Reflective teacher education：cases and critiques ［M］. Albany, NY：State Uni-
versity of New York Press, 1992：100.

［9］BRUBACHER J W, CASE C W, REAGAN T G. Becoming a reflective educator：how to build
a culture of inquiry in the schools ［M］. Thousand Oaks, CA：Corwin Press, 1994：15, 25.

［10］CARR W, KEMMIS S. Becoming critical：education, knowledge and action research ［M］.
London：Falmer, 1986：162.

［11］同［4］15.

［12］同［9］15.

［13］EBY J W, KUJAWA E. Reflective planning, teaching and evaluation：K－12 ［M］. New
York：Macmillan Publishing Company, 1994：14.

［14］同［4］158.

［15］同［4］24.

［16］怀特. 再论教育目的 ［M］. 李永宏，等译. 北京：教育科学出版社，1997.

（本文原载《教育研究》2000 年第 2 期）

课程与教学整合论

张 华

课程与教学的关系是困扰现代教育理论与实践的重大问题。现代教育中的二元论思维方式是造成课程与教学分离的认识论根源，这种根源有广泛的社会背景和现代科学的支撑。20 世纪的教育是以课程与教学的分离为特征的。然而，早在 20 世纪初叶，杜威（J. Dewey）就系统提出了整合课程与教学的理念。20 世纪末叶，重新整合课程与教学已成为时代精神的要求。

一、现代教育中课程与教学的分离

"现代教育"（modern education）主要不是一个时间概念，它表征的是一种特殊性质的教育——与"科学–技术–工业文明"相对应的教育。"现代教育"，作为一种观念，在 17 世纪夸美纽斯（J. A. Comenius）的教育思想中就已经有了比较充分的表露；但作为一种制度，则是在 18 世纪末、19世纪初以后系统确立起来的，以义务教育制度的建立为标志。

现代教育是受"科技理性"所支配并追求"科技理性"的教育。"科技理性"（technical rationality）是通过合规律（规则）的行为而对环境加以控制的人类理性，这种理性以"控制"为核心，控制的目的是提高效率（生产效率和社会效率）。因此，现代教育一开始就与有效控制结下不解之缘。

现代教育的发展过程即是日益按照"科技理性"的原则组织起来，日益走向"科层化"（bureaucratization）和"制度化"（insitutionalization）的过程。而现代教育的科层化和制度化的过程也就是课程与教学日益分离的过程。课程日益成为单一化、同质化的"制度课程"（the institutional curriculum）。所谓"制度课程"，是特定社会在特定历史时期规定并实现的合法化的学校教育内容。"制度课程"具体体现为官方的课程文件（课程标准、课程指南、教科书等等）及这些课程文件的操作形态。"制度课程"具有密切联系的两种功能，即外部功能与内部功能。[1] 就外部功能看，"制度课程"处于学校教育与社会的交叉点上，承担着把社会（或社区）对学校教育的期望和限定转化为具体的教育计划的任务。这具体体现为社会按照外显或内隐的价值观对课程内容（知识、技能和意向）进行选择和组织，并将这些内容转换为适合班级使用的学校学科。就内部功能看，"制度课程"实际上成为一个对教师的工作进行管理和限定的规范框架。随着现代教育规模的日益扩大，"制度课程"成为对众多教师的教学行为进行控制的有力工具。为了达到有效控制的目的，官方规定的课程指南往往对教师的教学实践规定得非常详细，以排除教师可能作出与官方认可的社会需求相悖的课程变革。

在制度层面，课程与教学极易成为两个分离的领域，二者的关系也被视为一种线性关系。课程成为学校教育的实体或内容，它规定着学校教育"教什么"。教学是学校教育的过程或手段，它规定着学校教育"怎样教"。课程是教学的方向或目标，是在教学过程之前和教学情境之外预先规定好的。教学的过程就是忠实而有效地传递课程的过程，而不应当对课程作出任何变革。这样，课程与教学就被割裂开来，机械地、单向地、线性地发生关系。

教育科学在 20 世纪的崛起很大程度上是为了对学校教育的有效控制。因此，20 世纪的教育科学主要是建立在行为主义心理学的基础之上，按照自然科学的研究思路对学校教育展开研究：将课程、教学以及整个学校教育像对待自然事物那样进行分解、量化、展开实验室研究，由此获得分门别类的"规律"及基于这些"规律"的"处方"。确实，20 世纪教育科学的主要贡献在于控制学校教育，而不是对学校教育进行理解并使之富有意义。

教育科学在 20 世纪不断发展的历史即是课程研究与教学研究日趋分离的历史。课程研究的基本使命是将课程开发纳入理性的轨道。从课程开发科学化运动的创始者博比特（J. F. Bobbitt）与查特斯（W. Charters），到将课程开发科学化运动发展至顶峰的泰勒（R. Tyler），以及泰勒的众多继承者，创造了完备的理性化的课程开发程序。在这个漫长的研究历程中所诞生的形形色色的课程开发模式皆可归属于"目标模式"的范畴，皆具有"程序主义"（proceduralism）的性质。这类研究对课堂教学关注甚少。

从裴斯泰洛齐于 18 世纪末、19 世纪初倡导"教学的心理化"运动以来，经福禄贝尔、第斯多惠、赫尔巴特的发展，教学论在 19 世纪就成为哲学心理学的一个分支。19 世纪末科学心理学诞生之后，教学论则开始成为科学心理学的分支。20 世纪初教育心理学从科学心理学中分离出来以后，教学研究开始建立在教育心理学的基础之上，教学论遂成为教育心理学的应用学科、分支学科，这种研究取向一直延续到 20 世纪 70 年代。[2] 从总体看，这类教学研究的出发点是对教学行为的有效控制，是效率驱动的。其研究内容主要包括两个方面：一是对教学方法或教学模式进行实证实验研究，力求发现最好的方法或模式；一是所谓"教师效率研究"（teacher effectiveness research），主要研究影响教学效率的教师的个性品质和教学行为表现，力求发现确认最好的教师的标准。这类研究为怎样控制教师的教学行为积累了大量资料，对教师教学行为所作分析的精细程度相当惊人，然而对课程内容本身却极少关注。

现代教育制度把课程简单化为单纯的"制度课程"，而"制度课程"则是社会意志的合法化，社会通过"制度课程"对教师的教学加以控制，进而实现对学校教育的控制。因此，现代教育中课程与教学分离的过程即是现代教育日益工具化、日益成为现代科层社会的一个环节的过程。这是"科技理性"（或"工具理性"）在现代教育中日益占据支配地位、日益膨胀的过程。同样为"科技理性"所支配的现代教育科学的兴起加剧了课程与教学的分离，进而加剧了现代教育的工具化。

二、课程与教学分离的认识论根源：二元论

从哲学认识论或思维方式角度进行深层检讨，可以发现形形色色的课程与教学分离的观点（或做法）盖隶属于一种或几种性质的二元论。

内容与过程的二元论（content-process dualism）。这种二元论认为，课程即学习内容或教材，教学则是内容的传递过程与方法。内容与过程、教材与方法是分离的、独立的。这种观点尽管比较传统，但在当今的课程领域依然很有市场。比如，美国教育学家布劳迪（H. S. Broudy）等人就认为，"课程主要由某些被组织成为教学范畴的内容所组成，……严格地说，教学方式不是课程的一部分"[3]。英罗（G. M. Inlow）认为，"课程是一组学习内容，教学则是通向学习的方法渠道"[4]。这些观点皆属于内容与过程的二元论。

内容与过程二元论的实质是把知识与知识产生和传播的过程割裂开来。这样，原本有机统一的知识就被人为分裂为内容（主要以物化形态存在于书面文献或各类媒体之中）和这些内容产生和传播的过程与方法，并使二者相互独立，机械地发生关系。须知任何知识都既是探究的产物，又内在地蕴含着过去探究的过程与方法，也是未来探究过程的原材料。正如美国资深课程学者坦纳夫妇（D. Tanner and L. Tanner）所言，把知识与知识产生的过程割裂开来，"恰如把游泳动作与水分离开来"[5]。

目标与手段的二元论（ends-means dualism）。这种二元论认为，课程是有计划的学习目标或结果，教学则是实现目标或达到结果的手段。目标

与手段是分离的、独立的。当今课程领域的众多观点隶属于这种二元论。比如，约翰逊（M. Johnson, Jr）曾指出："课程是一系列有组织的、有意识的学习结果。课程规定了教学的结果，但它并不规定用以达成结果的手段。这些手段包括活动、材料，甚至教学内容。"[6] 美国著名课程学者塔巴（H. Taba）说："课程是学习的计划。"[7] 奥利瓦（P. F. Oliva）则说："课程是一组行为目标。"[8]

目标与手段二元论的实质是把原本具有内在统一性的人的完整的活动割裂为目标（计划、结果）与手段。由此导致的结果是：为了达到目标可以"不择手段"，一种特定的手段也可以被泛化并被滥用于不同的目标。二元论的实质是把原本内在连续和有机统一的世界分裂为两部分，并使二者对立起来、机械地发生关系，使一方控制另一方。这种思维方式的第一个根源是社会制度的等级对立性质，一个社会内部壁垒森严的利益集团和阶级的划分是二元论思维方式滋生的温床，这在古代社会有突出表现。二元论思维方式的第二个根源是现代社会"唯科学主义"的盛行和科学对世界的全面控制。"科技理性"在本质上是二元论的：它把世界人为分割、设置为两部分，即主体和客体，主体借助于规律或规则而对客体施加控制以使客体满足主体的需要。这样，人的主体性越膨胀，世界就越被同质化，单纯变为满足主体功利需求的对象、工具。正如著名哲学家海德格尔所言："人越主观化，世界就越客观化。"所以，二元论是"科技理性"的内在性格。

现代教育中课程与教学的二元论既有社会制度的根源，又有"唯科学主义"价值观的根源，"科技理性"日益膨胀并成为社会的主导价值观则是课程与教学分离的主要根源。

三、20 世纪课程与教学整合的第一次努力：杜威的贡献与局限

杜威是 20 世纪人类伟大的教育哲学家。他对人类认识发展史的最卓越

的贡献是用实用主义或经验自然主义的价值观重新确认了世界的内在连续性和整体性。杜威认为形形色色的唯物主义和唯心主义对立的出现是由于犯了"二元论"的错误。二者都"把经验的对象和能经验的活动与状态分裂为二",都把存在的领域分为经验和自然、精神和物质两个对立的领域，从而都使哲学的根本问题"变成了一个调整或协调两个分开的存在领域的企图"[9]。针对传统的二元论，杜威提出了认识的"连续性"（continuum）原则。杜威指出，实用主义的认识论的本质特征"是坚持认识和有目的地改变环境与活动之间的连续性"[10]。杜威认为传统教育中课程与教学对立的根源正是哲学上把心理与世界视为两个彼此分离的领域的二元论。在二元论的视野中，课程教材与教学方法是不相关联的。这样，课程教材就变成自然界和人类的种种事实和原理的系统的分类，教学方法则变成把既有的课程教材传递给学生的心智的规则。逻辑与心理对立起来，变成一种单向的传递关系，心理成为逻辑的受纳器。教学就"好像要钻进坚硬的岩石一般把教材钻进学生的脑子"[11]。方法就是提高这种"钻"的效率的策略。因此，在二元论的思维模式下，教学方法必然是独立于课程教材的一套独立的规则、策略体系，是具有普遍性的心理的控制工具。

杜威在其实用主义认识论的"连续性"原则的基础上消解了传统教育中课程与教学的僵硬对立。杜威认为，课程与教学的统一在本质上是由经验的性质所决定的。经验是对所尝试的事情和所承受的结果之联系的知觉。在这里，"只有一个活动，这个活动包括两个方面：个人所做的事和环境所做的事"[12]。在教育经验中，"个人所做的事"对应于方法或教学，"环境所做的事"对应于课程教材。完善的经验是物我两忘的，真正的教育是心理与逻辑、方法与教材、教学与课程水乳交融、相互作用、动态统一的。

课程与教学统一的第一个内涵是教材与方法的内在的连续性。杜威认为，教材总是方法化的（methodized）教材，方法总是一定教材的方法，任何把教材和方法割裂开来的做法都是极端错误的。教学总是特定内容

（学科、教材）的教学，它内在地包含着内容。当教学脱离内容的时候它就成为方法的教条，就不会成为经验生长的具体情境。学科也必须还原为其由以产生的具体过程和方法，而且要还原为与学科交互作用的特定学习者的心理过程与方法。当学科知识与其赖以产生的过程和方法被人为割裂的时候，它就不再是真正的学科，而是死板的信息的教条。这种教条非但不会促进人的发展，反而束缚人的经验的生长。

课程与教学统一的第二个内涵是目标与手段的内在的连续性。杜威说："一个目标产生于一项活动之中，作为该项活动方向的规划，它总是既为目标又为手段。""任何把目标从手段中剔除出去的做法都会消弭活动的许多意义。"[13] 即是说，在一项活动之中，不存在纯粹的、剥离手段的目标，也不存在纯粹的、剥离目标的手段。把课程单纯视为目标或计划，把教学单纯视为实现目标或完成计划的手段，就人为割裂了目标与手段间的内在连续性，课程与教学之间的内在联系也就不复存在。

杜威是通过确立"主动作业"（active occupations）来具体实现课程与教学统一的。"主动作业"体现了杜威关于儿童、学科知识、社会相统一的课程开发理念，是杜威实现课程与教学整合的具体途径。在从事"主动作业"的过程中，儿童的经验不断得到改造与生长。

杜威对现代教育的最大贡献是深刻揭示了传统教育中所存在的课程与教学的分离以及其他种种形式的二元对立的根源，进而在其独特的实用主义"连续性"原则的基础上整合了课程与教学并消解了其他形式的教育的二元对立。杜威在 20 世纪初所确立的"连续性"原则在今天依然具有旺盛的生命力，比如当今美国方兴未艾的"新实用主义"哲学在某种意义上是建立在杜威的"连续性"原则的基础上的，"连续性"原则在 20 世纪末经过创造性阐释已成为一种重要的时代精神。杜威对课程与教学的整合以及他的整个实用主义认识论所追求的是一种"实践理性"。"实践理性"（practical rationality）亦称"实践兴趣"（practical interests），是"建立在对意义的一致性解释（consensual interpretation）的基础上，通过与环境的相互作用而理解环境的人类基本兴趣"[14]。实践兴趣指向行为自身的目的，是过程取向的，其核心是"理解"（understanding）——理解环境以便能与环境相互作用（interaction）。杜威关于课程与教学整合的理念正是建立于教师与儿童在对意义的一致性解释的基础上，通过"主动作业"而与环境相互作用，进而达到对环境的理解和人的经验的不断生长。传统教育中课程与教学的分离是基于"工具理性"，这种"工具理性"的社会根源是专制制度，是旧式分工、旧的社会制度中一个社会集团对另一个社会集团的统治。而"实践理性"蕴含着对民主的追求。所以，杜威关于课程与教学整合的理念具有重要的社会进步意义。

当然，今天看来，杜威关于课程与教学整合的理念也存在历史的局限性。第一，由于杜威所处的时代正是科学迅猛发展的时期，所以他的思想中具有"唯科学主义"的倾向，存在着科学崇拜的成分。这样，尽管他揭示了基于专制制度的"工具理性"，但他同时也为基于科学崇拜的"工具理性"（即"科技理性"）洞开门户。20 世纪下半叶课程与教学的分离主要基于"科技理性"，这一点恐怕杜威始料未及。第二，"实践理性"追求民主，追求对意义的"一致性解释"，但这种理性缺乏"反思精神"，所以"达成一致"也可能被作为一种控制方式来使用。"当权力兴趣加入了制造意义和达成协议的过程之中的时候，所达成的'一致性'也可能是虚假的。"[15] 这样，"实践理性"与追求主体的自由与解放的"解放理性"（emancipatory rationality）尚有距离。在"解放理性"的基础上重新整合课程与教学是世纪转换时期的教育使命。

四、20 世纪课程与教学的重新整合："课程教学"（curriculum'n' instruction）的理念

尽管杜威关于课程与教学整合的理念早在 20 世纪初就已确立，但这个理念的影响主要存在于思想层面。纵观 20 世纪教育实践的发展，依然是以

课程与教学的分离为特征的。世纪大转换时期，在课程与教学观上回归并超越杜威已成为教育中的一种重要时代精神。

从理论基础看，如果说杜威关于课程与教学的整合是建立在实用主义哲学的基础之上的话，那么20世纪末课程与教学的重新整合则充分汲取了一个世纪以来人类认识发展和价值探究的精华：现象学、存在主义、"新马克思主义"、哲学解释学、后现代哲学。从价值取向看，如果说杜威关于课程与教学的整合是以"实践兴趣"的追求为核心的话，那么当今课程与教学的整合则以"解放兴趣"为核心。"解放兴趣"（emancipatory interest）亦称"解放理性"，是人类对"解放"（emancipation）和"权力赋予"（empowerment）的基本兴趣，这种兴趣使人类通过对人类社会构建的可靠的、批判性的洞察而从事自主的行动。[16] "解放兴趣"是最基本的、"纯粹的"兴趣。"解放"意味着"从外在于个体的存在中获得独立"，是一种自主的状态而不是放任的状态，它整合了自主（autonomy）和责任（responsibility）。只有通过自我反思（self-reflection）的行为（即回归自身的行为），"解放"才是可能的。因此，"解放兴趣"所指向的是主体的诞生，其核心是对主体进行"权力赋予"。

当课程与教学的价值取向定位于"解放兴趣"的时候，教师和学生就不再只是既定课程计划的实施者，而是课程开发者与教学设计者。课程不再只是"制度课程"，而是"体验课程"（the experienced curriculum）——被教师与学生实实在在体验到的（experienced）课程。课程的内涵发生了质的变化：课程是"一个情境化的社会过程"[17]，课程是"一系列事件（events）"[18]，课程是"学生有机会学习的东西"[19]，课程是由师生交互作用而产生的"一种不断生成的建构（construction）"[20]。在这里，课程不再是一些于教育情境之外开发出的书面文件，而是师生在教育情境中共同创生的一系列"事件"，通过这些"事件"师生共同建构内容与意义。教学不再是一个传递内容而与内容无关的"管道"，而是一个产生基本的课程效应的社会情境。课程与教学不再是社会对教师与学生施加控制的手段，而是教师和学生追寻主体性、获得解放与自由的过程。

由此看来，当教育的核心由"制度课程"为"体验课程"所取代的时候，当课程与教学的价值取向由"工具理性"为"解放理性"所取代的时候，当课程与教学的研究不再局限于普遍性的、价值中立的课程开发或教学设计的程序、规则、模式，而把重心置于理解活生生的教学情境的时候，课程与教学的界限再一次模糊，二者再一次融合起来。对这种课程与教学整合的新的理念及相应的实践形态，美国学者韦迪（R. Weade）用一个新的术语来概括，这就是"课程教学"（curriculum'-n'instruction）。[21]

"课程教学"理念的内涵可进一步解析为如下三个方面。

（一）课程与教学过程的本质是变革（transformation）

课程与教学过程包含着对内容的某种方式的变革。即使在"制度课程"的层面，也同样如此。不过在制度层面，课程与教学对内容的变革是为了更忠实地实现社会对学校教育的期望、更有效地传递社会希望学校传递的内容。比如，教科书等书面课程文件变革内容是为了便于教师和学生的教与学，教学过程中对内容的简化则是为了便于学习者接受。在这里，对内容的变革是有效传递内容的手段。

在"体验课程"的层面（具体教育情境的层面），对内容的不断变革与其说是手段，不如说是目的。因为在这里，课程与教学指向人的主体性的提升，指向人的自由与解放，而对内容的不断变革与创造正是人的主体性充分发挥的表现。因此，教师与学生在具体教育情境中不断变革与创造内容从而不断建构自己的意义，这正是课程与教学过程本质的反映。

用"变革"的观点看课程，"课程就不只是'内容'（content），而且是'关于内容的理论'（a theory of content）。即是说，课程是关于特定内容是什么的观念，认识特定内容意味着什么，当教师教授特定内容的时候他在达到何种目的"[22]。也就是说，课程在本质上不是对所有人都相同的具有普遍性的内容，在特定教育情境中每一位教师和学生都对给定的内容有其自身的理解，都对给定内容的意义有其自身的解读，都有其关于特定内容的自己的理论。正是"关于内容的理论"支配着具体教育情境中的每一位教师与学生对给定内容不断进行变革与创造，以使给定的内容不断转化为"自己的课程"。

用"变革"的观点看教学，教学即是教师和学生在具体教育情境中对内容作出根本变革的过程——内容的创造与意义建构的过程。传统教学的内涵是基于教育心理学原理对内容进行有效传递的过程、忠实实施既定课程计划的过程，这里关切的重点是对内容的有效传递过程，而不是对内容的变革过程，教学研究也因而成为内容传递的工效学。基于"变革"观的教学则是课程创生与开发的过程，这里的核心是内容的不断变革与创造。

（二）教学作为课程开发过程（teaching as a curriculum process）

当课程与教学在"解放理性"的基础上重新整合起来之后，教学就不只是一种人际交流过程，而且是课程开发过程。在课堂情境中，教师的主体性充分发挥的过程即是教师"创作"（author）课程事件或"创生"（enact）课程的过程。在这个意义上，教师像课程的其他作者一样在"创作"课程，只不过教师是现场"创作"，而其他作者则是其作品在被阅读。教师能够在课堂上创作课程事件并引导课程事件的进行，正是因为他们具有关于课程内容的强劲的理论（也许教师本人并未清晰意识到这一点）。显然，教师的这些理论是基于其对课程内容的认识和信仰，基于其对学生的学习和动机的观念。但是，教师关于课程内容的理论是情境性的、与其课堂经验密切相关的。所以，教师的知识或理论是"事件构成的"（even-structured），即围绕着真实的课堂事件而组织起来的。正是这种知识或理论引导教师在课堂情境中不断对课程内容进行变革。

在课堂情境中，当学生充分发挥主体性并积极参与课程创生过程的时候，实际上也在"创作"课程事件。在与课程事件的相互作用中、在完成任务的过程中，学生创生着自己的课程，以其特有方式建构着意义。学生有自己的课程知识，学生的课程知识深深隐藏于班级结构或文化之中。

因此，在课程教学中，教师与学生的主体性充分发挥的过程即是共同创生课程的过程。在课程事件的"创作"这个动态过程中，课程内容被持续生成与转化，课程意义被不断建构与升华。试图远离课程创生过程对其进行"遥控"，特别是通过一些忠实实施课程计划的一般指标（如有效教学的指标、标准化成绩的指标）对该过程进行控制，很有可能扭曲这个过程本身。

美国学者多伊尔（W. Doyle）运用"读者反应批评"（reader-response criticism）理论对"教学作为课程开发过程"作出了进一步解释。他认为，"文本"（text）的意义是与读者联系在一起的，所有"文本"都内在地是非决定性的，这样，读者必须写出"文本"的未写出的部分，也就是建构出"文本"的意义。库勒（J. Culler）曾说，一部作品的结构与意义是通过读者的解释活动出现的[23]。在课堂情境中，课程事件即是由一系列书面的、口头的、行为的"文本"所构成。课程事件的意义是与学生紧密相连的，学生通过解释课程事件并完成这些事件中的任务而建构意义。

这样看来，处于教学中心的正是"解释"（interpretation）与"知识"（knowledge）。对于理解教学而言，"解释"与"知识"很可能要比"学习"与"行为"更加有力。由于教学的行为主义传统，对学习的研究倾向于关注外部表现与结果，这往往很难把握教学的本质。"解释"则不同。"解释"指向分析学生带入课堂情境中的意义结构，分析这些意义结构是如何与课程情境（curriculum context）相互作用的，正是在这种相互作用中学生发现了自我。在课堂情境中，教师与学生创造并解释课程事件，由此达到内容的不断转化与意义的不断建构，这正是教学的本质。行为主义的教学设计理论把研究的焦点指向学习者对具体操作或行为的掌握，这对理解教学过程是隔靴搔痒。对教师而言，"学会教学"不能被简单理解为掌握一些控制教学实践的"处方"，而应理解为学会把课程视为一系列课堂事件。换句话说，"学会教学"的核心问题是学会在复杂的教学情境中与学生共同创生课程。这个过程表面上看起来简单，实则极其复杂。因为教师与学生这两类主体之间的交互作用关系——"交互主体的"（intersubjective）关系——是极其复杂的，真正的课程创生过程是一个复杂的社会事件。

（三）课程作为教学事件（curriculum as a pedagogical event）

"课程作为教学事件"与"教学作为课程开发过程"是一个问题的两个方面。"课程作为教学事件"是课程与教学的整合态——"课程教学"的另一视角。当"体验课程"取代"制度课程"而位于教育的核心的时候，课程不再是静态的书面文件，而是教师与学生在教育情境中不断生成的活生生的经验。在课堂教学情境中，教师与学生不断相遇着、创造着、解释着课堂事件，在这过程中内容不断变革、意义不断生成。课程正是由这一系列课堂教学事件及由此实现的内容的变革与意义所生成。从这个意义上说，课程是动态的过程，是不断变化的课堂教学事件。作为"制度课程"之基本构成的诸种课程文件在这里不过是供教师与学生选择的资料，只有当这些资料有助于教师与学生共同进行的课程创生过程的时候，只有当这些资料经过变革与解释而化为教师与学生不断发展着的经验的时候，才有课程的意义。

纵观现代教育的发展历程，当教育为"科技理性"或"工具理性"所支配的时候，教育沦为社会的控制工具，这极易导致课程与教学的分离。同样为"科技理性"所支配的教育科学加剧了这种分离。当课程与教学在"实践理性"的基础上整合起来的时候，教育开始呈现出前所未有的生机，但这种整合是有局限的，因为"实践理性"本身是有局限的。当课程与教学在"解放理性"的基础上重新整合起来成为"课程教学"的时候，人的主体性在教育情境中获得充分发挥，教育在人类历史上第一次成为人的解放的过程。教育科学不再是为了从复杂的课堂生活中抽取一些孤立的变量进行分析并据此获得一些旨在控制教学实践的"处方"，而是为了对复杂的课堂生活进行理解，为了表征并解释在课堂情境中所发生的种种事件。

参考文献

[1] DOYLE W. Curriculum and pedagogy [M] //JACKSON P W. Handbook of research on curriculum: a project of the American Educational Research Association. New York: Macmillan, 1992: 486-516.

[2] DIJKSTRA S, SCHOTT F, SEEL N, et al. Instructional design: international perspectives: volume 1: theory, research, and models [M]. New York: Routledge, 1997: 3-8.

[3] BROUDY H S, SMITH B O, BURNETT J R. Democracy and excellence in American secondary education [M]. Chicago: Rand McNally, 1964: 70.

[4] INLOW G M. The emergent in curriculum [M]. 2nd ed. New York: John Wiley & Sons Ltd, 1973: 41-42.

[5] TANNER D, TANNER L. Curriculum development: theory into practice [M]. 2nd ed. New York: Macmillan, 1980: 33.

[6] JOHNSON M Jr. Definitions and models in curriculum theory [J]. Educational theory, 1967, 17 (2): 127-140.

[7] TABA H. Curriculum development: theory and practice [M]. New York: Harcourt, Brace & World, 1962: 214.

[8] OLIVA P F. Developing the curriculum [M]. Boston: Little, Brown Company, 1982: 6.

[9] 杜威. 经验与自然 [M]. 傅统先，译. 北京：商务印书馆，1960：46.

[10] DEWEY J. Democracy and education [M] // BOYDSTON J A. The middle works of John Dewey, Volume 9, 1899-1924. Carbondale and Edwardsville: Southern Illinois University Press, 1980: 353-354.

[11] 同 [10] 167.

[12] 杜威. 民主主义与教育 [M]. 王承绪，译. 北京：人民教育出版社，1990：177.

[13] DEWEY J. Democracy and education [M]. New York: Macmillan, 1916: 130.

[14] GRUNDY S. Curriculum: product or praxis? [M]. New York: The Falmer Press, 1987: 14.

[15] 同 [14] 17.

［16］ SHULMAN L S. From Minsk to Pinsk：why a scholarship of teaching and learning？［J］. Journal of the scholarship of teaching and learning, 2000（1）：48-53.

［17］ CORNBLETH C. Curriculum in and out of contest［J］. Journal of curriculum and supervision, 1988, 3（2）：85-96.

［18］ POSNER G J. Models of curriculum planning［M］// BEYER L E, APPLE M W. The curriculum：problems, politics, and possibilities. Albaty：State University of New York Press, 1988：77-97.

［19］ MCCUTCHEON G. Curriculum and the work of teachers［M］// BEYER L E, APPLE M W. The curriculum：problems, politics, and possibilities. Albany：State University of New York Press, 1988：191-203.

［20］ ZUMWALT K K. Beginning professional teachers：the need for a curricular vision of teaching ［M］//REYNOLDS M C. Knowledge base for the beginning teacher. Oxford：Pergamon, 1989：173-184.

［21］ WEADE R. Curriculum'n'instruction：the construction of meaning［J］. Theory into practice, 1987, 26（1）：15-25.

［22］ 同［1］507.

［23］ CULLER J. On deconstruction：theory and criticism after structuralism［M］. Ithaca, NY：Cornell University Press, 1982.

（本文原载《教育研究》2000 年第 2 期）

校本课程的实施：经验、问题与对策

靳玉乐

随着我国新一轮基础教育课程改革的启动与发展，校本课程开始成为基础教育课程发展的一个重要方面。因此，有必要总结我国校本课程实施的经验及存在的问题，并提出相应的对策。

一、校本课程实施的经验

校本课程发展兴起于 20 世纪 70 年代，当时在许多国家成为课程改革非常重要的一个环节，并且成为教育改革的口号之一。我国校本课程的实施尽管起步较晚，但积累了不少有益的经验。

（一）校本课程实施：理论与政策基础

在 20 世纪 80 年代，课程多样化的问题已引起课程学者的关注。有学者指出，课程开发有国家、地方、学校三个不同的层级，但一般趋势是，学校在课程开发中起着创造性的作用，课程开发的主体是第一线的教师。因此，要有扎根于学校的以学校为主体的课程开发。个别学者还对"以学校为基础的课程改革"作过介绍，指出学校肩负着为青少年安排学习经验的特殊使命，因此，根据学校的实际去解决校本课程问题的改革方式应得到极大重视。遗憾的是，这些认识并没有引起学术界的足够关注。

90 年代以后，教育学界开始认识到课程管理体制改革的重要性，并进行了积极的探索。吕达教授首次明确提出了中小学课程的三级管理构想，主张中央、地方和学校各司其职。随后，学者们从不同的角度对三级课程问题进行了较为深入的讨论。于是，校本课程问题开始受到关注。课程学者们围绕着校本课程开发的基本理念、本质、特征、价值、条件、制约因素、类型、操作模式、评价等进行了理论探讨，这就为校本课程的实施奠定了初步的理论基础。

在教育政策层面，以 1985 年《中共中央关于教育体制改革的决定》和 1986 年《中华人民共和国义务教育法》为标志，我国正式开始了教育权力下放和办学形式多样化的改革进程。但直到 90 年代后期，课程决策权才开始部分下放到学校。1996 年颁布的《全日制普通高级中学课程计划（试验）》规定，学校应该"合理设置本学校的任选课和活动课"，这部分占总课时的 20%—25%，从而改变了以前学校、教师在课程开发中完全被动的角色，在政策上肯定了学校和教师在课程开发中的权力。随着 1998 年《面向 21 世纪教育振兴行动计划》和 1999 年《中共中央国务院关于深化教育改革全面推进素质教育的决定》两个纲领性文件的颁布实施，国家明确提出了试行国家课程、地方课程和学校课程（即校本课程）的要求。在此基础上，教育部制定了《国家基础教育课程改革指导纲要》，进一步明确了"建立国家、地方和学校的课程三级管理模式"。其中，对学校的课程权力作出如下规定。学校的职责：义务教育和普通高中阶段的学校在执行国家课程和地方课程的基础上，依据教育部颁发的《学校课程管理与开发指南》，从实际出发，参与本社区学校课程具体实施方案的编制，同时，结合本校的传统和优势、学生的兴趣和需要，开发或选用适合本校的课程，并报上级教育主管部门审批。学校有权力和责任反映国家课程和地方课程在实施中所遇到的问题，同时建立学校课程的内部评价机制，以保证学校的课程实施与国家课程、地方课程在目标上的一致性。从此，我国校本课程的实施有了政策保障。

（二）校本课程实施：实践的回应

校本课程发展具有多样化的形式，在学校教育实践中，校本课程的实施也是千差万别的。根据马什（C. Marsh）等人的观察与探讨，校本课程发展涉及活动类型、投入时间和参与人员等三个层面的变项，它们形成了一个多层次全方位的校本课程发展模型（见图 1）。

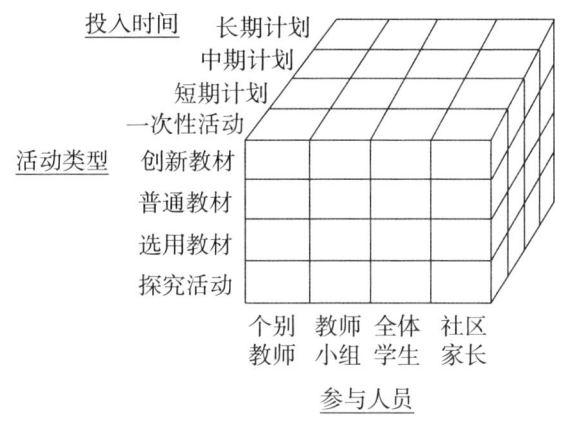

图 1　校本课程发展模型

就我国校本课程实施的实际情况看，校本课程开发的形式主要有这样几种类型：一是课程引入，即引入由国家提供的课程、开发项目或引入他校开发的课程项目；二是课程选择，即在不同风格的教材中选择适合本校特点的教学材料及配套资料等；三是课程改编，即对国家规定的核心课程加以改造以适应具体的学校和教学情境，或对引入的校外课程重新改组，或对学校自身开发的课程作进一步的改进等等；四是课程整合，有对不同学科的整合，有学科与活动的整合，有同一学科内不同教学内容之间的整合等等；五是课程创新，即学校自己独立开发部分有自己特色的课程而不依赖于外部提供课程或教材，特别是少数条件比较好的学校已经实现了完全自主的校本课程开发，如北京景山学校等。但多数学校基本上是以发展活动课程或"活动课程+选修课"的形式为主。随着我国校本课程的发展，一些学校开始由活动课程或"活动课程+选修课"的自由课程发展形式走向真正意义上的校本课程发展之路。例如，江苏省锡山高级中学在原来的"活动课程+选修课"的基础上，根据国家和地方教育行政部门的指导性文件，进一步明确本校的教育哲学或办学宗旨，并通过调查、评估学生的需要以及社区、学校课程资源，确立了校本课程的目标、总体结构、教学计划以及评价框架等，形成了比较有特色的校本课程发展计划。

从投入时间来看，多数学校的校本课程开发是短期计划或一次性的探究活动，缺乏中长期的校本课程发展规划；从参与人员来说，以个别教师或教师小组为主，家长、学生、社区人士几乎不参加课程开发。

（三）校本课程实施：观念的变革与创新

校本课程发展有着与国家课程发展不同的教育理念，它在目标观、课程开发主体观、课程观、学生观、教师观、教学观、教育资源观、课程管理观以及教育评价观等方面都有自己独特的学术思想。因此，随着我国校本课程的实施，学校教育观念发生了不少新的变化，主要表现在以下方面（见表1）。

表1　校本课程发展的特点

项目	国家课程开发	校本课程开发
课程目标	以发展全国统一的课程方案为目标	以发展符合学生、学校或地方特殊需要的课程方案为目标
参与人员	课程开发是专家学者的权责，只有校外的专家学者参与课程开发	所有与课程有关系的人士均有参与课程开发的权责，因此，学校成员和校外人士均可参与课程开发
课程观	课程即书面的课程文件，是计划好的课程方案	课程即教育情境与师生互动的过程与结果

续表

项目	国家课程开发	校本课程开发
学生观	学生无个别差异，为他们安排的课程可以在事前做好详细、完善的计划	学生不但有个体差异，也有主动建构知识的能力，课程当应学生需要而不断地进行调整，事先的计划越详细就越不能适应学生的学习需要
教师观	教师仅是课程的实施者，职责就是依照计划好的课程方案加以忠实地呈现	教师是课程的研究者、开发者和实施者，教师有主动解释、开发课程的能力

（1）学校权责的增强。校本课程发展的本质是一种课程决定，因此，校本课程发展涉及课程决策权力的分配。我国课程发展历来是在中央集权的教育行政及课程管理运作架构下进行的，因此，国家是课程权力的主体，地方和学校的课程权力非常有限，甚至学校根本就没有课程决策权。随着校本课程的实施，课程决策权力开始逐步下放，赋予学校比过去更大的课程决策权力与责任，成为课程发展的一个显著特征。学校在取得更多的专业权责和权威之后，便有了更多的自主决定课程事务的机会，对其发展出来的课程也有了更多的主导权、拥有感和责任感，从而能有效地调动学校及教师参与课程改革与发展的积极性。

（2）课程概念的扩充。过去，人们总是把课程视为学科和教材，课程发展以学科知识为中心，强调学科课程，重视知识的逻辑与结构，以致课程的概念不能得到拓展，对课程的改革与发展带来不少消极的影响。而校本课程的发展，既重视课程发展的结果又突出课程发展的过程，这就突破了教科书的限制，极大地拓宽了可资利用的课程资源的范围。学校及教师在以学校自身的办学理念、特点和学生需要为核心发展课程时，不再只是单一地考虑学科知识的选择与组织，除了课程文件、课程方案、教材和教科书之外，也特别重视学校组织特性、学校文化、师生互动的过程及结果、学生的身心特点及家庭背景、社区环境等等。它所涉及的课程，涵盖了正式的学科课程、非正式的活动课程以及潜在课程，换言之，课程包括学生在学校所获得的所有经验。于是，从空间结构看，课程发展走向了立体化和动态化；从时间结构看，学生的学习已不单单局限于有限的几门学科的课堂学习，而是扩展到学校的整个生活世界之中，呈现出"全天候"的状态。可以说，校本课程的实施促进了课程观的转变，扩充了课程概念的内涵。

（3）教与学的创新。校本课程的实施，非常重视学校情境与师生互动的过程，因此，教学的观念和行为都发生了很大的变化，主要表现在：首先是强调了学生的个别差异和个性发展，这是当前基础教育领域里最为显著的变化；其次是教学活动更加注重对话、交流和沟通，使学生在探索-发现、体验-表达的架构下进行学习；最后是突出了学生的主体作用，强调在教学中要充分调动学生学习的自主性、能动性和创造性，主张教学应当引导学生主动地发挥潜能，实现由维持性学习向创新性学习的改变，发展其创新精神和实践能力。总之，以教师、书本和课堂为中心的传统教学体系正在发生变化。

（4）教师角色的变化。过去，教师扮演的是"传道、授业、解惑"的角色，教师成了真理的拥有者和传播者，因此，教师更多地考虑如何教的问题，而不探讨教什么的问题。随着校本课程的实施，教师的课程意识和课程决策权力日益增加，其角色也开始发生积极的变化。这种变化主要表现在，教师不仅是课程的实施者，而且是课程的研究者、设计者和评价者，教师也因此成为学校课程变革的主体，在课程发展中将发挥更大的作用。

二、我国校本课程实施的问题

我国校本课程的发展并不顺利，在经历了艰难的政策、理论与实践探索之后，仍然存在如下问题。

（一）概念模糊，影响品质

虽然我国在校本课程的实施上已经迈出了历史性的一步，有了一个好的开端，但是许多人对于校本课程发展的真义何在、校本课程发展需要确立什么样的教育理念以及课程的运行机制和条件、如何具体开发和实施校本课程、如何建立校本课程的评价体系等等，却知之甚少、知之不深，以致学校和教师在校本课程的问题上各执一词，引起不少误解。例如，有人认为，实施校本课程，就是开设一些活动课程或选修课程；有人认为，实施校本课程，就是要教师自编教材。这些认识上的偏差，必然影响校本课程发展的品质。

（二）定位过低，权力分享不足

我国的课程发展仍然是在自上而下的课程管理模式下进行的，因此，校本课程只是国家课程和地方课程的重要补充，并且从课时上规定了各类课程的比例：国家课程占 80%左右，地方课程占 5%左右，校本课程占 10%—15%左右。显然，学校的课程自主权是非常有限的，而且包括课程标准、课程计划乃至教材（主要是核心教学科目的教科书）在内的国家课程仍然是学校课程的主体。尽管如今已经提出了教材多样化的要求，但绝大多数学校是不可能直接参与教材开发的，学校和教师根本就不可能从课程外围走向课程中心，课程管理部门仍然习惯于依靠学科专家来设计课程。特别是，曾经由中央或地方赋权的课程开发机构，视教材为自己专有的"饭碗"，为保护自己的经济利益而不惜采取各种可能的行政与经济手段，强行维护教材市场的"垄断"地位。于是，课程开发的专业权依然掌握在少数学科专家手中。这样一来，学校就没有分享到足够的课程决策权力，其校本课程的实施也就难以取得预期的效果。

（三）教师的课程意识与课程开发能力薄弱

在影响校本课程实施的众多因素中，教师课程专业能力的发展是具有决定性的因素，换句话说，教师是发展校本课程的主体或主角。校本课程的发展需要教师有思想、信念、能力和热情，单靠行政命令无法完成。没有教师的专业发展就没有课程发展，因为课程实施最重要的是通过教师把一个好的课程构想转换成学生的实际经验。然而，我国校本课程的实施并没有真正把教师的课程专业发展纳入视野，无论是职前教师发展还是在职教师发展，都没有同校本课程发展很好地配合起来。即使在课程意识比较先进的上海，情况仍然没有什么根本的变化。就职前教师发展来说，我国的师范教育侧重教师的普通知识和专业知识的掌握，几乎没有开设与课程发展密切相关的课程以培养学生将来参与课程发展的能力，更谈不上教师个人教育思想的形成与发展。这种狭隘的学科专业教育和单纯的知识传授，只能造就教书匠，而教书匠是难以承担校本课程发展重任的。就在职教师发展而言，一般偏重于教师的专业知识技能和教育知识技能的再学习与再提高，在帮助教师进一步内化职业价值、认同职业规范及形成新的教育理念、掌握新的教学方法和教学手段等方面所做甚少，教师并没有发展出新的专业能力以胜任课程改革。因此，教师除了思考"怎样教"之外，没有多少参与课程决策的权力和责任，其课程发展能力的欠缺乃至课程意识的淡薄就是逻辑的必然。事实上，即使教师有权决定"怎样教"，也是难有创新的，改变教学方法是极度困难的，因为这牵涉教师和学生的深刻信念，如教师和学生的角色、学校教育和学问的性质等。总之，课程改革是人的改革、课程发展是人的发展，没有教师发展就没有课程发展，教师课程专业能力的不足和课程专业自主权的淡薄，是实施校本课程的最大阻力和障碍。

（四）偏于技术的取向，缺乏文化的重建

我国校本课程的实施策略，是技术取向的，强调的是一套事先设计好的教学机制，并试图借助课程实施方案的合理性和科学性以增强其合法性，进而在现存的学校文化和科层结构之中实施校本课程，以取得预期的效果。事实上，这只不过是课程发展者的一厢情愿，因为校本课程的实施如果忽视了政治过程和学校文化的创新，就必然导致失败的命运。按照库班、奥柯尔等学者的看法，对课程改革的实施策略有三种观点，即技术观、政治观和文化观。技术观比较注重改革实施前的计划以及改革实施后的成果，而政治观和文化观则认为实施的性质是不能预设的，课程知识是社会建构的，课程改革实际上是一种文化的变革，是学校新文化与旧文化之间的冲突与磨合的过程，不可避免地要涉及权力结构的变化、学校文化的重建和师生个人的发展。因此，缺少政治和文化的思考，没有学校新文化的建构，实施课程改革的效果就不会理想。就我国而言，学校的组织结构在整体上还缺乏变革，新的学校文化尚未建立，仅仅从技术层面来处理校本课程问题，往往流于形式。所谓的技术课程，只不过是装饰性的"花边"，其效果是可想而知的。

三、我国校本课程实施的对策

校本课程的实施是一项复杂的系统工程，需要拟定恰当的实施策略和相应的配套措施，方能取得好的效果。展望未来，我们应强调以下几个方面。

（一）实现课程发展机制的多样化转换

课程发展机制主要有中央集权、地方分权和学校自主三种基本类型。在中央集权的架构下，课程发展主要是借助国家权力进行的，课程的研究、开发和推广以及学校的课程计划、课程标准甚至教学材料和考试都由国家统一组织和实施，以确保全国范围内的课程基本统一，它体现出国家本位或社会本位的教育价值取向；地方分权的课程发展机制从理论上说也是一种集权型的课程发展机制，是中央集权在地方上的翻版，只不过课程开发主体从中央权力机构转移到了地方权力机构，它强调的是地方特色和地域适应性，因而能够促进一个国家的课程的多样化发展；学校自主的课程发展机制又称校本课程发展机制，它是以学校为基础的课程发展模式，学校及教师成为课程开发的主体，强调课程要适应具体学校和学生的个别差异。目前，我国的课程发展机制是中央集权的课程开发仍居于绝对的主导地位，课程发展模式比较单一，其他层次的课程发展机制还没有很好地建立起来。尽管浙江、上海、北京等地已开始在地方分权的架构下进行课程开发，但毕竟处于改革试验的初期，其"集权"的色彩似乎远多于"分权"的色彩，权力下移的目标并未真正实现。显然，多样化的课程发展机制尚未真正形成，实现课程发展机制的多样化转换是不可回避的重要课题。

（二）给教师赋权增能，使之成为校本课程发展的主体

教师是校本课程实施过程的直接参与者，校本课程发展的成功与否，教师是一个关键因素。在传统的自上而下的课程开发模式之下，教师处于权力结构的最底层，其课程职责就是执行国家的课程指令，遵从学科专家编写的教材及教学要求，其角色只不过是"教书工匠""教学机器"，教师的创造性得不到充分发挥。校本课程实施主张给教师赋权增能，强调教师角色由单一化向多元化转变。

（1）发展者。教师应参与学校总体课程方案的讨论、规划与设计，善于在教学过程中根据学生的实际学习需要调整课程与教学，成为教学的主动发展者。

（2）决策者。教师是实际的教学者，负责班级课程与教学的实施，因此，应当成为设计教学活动、编撰教材的决定者。

（3）诠释者。教师要厘清课程目标，依据学校条件，教学资源，学生能力、兴趣与需求，解释并开展课程活动，以达成学校教育目标。

（4）行动研究者。教学是一个非常复杂的、难以精确预测的过程，要求教师真实地体验到自然教学情境中的活生生的课程问题并对其进行研

究，以解决实际的课程问题，而不是抽象的理论问题。

在校本课程发展中，除了转变角色之外，教师更需要增强参与课程开发的意识和能力。马什在总结了校本课程开发的案例后发现，校本课程开发的参与者在参与意识和参与能力上往往要经历六个发展阶段（见表 2）。

表 2　校本课程开发参与者的六个发展阶段

阶段	主要表现
第一阶段：个人实验	（1）对与他人一起工作缺乏信心 （2）不愿意与他人分享观点
第二阶段：交流观点	（1）愿意私下交流"秘诀" （2）愿意尝试同事的观点
第三阶段：寻求信息	（1）非正式地拟定任务并期望成功 （2）从事独立的搜寻工作（例如去资料中心查询）
第四阶段：承担最低责任的参与	（1）承担只需有限的领导技巧的角色 （2）在参与中倾向于"低度曝光"
第五阶段：主动的参与者	（1）成为活动中的主要参与者 （2）愿意组织和领导不同形式的活动
第六阶段：承担主要领导角色	（1）有了充分的准备去倡导并规划活动 （2）监督成果，并且在需要维持团体工作效率时采取措施

给教师赋权增能，肯定广大教师对课程的独立判断能力和创新能力，使之真正成为课程开发的主体，校本课程的实施才能获得成功。

（三）进行学校组织结构的变革，实现权力重构

校本课程的实施，除了课程政策的允许和学校教师必须具备课程开发的意识和能力之外，学校还必须有进行课程开发的氛围和条件，因此，必然要涉及学校内部组织结构的变革，以实现学校的权力重构。

就学校而言，实现权力重构，就是让教师、学生、家长以及社区人士

分享课程开发的决策权。校本课程开发不仅要打破课程开发的自上而下的权力模式，而且还要同时打破学校所复制的社会权力结构及官僚体制，杜绝学校内权力的"集中化"，集体审议课程决策将成为学校内部权力重构的重要策略。

经过权力重构的学校，将改变过去严格的科层体制，使之更富民主性和自主性，真正建立起校长、教师、学生、家长以及社区人士之间的合作、交流与对话机制，使学校成为一个具有开放性、创新性的学习社区。

（四）建立学校新文化，实现文化再生

校本课程实施涉及学校文化的变革，是一个发展学校新文化的过程，那些试图把新的课程发展机制嵌入旧的学校文化的做法，是很难取得预期效果的。众所周知，学校旧文化的特征是崇尚书本、唯科学主义、保守趋同和唯命是从，学校和教师的创造性受到很大限制，从而制约了校本课程的发展。校本课程的成功实施，需要有新的学校文化与之相适应，这种新文化的特征应该是：注重创新，关注生活，关注社会，亲近自然，尊重差异，多元民主，合作参与。

参考文献

[1] 崔相录. 今日发达国家教育改革导论 [M]. 北京：教育科学出版社，1992：132-140.

[2] 崔允漷. 校本课程开发：理论与实践 [M]. 北京：教育科学出版社，2000：120-133.

[3] 廖哲勋. 课程学 [M]. 武汉：华中师范大学出版社，1991：338-339.

[4] 吕达，等. 独木桥？阳关道？：未来中小学课程面面观 [M]. 北京：中信出版社，1991：247-271.

[5] 莫礼时. 香港学校课程的探讨 [M]. 陈嘉琪，温霈国，译. 香港：香港大学出版社，1996：103.

[6] 欧用生. 台湾新课程实施的经验：课程理论与实际的对话 [Z]. 北京："内地、台湾和香港义务教育课程之比较"学术研讨会，2000.

[7] 施良方. 课程理论：课程的基础、原理与问题 [M]. 北京：教育科学出版社，1996：133，330-331.

[8] 王伟廉. 课程研究领域的探索 [M]. 成都：四川教育出版社，1988：215.

[9] 张嘉育. 学校本位课程发展 [M]. 台北：台湾师大书苑，1999：5.

[10] 钟启泉. 课程设计基础 [M]. 济南：山东教育出版社，1998：16-21.

[11] 钟启泉. 现代课程论 [M]. 上海：上海教育出版社，1989：325-349.

[12] ELLIOTT J. Action research and educational change[M]. Buckingham ：Open University Press，1991.

[13] MARSH C，et al. Reconceptualizing school-based curriculum development ［M］. Philadelphia：The Falmer Press，1990：49.

（本文原载《教育研究》2001 年第 9 期）

论合作学习的基本理念

王　坦

合作学习（cooperative learning）是 20 世纪 70 年代初兴起于美国，并在 70 年代中期至 80 年代中期取得实质性进展的一种富有创意和实效的教学理论与策略。由于它在改善课堂内的社会心理气氛，大面积提高学生的学业成绩，促进学生形成良好非认知品质等方面实效显著，很快引起了世界各国的关注，并成为当代主流教学理论与策略之一，被人们誉为"近十几年来最重要和最成功的教学改革"[1]。

自 20 世纪 80 年代末、90 年代初开始，我国也出现了合作学习的研究与实验，并取得了较好的效果。《国务院关于基础教育改革与发展的决定》中专门提及合作学习，指出："鼓励合作学习，促进学生之间相互交流、共同发展，促进师生教学相长。"由此可见国家决策部门对合作学习的重视。值得注意的是，合作学习在国外已有几十年开发与研究的历史，但在我国仍属新生事物。能否有效地在我国实施合作学习，关键在于我们是否能科学地理解合作学习的基本内涵，把握它的精神实质。有鉴于此，笔者拟专就合作学习的基本理念问题做一简要的探讨。

世界各国的合作学习实践虽然在具体形式上和称谓上不甚一致，如欧美国家称"合作学习""合作授课"，苏联等国家称"合作的教育学"，我国称"合作教学"，等等，但它们却有着许多共同的教学理念，与传统教学观有着许多质的不同，并由此形成彼此鲜明的对照。综合观之，合作学习的基本理念主要包括以下几个方面的内容。

一、互动观

在合作学习的诸多理念中，最令人注目的当属互动观。由于合作学习视教学动态因素之间的互动为促进学生学习的主要途径，因而这种互动观无论在内容上还是在形式上都与传统的教学观有所不同，它不再局限于师生之间的互动，而是将教学互动扩大到教师与教师、学生与学生之间的互动。国内外大量实证研究证明，合作学习的互动观是一种先进科学的互动观，是对现代教学互动理论的发展。与传统的教学互动观相比，合作学习的互动观主要突出了以下几个方面的内容。

（一）定位教学活动是一种复合活动

合作学习的互动观是建立在对现有教学互动观的反思基础上的，是对现代教学互动观的一种发展。合作学习论认为，教学过程是一个信息互动的过程。从现代教育信息论的角度来看，教学中的互动方式大致呈现为四种类型：一是单向型，视教学为教师把信息传递给学生的过程，教师是信息发出者，学生是信息接受者；二是双向型，视教学为师生之间相互作用获得信息的过程，强调双边互动、及时反馈；三是多向型，视教学为师生之间、生生之间相互作用的过程，强调多边互动、共同掌握知识；四是成员型，视教学为师生平等参与和互动的过程，强调教师作为小组中的普通一员与其他成员共同活动，不再充当唯一的信息源。[2] 合作学习认为，教学是一种人际交往，是一种信息互动，其间必然涉及上述四种信息互动过程和模式，缺一不可。从目前世界各国的合作学习实践来看，合作学习还是把互动更多地聚焦在了生生之间关系的拓展上，因为这是当前教学实践中常常被人们忽视的一个重要领域。

反观教学实践，目前我们的教学所提倡和采用的互动方式主要是师生之间的双边互动，至于学生与学生之间的互动则始终未能受到重视，因而教学中少有或根本没有多向型的互动方式。甚至不少人还将学生与学生之间的互动视为非建设性的消极因素或破坏力量。造成这种状况的原因很多，其中理论误导的影响不可忽视。受传统教育的影响，我们往往把教师与学生之间的关系视为教学中唯一重要的关系，认为学生能掌握知识，发展智力，主要是取决于与教师的互动。目前国内不少学者把教学仅理解为"师生双边活动的过程"，实际上就是上述思想的折射。合作学习认为，把教学这一复杂的现象仅仅当作教师与学生之间的双边互动的过程，实在是过于简单化了。实际上，教学不仅仅是教师与学生之间的双边互动的过程，它还涉及诸如单向型互动、多向型互动、成员型互动等多种互动过程，是多种互动过程的有机统一，是一种复合活动。

（二）突出生生互动的潜在意义

合作学习能在世界范围内取得成功，很大程度是因为它对生生互动的创造性运用。在传统教学中，学生与学生之间的相互作用通常被认为是无关紧要的或是消极的因素。合作学习的代表人物约翰逊（D. W. Johnson）曾对此发表过精辟的论述。他指出："由于教育工作者认为，学生之间的相互作用是没有什么好处的，所以没有人主张对这种关系加以建设性的利用，也就不去系统地训练学生们相互交往所必备的基本社交技能。毫无疑问，成人—儿童双边活动的教和学的观点，低估了课堂上学生—学生相互作用和关系的重要作用。""实际上，教师的一切课堂行为，都是发生在学生—同伴群体关系的环境之中的。……在课堂上，学生之间的关系比任何其他因素对学生学习的成绩、社会化和发展的影响，都更强有力。但课堂上同伴相互作用的重要性往往被忽视。""学生之间的关系是儿童健康的认知发展、社会发展和社会化所必须具备的条件。事实上，与同伴的社会相互作用是儿童身心发展和社会化赖以实现的基本关系。"[3]

合作学习认为，生生互动是教学系统中尚待进一步开发的宝贵的人力资源，是教学活动成功的不可缺少的重要因素。因此，合作学习把生生互动提到了前所未有的地位，并作为整个教学过程中一种十分重要的互动方式来加以科学利用，充分开发和利用了教学中的人力资源，为现代教学系统注入了新的活力，把教学建立在了更加广阔的交流背景之上。这对于我们正确地认识教学的本质，减轻师生的负性负担，提高学生学习的参与度，增进教学效果，具有重要的指导意义。

（三）强调师师互动的前导地位

传统教学虽然也时有教师集体备课的活动或形式，但并没有将之纳入教学的流程之中加以统合。合作学习则不同，它将师师互动作为教学的前导性因素纳入教学系统，扩大了教学系统的外延，并将之视为教学过程不可或缺的一个环节，这是一种创新。合作学习认为，与学生一样，教师之间在知识结构、智慧水平、思维方式、认知风格等方面也存有重大差异，即使是教授同一课题的教师，在教学内容处理、教学方法选择、教学整体设计等方面的差异也是明显的。这种差异就是一种宝贵的教学资源。通过就所教授内容的互动，教师可以相互启发、相互补充，实现思维、智慧的碰撞，从而产生新的思想，使原有的观念更加科学和完善，有利于达成教学的目标。

二、目标观

合作学习是一种目标导向活动。由于合作学习强调动态因素之间的合作性互动，并借此提高学生的学业成绩，培养学生良好的非认知品质，因而这种教学理论较之传统的教学理论更具情感色彩。当然，合作学习在突出达成情感领域的教学目标的同时，也非常重视其他各类教学目标的达成。正如合作学习的研究者们所讲的那样："在教学目标上，……注重突出教学的情意功能，追求教学在认知、情感和技能目标上的均衡达成。"[4]

合作学习认为，学习是满足个体内部需要的过程。对于教学来讲，合作学习的假定是："只有愿意学，才能学得好。"只有满足学生对归属感和影响力的需要，他们才会感到学习是有意义的，才会愿意学，才会学得好。基于这种认识，合作学习将教学建立在满足学生心理需要的基础之上，使教学活动带有浓厚的情意色彩。从合作学习的整个过程看，其情意色彩体现于教学过程的各个环节之中。尤其是在小组合作活动中，小组成员之间可以互相交流、彼此争论、互教互学、共同提高，既充满温情和友爱，又像课外活动那样充满互助与竞赛。学生之间通过提供帮助而满足了自己影响别人的需要，同时，又通过互相关心而满足了归属的需要。在小组中，每个人都有大量的机会发表自己的观点与看法，倾听他人的意见，使学生有机会形成良好的人际技能。当学生们在一起融洽合作、出色工作时，他们学到的就会更多，学得也就更加愉快，由此可以实现认知、情感与技能教学目标的均衡达成。

另外，合作学习在注重达成上述三类目标的同时，还十分注意人际交往的技能目标，并将之作为一种重要的教学目标予以遵循和追求。当代教学设计专家罗米索斯基在 20 世纪 80 年代初即提出："人际交互技能"同"认知技能""心理动作技能""反应技能（态度）"一样，必须在学校教学中占有重要的地位。这类目标涉及培养与他人有效地交往、处理人事关系的能力等，包括咨询、管理、讨论、合作、销售等方面的技能。有关研究认为，合作学习的目标体系可分成两个部分：学术性目标（academic objectives）及合作技能目标（cooperative objectives）。在以往的教学过程中，教师通常十分重视学术性目标，而往往忽略学生合作交往技能训练与培养。而在合作学习课堂中，对学生进行合作技能的教授与训练是一个很重要的组成部分；否则学生会因为缺乏必要的合作技能而无法进行合作，从而直接影响合作学习的顺利进行甚至严重削弱教学效果，至于培养学生的合作品质，则更无从谈起。[5]

三、师生观

合作学习是从对教学主要矛盾的分析入手来建立其师生观的。教学是一个多因素影响下的动态过程，其间矛盾纵横、关系复杂。合作学习认为，学生与教学内容之间的矛盾是教学的主要矛盾。教学中的其他矛盾都是在此基础上产生的，即为了解决学生与所学知识之间的矛盾，才产生了教师与学生的矛盾、教师与教学内容的矛盾等，因而它们是从属性的矛盾，是次要矛盾。当然，这些从属矛盾的解决，对有效地解决学生与所学知识之间的矛盾起着重要的作用。由此看来，教学的主要矛盾实际上属于学生认识过程的矛盾，是认识主体与客体之间的矛盾；学生的活动是教学过程中最主要的活动。因此，合作学习提倡教师当好"导演"，学生当好"演员"，而不再像传统教学所强调的那样，教师为了保持所谓的权威，既"导"且"演"，结果是"导"不明，"演"不精，事倍功半，苦不堪言。与此相应，学生在传统教学情境中只能跑跑龙套，敲敲边鼓，充当配角或背景，甚至是旁观者。在这种教学情境中，学生的主体地位难以真正得到体现，超负荷、重复性、低水平的练习与作业使学生对学习逐渐失去兴趣，疲于应付，难以达成在身心方面的和谐发展。合作学习从学生主体的认识特点出发，巧妙地运用了生生之间的互动，对"导"与"演"进行了分离与分工，把大量的课堂时间留给了学生，使他们有机会进行相互切磋，共同提高。由此一来，在传统课堂上许多原先由教师完成的工作现在就可以由学生小组来完成，教师真正成了学生学习过程的促进者，而不再作为与学生并存的主体，与学生对立起来。教师也会由此而使自身的工作负荷得到减轻，可以有时间研究教学问题，科学设计教学方案，进行教学改革，确保"导"的质量。学生由于主体性得到了体现，自然会产生求知和探究的欲望，会把学习当作乐事，最终进入学会、会学和乐学的境地。师生负担也可以由此大减，教学的良性循环也会因此而建立起来。

在合作学习中，教师要充当"管理者""促进者""咨询者""顾问""参与者"等多种角色，旨在促进整个教学过程的发展，使学生与新知之间的矛盾得到解决。教师不再把自己视作工作者，而是合作者。因为如果教师把自己看作工作者的话，那么他就不会把学生看作人，而是看作工作的对象，予以机械刺激。在合作学习中，教师与学生之间原有的"权威-服从"关系逐渐变成了"指导-参与"的关系。

四、形式观

合作学习采用了班级授课与小组活动相结合的教学组织方式，这主要是社会劳动生产方式的某些变化使然。"当发达国家开始进入后工业社会或信息社会时，劳动组织开始走向小型化，劳动中互相协作、彼此直接交往的机会大大增加，劳动者的人际关系技能和状况将对他的劳动机会产生直接影响。很显然，当新的就业机会大部分出现在只有 20 个人的小企业时，这种劳动组织方式就既不是个人单干的，也不是'大集体'作业。另一方面，与之相应的变化是，学校班级规模在发达国家也趋向小型化，但这种小型化又决不是回到个别辅导的单干学习这条老路上。"[6] 由此出发，合作学习认为，教学应当兼顾个体性与集体性特征，应当把个别化与人际互动有机地结合在一起。因此，在教学形式上，合作学习强调以集体授课为基础，以合作学习小组活动为主体形式，力求体现集体性与个体性的统一。与传统教学不同，合作学习是以小组活动为基本形式的一种教学活动，但集体授课仍然在整个教学过程中占有相当重要的地位。这点我们可以从合作学习的基本流程中窥见一斑。我国的合作学习基本流程可归纳为：合作设计→目标呈现→集体讲授→小组活动→测验→反馈与补救。[7] 由此可见，教师的授课是合作学习策略中必不可少的组成部分。当然，我们不能将合作学习中的课堂讲授与传统课堂教学中的课堂讲授等同视之，合作学习中的课堂讲授是以合作设计为基础的，讲授过程也力求简要清晰、时短量大、高效低耗，有着较强的研究性、探究性，能为继起的小组活动留有足够的空间。另外，典型意义上的合作学习中的小组活动与传统教学中的小组活动也有着重大区别。这主要表现在传统小组（如兴趣小组）往往是同质小组，而合作学习小组则主要是异质小组。异质小组通常是由性别、学业成绩、能力倾向、民族等方面不同的成员构成，成员之间存在着一定的互补性。合作学习小组通常由四人组成，其中一名是优等生，一名是学困生，两名是中等生，要求各小组总体水平基本一致，每个小组都应是全班的缩影或截面。同时，全班各合作学习小组之间又应具有同质性。组内异质、组间同质为互助合作奠定了基础，而组间同质又为保证全班各小组展开公平竞争创造了条件。

五、情境观

合作学习认为，组织学生学习的情境主要有三种：一种是竞争性的情境，在这种学习情境中，学生们会意识到个人的目标与同伴的目标之间是相互排斥的，即别人的成功意味着自己的失败，反之亦然，这是一种"利己损人"的学习情境；一种是个体性的情境，学生们各自朝着既定的目标进行独立学习，而不必管其他人学得如何，这是一种"利己不利人也不损人"的学习情境；还有一种是合作性的情境，学生在既有利于自己又有利于他人的前提下进行学习，在这种情境中，学生们会意识到个人目标与小组目标之间是相互依赖的关系，只有在小组其他成员都成功的前提下，自己才能获得成功，小组成员是"荣辱与共"的关系，这是一种"利己利人"的学习情境。合作学习的倡导者认为，在合作性、竞争性和个体性三种学习情境中，"合作学习是三种学习情境中最重要的一种，却是目前运用得最少的一种学习情境。……从研究中可以清楚地看到，课堂活动的主流应当是学生的合作活动"[8]。同时，合作学习的倡导者还认为："在一个理想的课堂里，所有的学生都应能学会如何与他人合作，为趣味和快乐而竞争，自主地进行独立学习。……合作学习并不排斥竞争与单干，在适合、时宜时，竞争和个体活动能够增益于合作学习。"[9] 也就是说，合作学习在突出合作的主导地位的同时，并没有否认竞争与个人活动的价值，而是将之纳入了教学过程之中，使它们兼容互补，相得益彰。

从本质上讲，我们目前的中小学教育教学带有浓厚的竞争色彩。学生都视学校为一个竞争的场所，每个人都想胜过他人。这种教育是一种竞争教育，它把一个人的成功建立在其他人失败的基础之上。在这样一种学习氛围中，学生们养成的是一种被扭曲了的竞争意识和与之相应的利己行为。他们大都缺乏合作意识，更少有利他行为，缺乏与他人相处和交往的基本技能。这种状况与我们所处的需要合作意识与社会技能的信息时代甚不合拍。尤其是独生子女占相当比例的今天，这种状况就更加令人担忧。合作学习将合作、竞争和个人行为融为一体，并进行优化组合加以利用，符合教学规律和时代的需求，是对传统教学的单一竞争格局或情境的一大变革。

六、评价观

合作学习的评价观与传统教学也有很大不同。传统的教学评价强调的是常模参照评价，关注个体在整体中的位置，热衷于分数排名，比较强弱胜负。这种竞争性的评价是有局限性的，它把是否"成功"作为衡量学生优劣的唯一标准，脱离了大多数学生的实际。在这种评价方式下，只有少数学生能够得到高分或好名次，能够取得分数意义上的成功，而大多数学生则注定是学习的失败者，这不利于大多数学生的发展。有鉴于此，合作学习把"不求人人成功，但求人人进步"作为教学所追求的一种境界，同时也将之作为教学评价的最终目标和尺度，将常模参照评价改为标准参照评价，把个人之间的竞争变为小组之间的竞争，把个人计分改为小组计分，把小组总体成绩作为奖励或认可的依据，形成了"组内成员合作，组间成员竞争"的新格局，使得整个评价的重心由鼓励个人竞争达标转向大家合作达标。尤其是"基础分"和"提高分"的引入，可以说是合作学习评价的一个非常显著的特色和创新之处。所谓基础分，是指学生以往学习成绩的平均分；而提高分则是指学生测验分数超过基础分的程度。引入基础分与提高分的目的，就是尽可能地使所有的学生都有机会为所在的小组赢得最大的分值，指导学生将着力点定位在争取不断的进步与提高上，自己与自己的过去比，只要比自己过去有进步就算达到了目标。另外，为了体现评价的公平性，合作学习还注意根据学生以往的学业成绩表现和测验成绩，安排学优生与学优生一起分组测验，学困生与学困生一起分组测验，中等生与中等生一起分组测验，有时候测验的难度可以有所不同。各测验组的每个成员的成绩都与原属小组的总分挂钩，学优生小组的第一名与学困生或中等生小组的第一名所得的分值完全相同，这种使学生在原有的基础上进行合作竞争、公平比较其贡献的做法，最终会使全班学生无一例外地受到奖励，取得进步，并由此走向成功。合作学习以标准参照评价为基本手段，以"不求人人成功，但求人人进步"为理念，以及以小组总体成绩为评价依据来决定奖励与认可的做法，有利于我们走出竞争教育的怪圈，实现教学评价的科学化。

　　总之，合作学习以现代社会心理学、教育社会学、认知心理学、现代教育技术学等理论为基础，以研究与利用课堂教学中的人际关系为基点，以目标设计为先导，以师生、生生、师师合作为基本动力，以小组活动为基本教学形式，以团体成绩为评价标准，以标准参照评价为基本手段，以大面积提高学生的学业成绩、改善班级内的社会心理气氛、形成学生良好的心理品质和社会技能为根本目标，是一种极富创意与实效的教学理论与策略体系，值得大家予以关注和研究。

参考文献

[1] VERMETTE P. Four fatal flaws: avoiding the common mistakes of novice users of cooperative learning [J]. The high school journal, 1994, 77 (3): 255-260.

［2］HODGE B. Communication and teachers ［M］. Prentice Hall：Longman Publishing Group，1981：9.

［3］麦克米伦. 学生学习的社会心理学 ［M］. 北京：人民教育出版社，1989：143-145.

［4］王坦，高艳. 合作教学理念的科学创意初探 ［J］. 教育探索，1996（4）：17-19.

［5］陈燕. 合作学习课堂教学中的应用研究 ［D］. 杭州：杭州大学，1997.

［6］盛群力，金伟民. 个性优化教育的探索 ［M］. 北京：人民教育出版社，1996：136-137.

［7］王坦. 合作教学的基本理念 ［J］. 语文教学通讯，1996（9）：53.

［8］JOHNSON D W，JOHNSON R T，HOLUBEC E J. Circles of learning：cooperation in the classroom ［M］. Edina, Minnesota：Interaction Book Company，1990：5.

［9］同 ［8］.

（本文原载《教育研究》2002 年第 2 期）

近现代课程研究范式的演变及其启示

马云鹏 吕立杰

课程研究方法论与方法的界定表现在元理论与具体方式、技术两个层面。其中课程研究方法论是对课程研究方法中的前提假设、原则、目的以及应用条件、操作步骤的内在意义等的思考和追问，它深受社会思潮中认识论、真理观的影响，是历史性、过程性的。对课程研究方法论的澄清有助于使各种课程理论、研究方法、资料合理地组织在一起。课程研究方法是课程研究的操作技术与具体步骤。当课程研究方法在具体操作中遇到困惑与障碍时，方法论可以帮助我们做出合乎原则的判断，拟订灵活的方法策略。对课程研究方法及方法论的清理旨在对课程研究进行一种理论的反思与建构。

一、课程研究的方法范式演进

范式代表了一种历史过程，对课程研究方法论范式的划分也就是对课程研究产生、成熟、发展时期的界定。一般来讲，课程研究成熟期发端于19世纪90年代的课程科学化运动。以此为基点，我们把近代以来的课程研究划分为三个阶段：19世纪90年代以前的哲学推演与实践描述时期，19世纪末20世纪初的科学化时期，20世纪60年代后的研究方法多元化时期。

（一）课程目标的逻辑推演时期

如果把赫尔巴特的贡献作为教育科学成熟的标志，从这时到 19 世纪 90 年代是近代课程发展的第一阶段，也是课程的"前科学范式"时期。这一时期课程研究没有明确的研究对象，更谈不上固定的研究方法，是涵容在教育研究中的。

从启蒙运动开始，西方社会的自然科学迅速发展起来，到了 18、19 世纪更是生机勃勃，一些原本属于哲学研究的学问，纷纷放弃思辨的方式，采用实证的方法。19 世纪 20 年代，法国哲学家孔德把实证的精神引入社会科学中，他声称只有在实证阶段，人类认识才达到正常状态，即观念和客体的统一，实现了真实、有用、肯定与精确。到了法国社会学家涂尔干（E. Durkheim）那里，这种庞杂的思想得到了进一步完善。涂尔干把所有的社会现象都看成是事物，认为"社会学研究它们，要把它们当作客观存在的事物来对待，……必须建立起一套学科体系，以便人们研究社会现象时，能够按照一定的规则一步一步开展下去"[1]。在《自杀论》（1897）中，他用复杂的统计技术来计算和分析各种因素之间的关系，并从统计资料、经验现象中概括理论认识，把社会学研究的实证思想付诸了实践。1879 年冯特（W. Wundt）在莱比锡大学设置了心理学实验室，开启了心理学研究实验法的道路。教育学早在康德时代就提出了经验研究的思想，但是到了 19 世纪，教育研究虽然深受社会思潮的影响，但仍主要是规范性的。

这一时期教育学中的课程研究遵循两种方法线索：一是由教育目的引发的逻辑推演，二是从经验出发对领悟与设想的浪漫描述。属于第一种的著作以赫尔巴特《普通教育学》、洛克《教育论》、斯宾塞《教育论》最有代表性。赫尔巴特以他的统觉心理为基础，把儿童的兴趣分成五大类，并由此衍生出五类课程；洛克在 18 世纪即将来临、资本主义经济蓄势待发的社会背景下，在《教育论》中开列了既有利于绅士文雅风度培养又务实求实的课程清单；社会达尔文主义的倡导者斯宾塞更是主张教育要效力于人类的现实生活。那么怎样为完满的生活做准备呢？他从人类生活的五个领域出发设计了生理、科学、教养、历史、审美等五类课程，这一课程结构"成为20世纪课程研究的直接科学基础"。"这种分类，尽管并未采纳近代的实证科学的步骤，未能摆脱此前的哲学演绎的性质，不过它是极其注重实际的，它预示着课程研究行将迈进新的时期。"[2] 与这种教育目的推演方式相并行的是福禄贝尔和裴斯泰洛齐的方式。福禄贝尔以卡伊尔霍学校教育实践经验为基础写成《人的教育》（1826），为人的不同发展阶段设计了课程；裴斯泰洛齐的《林哈德与葛笃德》（1781）也是基于自己亲身经历的学校发展、变革经验，以小说的形式构筑理想的人格与学校课程。总之，20世纪前的课程研究工作，作为教育学理论中的一部分，表现出来的唯一方式是从确证的教育理论及相关问题中逻辑地演绎课程目标。[3]

（二）课程研究的科学化时期

这一时期是课程从教育学中独立分化的时期，工学模式与实验、量化确证是这一时期课程研究主要的两大方式。

在人类实证、理性－规律、科学的运动中，应该说埋藏着两条线索，即笛卡儿的数学传统和培根的实验传统，后来爱因斯坦把它们称为"内在的完备"和"外部的实证"。对于一个古典科学家来说，对"内在完备"的追求恐怕更能体现超越世俗、功利的绝对理性的精神。然而，到了19世纪末、20世纪初，随着工业革命的飞速发展，人的权力意志、控制的欲望成为理性精神的转向，数学传统与实验传统由对立合流为"工具理性"，[4]数学已服从于"征服自然"中预测和控制的要求。20世纪初，"理性"不仅用于社会现象的分析，更效力于社会活动的管理，逻辑、精确、标准成为影响整个社会生活的时代名词。

19世纪90年代，首先在美国出现了课程研究的科学化运动，这场运动的早期领导者很多是学科课程专家，他们都基于科学的观点进行课程研究。1910年前后，实验教育学的诞生使学科课程研究增加了心理学化的倾向，研究者通过调查、实验，收集大量数据，寻找现象的因果关系，以总结规律、提高效率。这期间博比特的研究非常有影响。他倡导定期分析杂志、《大英百科全书》、文学作品、自然科学著作等 14 种资料，借助科学调查了解种种活动，如语言活动、健康活动、公民活动等，通过对这些活动的具体分解，规定个别学科的教学目标。查特斯与博比特的观点非常接近，他认为："先确定主要的目标或理想，然后再把它们分解为一些关于较小目标的亚群（subgroups）。通过不断地对目标加以细分，……可以找到一个个可付诸实施的具体而又直接的活动。然后，按这些活动的社会效用的序列、尤其按它们对儿童的效用的序列加以整理。……这些活动最终构成了课程。"[5] 1949 年基于八年研究的成果，泰勒沿用博比特、查特斯的方法系统总结了课程研制的流程，即确定目标、根据目标选择经验、组织经验、依据目标评价学习结果。这一程序成为影响世界课程编制方法的标准范式。"二战"后，行为科学产生了巨大的声势，同样影响了课程研究领域。布鲁姆就课程目标问题继续发展，建立了系统的教育目标分类体系，并以学生的外显行为表现这些目标。他强调这些目标是可以测量的，因为要为编制课程、测验和教师的教学工作提供基础，就必须建立一种更科学、更便于教育工作者理解和操作的及对教育更富有启发意义的目标框架。

（三）量化研究的衰微与内在效用的呼唤

这一时期，课程研究孕育着一场重大的反叛与变革，这种改变有着深刻的社会思想背景。

时至 20 世纪，科技的进步给人类生活带来了翻天覆地的变化，其贡献与价值无须多言。然而，当人类科技发展的列车狂奔不息的时候，责难与质疑也在孕育、降生。在人类的生活实践领域与科技结伴而来的环境污染、能源危机袭扰着人类，尤其是经历两次世界大战后，人们看到科技成果被用于人类自身的屠杀与毁灭。自然科学界量子力学、宇宙论的诞生，尤其是爱因斯坦相对论的提出彻底撼动了科学理性大厦的根基——牛顿力学。在这一重大科学事件的促动下，波普的证伪主义、"真理的叛逆"库恩的范式理论又以理性的形式向理性主义发难。在社会学领域，对孔德实证主义社会学的质疑要先于自然科学领域，人的差异性、可塑性、难以确证性直观地告诉人们，人类社会有着不同于自然界的特征，因此，我们不能像自然科学家通过观测分子推断物质全部属性那样，通过观察一个人而对整个社会断言。德国社会学家、哲学家狄尔泰是这种观点的代表，他认为，由于人的自由意志，人的行为是无规律、无法预测的，历史的事件也是独特、偶然的，没有普遍的历史规律，因此对人和社会的研究只能用主观的方法对个人和事件进行解释和说明。20 世纪各种社会思潮门派林立，汇流又竞争生存，后又有实证主义、人本主义、存在主义、后现代思潮等，不一而足。其中的三支成为教育研究另一个主要范式的来源：第一支是 19 世纪初欧洲大陆的唯心主义；第二支是以胡塞尔提出的现象学为代表；第三支是批判哲学，很大程度上来自法兰克福学派。[6] 发端于胡塞尔的现象学运动对现代课程研究的意义更为直接，现象学方法的核心思想是回到事情本身。经海德格尔的存在论到伽达默尔的解释学，这种认识方法被提高到哲学本体论的高度。在他们看来，人"被抛到"这个世界上，命定是带有"成见"的，"前理解""前解释"注定我们的理解不可能中立，它必定是历史的："理解从来就不是一种对某个被给定的对象的主观行为，而是属于被理解东西的效果历史，这就是说理解属于被理解东西的存在。""人们所需要的东西并不只是锲而不舍地追究终极的问题，而且还要知道：此时此地什么是行得通的，什么是可能的，以及什么是正确的。"[7]

事实上，在 20 世纪 30 年代美国经济大萧条时期，很多研究者尤其是进步主义教育研究者就把关注点转向了旨在解决社会问题的课程变革，开发了兴趣中心、青少年需求中心、问题中心等课程，其研制方式多采用行动研究模式。例如，杜威曾经说过："教育科学不能仅借用物理科学中的实验和测量技术来建立"，应寻求"使人们对天才教师的工作进行分析的方法，以便从他们的工作中得到一些能让其他人学习的东西"[8]。进步主义者布瑞赫特和格拉思也表现出对科学精确的蔑视。他们认为：当内在与外在效用同时被考虑时，可信的经验不会来自比研究设计还要大的理论。[9] 这时的一些进步主义课程研究者复原了早期的研究方式，或者倾向于杜威的哲学推演模式，或者像福禄贝尔和裴斯泰洛齐一样，想把学校里发生的事情表现出来。

　　"二战"后进步主义逐渐走向穷途末路，行为科学声名鹊起，在布卢姆的课程目标理论推进课程研究的标准化、程序化、科学化的同时，反对的声浪也日渐清晰。开始时批评者主要是人类学者，他们认为，人类的生活情境是错综复杂的，每个人的行为受到个人历史的、环境的交错影响，研究者仅仅收集某些变量并用数学统计的方式去研究，不一定能理解被研究者真实的状态与意义。针对行为目标理论，艾斯纳（E. Eisner）在艺术和审美训练方面，克雷伯得（H. M. Kliebard）在历史训练方面进行了研究。有趣的是在 20 世纪 60 年代的开放教育运动中，像布鲁姆、艾斯纳、斯滕豪斯等课程专家都加入其中，但是他们都坚守着自己的战线。20 世纪 70 年代论战的派别更加明显，并明确提到研究中的方法论分歧。教育心理学家克隆巴赫在 1974 年美国心理学会上发表演讲阐明，以往人们对科学的定义过于狭窄，不能仅靠实验去检验科学的普遍性，"每一代社会科学家的任务是确定时代事实"（在 8 年后他又提出，"所有的社会科学家都应致力于个案研究"）。艾斯纳也非常坦率地表达了对科学主义教义的批判：流行的科学方法论标准是强加在教育研究上的，科学发现的普适法则遮蔽了特殊性的唯一，科学方法适合于客观化的知识，却剥夺了经验的外在感觉；想知道人在想什么，想知道行为意味着什么，我们必须超越行为。一些课程研究者从关注改革课程目标到研究课程在教室、学校中的现实表现。事实上，他们已经脱离了行为主义的阵营。

二、量化研究与质化研究的争论

　　20 世纪 60 年代末社会科学中出现了一种新的研究方法概念——质化

研究（qualitative research）。虽然人类学和社会学研究者运用质化研究方式已经一个世纪了，但是，这个词的明确出现是在实证主义、工具理性被质疑与解构的社会思潮背景下。质化研究事实上是一个"伞状词"（umbrella term），里面包含几种研究策略。巴顿（M. Q. Patton）总结了十种使用质化方法的理论：民族志学、现象学、发现研究法、民族方法学、符号互动论、生态心理学、系统理论、混沌理论、诠释学、导向性的质的研究。[10] 持不同理论的研究者有不同的文化视域与研究取向，在阐述、了解经验世界时亦有不同的考虑。而把这些众多的研究取向与策略归于质化研究的大伞下，是因为它们在研究中使用相似的研究方法与相近的方法论原则。这些方法论原则共同的特质是：研究中收集的资料，是人、地和会谈等所谓软性资料的丰富描述；研究问题并非由操作定义后的变项来界定，而是在复杂的情境中形成；研究焦点可在资料收集中发展而成，而非在一开始就设定待答问题或待考验的假说；了解行为必须从研究者的内在观点出发，外在因素仅居次要地位；倾向于在被研究者的日常生活情境里，与被研究者做持久接触，以收集资料。[11] 参与观察和深层访谈是最主要的方法。质化研究方法作为一种新的方法论范式相对于传统的以量化研究为显著标志的实证主义范式在信念与假设等原则问题上有根本的分歧（见表 1），是库恩所言及的一次"范式的革命"。

表 1　实证主义与自然主义原则对比（信念与假设）[12]

原则	实证主义范式（量化）	自然主义范式（质化）
实体的特性	实体是独立的、确证的和片段的	实体是复合的、结构的和整体的
知者与知的相关性	知者与知是独立、二元性的	知者与知是互动的、不可分割的
概括的可能性	时间与中立的内容的推广（立法宣言）是可能的	只有时间和具有倾向性的内容作的假定（个人的独特宣言）是可能的

续表

原则	实证主义范式（量化）	自然主义范式（质化）
因果联系的可能性	有真实的原因，对于结果有同时的、先在的原因	所有的实体在相关的同时形成状态中，结果中区别原因是不可能的
价值角色	研究是价值中立的	研究是有价值倾斜的

由于方法论原则的差异，两种研究模式在操作过程中的价值取向也是明显相对的，表现在假设、目的、方法、研究者角色等方面（见表2）。

表2　量化与质化模式研究倾向[13]

	量化模式	质化模式
假设	社会问题有客观真实性方法基础 变量可以被识别、相关性可以被测量 外在的观点	现实是社会建构的主观问题基础 变量是内在、复杂的，难以测量 内在的观点
目的	普遍化、概括 预言的 因果解释	上下文的 解释的 理解行为者的想法
方法	始于假设和理论 操作与控制 用标准的工具 实验 演绎、推论的 成分分析 寻找一致的标准 资料诉诸数字指数 写作中用抽象的语言	终于假设及扎根理论 浮现与描绘 研究者作为工具 自然主义的 归纳的 寻找样本 寻找多元与复杂 很少运用数字指数 用描述的语言写作
研究者角色	独立、公正 客观记述	个人的参与与偏见 移情理解

随着社会学质的研究范式被明确地提出，20 世纪 70 年代倾向于质的研究范式的课程专家逐渐增加，阿普尔（M. Apple）的课程原理、汉密尔顿（D. Hamilton）和斯特克（R. Stake）的课程评价理论都推动了质的研究范式在课程研究领域被承认。与此同时，一些课程专家在具体的研究中也开始实践范式的转向，如研究教师的课程工作、观察教室里究竟发生了什么、探讨个人的经历是如何走进教育经验视界中的。应该澄清的是，量的研究与质的研究各自有独特的特征，因此，虽然许多社会科学研究者如林肯、古巴、斯克文特察觉到质化与量化方法的不相融性，另外一些人如巴顿、瑞查特、库克相信熟练的研究者可以综合运用。争论经常变得混乱，因为一部分争论是基于范式的哲学特征，另一些则关注显现出来的复杂方法，热衷于获得数字与文字。因为实证主义与解释主义范式对自然世界有不同的假设，不同的资料类型应有不同的探索工具与程序。这不是说实证主义从来不用观察，解释主义从来不用测量。它们会的，只不过这种方式是补充的，不是主导的。不同的方法让我们知道、理解这个世界的不同事情，虽然人们倾向忠于同自己世界观一致的方法论。[14] 还有人对课程研究领域经常被运用的方法进行了总结，归纳出了下面 10 种：哲学的、历史的、科学的、艺术的、道德的、宗教的、解释的、工具的、审议的、行动立场的。每种方法都有自己不同的目的，课程研究实践中，甚至一项研究也会综合使用多种方法。[15]

三、关于课程研究方法论的现代启示

对课程研究方法论的反思，使我们比较清楚地认识了研究方法论发展的进程和不同研究方法论的论争，并从中思考如何选择和确定恰当的方法论进行课程研究。

（一）21 世纪的课程研究方法论是多元共存的

目前，课程研究方法论已形成两大阵营，表现在量的研究方法与质的研究方法中。这两种方法论思想源自从古希腊时期一直存在着的人类思想的两条线索：理性与人文。两条线索在近代思想史上都经历了激烈的震荡，领导过人类思想的解放与认识的跃迁。如果说启蒙思想以来的理性精神是去魅的，是工业革命的精神支柱的话，那么 19 世纪末尼采之后，这种超验的认识论被颠覆了，人文精神冲杀出来呼唤着"在绵延中不断生成"的"生命冲动"（帕格森），是神义论的人本化之后又一次人的解放。课程研究方法论是思想之河的支流，追根溯源，我们体会每一种范式背后的思想滋养，看到了它们各自的合理性。

应该强调的是："自然科学家相信一个范式取代另一个范式代表了从错误观念到正确观念的转变"，"在社会科学中，范式更替的模式与库恩所说的自然科学并不相同"，"理论范式只有是否受欢迎的变化，很少会被完全抛弃"。"社会学范式提供了不同的观点，每个范式都提到了其他范式忽略的观点，同时，也忽略了其他范式揭露的一些社会生活维度。"[16] 范式本身并没有对错之分，只有用处多少之别，最好是尝试去发现这些范式可能带给你的益处。因此，在课程研究中也不可能存在一种研究范式适用的绝对性，包括质的研究范式。对质的研究的争论应该看成对这种研究方法论意义的认同、合法地位的抗争，而不是绝对的替代。根据不同的研究目的与对内容多角度的解读，保持方法论上的必要的张力才真正是方法论原则的转向。因此，可以认为，21 世纪课程研究方法论将是质化研究与量化研究并存、互补，共同探索课程领域中不同层面、不同特质的问题。

（二）课程研究中倡导中介性取向

如果说近代的科学、理性的世界观给人们"本质先定、一切既成"的本质主义思维，现代生活世界观所蕴涵的则是"一切将成"的生成性思维。这种思维方式更加重视研究过程，重视研究对象间的关系，重视研究中的创造和生成，重视对具体现象的解释与分析，是以实践为基础的确定性与非确定性的统一。在这种生成性思维的观照下，我们要做的是对课程问题的中介性研究。这里的中介性并不是一个时间概念，而是研究方法取向。与中介性相对应的两极是不问课程实践的课程理论研究和没有课程理论的课程实践。而作为连接理论与实践两界的中介性研究，要做的不仅是对课程理念的反映与表达，更在于对课程开发的塑造与引导，这不仅是课程研究的思维方式从"应该做"向"如何做"的转变，也是课程研究价值导向的转变。

当前的基础教育课程改革已经在研究方法上有了一定的突破。课程方案、课程标准的制定，注重吸收不同背景的人员参与，重视方案的形成过程，注重现实的背景和实际的需求，注重对国际研究成果的考察与分析。进一步的研究也对课程研究方法论提出挑战。课程改革究竟给我们带来什么变化？课程改革需要怎样的实施策略和方法的支持？实施过程中发生的课程变革是不是改革所预期的？这些都需要中介性研究的支持。例如，我们考察课程改革中教师的成长与培训状况，研究课程资源的现状与开发，评估实验的进展与成效，都需要一定的方法论的支持。变革的过程是新文化生成的过程，对这一过程进行研究，并从中考察发生的变化和应采取的措施是从事课程研究的人们应当认真思考和努力践行的问题。

（三）研究者的亲历性是课程实践的要求，也是方法论的时代召唤

课程研究过程离不开对人的研究，而对人自身的研究又是最复杂的。一方面不可能简单搬用自然科学的研究方法，另一方面对于研究者而言还应明确，我们熟知的并不一定是真知。既然我们对课程开发的认识已经超越了泰勒，把它看成流与变的统一，那么研究者亲历、体验课程真实的生成过程，应该是中介性研究必要的前提。

研究者的亲历性本身也是一种研究手段。事实上，所有的研究、所有的思想都带有主体的"前置理论"，教育研究更是难以做到完全客观。当

研究者走进课程的流程后，与被研究者共处同一文化场内，在沟通、参与、移情理解中，与被研究者"视域共融"，要做的是整体地、历史地解读被研究者行为的背景、使用概念的内涵。

参考文献

［1］迪尔凯姆. 社会学方法的规则［M］. 北京：华夏出版社，1999：118.

［2］钟启泉，李雁冰. 课程设计基础［M］. 济南：山东教育出版社，2000：9.

［3］WALKER D F. Methodological issues in curriculum research［M］// JACKSON P W. Handbook of research on curriculum：a project of the American Educational Research Association. New York：Macmillan，1992：98-118.

［4］吴国盛. 科学与人文［J］. 中国社会科学，2001（4）：4-15，203.

［5］布鲁巴克. 西方课程的历史发展（下）［M］//瞿葆奎. 教育学文集：课程与教材：上册. 北京：人民教育出版社，1988：88-117.

［6］胡森. 教育研究的范式［M］//瞿葆奎. 教育学文集：教育研究方法. 北京：人民教育出版社，1988：177-187.

［7］伽达默尔.《真理与方法》第2版序言（1965）［M］//洪汉鼎. 理解与解释：诠释学经典文选. 北京：东方出版社，2001：169-182.

［8］诺福克. 行动研究的主题和动力：美国行动研究历史辨析［M］//霍林斯沃思. 国际视野中的行动研究：不同的教育变革实例. 北京：中国轻工业出版社，2002：3-16.

［9］同［3］.

［10］巴顿. 质的评鉴与研究［M］. 台北：桂冠图书股份有限公司，1995：51.

［11］高敬文. 质化研究方法论［M］. 台北：台湾师大书苑，1997：14.

［12］LINCOLN Y S，GUBA E G. Naturalistic inquiry［M］. Beverly Hills，CA：Sage Publications，1985.

［13］GLESNE C. Becoming qualitative researchers：an introduction［M］. White Plains，NY：Longman，1991.

［14］同［13］.

［15］SHORT E C. Ten inquiry methods used in curriculum studies［C］. Pennsylvania State University：Pennsylvania State University Seminar on Curriculum Research，1990.

［16］巴比. 社会研究方法：上册［M］. 邱泽奇，译. 北京：华夏出版社，2000：57.

（本文原载《教育研究》2002 年第 9 期）

论教学实践

郝志军

一、对马克思主义实践观的解读及其方法论启示

"实践"一词源于 praxis（希腊语），指多种自由活动，是在政治伦理生活中的自由活动。亚里士多德认为，实践是蕴含道德目的的人类活动和人们在具体的历史情景中慎重明辨地作出的行动的总和，亚氏将之称作"实践智慧"，即明智（phronesis）。康德从人的理性（先天的能力）中区分出理论理性（纯粹理性）和实践理性（道德理性），把实践看作人类进行道德实践的先天的综合能力。黑格尔则认为，实践是绝对精神自我运动中的一个中介的阶段和环节，即作为中介性或差别性形式的认识（包括理论理念和实践理念）的表现形态。[1] 马克思吸收上述观点中的合理内核，特别是改造了黑格尔本末倒置的唯心主义神秘思想，创立了辩证的"实践唯物主义"理论体系。这集中地体现在他的劳动（生产）理论中。马克思主义实践观的基本要点有：第一，人类的实践创造了和创造着自然界的外部世界和人的内部世界[2]；第二，实践是人类根本的生存方式[3]；第三，人通过实践，确立对象性关系，也对自己的本质力量予以确证[4]；第四，实践受人的主观目的和意志的指引与调控[5]；第五，实践的主体是具有实践能力的人[6]。马克思主义的实践观，为我们科学地理解实践的本质内

涵，提供了强有力的方法论启示。

传统认识论认为，实践的最高目的在于获得对外部客观世界的正确反映，即真理性的知识，认识的过程等同于纯认知的过程。以前，我们对实践的本质作了片面化、狭窄化的理解，仅仅把实践解释为外部的可感知的客观物质活动，把实践作为认识的内容，视为认识的环节。这种观点不仅背离了马克思主义实践观的本意，动摇了马克思主义哲学的实践"基石"，而且曲解了理论与实践的辩证关系，造成了人们思想观念中的错误认识。实际上，实践是认识的来源和归宿，它不仅包括人的客观物质实践活动，还包括人的精神实践活动，如人们通过理性思维活动、通过科学实验和研究创生理论或思想的活动，根据一定的理论、计划、设想、假设和目的去探索和认识世界的实践活动，等等，都是实践的应有之义。认识是实践活动的环节，认识的本性所表现的首先是实践的本性，即创造性的本性。这是符合马克思主义实践观本来面目的科学理解。

二、国内外学者对教学实践问题的研究述评

美国现代教育哲学家索尔蒂斯在《论教学的品德和实践》一文中，依据"教学具有使人向善的品德"，总结出三种不同的、可以识别内在的善的教学实践：管理型的教学实践、治疗型的教学实践和解放型的教学实践。[7] 其中，管理型的教学实践把教师当作一个管理教室、学生和学习的人，他使用最好的科研成果、课程材料和行之有效的技术帮助学生达到具体的学习目标。治疗型的教学实践目的是使学生发展为具有个性的人，并且通过自发的、对于自己有意义的学习来激发他们的潜能。解放型的教学实践目的是发展心智，从而解放个人，使其独立思考和自我反省。索尔蒂斯的三类教学实践，大体上与哈贝马斯的人类认识的三大旨趣（技术的认识旨趣、实践的认识旨趣和解放的认识旨趣）相吻合。然而，索尔蒂斯关于教学实践的类型划分，主要是从教师教的方面入手的，虽然着眼于促进

学生的发展，但对学生学习的类型和方式却没有给予应有的关注。因此，这种观点仍需进一步的完善。相比之下，日本学者佐藤学将教与学的实践理解为由三个范畴构成的复杂活动则更为合理。第一个范畴是构成教与学这一文化实践之中心的认识形成与发展的活动范畴，第二个范畴是介于教与学的认识活动之间并促进该活动的人际关系范畴，第三个范畴是该活动主体——教师与学生的自身内部关系的范畴。这三个范畴分别对应三种教与学的实践，即认知性、文化性教学实践，政治性、社会性教学实践和伦理性、实存性教学实践。此外，佐藤学还提出了"看得见的实践"（感性实践）和"看不见的实践"（观念性实践）的概念，进一步拓宽和丰富了教学实践的研究领域和内涵。[8]

在国内，人们对教学实践的看法大同小异。如有学者认为，教育实践（包括教学实践）是对人类所进行的教育（教学）活动的总称。[9] 这种观点比较概括，但很笼统，对教学实践活动到底有哪些方面的内容和形式，没有进一步展开论述。也有学者认为，教育（教学）实践是一种有意识、有目的的培养人的活动。[10] 还有学者认为，教育（教学）就是一种有意识、有目的的培养人的活动。这是同义语的反复，没能揭示出教学实践的内涵及其表现形式。教学实践是指现实的教学活动中感性的职业性行为方式的总和，具体包括教学管理、教师课堂教学行为等。[11] 这是对丰富多样、复杂多变的教学实践的片面、狭窄的理解。其实，教学实践不仅仅包括"感性的职业行为"，还有"非感性的行为和活动"，如师生的内部思维活动等；不仅包括教学行政人员的管理行为和教师的教学行为，还包括学生的学习行为（认知的、情感的、意志的）和师生的交往行为等。

教学实践领域是多重性的属人的世界，人的多重本质诸如自然属性、社会属性、思维属性、情感意志品质、道德审美追求等在相对集中的教学时空组织中聚合、冲突、释放与转化，再加上教师的教学能力、教学风格和学生的个别差异，愈加使教学实践活动呈现立体多维的网络化态势。"既是自然的又是属人的，既是客体性的又是观念性的，既是因果性的又是目的性的，既是必然的又是自由的"[12]，这正是教学实践丰富复杂的真实写照。

三、教学实践的多重层面和复杂关系分析

分析教学实践的层面和关系，须从教学的存在形态即教学存在出发。"存在"一词最基本的意义，是相对于"无"的"有"，即指教学的实存形态，其主要内容包括历史的存在，当下的现实存在和未来可能存在的教学现象、教学事实、教学问题、教学经验、教学思想、教学管理及决策等。在这里，"教学"一词当名词解。教学存在形态在类型上主要表现为可感知的活动型的教学存在形态、观念（或理论）型的教学存在形态和制度型的教学存在形态三种。活动型的教学存在指一切影响和发展人的知识、智力、体力、技能、品德等方面的，以师生的行为和相互作用方式呈现的教学形态，如教师的教学行为与方式、学生的学习行为与方式、师生的互动行为与方式、教学内容的呈现行为与方式等。这是教学存在最基本的表现形态。观念型的教学存在是以观念或理论的形态而存在的教学，可分为两类：第一类是指人们在教学的认识活动中所形成的有关教学的意图、建议、观点、计划、方案、思想和理论体系等。无论是以教学过程的因素、关系、阶段、环节为着眼点，还是以教学双方的相互作用方式为认识内容，无论是对教学历史的进化和发展进行研究，还是以理论主体的精神活动如想象、直觉和理解来观念性地预设未来形式的理想教学形态，都是一种客观存在。过去，我们把"存在"与"思维"相对应，把"存在"理解为客观的物质存在，这就窄化了"存在"的本质内涵。第二类观念型的教学存在是教学研究的反思型存在[13]。它与第一种观念形态的教学存在有许多相似之处（如都表现为一种"精神产品"），但在内容和层次上却有明显的不同。前者以具体的或历史的教学活动为认识内容，后者则更进一步，把前者的认识成果作为再认识或反思的依据和内容，其抽象和概括

的程度也更高。近年来，我国学术界对"元教育理论"的讨论，反映了对反思型教学存在问题的高度重视和理论研究主体自我意识的不断增强。制度型教学存在，是保障活动型教学存在和促成观念型教学存在向规范化、合理化发展的调控性教学存在，它表现为一套成文或不成文的律令、格式、规范等。制度型教学存在可依其规范的程度和性质分为民主式教学制度存在和保守式教学制度存在、开放的教学制度存在和封闭的教学制度存在等几种形态，依层次可分为宏观的教学决策系统、中观的教学管理系统和微观的教学组织实施系统等三个层面。从上述三种教学存在形态中，可以剥离出以下四个层面的教学实践，即教学生活实践层、教学交往实践层、教学观念活动实践层和教学制度实践层。

（1）教学生活实践层。生活实践是人类首要的和最基本的实践形式——与人的基本生活需要密切相关的衣、食、住、行等的物质资料再生产。波普尔曾区分出认识的两个相关领域：日常知识或常识的问题领域和科学知识的问题领域；现象学大师胡塞尔明确提出"生活世界"的概念，作出向"生活世界"回归、"回到事物本身"的本体论哲学努力；分析哲学家维特根斯坦又提出向"生活形式"的分析追问；等等。在教育史上，杜威早在 20 世纪初就提出"教育即生活""教育即生长""教育是经验的不断改造"等著名论断，教学的基本实践形式就是儿童"从做中学"。[14] 在教学实践中，学生并不是作为一张白板进入课堂的，而是带着先前的生活经验，带着种种需求与渴望，带着主体能动意识而参与和进入教学生活的，教学生活是学生先前生活和经验进一步延伸、充实和完满的必要形式，是学生整体生命中不可缺少的重要组成部分。同样，教师也是如此，不过教师是把教学生活作为自己职业生活的一部分而纳入他们的整个生活历程中去的。总之，师生双方是在教学生活实践中表现、确证和展开各种教学活动的。

（2）教学交往实践层。教学交往实践是教学实践的重心所在，它表征着教学活动过程的本质。通过师生双方不同形式、不同层次、不同性质的多重交往，才结成教学的多重关系网络，维系着教学向着合目的性和合规律性的境界发展和运行。知识授受型交往是教学交往的基本形式，它发挥着完成既定的教学任务、教学计划和促进学生的认识不断完善和深化的本体性功能。情感沟通型交往是教学交往的另一种重要形式，它对新型师生关系的建立和优良教学气氛的形成意义重大。信息反馈型交往作为知识授受型交往的辅助形式，起着优化和改进教学效果的独特作用。此外，教学交往的另一种辅助形式——人际交流，不仅存在于教学过程之中，也可延伸和扩展到教学过程之外，如教师与教师之间的交流、教师与行政人员的交流、教师与其他社会人员的交流、学生与同伴及家长的交流等。教学的人际交流一方面扩散教学的影响，另一方面又把外在的需求、意见、观点及有用信息带回课堂，保证了教学活动系统与其他社会子系统的协调与一致。

（3）教学观念活动实践层。观念活动的实践就是佐藤学所讲的那种"看不见的实践"。在教学过程中它主要表现为师生双方对信息的摄取、加工、重组、建构等的认知活动及分析、比较与综合、归纳与演绎等的思维活动，也表现为师生的道德、情感、审美的体验等心理活动。教学观念活动实践的结果则表现为问题的解决、认识的形成与深化、教学价值观的确立、自我意识的形成等。在整个教学实践活动中，观念活动实践层是一个动力调控系统，对整个教学实践活动起着激励、定向、维持、控制的作用。以前，我国教学理论界把观念活动过程看作一个纯认识的活动，与可感知的物质活动相对应而将其排除在教学实践活动范畴之外。这种对实践的界说和理解，总是把认识活动也包括在内。这主要是因为我们无法回避这一点——认识活动本身就是一种实践。我们将认识活动或观念活动作为整个教学实践活动的一个重要组成部分或一个发展环节，就是要力图回到马克思主义实践唯物论的本意上去，以纠正以往狭隘认识论或真理观上的偏颇。

（4）教学制度实践层。教学制度的实践与观念活动的实践相比，具有更强的外在的规范性和强制性。但是，教学制度的实践绝不仅仅表现为一种静态的形式和干巴巴的条文或律令，它是不断地建设、修正和完善的，并且表现为一种对教学活动有实际影响力的过程，因而它是动态发展的。这段时间，我们一直在探索建立一种以人为本的民主、开放的教学制度，一种学习型的组织，从而实现对专制的、僵化的、保守的教学制度的解放。从这个意义上讲，教学制度应纳入整个教学实践的范畴。一般情况下，常规的教学活动在教学制度面前是受动的和服从性的，它以教学管理、教学组织形式和教学决策的形式发挥作用，具体反映在教学目的、教学大纲的规定和要求中，因为教学制度体现着权威意志。但另一方面，师生在变动不居的教学情景中，并不能一味地把教学制度作为一种外在的权威性标志而无条件地受动和服从，他们对于权威的教学制度有建议、批评与反思的权利和义务，并把教学制度内化为自己价值观的一部分，重构着权威的教学制度。当然，对于权威的教学制度的建议、批评与反思，并做出合理化的重构，其关键在于分清权威的合法与否。弗洛姆指出，真正的问题是，我们必须具有什么样的权威？权威有理性的权威与非理性的权威，这是意识形态是否合法的重要原因。理性的权威产生于健全的能力之中，它是建立在权威的拥有者与受权威制约者双方平等之基础上的，不仅允许，而且要求那些遵从权威的人经常督促和批评。而非理性权威产生于对人的控制，其真正的本质是不平等，它不仅不需要批评，而且严禁批评。[15] 只有既服从，又合理地批评，才能保持教学与其制度的动态平衡。

上述对教学实践四个层面的划分和概括只是为了说明教学实践的丰富性和复杂性而做的相对的划分和概括。实际上，教学实践是一个系统的整体，教学交往实践、观念活动实践和教学制度实践都是以教学生活实践为基础而展开或服务于教学生活实践的。从这个意义上说，教学实践的整体性体现在教学生活实践的整体性上。或者说，教学交往实践、观念活动实践和教学制度实践统一于教学生活实践中。

不同层面、多种形式的教学实践，会结成多重的教学实践关系。如果从主体性的角度考察，在教学中，一般存在着三种关系：人与教学环境的关系、人与人的关系和人与自我意识的关系。在人与教学环境的要素中，对教学活动影响最大的环境因素有两类：一类是与师生的成长与发展密切相关的生活环境因素，表现为人与教学生活环境的关系；另一类是对教学活动起规范、定向和约束作用的教学制度环境因素，表现为人与教学制度的关系。所以，人与教学环境的关系也可分为人与教学生活环境的关系和人与教学制度（管理）环境的关系。人与人的关系是教学关系中最重要、最核心的关系，主要的表现形式就是教与学的关系、师与生的关系，即教学的交往关系。教学中可感知的"看得见的实践"也主要在这种关系中展开。人与自我意识的关系主要同师生双方的观念性的思维活动有关，如师生相互的角色认知活动、教学情景认知活动、问题解决的思考活动、情感体验与审美体验活动等。这几种教学关系分别对应上述四个层面的教学实践形态，即人与教学生活环境的关系对应教学生活实践层，人与制度（管理）环境的关系对应教学制度实践层，人与人的关系对应教学交往实践层，人与自我意识的关系对应教学观念活动实践层。

参考文献

[1] 康德. 任何一种能够作为科学出现的未来形而上学：导论 [M]. 北京：商务印书馆，1978：157.

[2] 马克思，恩格斯. 马克思恩格斯全集：第42卷 [M]. 北京：人民出版社，1979：13.

[3] 马克思，恩格斯. 马克思恩格斯选集：第1卷 [M]. 北京：人民出版社，1972：16-17.

[4] 马克思. 1844年经济学 - 哲学手稿 [M]. 刘丕坤，译. 北京：人民出版社，1979：77.

[5] 马克思，恩格斯. 马克思恩格斯选集：第4卷 [M]. 北京：人民出版社，1972：243.

[6] 马克思，恩格斯. 马克思恩格斯全集：第2卷 [M]. 北京：人民出版社，1980：152.

[7] 索尔蒂斯. 论教学的品德和实践 [J]. 华东师范大学学报（教育科学版），1986（8）：1-8.

[8] 佐藤学. 教室的困惑 [J]. 华东师范大学学报（教育科学版），1998（2）：16-26.

[9] 叶澜. 思维在断裂处穿行：教育理论与教育实践关系的再寻找 [J]. 中国教育学刊，2001（4）：1-6.

[10] 毛祖桓. 中介研究：高等教育理论向实践转化的桥梁 [J]. 教育研究，1998（12）：42-46.

[11] 迟艳杰. 教学领域中的理论与实践：兼论我国教学论学科面临的主要问题及发展选择 [J]. 中国教育学刊，1997（4）：40-42.

[12] 高清海. 哲学回归现实世界之路：评哲学本体思维方式的兴衰 [J]. 社会科学战线，1993（1）：64-71.

[13] 叶澜. 教育研究方法论初探 [M]. 上海：上海教育出版社，1999：307.

[14] 滕大春. 外国教育通史：第五卷 [M]. 济南：山东教育出版社，1993：296-306.

[15] 弗洛姆. 为自己的人 [M]. 孙依依，译. 北京：生活·读书·新知三联书店，1988：30-31.

（本文原载《教育研究》2004 年第 10 期）

论课堂的生态本质、特征及功能

李　森

　　生态学是研究生命系统和环境系统之间相互作用的规律和机理的科学。把生态学原理和方法运用到教育研究中，早期的探索始于 20 世纪 30 年代。1932 年，美国教育学者沃勒（W. Waller）在《教学社会学》一书中提出"课堂生态学"这个概念。40 年代，美国堪萨斯大学心理学家巴克和赖特从社会的自然生态角度，探讨儿童行为的发生、发展特点与教育的关系问题。70 年代召开的有关人类环境问题的三次国际会议促进了教育生态学的研究。此后，许多学者对人类生存的宏观环境和教育之间的交互关系进行了卓有成效的探讨。经过 70 多年的发展，人们对教育生态学的宏观研究形成了较为完备的理论构架，但在微观层面上对课堂的生态学研究还比较薄弱。本文拟对课堂的生态本质、特征和功能进行初步探讨，以期对建设生态化的课堂，使课堂充满生机与活力有所裨益。

一、课堂的生态本质

　　作为一个科学概念，"生态"一词出现于 19 世纪 60 年代。1866 年，德国动物学家海克尔（E. Haeckel）给生态下了一个较为明确的定义，即它是"有机体与周围环境之间的关系"[1]。我国学者认为，生态是指"生物与环境及共同生活于环境中的各个个体间或种群间的种种关系"[2]。可见，生物和环境是构成"生态"的基本要素。

无论是广义的课堂，还是狭义的课堂，都具有生态性。与自然生态或者文化生态相比较，课堂生态是一种特殊的生态。之所以特殊，是因为课堂生态具有自然生态或者文化生态所不具有的、独特的生态主体和生态环境。本文着重探讨狭义课堂的生态性。

总体而论，课堂生态主体是教师和学生。具体而言，师生作为课堂生态主体又分为两种情况。其一，相对于课堂生态环境而言，师生共同构成课堂生态主体。课堂生态环境从总体上影响着课堂生态主体的存在状态和发展趋势，而后者又以各种方式保持、改变或改造着前者。两者相互依赖，相互作用，形成一个完整的课堂生态系统。其二，师生彼此互为参照，从而构成两类课堂生态主体，即教师生态群体和学生生态群体。以学生为参照，教师形成了教师生态群体。在其内部，教师个体与教师个体之间、教师个体与教师群体之间、教师群体与教师群体之间存在着各种联系——正式的或非正式的，物质的或精神的。以教师为参照，学生形成了学生生态群体。在其内部，学生个体与学生个体之间、学生个体与学生群体之间、学生群体与学生群体之间也存在着各种联系。这两类课堂生态主体不仅各自内部关系错综复杂，而且彼此之间也相互作用、相互塑造、有机联系。

从与课堂生态主体关系的角度，课堂生态环境可分为三类：客体性课堂生态环境、派生性课堂生态环境和客体性课堂生态主体。客体性课堂生态环境指那些独立于课堂生态主体而客观存在的课堂生态环境因素，主要包括一些物理因素，如教室颜色和温度、课桌、教室光线和照明等。派生性课堂生态环境指那些由课堂生态主体派生而形成的课堂生态环境因素，主要包括人际关系、班级学习风气和班级管理制度等。派生性课堂生态环境一旦正式形成，便具有相对独立性和稳定性，会对派生它们的课堂生态主体产生客观而持久的作用和影响。客体性课堂生态主体指作为客体性环境因素而存在的课堂生态主体，主要包括对学生这个课堂生态主体具有影响作用的教师个人因素，如专业素质、文化修养和个性倾向，以及对教师这个课堂生态主体具有影响作用的学生个人因素，如家庭背景、知识结构和个性倾向。根据马克思的观点，人在作为认识主体而存在的同时，也总是作为对象化的认识客体而存在。人总是从对象化的客体角度来认识自己的。也就是说，人总是把他人作为一面认识自己的镜子（对象化的客体），从中了解自己的不足与长处。教师在认识学生的同时，也通过学生认识自己，而且其自身也成为学生认识活动的客体，反之亦然。在课堂生态中，师生之间、生生之间，是交互主客体关系。当教师或学生成为他人的认识对象时，其自身便成为相对于他人的主体性客体。从这种意义上讲，师生在作为课堂生态主体的同时，也是客体性课堂生态环境因素。

根据以上分析，课堂是一种独特的生态，课堂生态具有自然生态和文化生态的双重属性。课堂生态主体与课堂生态环境之间、课堂生态主体与课堂生态主体之间存在着各种联系，使课堂形成一个有机的生态整体。通过彼此之间的物质循环、能量流动与信息流通，课堂生态各要素有机联系、相互作用，各自在维护课堂生态的平衡中发挥举足轻重的作用，从而形成一定的课堂生态结构（如图1所示）。它分为两个层次：其一，宏观层次，主要是由三类环境因素所构成的课堂生态环境与由教师和学生所构成的课堂生态主体之间的相互作用。其二，微观层次，主要是在课堂生态主体内部，教师个体和群体、学生个体和群体之间的相互作用。

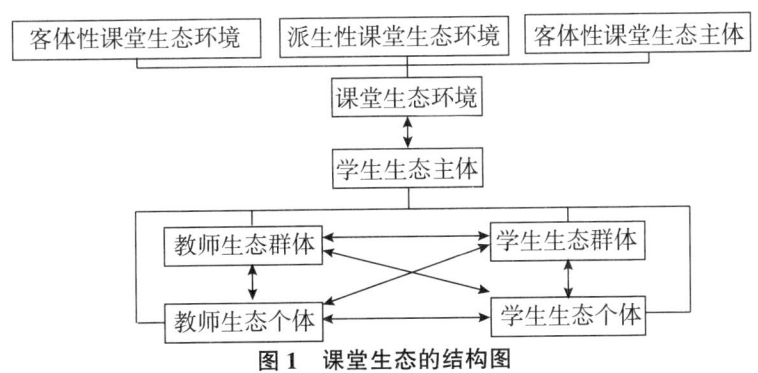

图1　课堂生态的结构图

注：图中实线表示课堂生态的基本构成要素，箭头表示课堂生态构成要素之间的物质循环、能量流动和信息流通。

二、课堂的生态特征

作为一种独特的生态，课堂具有整体性、协变性和共生性三大生态特征。

（一）整体性

课堂生态是由彼此之间具有有机联系的要素构成的统一整体，要素与要素之间具有内在统一性。首先，课堂生态主体和课堂生态环境是交互影响的有机整体。通过教授和学习课程教材，课堂生态主体的知识结构和认识能力发生相应的变化。这种变化的性质和程度一方面取决于课程教材的性质，另一方面也取决于课堂生态主体教授和学习课程教材的方式。比如，教授和学习繁、难、偏、旧的课程教材，课堂生态主体在知识结构和认识能力等方面所发生的变化在性质上就会显得有些"不合时宜"，而且变化可能被局限在小范围的课堂生态主体内，而其他课堂生态主体则"逸出"了这种范围。这种情况可能导致课堂生态主体的反思，对课程教材进行必要的改变或改进，以相互调适。在颜色柔和、温度适中、光线充足、亮度适度的教室环境中进行课堂教学活动，课堂生态主体必然心情舒畅，精神饱满；反之，则容易疲劳，情绪低落。这就是中国人所说的"钟灵毓秀"。教室座位编排方式内在地决定了师生之间的沟通方式和范围。在"秧田式"的座位编排方式里，师生之间的信息沟通以教师向学生进行单向沟通为主，沟通的范围局限在学生个体和教师之间，而学生个体或群体之间几乎没有信息的交流和沟通。"马蹄组合型"的座位编排方式便会产生与之相适应的沟通方式和沟通范围。[3] 其次，课堂生态主体之间通过彼此的交互作用，形成相互适应的有机整体。教师在以某种方式成功地"塑造"着学生的同时，学生也以其相应的方式在教师的心灵上留下了深深的痕迹。在课堂管理中，学生常常因为教师管理行为的专制性而变得或顺从或抵制。反之，学生在行为上所表现出来的顺从或抵制对教师的专制性行为具有强化作用。也就是说，教师的专制和学生的顺从或抵制具有内在的统一性，学生之间也是如此。

（二）协变性

构成课堂生态的各个要素相互作用、相互影响，一方的变化导致另一方发生协同变化。国外学者科特查姆（H. Ketcham）对教室颜色变化与学生学习变化之间的协同性进行过比较研究：在第一所学校里，教室没有粉刷过；在第二所学校里，教室的墙壁和天花板分别粉刷成普通的淡黄色和白色；在第三所学校里，按照颜色产生动力的原理，教室的走廊被刷成令人兴奋的黄色，配上灰色门，朝北的教室粉刷成淡玫瑰色，朝南的教室用的是冷色，如蓝色和绿色等，教室前方墙壁的颜色比两侧墙壁的颜色深，美术室用灰色以降低耀眼程度。经过为期两年的观察，他得出的研究结论是：第三所学校的学生在几个方面都有很大的进步，第一所学校的学生进步最小，第二所学校的学生所取得的进步介于其他两所学校学生之间。[4] 该研究表明：作为课堂生态物理环境因素的教室颜色的变化与作为课堂生态主体的学生的学习变化之间具有显著的协同性。在课堂生态中，作为课堂生态主体的教师和学生在情绪情感上的变化也具有协同性。在课堂教学活动中，教师和学生的情绪情感相互交织，形成一个生态性的心理张力场。不论是教师，还是学生，其情绪情感的变化，甚至是微弱的变化，都可能使处于这一心理张力场中的其他学生产生情绪情感上的协同变化。教师精神饱满、情绪激昂，常常会不经意地感染、打动学生，使后者渐入情绪情感唤醒状态；相反，教师精神萎靡、情绪低落，常常会使学生的情绪情感由激情状态或正常状态转入休眠状态。面对一批精神萎靡不振、情绪低迷惆怅的学生，就是处于激情状态的教师也不能幸免其负面影响。学生之间也同样存在着这种情绪情感上的协同变化。在教学论的话语体系中，课堂生态主体之间在情绪情感上的协同变化及其结果被称为课堂教学气氛。

（三）共生性

生活于同一课堂生态中的教师和学生在存在形态上表现为一种共生态，即一方的存在状态以另一方的存在状态为条件和依托，一方存在状况的变化直接或间接地对另一方的存在状况产生影响。这种共生关系有两种形式：互利共生和偏利共生。[5] 互利共生，是指双方的共生关系对彼此的存在和发展都有利。偏利共生，是指双方的共生关系只片面地有利于其中一方的存在和发展，一方的存在和发展是以牺牲另一方的利益为前提条件的。

师生之间主要是一种互利共生的生态关系。课堂教学既是师生双方的生命活动，也是价值活动。对教师而言，这种活动价值的实现，部分地依赖于学生的发展。离开了学生的发展，教师生命活动的价值就难以实现；没有学生的发展，这种活动的价值就失去了重要的依托。从某种程度上说，学生发展的程度体现了教师生命活动价值的实现程度。"你中有我，我中有你"，是师生之间互利共生关系的形象写照，其实质是由师生自我认同在人与人之间的相互拓展中形成的自我部分融合——生态自我，是师生生命活动的价值在彼此间的凝结。这正是"天地与我并生，而万物与我为一""教学相长""学而不厌，诲人不倦"的生态意蕴。

三、课堂的生态功能

对于班级规模、教室座位编排以及教室的颜色、温度、光线和照明等与课堂生态主体之间的相互作用，许多论著都进行了较为详尽的论述。这里主要从课程教材、班级人际关系、班级学习风气和班级管理制度等方面，探讨课堂的四大生态功能：滋养功能、环境参照功能、动力促进功能和制度规范功能。

（一） 滋养功能

这是从课程教材的角度探讨课堂的生态功能。课程教材是课堂生态主体成长的教学生态资源，课程教材影响着课堂生态主体（特别是学生）的身心发展。

首先，教学生态资源的性质在很大程度上决定着课堂生态主体发展的方向。在中国古代，以"四书""五经"为特定内容的课程教材所要造就的是封建社会的治术人才，即封建官吏。在古希腊斯巴达，以"五项竞技"为主要内容的军事体育训练课程所要培养的，是能够在战场上冲锋陷阵、克敌制胜的武士。19世纪初，英国著名教育家斯宾塞所提倡的以科学知识为主要内容的课程，旨在为当时所谓的"完满生活"培养理想的预备人才。

其次，课堂生态主体对教学生态资源的加工、处理、消化和吸收，决定着教学生态资源所蕴含的信息和能量的转化及其程度。经过教师的重组、加工和处理，教学生态资源对学生身心发展所具有的价值逐渐由可能性向现实性转化。这种转化的性质、方式和水平直接影响着学生对教学生态资源中所含信息和能量的吸收和消化。在此过程中，教师是教学生态资源所含信息和能量的组织者、加工者和转化者。通过吸收和消化蕴含于教学生态资源中的信息和能量，学生将独立于主体而客观存在的客体性知识逐渐内化为主体性知识。这种内化过程不仅使学生获得了必要的关于外部世界的知识，使学生在认识上保持与外界的动态平衡，而且还有可能使学生进一步获得一些生成性知识，使学生形成关于外部世界的独特认识。学生是教学生态资源的吸收者、消化者、利用者和建构者。

（二） 环境参照功能

这是从班级人际关系的角度探讨课堂的生态功能。班级人际关系和班级群体是课堂生态主体成长的社会性环境。

在人际交往中，人们依据彼此间的关系或心理距离，结成各种不同性质的群体。从交往者的组织关系的角度，群体可以分为正式群体和非正式群体。在正式群体中，交往者之间的关系是从组织形式上予以明确规定的，是制度赋予的，如上下级关系、领导者与被领导者之间的关系。在非正式群体中，交往者之间的关系是以共同的情感或观点为基础而形成的，如单亲家庭的孩子以共同的生活背景和经历而自愿结成的小群体、学生之间由于具有共同的文学兴趣和爱好而结成的兴趣小组或文学团体等。依据交往者在交往活动中的角色，群体可以分为主导型群体和松散型群体。在主导型群体中，有在群体生活或活动中处于主导地位、起支配作用的"领袖人物"。在松散型群体中，成员之间互不隶属，享有较高程度的行为自由。

在班级社会或课堂教学活动中，师生之间和生生之间也同样会形成一定的人际关系和以人际关系或心理距离为基础的班级群体。从组织关系的角度看，班级群体可分为正式群体与非正式群体、主导型群体和同伴型群体。从信息沟通的角度看，班级群体可分为圆圈式小群体、链状式小群体、Y字式小群体和轮状式小群体。[6] 以班级人际关系或心理距离为基础的班级群体一旦形成，便具有相对稳定性，成为班级日常学习生活中的"生态群落"，与生活于其中的教师和学生构成一种生态系统，成为影响师生身心发展及课堂教学运行的重要环境因素。师生之间、生生之间的谈话交流，课堂教学活动，乃至学生的身心发展，便在这样的班级"生态群落"和生态系统中展开和实现。需要指出的是，班级非正式群体和同伴型群体的性质与学生的身心发展和课堂教学活动之间有着密切的关系。"玩乐型"班级群体在一定限度内有利于其成员在正常的课余玩乐活动中获得身心的自然、健康和积极的发展，对课堂教学活动影响不大，而"学习型"班级群体则对于上述两方面都有较大的促进作用。"亲社会型"班级群体容易使其成员养成和睦、友爱和团结等"亲社会"品质，而"反社会型"班级群体则容易使其成员盲目地蔑视、抵制或反抗班级"权威"，藐视、有意违反或破坏班级规章制度。那些游离于任何班级非正式群体和同伴型群体之外的学生，由于心理上的归属需要得不到适当的满足而容易养成孤僻、冷漠、任性、偏执甚至仇视等不良心理特征，成为班级日常生活学习的"边缘人"或"弃儿"，其身心发展会明显地受到不良影响；而那些班级群体生活或活动中的成员、"积极分子"、"明星"或"领袖人物"等，则会由于其正常的心理归属需要得到不同程度的满足，从而容易养成热情助人、协商合作、宽容忍让等良好个性特征，成为班级群体日常生活或活动中的"人缘儿好的同学"或"主持者"，其身心获得正常的发展。

（三）动力促进功能

这是从班级学习风气的角度探讨课堂的生态功能。班级学习风气是课堂生态主体成长的环境动力。

班级学习风气实质是班级成员的价值观在学习活动上的具体体现。班级成员价值观的相对稳定性，决定了班级学风一经形成便不可避免地具有一定的持久性和客观性，不会随着班级成员的个人好恶而改变。

班级成员对学习活动所具有的价值有不同层次的认识，因而班级学风也有不同的层次。一般说来，班级学风有三种层次：工具性价值层次、内在性价值层次和无价值层次。工具性价值层次的班级学风，是班级成员普遍地把学习活动作为实现个人人生理想抱负、班级荣誉或社会政治理想等超学习活动的目的之主要手段，并在此基础上逐渐形成的对学习活动的倾向性态度。在日常话语体系中，它常常表达为"为了……而学习"。内在性价值层次的班级学风，是班级成员普遍地把学习活动的主导价值定位于体验和享受求知欲的满足、问题的圆满解决或茅塞顿开等学习活动所直接带来的结果，并在此基础上逐渐形成的对学习活动的倾向性态度，即人们常说的"为知识而知识，为学术而学术"。无价值层次的班级学风，是班级成员普遍地认为学习活动既无工具性价值，也无内在性价值，并在此基础上逐渐形成的对学习活动的倾向性态度，即人们常说的"学习活动的无价值感"。

不同层次的班级学风对于生活和学习于其中的学生的成长，如同不同的生态环境对于有机体的生长，犹如"蓬生麻中，不扶而直；白沙在涅，与之俱黑"，两者之间的生态性联系十分清晰而明显。在工具性价值层次的班级学风下从事学习活动，学生有明确的学习方向和较强的学习动力，其成长和发展速度较快。但同时，其所堪忧之处有二：其一，如果班级成员所推崇的班级荣誉或所抱有的社会政治理想不正当，那么，学生的成长或发展便会发生悲剧性的方向性错误；其二，如果把学习活动所具有的首要价值限定在实现个人人生理想抱负的维度上，那么学生所表现出来的方向明确、动力较强的学习行为极有可能包含着某种程度的道德隐忧——学生可以为实现个人人生理想抱负而不择手段、处心积虑地干扰甚至妨碍他人的学习和成长。在内在性价值层次的班级学风下从事学习活动，学生在学习上也会有明确的方向和较强的动力，在学业上的成长和发展速度较快，但也不乏隐忧：学生"两耳不闻窗外事"，醉心于学业这一圣洁的"桃花源"的过程，同时也可能成为学生对每时每刻生活于其中的社会产生疏离感、陌生感和隔膜感的过程。其在学业上沉潜愈深入，回归社会生活之路愈迷茫，甚至极有可能忘却"回家之路"，最终竟成为社会生活领域的"白痴"或"陌生人"。无价值层次的班级学风具有明显的动力促退作用，在这种学风下，学生的学习行为既无明确的方向，也无较强的动力，学生的成长或发展更无从谈起，极有可能成为碌碌无为的"撞钟人"，而在学习的青春年华抱憾。

（四）制度规范功能

这是从班级管理制度的角度探讨课堂的生态功能。班级管理制度是课堂生态主体成长的规范性环境。

班级管理制度是从形式上对这种组织、协调和规范行为的制度化。班级管理制度对生活于该制度中的课堂生态主体的行为具有规范作用。能否有效地发挥这种规范作用，关键之一在于班级管理制度形成的模式。在现实课堂管理中，主要存在两种班级管理制度形成模式，即教师制定-学生执行模式和教师指导-学生协商制定模式。

在教师制定-学生执行模式中，班级管理制度的制定和执行是分离的，教师和学生分别担当着性质迥然不同的角色：教师既是制度的制定者，也是制度执行情况的监督者和评价者；学生仅仅是教师所制定的制度的执行者。由这种模式生成的班级管理制度，在师生之间无形地制造了一条难以逾越的"制度鸿沟"，使师生关系在班级管理制度面前处于一种不平等的状态。它反映出班级管理制度上的经济取向和技术取向。学生基本上被排除在班级管理制度的制定、监督和评价过程之外，其结果是不仅使制度本身在产生之前就存在"先天"性缺陷，而且还使这种制度在较大程度上成为外在于学生的东西，使学生在不同程度上对这种制度产生一种"强加于人"的异样感觉，不合理地成为制度的"局外人"。它消解了学生在班级管理中所应享有的主体地位，并在极大程度上泯灭了学生参与班级管理的主体意识，使其沦为班级管理制度的机械管理对象。学生每天执行着"异己"的班级管理制度，既无权拒绝，更无权更改。学生在执行班级管理制度过程中所处的两难境地，不仅会在很大程度上抵消制度本身的有效性，而且可能使学生在执行制度的过程中对制度本身和制度的制定者产生不满、抵制甚至反抗等消极情绪或行为。在由这种班级管理制度所形成的规范环境中，制度由于其自身的不合理性而丧失了或部分地丧失了本应该具有的对生活于其中的课堂生态主体行为的约束力。取而代之的是，一方面，学生不得不经常违反甚至有意破坏管理制度，扭曲地为其身心发展开辟荆棘之路，仿佛正在发芽的种子冲破岩石的窒碍而将根深深地扎进岩石缝隙一样——不管这个过程有多么艰难；另一方面，面对学生种种所谓的不良行为，教师往往无可奈何地挥舞制度之剑予以所谓的"矫正"，从而强化了不合理的制度所不应具有的权威。在这种由"刺激-反应"所构成的无休止的恶性循环中，班级管理制度对课堂生态主体的行为同样充分地发挥了规范作用，只不过这种作用与教育的理想期待相去甚远罢了。

在教师指导-学生协商制定模式中，教师和学生分别担当着不同的角色。在班级管理制度的制定、执行和改进过程中，教师所扮演的是指导者和参与者的角色。作为指导者，教师的指导作用主要表现为：确保班级管理制度的制定过程严格按照预定的民主程序进行，确保最大范围的班级成员对班级管理制度的制定、执行和改进享有平等而充分的参与权和发言权，保证班级管理制度的全面性，保证班级管理制度与学校相关管理制度的衔接性。作为参与者，教师享有与学生平等地制定、执行和改进班级管理制度的权利，如参与权、发言权及建议权等。教师在制定、执行和改进班级管理制度中所扮演的角色及其特殊性，决定了教师不仅享有与学生平等的地位，而且是"平等中的首席"。学生所扮演的角色不再单单是制度的执行者，同时也是制度的制定者、改进者和评价者。角色的转变标志着学生地位的变化：由机械地受制度约束的单纯客体提升为制定制度的真实主体。这样，课堂生态主体在制定、执行和改进班级管理制度中所享有的权利及所承担的责任由分离走向统一，所形成的班级管理制度对班级全员（包括教师和全班学生）具有同等的约束力。这种模式不仅消弭了横亘在师生之间的"制度鸿沟"，实现了师生在班级管理制度面前的平等，而且还有效地消除了班级管理制度对于学生的外在感，真正确立起学生相对于班级管理制度的主体地位。更为重要的是，这种模式把制定、执行和改进班级管理制度的纯管理过程变成了学生学会与他人平等地交换意见、沟通看法、合作共事和共同生活的教育过程。这一切都有助于从源头上提高班级管理制度的合理性。制度的合理性和违反制度的行为的不合理性，使得由这种模式所确立的班级管理制度更容易营造积极而宽松的管理氛围，更能够被班级成员自觉自愿地有效执行。这有利于班级管理制度对课堂生态主体的行为发挥更大的规范作用，也为课堂生态主体的成长提供了更有利的规范性生态环境。

参考文献

[1] 吴鼎福,诸文蔚. 教育生态学 [M]. 南京:江苏教育出版社,1990:2.

[2] 李聪明. 教育生态学导论:教育问题的生态学思考 [M]. 台北:学生书局,1989:7.

[3] 吴康宁. 教育社会学 [M]. 北京:人民教育出版社,1998:343-348.

[4] 范国睿. 教育生态学 [M]. 北京:人民教育出版社,2000:233-262.

[5] 同 [2] 23.

[6] 裴娣娜,吴国珍. 国外中小学教育面面观 [M]. 海口:海南出版社,2000:69-70.

(本文原载《教育研究》2005 年第 10 期)

合格性评价：基础教育评价的应然选择

杨启亮

一、问题的提出与解释

本文提出合格性评价（下称底线评价）这个基本命题来讨论基础教育评价趋向的选择，源于两方面的启示。其一，在与校长培训班的学员讨论课程评价改革时，有中学校长谈到一种设想：如果基础教育选择下限评价、合格率评价，而不是上限评价、升学率评价，基层学校就松绑了，课程与教学改革也会获得较大的自由空间。他设想的正是底线评价，而选择这种评价的道理，就像对驾驶员普遍施行安全行车评价而不是汽车拉力赛评价一样，符合基础教育的性质。其二，王道俊先生在谈到转变考试观念时认为，"现行的考试把合格与选拔搅在一起，把底线与顶线混为一谈"，而"教育评价，特别是具有法定权威的国家评价，则对教育目的、教育过程起着指挥棒的作用"。[1] 先生直接提出了底线与顶线混淆的问题，但观点比较宽容。实际上，我国基础教育评价中的选拔性评价（下称顶线评价）几乎替代了底线评价，它过多地关注顶线而忽视底线，许多考试胜出者的产生就是以牺牲底线合格为代价的。我们的基础教育评价已经与高等教育选拔混为一谈了。

从评价的意义范畴来说，"国民素质的提升依赖于国家的全部社会实践。教育是国民素质建构与发展的基础，基础教育则是基础中的基础"[2]。这个基础中的基础，就是"为青少年儿童成为具有良好素质、健康人格的合格公民而打下基础"[3]，它是教育的第一层次，而专业教育、职业教育则是教育的第二层次。我们讨论的基础教育评价，其意义范畴是在第一层次，而普通高等学校入学考试（高考）的意义范畴，笼统地说，是在两个层次之间，确切地说是在第二层次。基础教育评价保持教育的第一层次合格目标，就是它的底线，而追求教育的第二层次选拔目标，则是它的顶线。或者说，培养具有良好素质、健康人格的合格公民，是基础教育的底线，以此为目标的教育评价，是基础教育的底线评价。而培养适合高等专业教育和高等职业教育选拔规格的人才，是基础教育的顶线，以此为目标的教育评价（它并不局限于普通高等学校入学考试，而是以应对高考为最终表现形式的一个考选流程），就是基础教育的顶线评价。

从评价的性质来说，底线评价是普及合格性质的，是关注全体学生的、全面的、对基础公民素质培养的评价，因此是扶持薄弱学校、关怀弱势群体、关心教育均衡发展、重视平民教育的评价。顶线评价是选拔淘汰性质的，是关注部分学生的、不全面的、考试竞争成绩的评价，因此是集合优质教育资源、扶持优势利益群体、限制教育均衡发展、鼓励精英教育的评价。

在当前的基础教育新课程改革中，我们时常遭遇步履维艰的困境，而造成困境的直接原因，往往就是考试竞争压力，所以人们普遍认为评价改革是制约新课程改革的瓶颈。笔者认为，维持顶线评价是保守这个瓶颈的根本，而选择底线评价则有可能从根本上突破这个瓶颈。在对课程改革实践进行考察的过程中我们发现，越是远离顶线评价重要阶段的年级，就越是能相对有效地推进改革（如小学低年级、初中低年级、高中低年级），这基本上可以证明我们的估计。

以考试竞争和选拔淘汰为宗旨的顶线评价，偏离了现代基础教育的正常态，这使我们基础教育的均衡发展变得越来越艰难。由于基础教育的张力从来就是双向的，它既可能"成为造成社会分化与差异的一种重要原因"，也可能成为"消除分化与差异的重要途径"，[4] 而基础教育的顶线评价支持的正是它的前一种张力，底线评价支持的却是它的后一种张力。在确信基础教育"不仅是社会发展的助推器，而且应该是社会发展的均衡器，应该是促进社会公平、改变社会分层、建设和谐社会的重要手段"[5] 的情况下，我们主张选择底线评价。

二、顶线评价是我国基础教育评价的实然取向

我国基础教育的评价取向是顶线评价，它不是理论的或政策支持的取向，而是实践中的现实存在的取向，它必然拥有深厚的社会支持文化。

（一）实然的基础教育评价取向

以考试竞争选拔淘汰为宗旨的评价制度，就是顶线评价制度。从现象看，这种评价制度可以说是集褒贬于一身，但是人们贬低它甚至义愤填膺地批判它都是在应然的范畴，而支持它却是个实然的存在范畴。因为无论是"始作俑者"，还是掌握评价指挥棒的人，或是跟着指挥棒转的人，都在一丝不苟地支持它并且维护它。从事实看，基础教育顶线评价的最高形式就是"高考"，它是我国源远流长的考选文化延续到现时代的一种形式，它负载着一种独特的考选精神，这种精神如今已经演绎到了"中考""小升初考"甚至"幼儿择园考"，几乎就是个一以贯之的维护顶线评价的线性流程了。那么，这样的现象和事实所表征着的顶线评价，为什么是一种实然取向而不是应然取向？这首先是因为它的内在依据，竟然还是要争做"人上人"、要"一举成名天下知"的陈腐思想；其次还因为它的负面影响，在这个线性流程中竞争胜出的精英们中间，许多人竟然滋生了冷落平民百姓、鄙视普通劳动者的不良品性，这与我们的教育目的大相径庭。所以它只能是实然取向，不是也不可能是应然取向。

（二） 拥有深厚的社会支持文化

基础教育的顶线评价是存在的事实，也是人们熟视无睹的惯例，这意味着它拥有深厚的社会支持文化（使用文化一词，是因为支持者可能意识不到自己的支持，某些支持可能就是一种群体无意识）。我们不妨采择一些司空见惯的教育行为样式来佐证：基础教育的自我评价越来越不重视基础，它拒绝平常，也不热心于培养普通劳动者，致使中小学生们都热衷于追求卓越、当大科学家、获诺贝尔奖。基础教育的价值取向由此便导向了精英化，而且层次越高（离基础教育的本分使命越远）就越是被认为有价值。基础教育学校的校史也就写成了精英史，它不记录也不宣扬学校培养普通劳动者的业绩，只是如数家珍地记录并且宣扬自己培养的精英。

基础教育的外部评价同样不重视基础，人们只知道以升学率高低评论基础教育的成败。那么是谁在支持着这种取向？由谁来对这个取向负责？不只是"各地政府像抓 GDP 一样抓高考分数"[6]，这正是导致"应试教育"大行其道的主要原因，而且诸如"笃信"现代教育理念的理论工作者、主管教育的政府官员、各级各类的基础教育的管理者、传媒工作者、学校教师、学生家长以及学生们，都在以各自不同的方式支持它。诚然，支持的责任会有主导和从众的不同，支持的性质会有明知故纵和无知无奈的不同，支持的动机会有积极和消极的不同。

三、基础教育顶线评价的批判与讨论

基础教育的顶线评价，造成了越陷越深的教育困境，教育越是向高层次发展，选择了顶线评价的基础教育，就越是不能适应。

（一） 异化基础教育的基础性

基础教育的顶线评价混淆了现代基础教育与高等教育的性质，也混淆了高等教育要支持差别原则相对于均等机会的优先性，而基础教育必须坚持均等机会相对于差别原则的优先性的教育法则。[7] 混淆的直接原因在于弄不清它的根据：其一是基础教育在教育结构中的地位，它与高等教育是不同的，如果把宏观教育结构比作金字塔，基础教育就是它厚重的底层基石，所以它必须均衡而无差别；其二是基础教育与高等教育的性质，它与高等教育也不相同，如果把它们比作工艺流程的不同阶段，那么基础教育就是原料生产阶段，具有像玉石矿、铝锭厂一样的性质，所以它只须质地纯正，无须精雕细刻。

顶线评价实际上是在基础教育中演绎高等教育特征，所以异化了基础教育的基础性。就结构来说，它像是引导金字塔的每块底层基石都与塔峰径直相对，其结果必然是造成全社会人才的结构性失调。就衔接而言，它像是引导原料生产企业都要制造半成品，其结果必然是造成高等教育的僵化、低起点。合适的基础教育是培养具有良好基础素质的通才，而不是生产具有专业化倾向的半成品。有些世界名牌大学对低年级大学生只提供通识课程教育，文科和理科都不划分，依据正在于此。而我们竟然在基础教育阶段就搞精品加工，实施文理分科，甚至还局限于几门考试学科，如此单薄的基础对高等教育而言也是灾难性的。

（二）限制儿童发展的自然性

基础教育的顶线评价使青少年儿童的发展负载了太多的成人意志，受到了太多的成人约束，它迫使天性自然的儿童承担成人们不自然的欲望，而儿童可能只有无奈忍受，这使我们的基础教育越来越不自然了。如今我们不得不面对青少年儿童群体中的德性遗憾了，诸如善良、仁爱、和合、互助、平等心、感激心、敬畏心等等正在失落。残酷的考试竞争、选拔淘汰，容不下这些美好品性，而它们原本最适合在儿童的自然天性发展过程中培育。如今我们还不得不面对儿童青少年群体中的智性遗憾，因为顶线评价实际上不像人们误解的那样"唯智"，它在智性发展方面同样异化儿童天性。它过多关注了考试的符号意义，忽视甚至扭曲了儿童智慧生成的自然逻辑，即使是在那些重要的考试课程的学习中，儿童也常常会产生优异成绩与厌学心理并行不悖的内在冲突，儿童的智性被功利性异化了。至于儿童青少年群体中的体质遗憾，这几乎不需要赘述，顶线评价的价值选择不重视儿童的身体健康，它甚至虚无化了儿童的自然生命成长，或者说是虚无化了儿童的生命自然。

（三）遮蔽人才选拔的真实性

基础教育的顶线评价主要是凭借僵化的考试竞争结果选拔人才，但如此的结果差异未必就是人的潜在发展可能性的差异，它使我们"可能丧失掉从最广泛的社会各阶层中培养优异人才的可能性"，这种丧失"非但不利于推进教育平等，也不利于培养精英人才"。[8] 顶线评价是用"公平公正"的外衣遮蔽了人才选拔的真实性，我们的制度文化放任了学校教育资源配置的不均衡性，基础教育学校就出现了严重的两极分化：重点校、实验校、星级校是享有优质教育资源的学校，薄弱校、农村校、偏远校是弱势群体学校。这里的不公平起点，遮蔽了人才基础的真实性。

我们的考选文化在这样的不公平起点上实施"公平公正"的选拔淘汰，制造着相应的成功与失败，它先是把基础教育异化成"应试教育"，再以"应试教育"消解真正的教育价值，这种消解弱化了基础教育的社会价值，也漠视了它的个人发展价值，遮蔽了人的发展可能性的真实性。我们的家教文化堂而皇之地进入学校教育，有越来越多的家长以辅导、陪读甚至择校等不公平形式，制造了非专业人士低层次干预专业行为的荒唐事实，它助长了僵化的考试竞争，并以不平等的教育帮助扰乱了这种竞争，遮蔽了高层次人才选拔的真实性。

（四）造成精英与平民的对立性

基础教育的顶线评价在选拔精英的同时贬抑了普通劳动者，潜移默化地造成了精英与平民的对立。当五花八门的"状元"们显赫风光的时候，谁想到过落榜者，还有那些连竞争资格都没有的辍学生？这之间是否意味着某种对立的生存状况？在当前基础教育的选拔与淘汰漩涡中，我们痛心地感受到有种荒谬的事实判断正在形成：中国的农民、工人等普通劳动者群体正在成为遭淘汰、被贬抑甚至受鄙视的群体。因为这个群体的可能的新生代，在时下的基础教育中，正是所谓竞争失败者群体，跌落到这个群体中的，正是顶线评价取向下的被淘汰者。可以想见，这些可能的新生代步入社会之后，无论如何也体验不到辛勤劳动、艰苦奋斗的光荣了，因为社会各界在他们的青少年时代，就从来也没有给予他们这种光荣，而且在基础教育的顶线评价中，他们已经被过早地烙上了失败者的耻辱印记。

进一步分析，这些可能的新生代步入社会之后，不仅要体验失败，消解自我尊严，而且还得体验因为没能获得足够的自我生存能力、普通劳动者的基本素质而不能自食其力地谋生活的尴尬和遗憾。我们无须分析那些成功者、精英们的生存状况，但有一点是无疑的，他们多数是生存在与普通劳动者对立的亚环境里，并且承受着另一种同样不健全的发展。

四、基础教育底线评价的澄清与选择

基础教育的评价取向转向底线评价，这不是指理论的或政策文本的选择，而是实践的现实中的选择，它需要广泛的社会理解和社会支持。

（一）底线评价是澄清性质的选择

顶线评价是一种源远流长而且根深蒂固的评价，但是，只是在基础教育尚不能全面普及、社会也无力满足教育的底线公平的情况下，它才是一种正常态的选择。说得久远些，在漫长的封建社会里，教育就一直在维持顶线评价。然而，在真正民主的时代，在社会有可能也有条件普及义务教育的时代，由于"义务教育的均衡发展，正是义务教育制度的底线公平"[9]，我们转向选择底线评价就是维护基础教育的本分、这种本分要求我们坚守培养全体学生成为素质全面、人格健康的合格公民的底线。

今天，当我们重温陶行知先生主张的培养人中人、平民人，而不是培养人上人或人下人的思想，以及培养"我知天下"而非"天下知我"的健康的社会人格的思想的时候，真正感悟到了"先驱"的伟大，同时也滋生了一种莫名的失落感。因为陶行知先生早在 20 世纪初就已经在倡导开展类似底线评价的平民教育了，只是由于社会还不具有把它实践成普遍现实的条件，这样的倡导在当时还只能是种理想；还因为如今我们已经拥有把它实践成普遍现实的充分条件了，却还任凭我们的基础教育选择顶线评价。所以我们认为，选择底线评价具有"澄清"的性质。

（二）平民与精英不是科层性的概念

底线评价是趋向平民化的评价，选择这种评价取向的前提是：基础教育不是选拔意义上的教育，而是生存、保障意义上的教育，在这样的教育中，平民与精英不是科层性的概念，而是平等概念。这种概念意味着现代教育所培养的未来精英，同未来平民一样，在基础教育阶段都应当首先养成良好的现代平民素质，而任何具有了良好的现代平民素质基础的人，都在时空宽泛意义上有机会成长为精英（包括参与高考竞争）。

从社会价值层面来分析，基础教育是为社会大厦奠定基础的教育，它的每一根桩、每一块石、每一寸混凝土都必须坚实，这正是基础教育必须均衡发展、无差别发展的道理；从个人价值层面来分析，基础教育是为每个人的一生发展奠定基础的教育，它必然关涉到人的体质、德性、智慧、审美、劳动等方方面面，这是"把教育与人的幸福、人的自由、人的尊严、人的终极价值联系起来"[10] 所必需的。这就是基础教育应当关注每个人的全面发展，保障其拥有全面的现代基础素质的道理。

（三）以培养普通劳动者为基本目标

基础教育底线评价的具体目标，应该是培养适应现代社会需要，也满足现代个人生存与发展需要的普通劳动者。这与顶线评价选拔精英的目标不同，但却是基础教育最现实的"基础"。

从本原的意义来说，普通劳动者的劳动是人之为人的基本需要，是任何健康的社会人发展的需要，也是真正的精英健康发展的需要。只是因为我们顶线评价取向的基础教育走得太远了，这样的需要在基础教育实践中才无人问津，这让我们产生了太多的疑问：我们曾经重视的劳动锻炼是不是有远虑的选择？如今基础教育中体力劳动几乎绝迹是不是无近忧的疏误？我们曾经相信教育与生产劳动相结合是实现人的全面发展的唯一途径，如今还相信吗？发达国家的基础教育普遍重视生产劳动，我们该批判它还是借鉴它？回答这些疑问，我们需要重申：基础教育如果希望"真正公平地为每个人提供'生活通行证'，奠定一个人终身学习的基础"[11]，就应该理智地选择底线评价并且以培养普通劳动者为基本目标。至于基础教育的"双重目标说"中的"为高等教育培养和输送人才"的目标，其实是种事实判断，并不是严格意义上的基础教育培养目标。不是基础教育为高等教育输送有局限规格的人才，而是高等教育从基础教育已经达到普通劳动者基本目标的人才中选拔人才。高考是高等教育的起点，但不是也不应该是基础教育的终点，所以普通高等学校入学考试必须从基础教育评价中剥离出来。

（四）规定普遍可接受的评价内容

基础教育选择底线评价，如何确定其评价样式和内容？从总体上说，必须尊重基础教育的性质，把评价着眼点从竞争性的精英选拔转向均衡化的平民合格，恪守本分地坚持培养适应现代社会的公民基础素质。从程度看，底线评价应当是普遍可及的和普遍合适的，也就是教育者和受教育者在拥有了基本的教育资源的常规状态下，适当努力即可实现的程度。从性质看，底线评价应当是平民的基本品质的发展性评价、基本素质评价，类似建筑工程中的基础工程质量评价、原材料生产中的合格检测评价、运动员选拔中的体能测试评价。从定位看，底线评价应当是对普通劳动者的合格评价，其合适的定位是普及合格率、均衡化达标率、群体测试水平，类似交通部门的安全行车公里数、事故发生率性质的评价。从具体内容看，底线评价应当是判断人的普通公民基础素质状况的评价，所以必须重视具体的生产劳动素质评价、社会公益活动贡献评价、自立于社会的生存能力评价等等。这种评价当然也关心高等教育，但它关心的主要是人的可持续的终身学习基础和能力，以及终身学习的意向，包括继续接受高等教育或成人高等教育的意向。

（五）探索普遍可接受的引导策略

基础教育选择底线评价，在时下顶线评价十分强势的情况下，显然不可能一蹴而就。但我们可以在"考试指挥棒"的改造方面，采用些有意义的引导策略：对"考试指挥棒"我们可以顺势利导，在既不可能取消考试选拔制度，也不可能让人们无视"考试指挥棒"的情况下，我们可以对竞争性的考试内容进行改造，使它趋向维护基础教育底线评价内容的同质化生成样式，或者把现实的顶线评价一丝不苟地建立在底线评价基础上，这就不失为一种积极的改良思路。实践这种思路的关键，是把底线评价的全部内容实质性地纳入考试，切实满足精英必须首先是平民，是具有全面素质的现代社会普通劳动者的目标需要。如此，顶线评价也就与底线评价在取向上真正一致起来。对"考试指挥棒"我们可以逆势限制，如果说从根本上改革考试评价制度是个漫长而艰难的宏大工程，那么把高考从基础教育评价中剥离出来，不过就是个令行禁止的规定而已。其实我们在理论上或政策文本上早就把它们剥离开来了，随处可见的诸如不准进行考试成绩排名、不准分重点与非重点学校、不准以升学率高低评价学校的规定，从本质上说就是限制"考试指挥棒"的"指挥棒"，我们的问题不过是从上到下令行不禁而已。

（六）需要广泛的社会支持文化

基础教育选择底线评价，从根本上说需要形成广泛的社会支持文化，而这种支持文化生成的重要依托，在很大程度上就是法定权威的国家评价导向。在我们的主流舆论中，如果评价基础教育真正具有趋向平民化的觉悟，让普通劳动者真正理直气壮地站起来，让"精英首先必须是平民"的认识真正普及开来，这就是支持底线评价。在我们的权威理念中，如果珍惜学生的普通劳动者素质就像珍惜"状元"的高考分数一样，关心农民工子弟学习环境改善就像关心创建窗口学校一样，尊重考入中等职业技术学校的学生、回乡务农或进厂做工的学生就像尊重考入北京大学、清华大学的学生一样，这就是支持底线评价。在我们的政策和制度化行为中，如果能有效限制或杜绝以选拔性考试结果评价学校，使中小学校从它的桎梏和阴影里解脱出来，使它真正只拥有非制度化的土壤，这也是支持底线评价。诚然，我们永远也无法杜绝非制度化土壤里发生的评价取向，但是"法定权威"毕竟与"民间炒作"不同，所以"法定权威"如果选择的是底线评价，就至少可以在复杂的评价取向中淡化并弱化顶线评价。

五、基础教育底线评价的发展性意义

基础教育底线评价以培养普通劳动者为具体目标，对社会人力资源、高等教育以及基础教育自身都具有可持续发展的意义。

（一）社会人力资源的可持续发展

基础教育的顶线评价说到底是把教育着眼点放在了培育高层次社会人力资源上，这在改革开放之初原本无可厚非。但是到了20世纪80年代中期，人们就觉察到它的弊端了，开始理智地主张把着眼点转向中低层社会人力资源培育方面，并且制定了发展中等职业技术教育的对策。然而，从那时至今发生的事实，却证明了实践的逻辑与理论构想不和谐，或许是我们低估了传统人才观在社会基层文化中的深厚积淀，但正是这样的人才观，致使顶线评价至今势头不减。

我们必须面对现实：顶线评价取向选拔精英淘汰平民，这在一定程度上是以牺牲普遍意义上的国民素质教育为代价的，它也因此遏制了社会人力资源的可持续发展。我们还必须向现实的可持续发展负责：基础教育转向选择底线评价，把着眼点落到培育中低层社会人力资源上来，旗帜鲜明地以培养普通劳动者和提高基本的国民素质为己任，而且这种责任还应该同质化地向成人基础教育领域拓展，全力打造发展终身教育和建设学习化社会的最基本的人力资源，这是否正是基础教育的本分呢？这种基本的人力资源直接承担起普通劳动者的社会责任，同时也能以可持续发展的健康态势保障职业教育、高等教育均衡结构中的成人教育，这不能不说是种有实在意义的选择。

（二）高等教育的可持续发展

基础教育的顶线评价在高等教育的扩大规模化发展方面做出了突出贡献，但是也给高等教育的可持续发展留下了深层隐患。高等教育选拔人才不缺少"公平竞争"条款，但它缺少竞争者所受基础教育的公平，也缺少基础教育应有的真实基础。当人们责难我国的高等教育是"严进宽出"时，实际上没弄清它的前提："严进"是种假象，因为它必须应对"应试教育"的诸多弊端；"宽出"实属无奈，因为它必须承受"起点"留下的隐患。学生缺乏良好的全面素质基础，高等教育也就很难有所作为，选择底线评价，有望从起点上支持高等教育的可持续发展。

高等教育培养的精英不缺少"追求卓越"的品质，但他们欠缺平常心和普通劳动者的素质，这恰恰是现代精英至关重要的人格基础，也是营造和谐社会、维护全社会人格尊严的基础。人们只懂得"获诺贝尔奖"，但是却不问"获奖者的人格"。选择底线评价，有望从根本上弥补这种缺憾，从精英人格塑造上保障高等教育的可持续发展。

高等教育培养的精英不缺少"出类拔萃"的品质，但是越来越欠缺内在的专业学习和研究动机，缺乏对学术本身的"着迷般的热爱"。顶线评价取向下打造出的精英们中间，许多人都是权衡着各种各样的功利性目标选择专业，只知道一层高过一层地获得象征专业水平的符号，这已经成了我国新生学术腐败的重要原因，无疑也是高等教育可持续发展的深层隐患。选择底线评价，则可以宽松释放顶线，为内在的专业学习动机创造自由空间，高等教育有望在这样的空间里选拔并培养拥有内在的学习和研究动机的专业人才，由此才可能健康地可持续地发展。

（三）基础教育自身的可持续发展

选择底线评价，有望还青少年儿童以正常的教育生存环境，让他们在这个环境里能拥有真正属于自己的生活，这是中小学校称得上中小学校的基本前提。也只有在这样的前提下，中小学校才可能摆脱被"应试教育"扭曲的附庸处境，才可能有基础教育自身的可持续发展。选择底线评价，也有望还成人包括家长以正常的职业生活，让他们放开自己不懂却又恣意干预的基础教育。当太多的家长们以牺牲自己的职业生活甚至公民社会责任为代价，近乎病态地关心子女教育的情况时，这已不只是一种社会角色错位现象，更是基础教育的灾难，它已经扰乱了基础教育的正常秩序，使之很难获得自身的可持续发展。选择底线评价，还有望还基础教育的教师们以正常的职业生活，让他们的德性和智慧不再被扭曲在顶线评价的漩涡里。没有人可以否认，顶线评价的最无奈最无助的受害群体之一就是教师，他们既承受着全社会越来越高的期望，也承受着越来越多的责难，以牺牲个人的有意义的发展为代价，这也是影响基础教育自身可持续发展的代价。

参考文献

[1] 王道俊. 主体教育论的若干构想 [J]. 教育学报，2005（5）：3-17.

[2] 同 [1].

[3] 陈敬朴. 基础教育概论 [M]. 苏州：苏州大学出版社，2000：112.

[4] 孙启林，孔锴. 全球化视域下的基础教育均衡发展 [J]. 比较教育研究，2005（12）：24-30.

[5] 杨银付. 教育均衡发展需要体制创新 [J]. 教师，2010（10）：106-108.

[6] 莫林浩. 打破"应试教育"有赖大学独立 [N]. 现代快报，2006-02-27.

[7] 刘复兴. 我国教育政策的公平性与公平机制 [J]. 教育研究，2002（10）：45-50.

[8] 夏正江. 教育理论哲学基础的反思：关于"人"的问题 [M]. 上海：上海教育出版社，2001：278.

[9] 同 [4].

[10] 梁明伟. 教育关怀：新时期我国教育价值取向的转型 [J]. 当代教育科学，2005（23）：3-5.

[11] 同 [4].

（本文原载《教育研究》2006 年第 11 期）

论当代课程论与教学论的关系

廖哲勋

课程论与教学论两学科的关系问题是教育理论界争论已久的问题。目前，我国课程论正在迅速发展，教学论也在逐步成熟，但学术界对这两个学科的关系仍有种种不同的看法。在 2006 年 8 月召开的第五次全国课程学术研讨会上，有学者将这两个学科的关系概括为四种模式，即二元独立模式、相互交叉模式、同心包含模式、循环联系模式。[1] 笔者认为，这四种模式都没有准确说明正在发展中的课程论和正在更新中的教学论的关系。其中，"大教学论"和"大课程论"似乎还有较大的影响，故需认真讨论。

一、"包含论"曲解了两学科的关系

"包含论"是笔者对"大教学论"和"大课程论"这两种主张的总称。持"大教学论"主张的人把课程视为教学内容，将课程论包含在教学论之中；而持"大课程论"主张的人则认为，教学从属于课程，要让课程论包含教学论。事实证明，这两种主张都曲解了两学科之间的关系。

（一）两学科不是"谁包含谁"的关系

由于我国的教育实践，特别是课程与教学改革实践的迫切需要，我国课程论与教学论都在独立地大步向前发展。事实表明，迅速发展着的我国课程论与教学论是当代教育学不可缺少的两门相对独立的分支学科，两者的关系不是"谁包含谁"的关系。

1. 两学科具有各自的研究对象

唯物辩证法认为："科学研究的区分，就是根据科学对象所具有的特殊的矛盾性。因此，对于某一现象的领域所特有的某一种矛盾的研究，就构成某一门科学的对象。"[2] 课程领域存在的特殊矛盾（课程领域的基本矛盾）是肩负素质教育任务的各级学校对学生各基本素质发展的要求与学生原有素质水平落后于素质教育总体要求的矛盾，当代新课程应为解决这一特殊矛盾而产生、运行和发挥作用。要使当代课程真正成为解决这一特殊矛盾的有效武器，即成为科学育人的指南，课程研究者就需针对一系列重要课程问题，特别是课程与学生主动发展的关系问题进行多方面的系统深入的科学研究，以建立正确处理学校课程与学生主动发展的相互关系的理论，即当代课程论。基于此，课程论学科需以课程问题为研究对象。[3]

教学领域存在的特殊矛盾则是新课程对学生各基本素质发展的要求与学生原有素质水平滞后于课程要求的矛盾。为使新教学能为解决这一特殊矛盾而发挥有力的作用，教学研究者就须针对教学领域存在的一系列重要问题进行全面、深入的研究。需要研究和解决的教学问题主要是教与学之间的互动关系问题，教与学的外部活动同学生发展的内部活动的关系问题，以及教与学统一的尺度、条件、机制、策略、方法问题，等等。只有对这一系列教学问题进行全面、深入的研究，才能建立正确处理教师恰当施教与学生主动学习的互动关系的理论，即当代教学论。可见，当代教学论须以教学问题为研究对象。

2. 两学科均需拥有各自的子学科群

随着课程改革的逐步深入，一支由理论工作者和实践工作者组成的人数众多的课程研究队伍正活跃在我国的课程领域，大家从不同的角度和不同的层面展开了课程理论研究。有学者深入研究课程概论、课程原理和课程发展史（含课程理论流派），有学者分别从心理学、社会学、文化学和哲学的角度研究当代课程，还有学者就课程设计、教材编制、课程评价以及课程领导与管理进行全面的或专题式的探讨。不难预料，一个充满活力的课程论子学科群即将出现在我国。这个子学科群将由三个层次的一系列子学科有机构成：（1）课程基础理论子学科群，包含课程概论（分为幼儿园课程概论、中小学课程概论、中专课程概论和大学课程概论）、课程发展史、比较课程论和课程原理四大子学科，这些子学科都有很强的理论性；（2）课程工程理论子学科群，包括课程设计论、课程实施论、课程评价论与课程管理论（也分为幼儿园、中小学、中专、大学四个层次），这些子学科都具有专业理论性和专业技术性；（3）课程应用理论子学科群，分为课程开发、课程介绍以及课程标准解读等类别，这些子学科都具有应用性。[4]

与此同时，在教学论领域，也有一批学者正从不同的侧面和不同的层面对教学论进行开拓性的探讨。他们发表的研究成果可分为三个层面：（1）在教学基础理论方面，一些学者分别发表了发展性教学、教学论史、比较教学论、教学心理学、教学哲学等方面的著作；（2）在教学活动理论方面，学者们分别发表了活动教学论、探究教学论、反思性教学、教学行为的原理与技术、合作学习的原理与策略、学习风格论、教学环境论、教学病理学，以及教学系统论、教学信息论、教学控制论等方面的研究成果；（3）在教学应用理论方面，有学者发表了有关教学方法研究和教学案例开发的著述。这三个层面的研究成果使我国教学论学科的分化呈现一定的结构性，为我国教学论子学科群的形成奠定了初步的基础。

（二）"包含论"带有明显的主观性

在我国，"大教学论"的主张产生于 20 世纪 80、90 年代。当时出版的各种教学论著作与教材都把课程视为教学内容，将课程论视为教学论的一个组成部分。这同 50—70 年代我国教育理论界全盘否定课程论的情形相比，无疑是一个进步。但是，这种以教学论包含课程论的做法存在三个问题：第一，脱离了教学论固有的研究对象，不符合当代教学论学科建设的要求；第二，不仅没有完整地阐明当代课程论，而且还曲解了当代课程论的一些重要观点；第三，否定课程论是教育学的一门分支学科，有碍我国课程论的重建。这种"大教学论"的理论根据就是凯洛夫主编的《教育学》。该书所阐述的教学论基本上是夸美纽斯和赫尔巴特所奠定的传统教学论，它在提出教师中心、教科书中心和课堂教学中心的"三中心论"，论述关于教学过程的"五段五环说"和关于教学本质的"特殊认识论"的同时，也抹杀了课程概念，否定了课程论在教育学系统中的分支学科地位。

近年来，在我国又出现了"大课程论"的主张。这一主张果断地摆脱了"课程即学科""课程即教学内容"等陈旧的课程观念，批判了"大教学论"的观点。这是应当充分肯定的，但它却走向了另一个极端，即要以课程论去包含正在逐步更新和独立发展的教学论，否定了当代教学论特有的研究对象，否定了这一学科即将形成的子学科群，否定了该学科独有的实际作用与学术价值。这三个"否定"，说明"大课程论"带有明显的主观性，陷入了认识上的两个误区。

第一个误区是把"课程"等同于"教育"。"大课程论"的提倡者认为："课程本质上是一种教育进程，课程作为教育进程包含了教学过程。"[5] 这一论断至少有三个疑点。第一个疑点是，课程的本质是不是"教育进程"。所谓教育进程，是指一切教育活动进展的过程，它包括学校行政部署的一切教育活动的进程、学校团队和学生会组织的各种教育活动的进程、学校与学生家庭及社区合作举行的多种教育活动的进程以及每个学生在课外校外自己安排的种种自我教育活动的进程等。这种教育活动进展的过程不能与课程画等号。当代新课程是在一定学段的培养目标指引下，由系列化的课程目标、课程内容及学习活动方式组成的，具有复杂结构与运行过程，以促进学生各基本素质主动发展，简称科学育人的指南。[6] 笔者认为，这才是当代课程的本质。如果把教育进程当作当代课程的本质，不仅歪曲了当代课程的本质，而且否定了课程的存在，会使课程论变成一种无课程的理论。第二个疑点是，能否将"课程"与"教育"看作一回事。"大课程论"者认为，课程实质上就是实践形态的教育。这句话是对"课程即教育进程"的引申，它把当代课程的内涵无限夸大到了等同于教育的地步。然而，教育要解决的特殊矛盾与课程要解决的特殊矛盾虽有联系，但有明显的区别。正因为如此，教育包含的基本要素、主要组成部分以及教育的内在结构与功能同当代课程包含的基本要素、主要组成部分以及课程的内在结构与功能也是大不相同的。总的来说，教育与课程的关系是整体与部分的关系，课程从属于教育，教育是课程的上位概念。第三个疑点是，课程能否包含教学。"大课程论"者认为课程包含了教学过程，意即教学从属于课程。笔者认为，课程与教学有密切联系，但二者具有不同的本质含义，无论从实践上考察或是从理论上分析，都不能得出课程包含教学的结论。正如美国课程学者奥利瓦（P. F. Oliva）所指出的："课程与教学的关系是循环的，意即它们是以连续的循环关系为基础的分离实体。课程对教学产生持续影响，反之，教学又影响课程。"[7] 如果我们运用系统论和协同学来分析学校教育活动系统，就会发现该系统中存在若干个子系统，课程系统与教学系统就是其中的两个重要的子系统，这两者之间存在着物质、信息、能量的交换关系。这可进一步说明课程与教学的区别和联系。总之，把课程界定为教育进程是缺乏科学根据的。

第二个误区是"大课程论"者划分课程论各下位学科的随意性。如说：课程论已形成了一个庞大的学科体系，这个学科体系的基本结构把大课程论分为课程论、教学论、分支课程论、分支教学论和教育技术学等五个下位学科，每个下位学科又包含大量的次下位学科。这一见解似乎存在两个问题。第一，任凭个人的主观臆测来谈论课程论学科体系的基本结构，违背了课程论子学科群整体构建的规律性。当代课程论子学科群的整体结构的形成，绝不以个人的主观臆断为依据，而取决于我国广大教育工作者对当代课程所产生的多方面、多层次的不同需求以及各级各类学校课程体系的差异性与课程系统工程的复杂性。据此，我国课程论子学科群可分为课程基础理论子学科群、课程工程理论子学科群和课程应用理论子学科群三个层次。由这三个层次的种种子学科组成的课程论子学科群的整体结构与一般的科学结构是一致的，即按照科学结构学的观点，科学的门类结构主要由基础科学、技术科学和应用科学所构成。显然，在课程论的三个层次的子学科中不可能包含教学论和教育技术学。第二，否定了当代教学论具有不同于当代课程论的研究对象和子学科群。这种否定是没有根据的，当代教学论必有的子学科群也绝不可能包含在课程论之中。由此看来，把教学论"塞进"课程论学科体系之中的做法确实过于主观。

二、两学科具有密切联系、相互制约、相互促进的关系

研究当代课程论与教学论的关系，既不能简单地套用课程与教学的关系，也不可不加分析地把两学科之间的种种横向联结处说成"重叠部分"，而需深入两学科内部，准确抓住两者必然的内在联系，并结合课程实践与教学实践认真研究两学科之间存在的各个横向联结处，以认清两学科之间的复杂关系。

（一）深入研究两学科的横向联系，把握两学科密切联系、相互制约、相互促进的关系

1. 确定和把握两学科之间必然存在的一系列横向联结处

我们应以当代新课程与当代新教学之间以及课程系统与教学系统之间的密切联系为根据来研究和确定两学科之间必然存在的一系列横向联结处，并弄清两学科在各个横向联结处所展示的一致性和差异性。例如，两学科在"促进学生主动发展"问题上的联系就是一个重要的横向联结处。由于当代课程所担负的根本任务是要正确解决"培养什么人"的问题，所

以当代课程论把学校课程与学生主动发展的关系问题作为本学科要研究和解决的根本问题。它主张课程的设计和运作应围绕学生各基本素质的主动发展来进行，即把促进学生主动发展自己的各基本素质作为课程设计和运作的中心任务。当代新教学是学校用以育人的主要活动，即在师生互动、生生互动的过程中促进学生主动学习、主动发展的活动。所以，当代教学论应把教师正确施教与学生主动学习的关系问题作为该学科需要研究和解决的根本问题。它主张教学活动的设计、教学过程的展开、学习方式的选定、教学组织形式的变换，以及教学评价的进行均需以促进学生主动学习、主动发展为根本原则。显然，在"促进学生主动发展"这一点上，两学科的出发点和落脚点是一致的，只不过二者探讨的特殊矛盾以及矛盾转化的条件、机制和方法各不相同而已。很明显，两学科在这一横向联结处所展示的内容既有一致性又有差异性。其一致性从这一侧面展现了两学科之间密切联系、相互制约、相互促进的关系，其差异性则从另一侧面表现了两学科之间密切联系、相互制约、相互促进的关系。

又如，课程论对课程目标的研究与教学论对教学目标的探讨也有密切的联系。当代课程论主张以促进学生各基本素质全面而各有差异的发展，特别是其知识能力、情感态度、创新精神的提升作为当代课程的目标，并以此作为研究和论述课程标准、编制教材和实施课程的价值取向。教学概论、教学设计论对教学目标的研究与课程概论、课程设计论对课程目标的探讨有一致之处，就是双方的研究都强调"目标"与"过程"一体化，都主张以学生的发展为本，促进学生主动地学习，使之通过主动学习的过程，在知识能力、情感态度、创新精神等方面得到和谐的各有差异的发展。当然，双方对"目标问题"的研究也有差异之处。从教学概论与教学设计论方面看，首先，它们对教学目标的研究特别重视多种相关因素对教学目标的制约作用，如不同的生源基础、师资条件、校风学风，以及社区文化环境等对教学目标的设计具有不同的要求；其次，注重目标研究的具体性，如对单元教学目标、课题教学目标的设计；最后，强调教学目标的灵活性，如关注教学目标的非预期性等等。课程论与教学论在这个横向联结处所展示的一致性和差异性也能从两个不同的侧面积极影响对方，促进对方的发展。

再如，课程论对课程内容的论述与教学论对教学内容的阐述亦有密切的联系。双方在这一横向联结处的一致性主要表现在以下方面。（1）主张中小学各类学科课程内容的设计与各科教学内容的采用均需以间接经验为主，辅以学生必要的直接经验，用间接经验联系直接经验的方式（不是以直接经验为基础去联系间接经验的方式）将两者酌情结合起来，形成一个整体。同时，两学科都认为，既要设计或使用多种课程资源与多种教学资源，又需以基本教材为主，据此将多种课程资源（或多种教学资源）结合起来，形成一个整体。（2）主张综合实践课程内容的设计及其教学内容的采用需以学生的直接经验为主，应围绕一个个问题或主题而将直接经验与间接经验结合起来。不过，两学科在这一横向联结处所显示的差异性也是非常明显的，主要表现在两学科关于教材研究的任务、范围和重心大不相同。两学科在这个横向联结处所存在的一致性与差异性都对两学科的发展具有制约和促进作用。

2. 透视两学科在各个横向联结处所展示的一致性与差异性的关系

只有透视两学科在各个横向联结处所展示的一致性与差异性的关系，才能准确把握两学科之间密切联系、相互制约、相互促进的关系。

第一，两学科之间存在的一系列横向联结处是两学科结成密切联系、相互制约、相互促进关系的基础。由于两学科在各个横向联结处所展示的基本思想具有某种程度的一致性，因而一方对这些思想观点的研究和论述可给另一方以积极影响。如果某一方有人在这些横向联结处作了不准确的阐述，另一方或其他读者就会提出意见，以促进对方改进。两学科就是这样通过各个横向联结处而密切联系、相互制约、相互促进的。

第二，两学科在这些横向联结处所陈述的种种具体内容是有一定差异的。这种差异性体现了两学科的研究对象与研究任务所固有的不同特性，表明了两学科不同的个性。这种个性（差异性）也对两学科的发展具有制约与促进作用。如果课程论或教学论忽视本学科在各个横向联结处的个性，它就无法回答本学科要研究和解决的特定问题，就不能完成本学科应担负的研究任务。

第三，各个横向联结处是两学科之间的一致性（共性）与差异性（个性）的有机统一体。其一致性寓于差异性之中，其差异性里面含有一致性的成分；其一致性具有相对性，其差异性则具有绝对性。两者相互依存、相互制约，构成一个有机的统一体。我们应把握这两者之间的辩证关系，使两者辩证地统一起来。如果只看到两学科在各个横向联结处的差异性而忽视两者之间存在的一致性，那就会人为地割断两学科之间的横向联系，造成两学科之间不应有的矛盾，从而阻碍两学科的发展；反之，如果只强调其一致性而忽视其差异性，则必然抹杀它们的个性，并造成两学科之间不必要的重复，降低两学科的学术水平。

第四，两学科在横向联系的基础上相互制约、相互促进，需具备一定的条件。在两学科所结成的密切联系、相互制约、相互促进的关系中，两者的横向联系是双方关系的基础，两者相互制约是双方关系的纽带，两者相互促进则是双方关系发展的动力。要使两学科在横向联系的基础上，通过相互制约这一纽带连续不断地相互促进，需具备必要的条件，其中最重要的条件是：双方学者准确理解两学科的横向联系，以避免两者之间不必要的重复；双方学者和一线教师积极参与并正确进行课程与教学改革，以不断增进两学科互动互促的关系。

（二）准确理解两学科的横向联系，避免两者之间不必要的重复

为准确把握两学科之间密切联系、相互制约、相互促进的关系，我们要认真研究和处理一系列重要问题。

1. 两学科对教材问题的研究和论述应有明确的分工

教材问题是当代课程论（特别是课程概论和课程设计论）与当代教学

论（特别是教学概论、教学设计论和分科教学论）之间的一个很重要的横向联结处，故两学科都需要研究和论述教材问题。如前文所述，两学科对教材的作用以及间接经验与直接经验之关系的看法是一致的，但两学科关于教材研究的任务、范围和重心却有很大的差别。

课程概论与课程设计论关于教材的研究任务是从学生各基本素质主动发展的需要出发，研究和论述教材编制的基本理论、基本过程和基本方法，阐明基本教材的复杂结构以及基本教材与其他课程资源特别是网络资源有机结合的原则和方法，为正确编制教材、使用教材及改革教材提供理论依据。其研究范围包括教材的概念与类型、教材发展史、教材的编制与修改、教材评价与管理以及教材比较、教材改革等。其研究重心是教材的改革与编制问题。围绕这个中心问题，课程概论（特别是课程设计论）需着力探讨一系列重要的理论问题与实际问题。

教学概论、教学设计论和分科教学论关于教材的研究任务，是从学生主动学习、主动发展的需要出发，揭示教材与教师教、学生学的关系，阐明师生按照实际情况灵活运用教材、主动调整和超越教材的理论与方法。其研究范围涉及教材的概念与类型、教材在教学中的地位和作用、教师如何使用与超越教材、学生怎样借助教材而主动参与学习等方面。其研究重心是师生如何创造性地使用和超越教材的问题。围绕这个中心问题，教学概论（特别是教学设计论和分科教学论）也需探讨一系列理论问题与实际问题。

2. 要探明"课程实施"与"教学实践"的区别和联系

在我国，不少教育工作者误认为课程实施就是教学，为此，我们应探明这两个概念的区别和联系。根据富兰和庞弗雷特（M. Fullan & A. Pomfret）等美国课程学者对"课程实施"问题的开拓性研究和我国基础教育课程改革发展的客观要求，笔者认为，课程实施是各方实施人员按照一定的取向和多样的途径而将课程改革方案逐步付诸实践的过程。

第一，将课程改革方案逐步付诸实践。这是课程实施应完成的基本任务。中小学的课程改革方案由课程计划与各类课程标准有机组成。课程改革方案具有预成性，要使它变成行之有效的实际方案，成为学校育人的实际指南，则需通过课程实施来实现。

第二，多方人员参与实施。课程实施的参与人员包括课程设计人员、各级教育部门的有关人员、学区教研员、校长、教师、学生以及校内有关的管理人员。其中，教师和学生是最重要的课程实施者，他们在课程实施中处于极重要的主体地位。

第三，必有一定的取向。美国课程学者辛德尔、波林和扎梅沃特（L. Snyder，F. Bolin & K. Zumwalt）归纳的关于课程实施的忠实取向、相互适应取向和课程创生取向是多数学者认同的三种基本取向。[8] 根据我国的国情和基础教育课程改革发展的趋势，笔者认为，应将这三种取向酌情结合起来，即对于课程改革方案中那些既科学又可行的主张和做法，实施者应当认真执行；对于那些有科学性但缺乏可行性的主张与做法，则需按照实际情况予以调整或修改；而对于那种不科学、不合理的主张和做法，实施者有权予以否定。课程决策者与课程设计者应尊重各校校长、教师和学生的意见，应通过平等的对话达到相互沟通与相互理解，使大家在学习、研究和独立思考课程改革方案的基础上，按照本地、本校、本班的实际情况创造性地把文本课程转化为广大学生及多数教师乐于接受的可运作课程。

第四，具有多样的途径。为使课程改革适应各地经济、文化、教育发展的不平衡性，为了充分发挥课程实施者的积极性和创造性，课程实施须采取多种多样的途径。每一条途径均有从事课程实施的特定主体、特定任务与特定作用。第一条途径是国家教育行政部门领导实施新课程，如领导和组织较大规模的课改试验以及从人力、物力、财力、政策等方面提供课程实施的条件等。第二条途径是地方教育部门通过对本地经济、文化、教育情况的调查研究，在本地进行地方课程的试验和在本地为实施国家课程采取措施。第三条途径是学区教育部门对本区经济、文化、教育情况进行调查研究和为本区实施课程方案采取措施。第四条途径是中小学行政领导制定符合本校实际的课程实施方案（包括校本课程开发方案），调动所有实施者的主动性，并为教师们创造性地实施新课程而提供必要的物质条件和精神条件。第五条途径是教师和学生通过一定教育周期的、多序列多层次的教学活动而将文本式的课程方案转化为学生、教师及学生家长乐于接受的实际课程，这是课程实施中最重要的一条途径。上述五条途径既有密切联系，又有各自的自主性，因而是不能相互取代的。可见，课程实施是一种规模巨大、空间广阔、经历时间长、存在矛盾多、情况十分复杂的课程实践活动。

新教学是以教师指导下的学生主动学习为基础，以新型师生关系为纽带，通过教师、学生与教学目标、教学资源、教学媒体的交互作用而使学生在知识能力、情感态度、创新精神等方面都得到主动发展的一种有组织、有计划的育人活动。

基于以上的阐述，课程实施与教学是有一定联系的两个概念。第一，两者的区别在于两者具有不同的根本属性。课程实施的根本属性是把预期的课程方案变成可在一定学校运作的、广大学生和教师及有关社会人士乐于接受的活生生的课程；而教学的根本属性则在于育人，即引导学生主动地学习，使之在知识能力、情感态度、创新精神等方面都得到主动发展，成为具有鲜明个性的人。第二，课程实施的广阔范围、复杂程度和深远影响远远胜过教学活动。课程实施有五条运行渠道，教学只是课程实施中的一条渠道。这五条渠道的运行涉及全国课程管理体制的变革、中高考制度和学校评价制度的改革、课程结构与课程内容的调整、教学设计的改进与教学过程的优化、校长和教师角色的变换、学生角色的转换以及校园文化环境和社区文化环境的相应变化等等。可以说，课程实施涉及整个教育系统的变化以及为教育系统提供支持的相关社会系统的相应变化；而教学则主要涉及教师与学生在课堂中的互动行为，其活动范围、复杂程度和影响的深广度是无法同课程实施相比的。第三，课程实施与教学分属于不同的研究领域，因而课程实施研究与教学研究的重心大不相同。课程实施研究主要探讨课程改革方案的实现程度、影响课程实施的主要因素、课程改革方案与实践情境相互适应的机制以及学校领导与教师学生创造性实施课程方案的主要表现等；而教学研究则主要探讨教师的教授行为、学生的学习行为以及二者互动的机制。

（三）在课程与教学改革中增进两学科之间密切联系、相互制约、相互促进的关系

随着各级各类学校课程与教学改革的不断深入，课程论与教学论的思想观点和理论水平都会不断发展，两学科之间密切联系、相互制约、相互促进的关系因而也会逐步深化。双方关系的深化常以相互促进为突出标志。事实说明，两学科之间的相互促进不是循环式的，而是波浪式的。例如，20 世纪 80 年代末至 90 年代初，我国一些课程论学者对活动课程进行的研究与实验就促进了一些教学论学者对活动教学的研究与实验。接着，一场关于中小学语文教学问题的大讨论又从教学理论界扩展到课程理论界。于是，一些研究中小学语文、数学等分科教材的学者便纷纷对该科教材的改革展开了深入的调查研究和理论探讨。与此同时，有的课程论学者则把杜威关于"儿童与课程"的论述同赞科夫关于"教学与发展"的实验联系起来，对我国中小学课程领域存在的主要问题作了进一步的了解和分析，认识到我国课程论要着力研究的根本问题是课程与学生主动发展的关系问题。这种种事实表明，随着课程改革的逐步深入，我国课程论与教学论在其发展的过程中可结成互动互促的关系。二者互动互促关系的形成离不开那些热心于课程与教学改革的学者及一线教师的积极推动。他们在投身于课程与教学改革的过程中把握了两学科之间的横向联系，并相互交流、相互研讨，从而增进了两学科互动互促的关系。今后，我们应继续投身于课程与教学改革的洪流，随着课改、教改的深化而不断增进两学科之间相互促进的关系，使两学科不断攀登新的科学高峰。

参考文献

[1] 刘启迪. 课程理论发展与实践进展：全国第五次课程学术研讨会综述 [J]. 课程·教材·教法，2006（10）：3-10.

[2] 毛泽东. 毛泽东选集：第1卷 [M]. 北京：人民出版社，1961：297.

[3] 廖哲勋，田慧生. 课程新论 [M]. 北京：教育科学出版社，2003：1-3.

[4] 廖哲勋. 论课程论学科建设的规律性 [J]. 课程·教材·教法，2007（3）：3-10.

[5] 黄甫全. 大课程论初探：兼论课程（论）与教学（论）的关系 [J]. 课程·教材·教法，2000（5）：1-7.

[6] 廖哲勋. 我对当代课程本质的看法（下）[J]. 课程·教材·教法，2006（8）：3-7.

[7] OLIVA P F. Developing the curriculum [M]. 3rd ed. New York：Harper Collins Publishers Inc.，1992：12.

[8] 张华. 论课程实施的涵义与基本取向 [J]. 外国教育资料，1999（2）：28-33.

（本文原载《教育研究》2007年第11期）

课程实施的新取向：基于课程标准的教学

崔允漷

　　教学是一个充满问题的专业领域，"为什么教""教什么""怎么教"和"教到什么程度"应该是该领域的四大核心问题。然而，人们一直以来对"教什么"和"怎么教"关注较多，而对"为什么教"和"教到什么程度"探讨得较少。一个重要的原因就是我们总是没有把教学置于"课程"的视域下来思考，没有整体地、一致地关注着同样重要的上述四个问题。

　　在我国第八次课程改革推进过程中，尽管《基础教育课程改革纲要（试行）》（2001）中规定：国家课程标准是教材编写、教学、评估和考试命题的依据，是国家管理和评价课程的基础。也就是说，关注"为什么教"和"教到什么程度"等问题的"国家课程标准"应该成为课程实施的依据，即教学应该是基于课程标准的。但是，我们走进中小学的课堂却发现，这一意图至今并未很好地得到实现。尽管在教师的日常话语中，课程标准已经代替了教学大纲，但课程标准似乎并没有给教学实践带来任何实质性的影响。新课程到底倡导什么样的"新"教学？教师应该根据什么来组织和开展教学？是根据上级或专家规定的"好课"的标准上课，还是按照课程标准所倡导的理念与目标来开展教学？是根据教材按部就班（即"教教材"）教学，还是基于课程标准自主处理教材（即"用教材教"）？是模仿别人的"优质课"，还是基于课程标准创造自己的优质课？这些问题还依然存在。更进一步地，关于学生应知和能做的"期望列表"——课程标准如何落实到课堂教学实践中的讨论，就更是鲜见了。

因此，本文首先从历史的角度来分析我国的课程实施取向，指出当前我们应当基于课程标准来实施课程，进而探讨基于课程标准的教学的基本特征以及如何设计基于课程标准的教学，以期为我国推进基于课程标准的教学实践提供一个参考框架。

一、课程实施的三种取向

尽管人们对"课程实施"有不同的理解，如有学者认为课程实施是教师将规划好的课程方案付诸实际的教学过程，也有学者认为课程实施除上述提及的学校/课堂层面的教学外，还应包括地方层面的课程推广，但是，不管怎样，教学是课程实施的重要范畴。本文将课程实施限制在教学范畴来探讨。

关于课程实施取向的研究，最为大家熟知和广为引用的是辛德尔（L. Snyder）等人提出的忠实（fidelity）取向、相互调适（mutual adaptation）取向和课程创生（enactment）取向。[1] 这三种取向构成了一个连续体，囊括了实施中一切可能与不可能的情况。事实上，对任何政策、方案或计划的实施都可以拿这个框架去分析，因此，在理论上它具有广泛的解释力。但是，回到我们课程实施的现实情况，一方面，忠实取向的课程实施是不可能存在的，因为课程实施中的两个主体——教师和学生都是活生生的人，教学离不开他们的情感、动机与价值观，何况学校与课堂在情境方面又存在着如此大的差异，教师势必要灵活地处理这种差异；另一方面，三种取向的划分缺乏现实的执行力，如"相互调适"如何调适、调适的依据与标准是什么，"课程创生"创生什么、创生的依据与标准又是什么，这些核心问题都是没有答案的，因此，它对教学缺乏实际的指导意义。更关键的是，它无法为回答我们前面提到的、我国当前正面临的课程实施问题提供适宜的概念工具。这促使我们从我国的传统和现实出发，尝试提出更具本土性的课程实施取向分类。

从历史的角度来看，我国的课程实施或教学主要有三种类型：一是基于教师经验的课程实施，二是基于教科书的课程实施，三是基于课程标准的课程实施（教学）。当前，尽管有了国家课程标准，倡导教师应该基于课程标准开展教学，但事实上绝大部分教师还是依据教科书来实施课程。

（一）基于教师经验的课程实施

基于教师经验的课程实施就是教师凭借自身所具备的知识和所信奉的理念开展教学，"教什么"和"怎么教"主要依赖于教师自身的经验，"为什么教"和"教到什么程度"还没有真正进入教师关注的领域。这种课程实施取向主要存在于普及教育和教科书（正式的学生课本）出现以前。

基于教师经验的课程实施的基本特征集中体现在以下几个方面：（1）基于教师经验的课程实施中的课程与教学系于教师一身。教师成为教育内容的活的载体，教师所具有的经验成为课程的内容，教师所具有的教育理念左右着课程实施的格局，教师的素养决定着教育教学的质量。"教什么"和"怎么教"都由教师自身有什么可以教和他所信奉的怎么教得好的理念所决定。（2）教师在基于教师经验的课程实施中扮演着神圣的角色。也正因如此，在漫长的教育史上，教师往往被看成某种神圣的或社会主导性观念的传播者。教师有如牧师，是圣训的代言人，或者，是统治者声音的发布者。（3）在基于教师经验的课程实施中，学生的成长和发展具有很大的偶然性。因为教师的教育理念和他所拥有的经验主宰着学生的发展方向和学习结果。

基于教师经验的课程实施也具有一定的历史合理性。在古代，由于受教育的人数少，对教师的要求高，能担当教师这一角色的大多数都是那个时代的精英，他们的言传和身教被社会认可，被人们奉崇，具有权威性。

但随着社会的发展，教育需求逐渐扩大，基于教师经验实施的课程失去了它的现实性。即便教学真的如有些学者所认为的那样，"教师所能教给学生的，不是书，而是只有教师自我"[2]，那么教师的自我也必须有质的规定性，有底线的要求。不然，教学就存在太大的随意性。也正是在这种意义上，有学者指出，"不少时候，语文教师在教学生的，还是小集团内流行的或个人现行生产的'知识'。而那些阐释、变异、生产，往往是不自觉的、即兴的、无理据或者仅以'我以为'的个人性反应为理据，从来没有被要求作学理的审查。僵化和随意性过大并存，是语文教学内容的严重问题"[3]。其实，不仅语文学科如此，凡是基于教师经验的课程实施都可能存在这一严重问题。

（二）基于教科书的课程实施

19 世纪三四十年代，由于普及教育的需要，教科书开始在西方出现。[4] 在我国，真正的教科书（正式的课本）是 20 世纪初"废科举，兴学校"以后的事。教科书的不断运用和完善，极大地改变了教学的面貌。教科书越来越成为课程实施的主要依据，对"教什么"和"怎么教"起着决定作用。"教科书是学校教育的心脏，没有教科书就没有学校。"[5] 教科书是"支配性的教室资源"，甚至决定学科 80% 的课程内容。[6]

基于教科书的课程实施的基本特征集中体现在以下几个方面。（1）基于教科书的课程实施中的"课程"几乎等于教科书，大家把教科书视为唯一的课程资源，把教科书看作学科知识体系的浓缩和再现、学科知识的载体、教学内容的组织与呈现。（2）教师在基于教科书的课程实施中成为照本宣科的"教书匠"，无论是农村的教师还是城市的教师，无论面对的是怎样的学生，也无论在什么样的学校，"教科书是教材的权威，是教学方案的心脏；没有教科书就没有学校，应该教什么，如何教，几乎完全取决于教科书"[7]。也正因为如此，许多教师对新课程带来的新教材更是持抱怨的心态。在他们看来，教材改变了，原来他们习惯并熟练了的教学内容都变了，所以给他们的教学工作带来了很大的难度，并且增加了很多的工作量。（3）学生在基于教科书的课程实施中，成了一个被不断灌输的容器，他们视教科书的内容为定论的知识，学生的学只是围绕着感知、理解和记诵教科书而展开。长此以往，学生形成了死记硬背的习惯，批判、反思和意义建构等能力在这种教学模式中很难得到发展。

基于教科书的课程实施，也就是我们通常所说的"教教材"。在奥恩斯坦等人看来，"20世纪的大部分时间里，教科书依然是课程的重点。如果问教师和类似的其他人，在某年级或某地区课程是什么，他们最普遍的回答会指向教科书。教科书极大地影响着甚至决定着一门课程的性质和作用，它的这种影响力深深地影响着学生们的学习经验和获得的知识"[8]。教科书的影响如此之大，以及师生对其极强的依赖性，需要我们对基于教科书的课程实施进行必要的反思。

（三）基于课程标准的教学

随着社会的不断发展，人们对教育的需求也发生了变化，人们不再仅仅满足于"有书读"，而是希望"读好书"，于是教育质量就成了人们关注的焦点。一方面，20世纪80年代以来世界各国都在教育质量监控的名义下纷纷立法或制定国家标准，产生了"基于标准的运动"；另一方面，随着教师专业化程度的不断提高，人们已经不满足于教师即"教书匠"的形象，希望教师分享到部分课程权力，除了关注"教什么"和"怎么教"以外，还需要关注"为什么教"和"教到什么程度"的问题。在这样的背景下，我国第八次课程改革在出台了国家课程标准之后，也正在倡导基于课程标准的教学。

课程标准反映了国家对学生学习结果的统一的基本要求，是对学生在校期间应达到的知识与技能、过程与方法、情感态度价值观的阐述。因此，课程标准限定的是学生的学习结果，而非教学内容。基于课程标准的教学，就是教师根据课程标准规定的学生学习结果来确定教学目标、设计评价、组织教学内容、实施教学、评价学生学习、改进教学等一系列设计和实施教学的过程。基于课程标准的教学给了教师一种方向感，它既为教学确立了一定的质量底线，又为教学预留了灵活实施的空间，因此它要求教师根据教学目标适当处理教学内容，根据课程标准倡导的理念选择适合的教学方法，而且还要求教师开展基于课程标准的评价。

基于课程标准的教学不是要求所有教师教学标准化，也不是一种具体的教学方法，更不是像有些教师认为的"课程标准涉及的内容我就教，课程标准没有涉及的内容我就不教"。确切地说，基于课程标准的教学要求教师"像专家一样"整体地思考标准、教材、教学与评价的一致性，并在自己的专业权力范围内作出正确的课程决定。

二、基于课程标准的教学的特征

如上所述，自从进入普及教育时代，在出现国家课程标准之前，教科书占据着一个核心的地位。教师考虑最多的就是"教什么"和"怎样教"的问题，至于"为什么教"和"教到什么程度"的问题，教师不仅关注得不多，而且也没有学理的和权威的依据。有了国家课程标准之后，就要求教师应该"像专家一样"整体地、一致地思考上述四个问题，并作出正确的决定，这就是所谓的基于课程标准的教学。

（一）教学目标源于课程标准

有了国家课程标准之后，教学的目标要说明的是"为什么教"和"教到什么程度"的问题，它不是来源于教材或教师的经验，而是来源于国家课程标准；教学的主题、内容以及活动都是由教学所要达成的目标决定的。教师需要深刻理解课程标准，把握对学生的总体期望，将课程标准具体化为每一堂课的教学目标，并据此来确定教学内容，选择教学活动方式。但从课程标准到教学目标，中间存在着一段比较大的距离。课程标准反映了对学生的总体期望，是课时教学目标累积起来达成的，从课程标准到课时目标必须经过多重转换：课程标准（一个学段结束后要达到的结果）—学年/学期目标—单元目标—课时目标。教师必须在深刻理解课程标准的基础上，对课程标准进行解构，再在具体的教学情境中，结合教科书的内容，对课程标准进行重构，形成单元/课时目标。也就是说，在基于课程标准的教学中，源于课程标准的教学目标先于教学内容而存在，教师需要根据先定的教学目标处理教学内容。教科书只是用以支持教学的工具或资源之一。

（二）评估设计先于教学设计

在传统的教学中，评估是外加于教学过程的一个部分，主要用于检测学生是否已经知道教师所教的东西，能否表现出教师所教的技能，而不是用于检测学生是否学到根据目标要求应知和能做的东西；且评估的设计通常是在课程单元完成之后，其功能在于检测或提供反馈，不具有指导教学的功能；评估的设计、实施和评分常常具有较大的随意性，缺少关于目标及高质量表现的清晰意识。在实践中这样的现象并不少见，如教师自己编制的试卷很少反映学生的学习，也没有反映课程标准规定的质量指标，且经常是不清晰的，因此也是不公平的。

在基于课程标准的教学中，教学是为了让学生努力去证明"教到什么程度"，评估是为了获得"教到什么程度"的证据，它代表着学生需要知道的东西，是与目标紧密相连的。教师的教学是从对学生必须完成的任务以及学生作业应有的质量的清晰构想开始，再到计划一系列的活动以保证班级中每个学生都有出色的表现，进而获得对学生达成标准的证明。换言之，基于课程标准的教学是由学生应知和能做的共识来驱动的。[9] 为保证学生达成课程标准的要求，教师必须清楚地意识到，要展示成就，学生必须知道什么，能做什么，达成标准应有怎样的表现质量。在基于课程标准的教学中，这些问题对于教学具有重要的指导作用，如能够指导课程的内容设计，指导课程的计划和节奏，指导对学生学习质量的评估。就此而言，明确学生在结束时能做什么，最终判断表现的指标又是什么，并对学生作出解释，这是基于课程标准的教学的起点。也就是说，在基于课程标准的教学中，评估的设计必须先于教学活动的设计。

（三）指向学生学习结果的质量

在基于教师经验或教科书的教学中，教师往往借助个人的判断或者某种工具对学生的学习作出评定，学生学习等级的判定反映的是教师个人关于教学质量和学习质量的理解。不同的教师对学生学习质量的判断仅仅指向学生表现的质量。在基于课程标准的教学中，学习结果的质量对所有的学生都是相同的，但达成这一结果的方式却是千差万别的。教师仅仅让学生完成作业是不够的，必须将学生做的作业用来证明学生在掌握特定的知识、技能和意向方面的进步情况。教师必须在头脑中清楚地意识到所期望的质量，引导学生去实现这些进步。教学不是随机的，而是与学生已知的、能做到的以及所期望的学习质量紧密相关的。教师必须有多种教学策略来满足学生多样的学习需要，并规划适当的学习机会，允许学生以自己的节奏实现进步。

基于课程标准的教学是否成功要根据学生的学习结果来判断。教师们再也不能说："我课教得很好，只是学生没有好好学习。"良好的教学的证据是达成了共同制定的标准，如果证据表明学生没有适当的表现，教师就应当提供额外的教学。在基于课程标准的教学中，对表现的评价是根据共同认定的表现标准来判断特定的表现证据，也就是说，对学生进步和表现质量的判断必须反映出课程标准所列举的适当表现的特征。尽管不可避免地会存在因个人偏好产生的差异，但学生总是有理由"会被一个教师看成好的，也会被另一个教师看成好的"。一个教师眼中合理的进步也会被其他教师看成合理的进步，学生也能运用这种特定的质量指标来引导自己的学习，判断自己的作业与进步情况。学生的作业是表现信息的重要来源，也是教师判断教学成功或需要改善的重要依据，教师据此了解学生的学习状况，进而为设计下一步的教学提供决策基础。

三、如何设计基于课程标准的教学

无论是教学设计，还是教学的一般程序，基于课程标准的教学都有别于传统的基于教师经验或教科书的教学。

（一）基于课程标准的教学的一般程序

传统教学的一般程序通常是教师根据经验或教科书确定教学内容，根据教学内容设计教学活动，实施教学，设计并实施评价，得出有关学习质量的结论，进入下一主题。基于课程标准的教学也需要一套专业的程序。具体地说，基于课程标准的教学由以下八个步骤组成：明确内容标准，即"如何分解课程标准中的相关内容使之更加具体、清晰"；选择评价任务，即"证明学生达到上述标准的最好途径是什么"；制定评价标准或开发评分规则，即"用于判断学生表现的准则是什么"；设计课程以支持所有的学生做出出色的表现，即"怎样选择和组织内容才能帮助学生在完成评价任务时表现突出"；规划教学策略以帮助所有的学生完成课程的学习，即"什么方法和策略才能最好地促进学生的学习"；实施规划好的教学，即"怎样实施上述选定的那些方法和策略"；评估学生，即"利用学生表现证据确定上述标准实现程度"；评价并修正整个过程，即"是否需要补充教学，补充什么"。[10]

（二）基于课程标准编制学年/学期课程纲要

课程纲要是以纲要的形式呈现某个学年/学期某门课程的各种课程元素，它是教师对学年/学期课程教学的总体规划。课程纲要通常回答课程目标、课程内容的范围与组织、课程实施、课程评价的方式与安排以及所需的教学条件等问题。[11]

教师如何基于课程标准制定学年/学期课程纲要？首先，需要依据课程标准来确定学年/学期某门课程的目标。这样，相关的课程标准便得以贯穿学年/学期课程纲要之始终；教师实施学年/学期课程纲要的过程，也就是有计划、有步骤地落实课程标准的过程。那么，如何判定一个学年/学期课程纲要质量的好坏？我们可以通过三个指标来衡量：对所有学生而言，课程纲要中的目标是否来自课程标准，且都是易于被检测或证实的；内容选择与组织、实施方式的选择是否有利于上述目标的达成；评价方案是否具有准确性与可行性。其次，基于课程标准制定学年/学期课程纲要的方法，主要是通过对标准、教材、评价三者的对照分析，获取三者之间的联系，并在此基础上形成学年/学期课程纲要。上述工作我们可以借助表 1 来进行。

表 1　标准、测验、教材与课程纲要的联系分析表

科目：_____　年级：_____　讨论时间：_____　参与人员：_____						
课程标准中的相关要求	设计怎样的测验/评价来检验目标是否达成？	如何处理教材章节的内容？还需要哪些可利用的资源？	形成学年/学期课程纲要			
			目标陈述	主题内容/活动	教学方式	具体评价方案
……	……	……	……	……	……	……

这张表最好是由教研组/备课组成员以合作研讨的方式来完成。教研组/备课组成员共同分析课程标准中的相关要求、高质量的目标检测方法、教科书的内容、配套的练习和教辅材料，将讨论的相关内容以纲要的方式填入上述表格。记录这些过程可以形成非常有价值的资料，对于促进教学改进、教材修订和评价的完善都有极为重要的意义。最后，教师在编制课程纲要时还可以结合如下问题深入思考：如何将相关的内容标准均匀地安置到不同的教学时间中？如何处理课程标准、课程纲要、教案之间的关系？如何依据课程标准对教科书的内容加以改进以完善教学内容？如何保

证在教师之间既能达成必要的共识又能保留相当的专业自主?

(三) 基于课程标准设计教案

教案往往是指单元或课时的教学方案,教师如何基于上述的学年/学期课程纲要设计教案?让我们首先来看传统的教案和基于课程标准的教案之间的差异 (见表2)。

表2　传统教案和基于课程标准的教案的比较

传统教案	基于课程标准的教案[12]
(1) 课题	(1) 课题
(2) 教学目的/目标:通常是三点论 (知识目标,能力目标,情感、态度、价值观)	(2) 相关标准陈述: 标准陈述从年段基准中来,和上课内容息息相关 标准陈述是具体的,包含内容标准和表现标准
(3) 教学重点、难点:通常是教学目标中某点的重复	(3) 教学目标——学生学习结果: 教学目标要描述在这一堂课的教学中可以观察到的学生表现行为或结果 教学目标要引导学生去证明标准陈述中的知识或技能
(4) 教学过程: a. 复习引入 b. 讲授新课 ……	(4) 检测这些表现或成果的评价活动方案: 评价的手段和工具要能检测学生是否达到预期的学习结果 (5) 教学活动方案: 教学活动的安排应该能指引学生去证明自己的学习结果

由表2可见,基于课程标准的教案和传统教案存在四点显著差异:一是关于标准的陈述,二是教学目标指明预期的学生表现或成果,三是检测这些表现或成果的评价活动方案,四是引导这些表现或成果的教学方案。教师在设计基于课程标准的教案时应当不断追问:关于这一部分教学内容,课程标准中的关键词是什么,在学年/学期课程纲要的目标中的地位或作用怎样?"我"是否理解或清楚地表达了课程标准对学生所提的应知

和能做的期望？"我"设计的评价方案能否最好地证明预期的关于学生应知和能做的期望？学生是否能提交达到或超过标准的作业？"我"该设计怎样的教学让学生去证明自己的学习结果？当然，我们不必按照上面的模式按部就班地操作，但它至少表明了一点，我们需要增强标准、教材、教学与评价之间的一致性。

基于教师经验或基于教科书的课程实施存在一些问题，尽管希望教师走向基于课程标准的教学，但事实上，这仍然是一种理想。我们自己不能"只有一双眼睛却有两种眼光"，用左眼批判的眼光看历史和现实，却用右眼欣赏的眼光看未来。其实，真正实施基于课程标准的教学还有许多问题需要解决。

首先，基于课程标准的教学的充分条件是课程标准本身的完善。基于课程标准的教学需要课程标准具有相当的专业品质，必须是经过深入研究、得到广泛认同、便于分解操作的权威文件。就我国而言，由于真正编制国家课程标准尚属首次，研究的基础比较薄弱，加上时间比较仓促，相关利益关系人缺乏充分的对话，因此，当前已经出版的各学科课程标准还存在比较多的问题。可喜的是，国家已经组织相关人员进行修订。

其次，基于课程标准的教学的必要条件是教师具有基于课程标准开展教学的能力。从某种程度上可以说，教师作为课程开发者也好，设计者也好，研究者也好，其最重要的素养是课程标准的素养，最重要的能力是落实课程标准的能力。

如果不具备上述的充分条件，基于课程标准的教学就有可能出现"与标准无关"的教学的危险，也有可能导致基于"个人标准"（即人人都有自己理解的课程标准）的教学。如果不具备上述的必要条件，基于课程标准的教学也就成了一句没有实际意义的空话。如何提升教师实施基于课程标准的教学的能力？一种有效的策略就是在学校层面让教师在外部的强有力的专业引领下，就对课程标准的理解、关键目标的确定、表现标准的设计、教学内容的选择与组织、教学实施的策略等进行广泛的协商，达成最大的共识。这就需要教师之间的合作。应该说，在基于课程标准的教学中，教师之间的合作不是一种所期待的工作条件，而应当是教师的一种专业责任。

参考文献

[1] SNYDER L, et al. Curriculum implementation［M］//JACKSON P W. Handbook of research on curriculum：a project of the American Educational Research Association. New York：Macmillan，1992：404-418.

[2] 王尚文. 走进语文教学之门［M］. 上海：上海教育出版社，2007：423.

[3] 王荣生. 语文科课程论基础［M］. 上海：上海教育出版社，2003：392-393.

[4] 陈桂生. 学校教育原理［M］. 长沙：湖南教育出版社，2000：289.

[5] WESTBURY I. Textbooks, textbook publishers, and the quality of schooling［M］//ELLIOTT D L, WOODWARD A. Textbooks and schooling in the United States：eighty-ninth yearbook of the National Society for the Study of Education. Chicago：University of Chicago Press，1990：1-22.

[6] TANNER D. The textbook controversies［M］//TANNER L N. Critical issues in curriculum：eighty-seventh yearbook of the National Society for the Study of Education. Chicago：University of Chicago Press，1988：122-147.

[7] CHAMBLISS M J, CALFEE R C. Textbooks for learning：nurturing children's minds［M］. Malden：Blackwell，1998.

[8] 奥恩斯坦，汉金斯. 课程：基础、原理和问题（第三版）［M］. 南京：江苏教育出版社，2002：380.

[9] 埃利斯. 课程理论及其实践范例［M］. 张文军，译. 北京：教育科学出版社，2005：113.

[10] 欧用生. 课程理论与实践［M］. 台北：学富文化事业有限公司，2006：160.

[11] 同［9］.

[12] O'SHEA M R. From standards to success：a guide for school leaders［M］. Alexandria，VA：Association for Supervision and Curriculum Development，2005.

（本文原载《教育研究》2009 年第 1 期）

教学论的本性与追求

徐继存

一

人们往往要求讲授或研究教学论的人首先回答"教学论是什么"的问题。这个看来并不怎么复杂的问题实际上是一个很难回答的问题。学习和教授教学论十几年来，这一问题一直困惑着我。如果我们只是简单地把一些教科书中关于教学论的定义告诉人们，显然不是对问题的真正解答。那么，究竟该如何回答"教学论是什么"这个问题呢？我们无法令人满意地在一般意义上对教学论作出具有普遍性含义的概括，也无法令人信服地承认和接受某种一家之言式的解释。是教学论本身太难以把握、理解和说明，还是我们自身的水平不高？也许这两种可能性都存在。但是，伴随着岁月的流逝，我越来越深深地感到并日益确信的是，人们对于"教学论是什么"的提问方式本身就是个问题。

"教学论是什么"——这根本上是一种知识型的追问方式。按照维特根斯坦的提示，知识型的追问方式来源于生活世界的一种日常语言的知识型追问："这是什么？"在这里，起决定作用的是一种认识关系，而被追问的对象则必然以实体的、本质的、认识的并与追问者毫不相关的面目出现。"教学论是什么"的追问实际上也是如此。作为一种知识型的追问方式，在其中起决定作用的仍旧是一种认识关系，关注的是已经作为认识对象存在的"教学论"，而并非与追问者息息相关的"教学论"。教学论一旦以认识论的名义出现，对于"教学论是什么""教学是什么"等的追问，就顺理成章了。而在我看来，对这些问题的追问令人困扰，如此众多的纷争，无疑都是在此基础上出现和展开的。

人们提出"教学论是什么"的目的并不在于或限于知道教学论究竟是什么，而是要思考教学论应该是怎样的一门学问，更主要的是当下和未来的教学论应该思考和解决何种或哪些问题，即试图理解和把握"教学论何为"的问题。若如此，这就意味着一种本体论型的追问，在其中起决定作用的就不再仅仅是一种认识关系，而是一种意义关系。海德格尔就曾明确地指出，在追问"哲学之为哲学"时，至关重要的不应该是"哲学是什么"，而应该是"什么是哲学的意义"。进一步说，只有首先理解了哲学与人类之间的意义关系，才有可能理解"哲学是什么"。这种思维方式同样适用于我们今天的教学论。只有首先理解了教学论与我们之间的意义关系，对于"教学论是什么"的追问才是可能的。这样看待教学论，并不是说教学论是扑朔迷离、变幻莫测，根本无法认识和把握的。我们只是不主张抽象地说"教学论是什么"，这不等于说教学论没有自己的性质、对象、内容和限域。也就是说，教学论不是抽象的、普遍的学问，而是具体的、历史的学问。

考察历史，教学论从来就不是一经产生和形成就恒定不变的，或者只是在一种性质的基础上积累和变化的。恰恰相反，教学论自一开始就以多样化的内容与各不相同的形式构成了自己个性化的理论形态，进而形成了教学论发展的历史。教学论总是以不同的观念、不同的派别和不同的理论把握复杂的时代性教学问题。也就是说，教学论从来就没有标识自身性质和样式的标准范本，教学论的本性只能存在于各种教学论的差异性、变化性和个性化之中，而不存在于任何人对教学论的任一抽象定义之中。因此，我们只能从全部教学论的发展，以及人类教学论思想的丰富性去理解教学论的学问性质，把握教学论的本性。按照这种理解，我们学习和研究教学论的方式和方向就不应该是寻找绝对化的教学论定义和标准。《教学论》《教学论稿》《教学论新编》等，只不过是人们理解教学论的一种认识和思路，而不是教学论的确定和标准模式。这类著述可以作为我们学习和认识教学论的参考性文本，但并不表明教学论就如此这般。其实，这类著述中的优秀之作，也并没有断言教学论是什么或不是什么。相反，抽象地断言教学论是什么，然后再以教学世界或生活中的经验或常识论证自己看法或观点的方式，根本无法使我们从中学习、认识和把握教学论的本真面目，反而会把机械、僵死的教学理论教条当作教学论的基本原理，当作理解现实教学生活问题的理论基础。这种教学论不仅会使人们误解真正的教学论，也会使教学论丧失自己的真实性。真正的教学论存在于教学论发展的逻辑中，教学论的本性也只能从教学论自身发展的历史中去寻求和把握。黑格尔说，哲学就是哲学史。我们也可以说，教学论就是教学论史。

二

要真正地把握和理解教学论，对教学论形成明确的观点并非易事。因为，随着社会的发展，教学越来越趋向复杂，人们对教学理解的差异性也越来越大。今天，我们所知道的性质各不相同的教学理论从来没有如此多样而丰富，人们关于教学论的分歧和冲突的看法也从来没有如此众多。在这些纷繁复杂、观点各异的教学论思想和观念中，我们可以相信谁的看法和观点？我们又应当依凭哪种教学论观念去认识和把握教学论，从而去理解和对待教学论？这些问题直接关涉我们对待教学论的立场、态度和方法，影响着教学论学科的建设和发展。

犹如对"教学论是什么"这种追问方式的质疑，我们的确难以恰切地回答"正确的教学论观念是什么"。但是，这并不妨碍我们基于自身的感觉和认识指出目前人们对教学论不可取的几种理解、看法和评价。概括起来，这些不同的认识主要有这样几种：一是按照科学性学问（主要以经典的自然科学为范本），以及知识体系的标准衡量教学论，认为教学论的不确定性意味着教学论的不规范、不科学、不可信，从而试图改变教学论的内容和形式，使教学论向科学看齐，用科学的标准衡量和制订教学论的科学化体系；二是按照其他文化的样式和状态来看待教学论的可变性，认为教学论的学科不成熟、不正常、不可用，从而着眼于改变教学论的现状，使教学论向成熟、正常的方向发展；三是按照意识形态的意志和观点来看待教学论的多义性，认为教学论的各种流派和观点都是批判和否定的对象，都是不正确、不先进、不可取的，从而致力于维护某种在意识形态意义上占主导地位的教学论，以此贬损和反对其他教学论。

要克服和消除对教学论的这些不可取的认识，树立正确的教学论观念，首先应当把这些认识作为"真问题"来认真对待。按照教学论的"科学化""常规化"和"政治化"的一些观点和看法，我们可能会从根本上否认这些认识的真实性及其危害，或不把这些认识当作什么了不起的问题。其实，多年来的实际情况也是如此。人们一方面的确有思想和观念上的分歧和困惑，另一方面又没有真正地认真思考和严肃讨论这些问题，以为教学论原本应该是科学的、常规的、政治的，除此之外，都不是教学论，或者都是不正确的、不先进的教学论，从而导致对教学论问题的讨论、学习和研究有失真实，陷入虚浮。

其次，我们应当按照教学论的本性来对待和理解教学论，纠正以科学或政治标准为尺度来衡量和评价教学论的观点和看法。教学论就是教学论，如果把教学论变成其他一些学科的知识，就会把教学论变成不能称其为教学论的东西，而是其他学科看法和观点中的"教学论"。遗憾的是，人们往往把这样的"教学论"当作真正的教学论来看待，其结果是既伤害了人们对教学论的情感和信任，也损害了教学论的基本品格。所以，教学论所面对的不能是一些依附于其他学科背景和观点的问题，否则就只能是一些假问题，从而把教学论问题转变为某种特殊的学科和观点的问题，这本身也是对教学论的藐视和贬低。况且，如果把它们上升为教学论本身的问题，即使解决了问题，教学论的问题和困惑依然存在。

最后，面对众说纷纭的教学论观念，我们不能盲从，也不应当简单地模仿，应该学会运用自己的头脑去思考自己的教学论问题，创造自己的教学论。道理很简单：教学论是历史性的思想，所面对的问题是变化的，思想也应更新；教学论是民族性的，各民族的教学论都是自己民族文化的一部分，别人的教学论不可能直接成为自己的教学论；教学论是派别性的理论，表达的是特定集团或个体的观点和要求，而不是所有人的看法和追求。如此看来，教学论本身就是属于具体或特定的人的精神成果，都是自己头脑的产物，只有靠自己的头脑，才能获得属于自己的教学论，思考和解决自己的教学问题。

明确理解教学论的思想准则，实质上是为了真正理解教学论与解决思想上的前提性问题，并由此出发形成对教学论的真实理解。至于如何理解教学论，答案可能会有许多，但从根本上讲，只能有一个答案：教学论就是教学论研究者的教学论，教学论的本性体现的恰恰正是研究者的本性。也就是说，教学论是教学论研究者追求的理论精神，教学论研究者是怎样的，他怎样界定和生成自身，教学论也会是怎样的，也就怎样创造和形成自己的教学思想、观点和学说。可以说，教学论和教学论研究者一样，或者说，教学论研究者是通过教学论首先在观念和灵魂中寻求自身新的可能性，创想自己的新的本质和新世界。虽然教学论面对的是人类的教学世界，其思维却永远属于个体的生命活动，教学论也只能由教学论研究者个人去创造。

三

毫无疑问，作为一门学问，教学论当然要提供知识，但教学论更应该提供思想。知识是对"对象"的认知和把握，思想则是对对象"意义"的诠释和理解。教学需要知识，也需要思想，而且思想对教学具有更为重要的价值。教学只有经由思想的引导，才可能不断得以提升，超越现存，进入更高远的境界。所以，能否为教学提供思想的引导，应该是判断教学论功能发挥的基本标准，纯粹的知识之路无疑误解并妨碍教学论的正常发展。坦率地说，人们不学习和研究教学论，并不影响他们进行日常的教学活动。但可以确信的是，如果对教学论一无所知就不可能进行教学论的思考。因为，只有当一个人不再简单地从前提出发去进行教学活动，而是反过来对这一前提加以思考并且提出自己的教学论问题之时，不再简单地满足于搞清楚"教学是什么"，而是要进而努力搞清楚"教学观念如何可能"之时，才是真正教学论思考的开始。教学论其实正是这种思考的理论表述和表达，就是在这种思考中，教学论才形成了自己的特殊问题、特殊性质和特殊价值。教学论应当使我们多知，更应当使我们多思，应当告诉我们该当下的教学世界和教学生活是什么样的，更应当告诉我们该以怎样的眼光来看待当下和未来的教学世界和教学生活。正是对教学观念的考察，规范着教学论研究者去怎样想和不去怎样想、去怎样做和不去怎样做，它是教学论研究者思考教学论问题的根据，也是教学论研究者思考教学论问题的限度。换言之，它既是规定，也是否定，在教学论思考中起着双重作用，既是教学论思考的预设前提，也是教学论思考所要凭借的最为基本的提问方式，因而也是教学论与非教学论分野的标志。否则，教学论就成了盲目构造各种其实十分荒谬的知识而又毫无智慧可言的学科。在这种意义上，我们可以说教学论并非求器之术，而是悟道之学。

可见，教学论之思有其准绳，有其标尺，其目标也在于追求"真"，在这一点上它绝不亚于其他学科。教学是人为的，更是为人的，不仅是为人的当下，更是为人的未来。所以，教学论之思的根据是人、人的现实存在、人的未来命运。尼采说："我们哲学家不像普通人可以自由地将灵魂与肉体分开，更不能自由地将灵魂与思想分开，我们不是思索的蛙，不是有着冷酷内脏的观察和记录的装置——我们必须不断地从痛苦中分娩出来我们的思想，慈母般地给它们以我们拥有的一切，我们的血液、心灵、火焰、快乐、激情、痛苦、良心、命运和不幸。生命对于我们意味着，将我们的全部，连同我们遇到的一切，都不断地化为光明和烈火，我们全然不能是别种样子。"我想，不仅哲学，一切人文社会科学包括教学论也应当如此。教学论之思要做到既符合人的存在本性，又能超越人的现存，引导人进入更高远的境界，这是一种很具难度的学问。要搞好这门学问，就必须以人类创造的所有知识乃至文化的全部优秀成果为基础和前提，而且还要求从事教学论研究的人必须具有关怀人类生存命运的高度热情和强烈的社会责任感。从这一意义上说，教学论作为一门思想性质的学问，不仅是一种知识、一种能力、一种智慧，而且是一种境界、一种品格、一种人格。相应地，教学论研究也就不仅仅是一种抽象的思想或学说或概念的分析，更应当是教学论研究者的一种生活方式或生活实践。可见，教学论又不仅是悟道之学，而且是践履之学。

创造具有中国气派、中国风格的教学论，必须按照教学论的本性，通过教学论研究者的个性化活动来实现，这是当代中国教学论研究者的历史责任。

（本文原载《教育研究》2010 年第 1 期）

建构学习中心课堂
——我国中小学课堂教学转型的取向探析

陈佑清

自从 20 世纪 80 年代初期以来，我国一直在进行课堂教学改革的探索。但是，从总体上来看，我国中小学课堂教学的整体格局尚未出现转型性的变革，表现在课堂教学的价值取向和过程组织没有得到根本性的调整。令人欣喜的是，当前我国课堂教学正处于一种转型性变革取得突破的孕育时期，已经产生了一些典型的经验，如叶澜教授主持的"新基础教育"的课堂变革以及以洋思中学和杜郎口中学为代表的民间发起的课堂变革等。对于孕育时期的课堂教学改革经验和发展趋势进行及时的跟踪和深度研究，可以明确我国课堂教学转型性变革的取向。理解这种变革取向，有助于引导并促进我国中小学课堂教学的整体转型。

一、建构学习中心课堂：当代中国课堂教学转型性变革的取向

从已有经验、理论倡导和现实需求三个层面来看，建构学习中心课堂应该成为我国当今课堂教学变革的基本取向。

（一）我国课堂教学多年改革经验的积累与突破

新时期，我国课堂教学改革开始于 20 世纪 80 年代初。在国家改革开

放的大背景下，在学习布鲁纳的发现学习、赞科夫的发展性教学等国外教学思想的基础上，我国就有人开始课堂教学的改革实验，并逐渐形成了一些具有代表性的课堂教学模式，如卢仲衡的"数学自学辅导教学模式"、邱学华的"小学数学尝试教学法"、魏书生的"语文课堂结构改革实验"、黎世法的"异步教学模式"、上海市育才中学的"八字教学法"等。综观上述五种教学模式，它们虽然各具特色，但在教学活动结构的组织上存在如下共同追求。第一，这些教学模式全都放弃了传统教学中教师一讲到底的教学活动结构，并大量减少教师讲授的时间。在"数学自学辅导教学模式""小学数学尝试教学法"等模式中，教师面对全班学生的讲授是在教学过程的最后出场。第二，与减少教师讲授时间相对应，这些模式均增加和突出了学生自学的环节，如学生自己看书、自我检测、学生之间讨论、自我总结等。第三，在学生个体自学的基础上，注重安排学生与学生、学生与教师之间的讨论和交流等交往性学习活动。第四，在教学程序设计上，普遍注意了学习的反馈和强化环节，如学生自我评价、总结或教师、同学的评价。[1]

20 世纪 90 年代以后，我国课堂教学改革出现新的动向，主要表现在以下两个方面。

一是开始出现由大学研究人员领导的课堂教学改革研究，形成了在理性自觉和创新实践基础上的比较深入和系统的课堂教学变革经验。这其中最为典型的是华东师范大学的叶澜教授和华南师范大学的郭思乐教授主持的课堂教学改革研究。

叶澜教授主持的"新基础教育"实验研究，以学校整体变革为研究对象，其中关于课堂教学变革的研究尤其深入。"新基础教育"在课堂教学变革实验的一开始，针对传统教学由教师主宰课堂的局面，主张"使课堂焕发出生命的活力"。为此，其提出要"降低课堂教学重心，把课堂还给学生"的观念："新的教学过程的形成，首先必须让学生的内在能量释放出来，让他们在课堂上'活'起来，从原来的静听模式中走出来。如果没有学生的主动参与，就缺乏重建过程的资源。"而要使学生"活"起来或"主动"起来，教师要通过"五还"为之创造条件：还学生主动学习的"时间"，要求每节课至少有三分之一的时间让学生主动学习，并逐渐向三分之二过渡；还学生主动学习的"空间"，允许学生在学习过程中根据需要变动位置和座位的朝向；还学生主动学习的"工具"，教会学生学习结构和运用结构的方法；还学生主动学习的"提问权"，让学生在预习、独立思考的基础上提出各种性质和类型的问题；还学生主动的"评议权"，包括自评和评他、发表感受、提意见、表扬和建议。除了这"五还"以外，"新基础教育"还强调根据学生主动学习的需要，灵活运用多种课堂教学组织形式，如个别学习、对组学习、小组学习、大组讨论、游戏、表演等。[2]

郭思乐教授提出的"生本教育"，针对我国原来以师为本的教育体系的弊端，主张"从师本教育转向生本教育，把发挥学生的积极性作为当前解决教育问题的最有效和最重要的策略"[3]。生本教育的核心理念是教育要以学生为本，其具体内容包括以下"三观"："价值观：一切为了学生""伦理观：高度尊重学生""行为观：全面依靠学生"。[4] 为落实这样的核心理念，生本教育提出处理教学过程中教与学的关系、教学活动设计和课程内容选择应运用的方法：先做后学，先会后学；先学后教，不教而教；以学定教；讨论是学习的常规；以感悟拓展人的精神生命；读和做，缓说破。[5] 在教学过程的具体组织上，生本教育通常采取"课前自学、课内汇报、小组合作"的教学流程。其具体做法是，每节课都会在课前留给学生一两个思考问题（前置问题），让学生结合教材进行有目的的自学；在课堂上，以学生汇报对前置问题的思考结果为主要内容，通过汇报和辩论，学生可以掌握大部分所要学习的知识，并可以展示才华、提高自信心、获得成功感；在每个问题的汇报中，小组扮演着重要角色，不少教学活动都是依托小组来展开的。[6]

二是形成了以江苏洋思中学和山东杜郎口中学为典型的学校自主进行

的大力度的课堂教学变革经验。从课堂教学过程改革的独特性、课堂教学面貌的根本改观、学校教学质量的极大提升及其在全国产生的广泛影响来看，这两个学校的课堂教学改革无疑都取得了巨大的成功。区别于20世纪80年代的课堂教学模式改革，这两所学校的教学过程对传统的讲授中心课堂进行了根本性的调整，显现出明显的学习中心取向。两所学校的课堂教学改革经验集中体现在提出了如下新的教学观念和操作策略。[7]

第一，以学为本（少教多学）。将教学过程关注的焦点从教师的教转向学生的学，以学生的有效学习作为整个课堂教学的中心。为此，在课堂教学时间分配上，倡导让学生主动、独立的学习占据大部分课堂教学的时间和空间，对应地，减少或限制教师单向讲授的时间（如洋思中学和杜郎口中学分别规定每节课教师讲授的时间不能超过15分钟和10分钟）。第二，先学后教。主张凡是学生自己能学习的内容放手让学生自己先学习，教师在学生自学之后，主要针对学生的难点、问题进行有针对性的点拨、讲解。第三，以学论教。教师教的内容、方式、速度、难度以及效果等，要以学生学习的问题、疑难、需求以及学习的质量、效果来确定和评价。第四，教学组织形式的变革。为落实以学为本、先学后教、以学定教等理念，在教学组织形式上，将学生个体学习（自学）、小组学习（互学）、全班学习（共学）等不同的教学组织形式结合使用，打破了传统教学以全班集体教学为唯一组织形式的格局。第五，教与学的方式的变革。首先改变了教师教的方式，将传统的以讲授为主的教的方式改变为使用包括方法指导、反馈评价、过程组织、互动交流、个别辅导等多种方式；对应地，学生学习的方式也从单一、被动地"听学"（通过听教师讲来学习）和作业，过渡到主动地学（乐学、趣学）、多方式地学（看书思考、主动提问、与人交流、自我检测、作业训练、反思总结等）、个性化地学（自由表达、独特地表现）。另外，这两所学校的教学改革带有综合、整体的性质，它们不仅仅改革了课堂教学模式（教学流程），还改变了教学管理制度（如洋思中学的"日日清、周周清、月月清"制度，杜郎口中学的学科组集体备课制度和早上及午后的全体教师的"碰头会")等。

综观上述教学过程改革经验,可以发现,尽管这些改革经验在教学过程的具体组织上不完全相同,但在涉及的课堂教学改革的核心内容和主题上,是高度相关甚至是一致的,主要包括教与学的关系(教与学占用教学时间的比重、教与学的先后顺序)调整、教学组织形式改变(教学空间布置变化)以及教学活动方式的变革。这些调整和变革的核心追求或主题是通过改变教与学的关系、时空结构及活动方式,以落实学生在教学过程中的本体地位、主体作用或自主学习方式。

(二)相关理论研究的准备和促进

我国目前正在发生的课堂教学转型性变革其实并不是突然出现的;相反,它有比较长时间的理论研究和教育思想转变的准备。如,20 世纪 80 年代初期以来,国内对于师生在教学过程中的地位与关系问题进行了诸多讨论,逐渐明确了学生在教学过程中的主体地位,这方面最为流行的观点是"教师主导–学生主体"关系说。80 年代末 90 年代初,对我国新时期教育思想变革具有启蒙作用的"主体教育"思想形成,它鲜明地提出,教育的最高目的是把学生培养成社会历史活动的主体。在教育过程上,"主体教育"强调要高度重视学生在自身发展中的能动作用和教育过程中的主体地位。[8] 80 年代后半期至 90 年代,在借鉴皮亚杰、维列鲁学派以及杜威等人的相关理论的基础上,我国有学者开始研究学生能动活动与学生发展之间的关系,并将学生自身能动活动看作学生身心素质发展的主要因素。如叶澜教授于 1986 年提出影响人的身心发展因素的新的分析结论。她认为有两类因素影响人的身心发展:其一是可能性因素,包括主体自身的条件和环境条件;其二是现实性因素,即主体自身的活动。其中,"可能性因素为人的发展提供的是多种可能,但要使可能最终成为现实的发展只有借助于个体的活动才能实现。正是在使个体发展的各种可能变为特殊的现实发展的意义上,可以说个体的活动是个体发展的决定性因素,没有个体的活动就谈不上任何发展"[9]。同时，国内自 90 年代以来对"活动课程""活动教学"等问题的研究，也推进了对活动与发展关系的认识。如田慧生研究员提出"活动教学"，主张"活动促发展"的观点，并将学生能动活动当作活动教学的理论基础和实践切入点。[10] 笔者从学生自身能动活动作为学生素质发展基本机制的角度，对学生能动活动的特征、过程、类型、教学组织等，进行了比较深入系统的探讨。[11] 此外，近些年来从国外引进的学习理论、教学设计理论以及信息技术支持学生主动学习等成果，对我国学习中心观念的形成也产生了重要的影响。西方 90 年代以来形成的新的学习理论如建构主义学习观、情境认知理论、活动理论等，其最为根本的取向就是突出学习者在学习和建构意义中的中心地位。基于新的学习理论而形成的现代教学设计理论，形成了以学习为中心或面向学习者的教学设计新思路，并强调利用现代信息技术来支撑和促进以学生为中心的新的学习方式（自主学习、探究学习与合作学习）的运用。

20 世纪末，国内已形成了非常明确和比较系统的突出学生在教育过程中的主体地位、能动活动和自主学习的理论观念。这种理论观念在促进我国教育思想转变和推进课堂教学结构改革上，起到了重要的启蒙作用，也是我国课堂教学这些年能够发生变化并开始进入转型性变革进程的重要理论基础。

（三）现实需求与国家教育改革的推动

在新的历史时期，随着我国经济的深度变革和社会的快速发展，人才培养的质量问题逐渐成为我国教育发展的核心主题。当下我国经济和社会发展最为需要而现行教育最为缺失的是对学生的创新精神、实践能力以及自主发展能力的培养。如何造就这种新型质量规格的人才，成为教学过程变革应该关注的焦点。

适应社会发展对人才的新需求，我国政府这些年推行的教育改革，实际上一直在思想观念和政策设计层面逐步突出学生在教育教学过程中的主体地位和能动作用。比如 1985 年以来倡导的"素质教育",开始关注将学生身心素质的全面发展和主动发展当作教育教学的基本取向。2001 年教育部颁布实施的《基础教育课程改革纲要（试行）》,在国家政策层面鲜明地突出了学生主动学习的问题。在界定课程改革的目标时,文件提出,"改变课程实施过于强调接受学习、死记硬背、机械训练的现状,倡导学生主动参与、乐于探究、勤于动手",以此为基础,培养学生现代社会所需要的各种能力。关于教学过程改革,文件强调,"注重培养学生的独立性和自主性,引导学生质疑、调查、探究,在实践中学习,促进学生在教师指导下主动地、富有个性地学习"。这些政策导向在实际执行中主要体现为倡导实行自主学习、探究学习及合作学习等新的学习方式。学习方式的这种变革极大地推进了课堂教学中心从教师讲授向学生学习的转移。因为,落实自主学习和探究学习的方式,客观上要求学生成为学习的主体,否则就不会有真正的自主学习和探究学习。另外,新课程改革倡导的合作学习,也在很大程度上促进了当今课堂教学变革对于学生小组交流、讨论与合作的重视及运用。

2010 年公布的《国家中长期教育改革和发展规划纲要（2010—2020 年）》（以下简称《教育规划纲要》）,再次在国家政策层面突出了学生在教学过程中的主体地位和能动作用,确立了以"育人为本""提高质量""改革创新"等作为新时期我国教育改革与发展的基本工作方针。其中关于"育人为本"的内涵,《教育规划纲要》谈道,"要以学生为主体,以教师为主导,充分发挥学生的主动性,把促进学生健康成长作为学校一切工作的出发点和落脚点。关心每个学生,促进每个学生主动地、生动活泼地发展,尊重教育规律和学生身心发展规律,为每个学生提供适合的教育"。

因此,从总体上来看,无论是 20 世纪 80 年代以来课堂教学改革积累的成功经验,还是这些年以来理论研究的倡导,以及国家推行的教育教学改革的政策,都鲜明地显现出突出学生在教学过程中的本体地位、能动作用和自主学习方式的特点，虽然尚未明确提出建设学习中心课堂的目标取向，但为我国课堂教学改革逐步走向"学习中心课堂"打下了坚实的基础。

二、学习中心课堂：含义、特征与意义

从国内外课堂教学发展的历史来看，存在两种不同取向的课堂：教师（讲授）中心课堂与学生（学习）中心课堂。

讲授中心课堂，按其实际表现看有两种形态：极端的讲授中心课堂和改进的讲授中心课堂。前者的典型表现是，教师严格支配、控制课堂中的一切方面（目标、内容、手段、方式等）和全部过程（课前准备、课中教学、课后作业等），教师的行为尤其是系统讲授行为成为课堂的绝对中心甚至全部的行为，教师主要从自己对教学内容的理解和对学生的期望来设计和实施教学过程，教学过程的组织不是基于学生的实际学情，也不是依靠学生自身的能动活动。在这样的课堂中，学生是被动、服从的，缺乏独立学习的时空和能动的学习行为。极端的讲授中心课堂无论在西方课堂教学的历史上还是在我国当下的中小学课堂教学实践中，都可以找到很多案例。但是，自20世纪80年代以来，随着国外先进教学理论的传播以及我国课堂教学改革实验的推进，极端的讲授中心课堂开始被人们广泛批评并被逐渐改造，"改进的讲授中心课堂"随之出现。如，在我国，不少教师在课堂中开始重视学生的主动参与、注重运用学生自学的环节，教师讲授中贯穿学习动机激发、提问、讨论，课堂教学结构强调教师主导与学生主体的统一以及师生关系的民主平等，等等。但是，在改进的讲授中心课堂中，学生的能动学习活动仍未成为课堂教学的本体或中心，课堂从整体上来看，仍然是以教师及其行为为本体、为中心。这典型地表现在，课堂教学的绝大部分时间还是教师的单边活动，学生主要是处于静听、静观或被动配合、跟随教师的状态。

　　学习中心课堂，是指以学生学习活动作为整个课堂教学过程的中心或本体的课堂。相比于讲授中心课堂，在学习中心课堂中，课堂教学过程的组织要尽可能让学生能动、独立（自主）地学习成为学生学习的基本状态，并让学生能动、独立（自主）的学习占据主要的教学时空。教师以激发、引导学生能动、独立的学习为最高追求和根本目的。学习中心课堂的特征具体表现在如下几个方面。

　　第一，从教与学的功能差异来看，学习中心课堂以学生能动、有效的学习活动作为整个课堂教学过程中的本体性或目的性活动，即以学为本。学习中心课堂仍然是由教师的教导①和学生的学习两种活动构成，仍然不能缺少教师及其教导作用。在学习中心课堂中，教师的教导作用主要体现为引起和促进学生能动、有效的学习活动，教师以学生能动、有效的学习活动去实现教学目标，而不是以自身的活动直接去实现教学目标。因此，在学习中心课堂中，教师的教导与学生学习发挥的功能是不同的。其中，学生能动、有效的学习活动开始成为课堂中的本体性或目的性活动；而教师的教导活动，则成为引发和促进学生能动、有效学习的条件性或手段性的活动。

　　第二，从教与学占用的教学时空大小来看，学习中心课堂要求学生能动、独立（自主）的学习活动占主要的教学时间和空间，即少教多学。由于一堂课的教学时间总量是一定的，因此，在学习中心课堂中，应尽可能给予学生更多的独立学习的时间，而这要求以尽可能减少教师单边教的时间为条件。"减少教的时间"主要是指尽可能减少教师单向讲授的时间，而不是笼统地指减少教师所有的教导行为。相反，由于学生独立、自主学习是由教师组织、调控和支持的，因此，在学习中心课堂中，那些能引起和促进学生独立、自主学习的教导行为，如动机激发、方法指导、反馈评

---

　① 本文所说的"教师的教导"与教学论中通常所说的"教师的教授（讲授）"不同。以"教导"称呼教师的行为，意在强调教师在教学过程中的工作主要是以"导"的方式引起和促进学生能动而有效地学习。"授"的基本含义是给予，而教导行为不仅仅是讲授行为，还包括动机激发、方法指导、反馈评价、互动交流等。

价、个别答疑、互动交流等，应该增加而不是减少。学习中心课堂坚持这样的理念：凡是学生能独立学习的内容，教师要尽量放手让学生自己去学习；教师要将直接讲授控制在必要的范围内，去除多余的和不必要的讲授；教师要将更多的时间用于引起和指导学生独立、自主的学习。这正是我们在前述 20 世纪 80 年代卢仲衡等人主持的课堂教学模式改革、叶澜教授的"新基础教育"的课堂教学改革以及洋思中学和杜郎口中学的课堂改革经验中所看到的做法。如果课堂教学仍然以讲授为主或讲授占据全部的教学时空，那么学生独立、自主的学习就没有所需的时空条件，也就不会有真正独立、自主的学习发生。当然，课堂教学过程中教导和学习各应占多少时间，不能脱离具体的年段、学科内容和课型，进行机械地划分（如绝对规定一堂课中教师只能讲授 10 分钟等），而要依照具体情况确定。"少教多学"是一个动态的原则，而不是一个固定的公式。

第三，从选择教的内容、重点、难度、速度、方式等教学问题的决策来看，学习中心课堂要求以学生的学习基础与可能作为教什么和如何教的依据，即以学定教。强调以学生的现实（学生的问题、兴趣、现有知识、生活经验、思维方式与能力等）及其制约的学习可能性作为教学决策的依据。在传统的课堂中，对上述教学问题的决策主要依据教学目标实现的需要，是典型的"目标导向的课堂"，主要表现在课堂非常看重以目标为导向，且大多是以升学考试所看重的知识技能掌握作为课堂教学的核心目标；教师设计的教学行为和教学过程的组织径直地指向目标，往往不考虑学生的现有学情或状态，以及学生的能动参与和积极主动的信息加工或建构过程；教学过程没有铺垫、过渡，也没有兴趣、动机激发，更不顾学生的情绪反应，因而学生大多是被动参与教学过程的。学习中心课堂特别强调学生能动地参与学习过程，它假定没有学生的能动参与和主动建构，就不会有真正内化的学习和有效的学习；基于学生的问题设计教学的起点，利用学生感兴趣且基于其已有知识经验和思维水平的活动来组织教学过程，这样的教学才可能保证学生活动的针对性、能动性和有效性。

　　建构学习中心课堂的基本理由在于，"学习中心"是实现"以学生发展为本"的基本条件。在目标追求上，学习中心课堂着眼于"以学生的发展为本"，追求学生身心素质发展的落实。因为学生身心素质发展的基本机制在于学生自身的能动活动，学生是通过能动参与多种学习活动并亲身经历和完成学习活动的过程，实现身心素质的发展。任何他人都不可能不经由学生的能动活动而将某种素质直接传递或给予学生。在课堂上，超越单纯知识记忆的内化和有效的学习，需要学生独立经历和完成学习活动的过程，教师不能代替学生完成学习过程或占用学生独立活动的时间和空间。因此，以素质发展为本的课堂最基本的要求就是，让学生自身的能动学习活动成为课堂教学的中心或本体，即要让学生在其所参与的所有学习活动（包括听讲、讨论、看书、作业等）中，均主动地投入学习过程，能动地进行信息加工并获得亲身的感受和体验。同时，要尽可能让学生独立、自主学习，帮助学生独立地组织和调控自身学习过程（含学习资源的利用、时间控制、方式采用等），并完成信息加工和知识的意义建构。

　　当然，学习中心课堂到底能促进学生哪些方面的素质发展，取决于对课堂教学活动内容的选择。课堂教学时空的特殊性，决定了它可能采用的教导和学习活动的类型与方式，及其对于学生身心发展可能具有的功能。组织好的课堂，可能采用多种类型与方式的活动，以促进学生更加全面的发展。在过去以讲授为中心的课堂中，学生的学习活动是以听讲、看书、作业等符号性学习活动为主，因此其落实的学习目标主要体现在知识的理解与记忆以及读写算和逻辑思维（分析、综合、判断、推理）等认知技能的发展上。新的学习中心课堂因为大量采用了学生自主学习与合作学习的活动，促进了学生的自主学习品质、合作的意识与能力、个性化表达与展示等方面的素质发展，所以在素质发展的内容或外延上有重要的拓展。如杜郎口中学重视"展示课"的运用，有效地锻炼了学生合作、口头表达和大胆表现等方面的能力。

　　应该说明的是，相比于突出全体学生的全面发展和生动活泼发展的

"素质教育"的要求来讲,当下我国出现的一些课堂教学变革的经验仍然存在很大的改进空间。比如,学生的学习仍然主要是在服务于应试需要的前提下,以精细、全面、牢固掌握知识点为核心目标;学生多方面兴趣的满足、多样化学习活动的运用、能动选择和自主掌控学习过程、差异化和个性化学习的空间等仍然十分有限;课堂教学活动主要集中在符号性的活动(听讲、看书、作业)和交往性的活动(讨论、小组合作)上,严重缺少操作性、实践性、反思性及体验性的学习活动。活动的单一性决定了学生所能获得的发展内容的片面性,离"素质教育"追求的全面发展仍有相当大的差距。[12]

三、学习中心课堂中的教师地位与作用

学习中心课堂突出以学生的活动和能动学习过程作为整个教学过程的中心,这就意味着教师及其教导活动不能成为教学过程的中心。那么,在学习中心课堂中,应该如何认识和把握教师的地位与作用呢?

(一)关于教师地位与作用的传统看法及其评论

在我国,关于教师和学生在教学过程中的地位与作用已经形成多种观点,如"教师或学生单一主体论""师生双主体论""主导主体论""复合主体论""交往关系论"等。其中最为流行的观点是"主导主体论"。它认为,在教学过程中,教师发挥主导作用,学生发挥主体作用。这些观点虽然具体看法各异,但在思维方式上却是一致的,即以哲学中的主-客体关系范畴来界定师生关系。另外,已有的关于师生关系的研究看待师生关系的视角比较单一,没有从多个角度揭示师生教与学之间在教学过程中的多个层面的关系,如功能关系、先后关系、时空占用大小关系等。

实际上,哲学中的主-客体关系范畴并不适合于用来描述教与学之间的关系。因为,在哲学中,主-客体关系具有特定的含义,它主要是指在

人类活动中，发挥能动作用的一方（主体）与表现受动作用的一方（客体）之间的对比关系，这种关系的实质就是能动（主动、支配）与受动（被动、被支配）的关系。能动-受动关系在教学活动中主要存在于各种具体的教导活动或各种具体的学习活动之中（只有单一主体的活动才有明确的主-客体关系，在多个主体联合进行的复合性活动中，不存在唯一的主-客体关系），而教师的教导与学生的学习这两种活动之间的关系主要不是能动与受动的关系，因而不能用主体-客体关系范畴概括教导与学习之间的关系。[13] 值得说明的是，在我国流行的"主导主体论"并没有清晰地揭示教与学之间的关系。因为，"主导"的对立面是"被主导"，而不是"主体"；"主体"的对立面是"客体"，也不是"主导"。另外，"主导"与"主体"的差异何在？它们又构成一个什么样的关系以使教与学成为一个整体？这些也不清楚。

同时，教导与学习之间的关系不是单一的，而是多层面的。从在教学过程中发挥的功能、作用的差异来看，教导与学习之间的关系是条件（手段）性活动与本体（目的）性活动之间的关系；从在教学过程中的先后顺序来看，教导与学习之间的关系可能是先学后教，也可能是先教后学，亦可能是教与学同时发生；从在某一课时或单元的教学过程中占用教学时间的多少来看，教导与学习之间的关系可能是少教多学，也可能是多教少学。

（二）学习中心课堂对于教师地位和作用的看法

在学习中心课堂中，教师的作用仍然是不可或缺的，甚至是极其重要的。因为，教学过程中学生的中心地位和能动作用是由教师激发、调动和促成的，离开教师的作用，可能永远不会有学生的能动活动。问题的关键在于，如何界定师生之间的关系以及在这种关系中合理确立教师和学生的地位及其作用。

界定师生之间的关系首先要明确应该从什么角度理解师生关系。因为，师生关系包含多个层面的关系，如师生之间的业务关系、伦理关系和情感关系。[14] 我们在此主要讨论师生之间的业务关系或工作关系，也就是教导与学习之间的关系。这个关系主要涉及的问题或对象是，教导和学习这两种活动在功能、作用上的差异及其联系。正如辩证法所揭示的原因与结果、手段与目的、可能性与现实性等辩证关系一样，同质的两个事物之间不存在辩证关系，只有相互依存但又存在实质性差异的两个事物之间才存在辩证关系。因此，揭示教导与学习之间的关系首先要寻找构成它们之间差异的对象、内容是什么。显然，在有效的教学过程中，教师和学生都应作为主体存在，对应地，教导和学习在活动的性质上都应成为主体性的活动。也就是说，在表现主体身份或发挥主体性作用上，教师的教导与学生的学习之间是不存在差异的（至少可以说不应该存在差异）。真正能反映教导与学习之间差异的对象是教导和学习在教学过程中的功能；也正是在功能上，教导与学习又是相互依存的。因此，教导与学习在教学过程中的功能成为两者既相互区别又相互依存的焦点，因而成为分析和刻画两者之间辩证关系的对象。

在教学过程中，教师教导的功能在于，它是引起学生能动活动并促进学生有效活动的手段（条件）；学生学习的功能在于，通过自身能动、有效的活动落实自身身心发展或实现教学目的，因而是教师教导作用的目的（本体）。教导与学习之间的功能关系是手段（条件）性活动与目的（本体）性活动之间的关系。两者之间相互依存，彼此不能相互替代。[15] 因此，教与学之间不是以平行的两个部分相加的关系构成完整的教学过程，也不是以一般意义上的合作关系构成一个教学活动整体，而是以条件性（手段性）活动与本体性（目的性）活动之间的功能关系构成教学活动的整体。教师在教学过程中的功能、作用非常重要，但它有一个限度，它只是引起学生能动学习和促进学生有效学习的条件和手段，而不是教学过程中的目的或本体。因为，教师只有通过作用于学生自身活动并经由学生自身能动活动才能实现教学目的，教师永远无法代替学生完成学习活动的过程，也不应该占用学生独立完成学习活动过程所需要的时间和空间。

以此为基础，还可以进一步理解在学习中心课堂中教导作用的特点。相比于讲授中心课堂，在学习中心课堂中，教师的教导作用或功能有比较大的调整。第一，教导作用的性质变化。在讲授中心课堂中，由于教师以言语讲授为主，其作用呈现出显性、直接性、刚性（严格的计划性）的特征。而在学习中心课堂中，教师直接讲授行为大为减少，而是更多地运用方法指导、反馈评价、活动组织、互动交流、个别辅导等方式影响学生，其作用相比于直接讲授而言呈现出隐性、间接性和随机性的特征。第二，教导作用的内容变化。由过去主要是备课和讲授，到现在课前精心备课（如准备导学案），课中对学生活动过程的组织、引导、督促，对学生学习状况的仔细观察、问题捕捉和相机指导等。第三，教导作用的方式变化。超越过去的单一讲授，而采用诸如动机激发、方法指导、动作或思维示范、组织交流、评价反馈、辅导答疑等方式，来引起和促进学生能动地参与学习活动和有效地展开学习活动的过程。

在我国，无论在传统观念上还是在现实中，人们很容易过多地突出教师的教导作用，对应地忽视学生能动、独立学习的作用。这主要是因为：一方面，我国传统文化中"师道尊严"观念的影响；另一方面，从现实来看，课堂教学过程是由教师发动、组织和安排的，教师是课堂教学活动的第一主动者、首要的主动者，包括学生的主动很多时候也是由教师激发、调动和促成的。因此，假定没有学习中心的观念，或者没有将学生能动有效的学习作为课堂教学的本体性或目的性活动的话，课堂教学就很容易成为教师控制的过程或教师单边活动的过程，而不是教师引起学生能动活动和促进学生有效展开学习活动的过程。课堂教学的中心、目的、本体在于学生的学习活动，不在于教师的教导活动本身。脱离对学生能动活动作用的教导活动，是没有教学意义的教导活动。正如王策三教授所说："学生和他们的'学'，固然是在教师的教的领导下进行的，但是，教却又是为'学'而存在的，否则就毫无意义；教师主导作用必须也必然有一个落脚点，这个落脚点只能是'学'；教学所追求的目标和结果，一定要由'学'体现出来。更为重要的一点，'学'是学生自己的独立的主动的活动，教师包办代替不了。"[16]

（三）改变一些固守教师中心的错误观念

据笔者对我国中小学课堂的观察和了解，目前教师及讲授中心课堂的广泛流行和难以改观，一些偏误的教学观念起了很重要的作用。其中，最为常见的有以下几种。一是，很多教师以为，教师不教，学生就不学，或不能学、不会学。的确，在长期的教师中心教学传统的浸淫和熏陶下，很多学生确实形成了这样的习惯：一走进课堂主要是通过听教师讲来学习，教师不讲就不学或不会学。二是，不少教师觉得，教师讲的水平高于或超过学生自己理解的水平，如果让学生自己学习，学生对知识理解的层次、深度和准确性一般会低于教师讲授的水平。三是，学生自己独立学习的过程比较耗时、效率不高。

这些观念的根本错误在于以下几方面。第一，教师不讲学生自己就不学、不会学，正是教师长期习惯性地满堂讲造成的结果，并不是说学生本性上不能主动学习、独立学习。国内成功的课堂教学改革经验表明，只要教师改变自身过多讲授的习惯和注意训练学生独立、主动学习的能力，学生完全可以有效地进行独立、自主的学习。第二，学生自己学习，可能导致其对知识理解的深度、准确性不及教师，这可能是事实。但是，知识的理解、内化以及思维能力的形成，非得要学生亲身经历并完成对知识的理解和加工，任何人都不能占用或代替学生完成这个过程。而且，随着学生主动、独立学习习惯与能力的形成，其对知识理解的深度和准确性自然会跟着提高。第三，教学的高效率要以全面的目标达成为前提，否则，高效率是没有意义的。以全面的发展目标来看，自主学习的能力与习惯、合作的意识与能力、探究的态度与能力等，是与知识掌握同等重要甚至更为重要的发展目标。自主学习可能刚开始会影响学生对知识掌握的水平和效率，但它同时会产生其他方面的发展效果，最终总的教学效果会提高；而且，随着学生自主学习能力与习惯的养成，其在掌握知识方面的水平与效率肯定也会显著改观。这是我们在很多成功进行课堂教学变革的学校看到的效果。

参考文献

[1] 陈佑清. 教学过程的本土化探索：基于国内著名教学改革经验的分析 [J]. 当代教育与文化，2011（1）：60-67.

[2] 叶澜. "新基础教育"论：关于当代中国学校变革的探究与认识 [M]. 北京：教育科学出版社，2006：276-277.

[3] 郭思乐. 教育走向生本 [M]. 北京：人民教育出版社，2001：12.

[4] 同 [3] 35-73.

[5] 同 [3] 131-160.

[6] 郭思乐. 木欣欣以向荣：生本教育体系实践案例 [M]. 合肥：安徽教育出版社，2008：37.

[7] 同 [1].

[8] 王道俊，郭文安. 试论教育的主体性：兼谈教育、社会与人 [J]. 华东师范大学学报（教育科学版），1990（4）：33-40.

[9] 叶澜. 论影响人发展的诸因素及其与发展主体的动态关系 [J]. 中国社会科学，1986（3）：83-98.

[10] 田慧生，李呈之，潘洪建. 活动教育引论 [M]. 北京：教育科学出版社，2000：87.

[11] 陈佑清. 教育活动论 [M]. 南京：江苏教育出版社，2000.

[12] 陈佑清. 多维学习与全面发展：促进全面发展的学习机制探讨 [J]. 教育研究，2011（1）：45-49.

[13] 陈佑清. 教学论新编 [M]. 北京：人民教育出版社，2011：293-294.

[14] 黄甫全，王本陆. 现代教学论学程 [M]. 2 版. 北京：教育科学出版社，2003：155.

[15] 同 [13] 295-296.

[16] 王策三. 教学论稿 [M]. 北京：人民教育出版社，1985：380.

（本文原载《教育研究》2014 年第 3 期）

后　记

　　为纪念《教育研究》创刊 40 周年，我们于 2018 年下半年开始酝酿启动有关工作，编辑出版《〈教育研究〉40 年典藏》（以下简称《典藏》）就是这诸多工作的一部分，目的在于反映 40 年来教育学术研究的知识进步。

　　40 年来，《教育研究》发文近万篇，这些文章代表了不同时期教育学术的风向标和制高点，"粲然如珠贝溢目"。好中选好、优中选优，"标准"和"公认"至为重要。为此，我们为《典藏》选目确立了三个原则：一是按学科、分领域选，分类比较；二是依据客观指标和主观判断选，综合比较；三是充分依靠专家选，专业比较。应该说，入选的文章代表了"最大公约数"。

　　此事得之不偶然，非力求所能致。没有一代又一代的作者持续陪伴，《典藏》就没有基础，首先向广大作者表示真诚感谢。编者和作者同在一个学术共同体中，相互成就，《典藏》也是一代又一代编者接续"打磨"的结果，在此特向杂志社各位前辈表示崇高敬意。

　　本书的编写是在中国教育科学研究院院长崔保师、党委书记殷长春直接指导下进行的。邓友超、杨雅文、刘洁、许建争、张平、郭丹丹承担了选编工作。《中国德育》主编金东贤给予了关心支持。北京师范大学教育学部研究生韩梅、武佳妮、高钰雅、李珍，中央民族大学信息工程学院研究生魏涵硕（现已入职中国航天空气动力技术研究院），参与了前期资料整理工作。北京师范大学教育学部研究生吕宁、廖文俊、戚文欣、李朝霞、张奕晨、王慧婷、宋真、刘偌菲、常思清，参与了后期校对工作。

教育科学出版社大力支持《典藏》出版工作。社领导李东、郑豪杰总体协调，学术著作编辑部具体执行，将《典藏》列为优先级，把编校做到最优化。感佩之私，笔舌难既。

教育研究杂志社

2021 年 9 月 20 日